Normas da Liberdade

Douglas B. Rasmussen & Douglas J. Den Uyl

Normas da Liberdade

UMA BASE PERFECCIONISTA PARA UMA
POLÍTICA NÃO-PERFECCIONISTA

TRADUÇÃO
Viviane Moreira

Copyright © The Pennsylvania State University, 2011

Direitos de edição da obra em língua portuguesa no Brasil adquiridos pela TOPBOOKS EDITORA. Todos os direitos reservados. Nenhuma parte desta obra pode ser apropriada e estocada em sistema de banco de dados ou processo similar, em qualquer forma ou meio, seja eletrônico, de fotocópia, gravação etc., sem a permissão do detentor do copyright.

Editor
José Mario Pereira

Editora assistente
Christine Ajuz

Revisão
Maria Alice Paes Barretto

Capa
Adriana Moreno

Diagramação
Arte das Letras

TODOS OS DIREITOS RESERVADOS POR
Topbooks Editora e Distribuidora de Livros Ltda.
Rua Visconde de Inhaúma, 58 / gr. 203 – Centro
Rio de Janeiro – CEP: 20091-000
Telefax: (21) 2233-8718 e 2283-1039
E-mail: topbooks@topbooks.com.br

Visite o site da editora para mais informações
www.topbooks.com.br

Sumário

Prefácio 13

Parte um: Liberalismo e Ordem Política

1. Liberalismo em crise 27
2. Liberalismo e ética 45
   - O bem e o direito 50
   - A socialização da ética 59
   - A solução metanormativa 66
3. O passado do liberalismo e seus precedentes 79
   - A natureza do liberalismo 82
   - Direitos naturais 106
4. Por que direitos individuais?
   - O direito básico à liberdade 128
   - Direitos como princípios metanormativos 129
   - Florescimento humano: objetivo, mas plural 131
   - Florescimento humano: profundamente social 134
   - Exigências para a metanormatividade 138
   - Justificando a ordem político-jurídica 139

Florescimento humano: uma atividade autodirigida........................141
Autodireção como base para a metanormatividade.......................144
A proteção da possibilidade de autodireção
    em meio aos outros...145
A compreensão dos direitos individuais...................................149
Por que os direitos individuais prevalecem...............................151
Uma importante objeção a ser considerada..............................153

5. O direito natural à propriedade privada..................................157

Parte dois: Uma Nova Estrutura Profunda para o Liberalismo

6. Perfeccionismo individualista...175
    Uma nota de advertência e uma breve discussão
        do método e do contexto metafísico................................181
    Um esboço de uma versão neoaristotélica da ética perfeccionista....198
        1. Objetivo..198
        2. Inclusivo...200
        3. Individualizado...205
        4. Relativo ao agente..207
        5. Autodirigido..213
        6. Social..217
    O papel da sabedoria prática..220

7. Uma defesa do perfeccionismo individualista............................235
    Universalidade e relatividade ao agente.............................236
    Objetividade e individualidade......................................240
    Neutralidade em relação ao agente e razão prática...................242
    Justiça e florescimento humano......................................245
    Desejos e autodireção...250
    O argumento da função...254

    Pluralismo e florescimento humano 258
    O papel da virtude moral 261
    Considerações sobre a rejeição de John Gray ao perfeccionismo 263
8. Direito natural e o bem comum 279
    A nova e a tradicional teoria do direiro natural 280
    O direito natural e o bem comum da comunidade política 297
9. Autopropriedade 311

PARTE TRÊS: EM DEFESA DO LIBERALISMO

10. Críticos comunitaristas e conservadores 337
    O desafio do comunitarismo 338
    O desafio do comunitarismo pluralista 364
    O desafio do conservadorismo do direito natural 373
    O desafio do conservadorismo eudemônico 382
11. A estrutura do argumento em prol dos direitos individuais 395
    Direitos individuais como princípios metanormativos 396
    Do florescimento humano ao direito natural à liberdade 400
    I: Florescimento humano: individualizado e
        profundamente social 400
    II: O problema do liberalismo 403
    III: Encontrando uma base ética para
        princípios metanormativos 405
        A. Autoperfeição, virtudes, bens constituintes e dinheiro 405
        B. Sabedoria prática, razão prática, e autodireção 408
        C. Autodireção como base para metanormatividade 410
    IV: Direitos individuais: protegendo a possibilidade
        de autodireção em meio a outras pessoas 413
    V: Justificando a ordem político-jurídica: a questão
        da legitimidade 417

12. Uma defesa da política não-perfeccionista e individualista 419
    O dilema metanormativo.. 421
    Novamente: por que respeitar os direitos?... 425
    Concedendo direitos.. 430
    Uma preocupação em relação ao neoaristotelismo e aos direitos..... 433
    Rawls, justiça, e metanormatividade: existem outros
        princípios metanormativos além dos direitos?........................... 436
    É o conceito de "princípios metanormativos"
        realmente necessário?.. 443
    Como tornar a autodireção possível para
        os extremamente pobres... 446
    O argumento afiançado com sucesso... 457
    A necessidade de valores neutros em relação ao agente................... 460
    O *telos* ausente... 466
    Centralidade do agente... 468
    O problema da aceitabilidade.. 473
    Metanormas são tendenciosas.. 474
    A questão do simbolismo... 481
    Autossuficiência... 484
    E se os homens fossem anjos?.. 488
    Conclusão 496

Epílogo: das metanormas à metafísica... 499

A noção americana [é] aquela cujo objetivo do governo é a liberdade, e não a felicidade, ou prosperidade, ou poder ou a preservação de uma herança histórica, ou a adaptação da lei nacional ao caráter nacional, ou o progresso do esclarecimento ou a promoção da virtude; [e] aquela em que o indivíduo não deve sofrer a pressão da autoridade pública, orientando sua vida pelas influências que estão dentro dele mesmo, não pelas que estão à sua volta.

Lord Acton
The Anglo-American Tradition of Liberty

Prefácio

No início dos anos 1980, Alasdair MacIntyre argumentou que a filosofia — e, na verdade, a cultura ocidental — encontrava-se frente a um dilema fundamental: Nietzsche ou Aristóteles. Concordamos com MacIntyre. E, como MacIntyre, mas por razões em geral diferentes, escolhemos Aristóteles. Pensamos que a tradição aristotélica fornece recursos cruciais para se evitarem as inúmeras ciladas e impasses intelectuais que herdamos da filosofia moderna. Ainda assim, e ao contrário de MacIntyre que, desde *After Virtue* a *Dependent Rational Animals* presume que escolher Aristóteles envolve rejeitar a filosofia política moderna, em especial o liberalismo, sustentamos o valor da moderna abordagem da filosofia política. E que há ao menos uma versão da ética neoaristotélica e uma versão do liberalismo e compatíveis. Além do mais, sustentamos não apenas que tal compatibilidade é possível, mas que tal versão do liberalismo — qual seja, o liberalismo clássico dos direitos naturais — é melhor compreendido e defendido por uma ética de inspiração aristotélica. Argumentamos em favor dessa tese em um livro anterior, *Liberty and Nature: An Aristotelian Defense of Liberal Order* (1991) e posteriormente desenvolvemos esse argumento em vários ensaios e numa pequena monografia, *Liberalism Defended: The Challenge of Post-Modernity* (1997).

Acreditamos que nosso presente trabalho é, a um só tempo, a expressão madura dessa tese e nossa melhor formulação, até agora, do argumento a favor dela. De fato, aqui tornamos mais claros e precisos muitos aspectos de nossa argumentação anterior. Também expandimos uma ideia apresentada, mas não completamente neles desenvolvida nos trabalhos anteriores — ou seja nem a natureza única do liberalismo e nem o genuíno caráter da filosofia política podem ser apreciados sem que se compreenda que o liberalismo é uma filosofia política de *metanormas e* que a filosofia política deve, ao contrário do que pensava a maioria dos pensadores antigos e medievais, conceder lugar central às metanormas.

No presente trabalho despendemos boa parte do tempo para explicar a tipologia ética dos "princípios metanormativos" e para mostrar sua importância para a filosofia política. Argumentamos que a chave para a compreensão do caráter fundamental dos princípios metanormativos, assim como da necessidade deles, encontra-se em um traço da ética neo-aristotélica por nós denominado "perfeccionismo individualista". De acordo com essa visão, o florescimento humano — o termo para perfeição (e atividade virtuosa) na ética aristotélica — é algo real, mas ao mesmo tempo altamente individualizado, relativo ao agente, inclusivo, autodirigido e profundamente social. Essas características do florescimento humano geram um problema que não pode ser reduzido aos da ética normativa. É o único problema da ordem político-jurídica que requer a existência de princípios éticos cujo objetivo não é guiar moralmente a conduta humana, mas regulá-la de tal forma que tais condições estejam presentes onde a ação moral pode ocorrer. Tais princípios são princípios metanormativos, e chamamos esse problema de "problema do liberalismo". Assim fazemos porque o liberalismo tem sido, no geral, a única tradição política cujos princípios são consistentes com uma apreciação dessa visão filosófica. E porque o pluralismo das formas de florescimento humano aponta para o liberalismo como a solução *apropriada* ao problema político da diversidade integrada.

Expomos o problema do liberalismo em detalhe mostrando que se trata de um problema básico de filosofia política que, sob diversas formas, tem sido a preocupação de muitos filósofos políticos modernos. Em resumo, eis o problema do liberalismo: quais são os princípios com base nos quais se logra estabelecer uma ordem político-jurídica cuja estrutura permite a *possibilidade* de diferentes indivíduos florescerem e cultivarem a virtude de formas diferentes? Argumentamos que a chave para solucionar o problema do liberalismo é a proteção da possibilidade de autodireção,[1] uma vez que a autodireção é o elemento crítico comum a todas as formas concretas de florescimento humano. Utilizamos este *insight* como base para nossa alegação de que o direito natural básico, negativo, à liberdade é, juntamente com seus direitos-corolário à vida e à propriedade, um princípio metanormativo, uma vez que protege a possibilidade de autodireção em um contexto social. Em seguida argumentamos que conceitos como o de "justiça social" e o de "bem comum da comunidade política" não são, como normalmente compreendidos, princípios metanormativos. E que nenhum princípio ético associado a tais conceitos, ou melhor nenhum outro princípio ético, pode reivindicar prioridade sobre o direito básico à liberdade entendido como um princípio metanormativo. De uma forma geral, defendemos o que chamamos de "princípio básico do liberalismo": a proteção à liberdade, compreendida em termos de direitos negativos básicos, deve ser o objetivo supremo da ordem político-jurídica.

Uma vez que nossa argumentação em prol dessa compreensão e defesa do liberalismo é mais conceitual que histórica, e uma vez que nossa abordagem é original, devemos apontar algumas das consideações que deram forma a nosso argumento. Explicitando tais considerações esperamos ajudar o leitor a navegar pelas águas teóricas do presente trabalho.

Em primeiro lugar, embora consideremos a apresentação e defesa da estrutura básica de nosso argumento como indispensáveis para torná-lo

---

[1] internacional, de "autodeterminação dos povos". (N. T.)

claro e persuasivo – o capítulo 2 é inteiramente dedicado à apresentação da estrutura básica do argumento – acreditamos que isso não é suficiente. Consideramos também necessário comparar e contrastar nossa abordagem e nossa defesa do liberalismo com visões mais tradicionais. Além disso, uma vez que nossa versão do florescimento humano pertence à tradição do direito natural, também esforçamo-nos para comparar nossa versão com a encontrada tanto nas descrições tradicionais quanto nas novas da ética do direito natural. Esperamos que tais comparações permitam ao leitor melhor apreciar nossa compreensão e defesa tanto do liberalismo como do perfeccionismo individualista.

Em segundo lugar, as implicações que estamos defendendo são um meio crítico de compreender nosso argumento. E na multiforme arena das posições em competição na filosofia política podemos nos diferenciar apenas mostrando como não podemos ser reduzidos a um dos competidores que já estão na arena; e que podemos responder às objeções que nos são dirigidas. Portanto, não apenas nos dedicamos às comparações, mas consideramos a forma com que nosso argumento enfrenta as críticas lançadas por outras perspectivas. O perigo dessa abordagem é a repetição, já que as formulações básicas de nossa argumentação repetem-se quando fazemos comparações, enfrentamos as críticas e defendemos o liberalismo. É claro que tentamos com afinco eliminar toda repetição desnecessária.

Em terceiro lugar, não consideramos nem a ética e nem a filosofia política empreendimentos que possam ser desenvolvidos à margem de uma antropologia filosófica. Portanto, entendemos ser perfeitamente legítimo apontar a superioridade de uma visão de natureza humana na comparação com outra quando avaliamos teorias éticas e políticas. Além do mais, acreditamos que a partir do momento em que os filósofos reconhecem a importância da antropologia filosófica, começam a bater na porta da metafísica e da epistemologia. No presente trabalho não atravessamos essa porta, mas divisamos, por estar entreaberta, parte do mobiliário: por exemplo, o essencialismo moderado e a teleologia natural. Assim, e ao contrário dos modismos filosóficos dominantes no último século, não consideramos uma virtude filosófica elaborar argumentos em ética e filosofia política como se a existência de comprometimentos mais profundos pudesse ser negada, ignorada ou sequer lembrada. Tais comprometimentos são cruciais para o contexto interpretativo dos argumentos na ética e filosofia política. E se não forem explicitados, poderão ser supridos por outros, frequentemente com resultados desastrosos para a inteligibilidade dos argumentos. E se esses comprometimentos não forem supridos, a filosofia política simplesmente repousará sobre uma espécie de intuicionismo relutante. De uma forma ou de outra, ignorar esses comprometimentos mais profundos muito pouco contribui para a compreensão filosófica ou para o avanço do conhecimento.

Deve-se, no entanto, reconhecer que colocar todas as cartas intelectuais na mesa tem um preço. Como não se pode fazer tudo em um único trabalho e como sempre há mais questões a explorar, uma defesa desses comprometimentos mais profundos, embora lembrados, acaba ficando aquém do pleno desenvolvimento. Entretanto, tentamos dar ao leitor razões para considerar plausíveis nossos comprometimentos mais profundos; ou apontar lugares onde isso é feito. O exemplo de MacIntyre com que abrimos o livro é instrutivo, uma vez que devemos dar a MacIntyre o crédito de ter, durante os últimos vinte anos, reconhecido a importância dessas questões mais profundas para se fazer ética e filosofia política.

"Questões mais profundas" remetem à filosofia, e a filosofia ocupa-se do perene. No presente trabalho, apesar de seu foco político, buscamos o filosófico. E por isso não damos muita atenção às guerras ideológicas, aos conflitos políticos, ao que está na moda ou ao que é politicamente correto. Nossa expectativa é a de que aspectos do que aqui é defendido gerarão simpatia ou aversão, nos membros da "esquerda" e da "direita" e até nos que fazem parte do sempre prevalecente "centro". O que temos a dizer pode ser de fato radical demais para eles. Se assim é, então só o que podemos dizer é: "que assim seja". Estamos tentando chegar à verdade sobre algumas questões muito importantes da filosofia política. E o que mais nos importa como filósofos não é como vencer as próximas eleições, mudar a cultura, influenciar amigos em altas posições ou apelar para modismos intelectuais. O que mais importa é se contribuímos ou não para a compreensão das questões sobre as quais decidimos nos debruçar. As formas pelas quais nossos pontos de vista podem se mostrar atraentes nos debates atuais não nos parecem, como filósofos, o tipo de coisa a merecer nossa atenção. Desde que Platão foi a Siracusa que a *hubris* dos filósofos tem sido a crença de que podem servir com excelência como consultores políticos. Não aspiramos ao papel de consultores.

Em segundo lugar, precisamente porque aspiramos a fazer alguma filosofia, este livro não é para se ler numa mesa de bar. Contudo, não é um trabalho direcionado apenas ao filósofo profissional. Acreditamos que qualquer um que tenha um interesse sério nas questões básicas e centrais da filosofia política achará o livro acessível.

Assim, apresentamos as seguintes recomendações aos leitores. Se não estiver particularmente interessado em todos os detalhes filosóficos de nossa concepção e quiser apenas aprender mais sobre nosso ponto de vista sobre a crise do liberalismo, sobre como nossa abordagem do liberalismo se diferencia das outras e em que consiste nossa defesa do liberalismo, a leitura dos cinco primeiros capítulos do livro – Parte I – deverá bastar. Se o leitor se interessar em compreender mais amplamente o que denominamos a nova estrutura profunda do liberalismo, ou seja, o "perfeccionismo individualista", sugerimos que avance para a Parte II, que vai do capítulo 6 ao 9. Finalmente, se o leitor quiser saber como respondemos às críticas de tendência conservadora ou comunitarista ao liberalismo, e também às que possuem uma natureza mais analítica, então o leitor deverá prosseguir a leitura até completar a

Parte III, do capítulo 10 ao 12. O leitor encontrará aí uma visão geral da estrutura lógica de nossa argumentação em prol dos direitos individuais. Por fim, sugerimos a leitura do epílogo para que o leitor tenha alguma compreensão de como abordamos e concebemos o mais difícil e maravilhoso dos empreendimentos intelectuais: a filosofia.

Há muitas pessoas às quais devemos agradecer pela ajuda. Primeiro, pela inspiração, apoio e conversas esclarecedoras: Leonard Liggio, Tibor R. Machan, Eric Mack e Fred D. Miller Jr. Segundo, Randy Barnett, Roger Bissel, Robert Campbell, Raimondo Cubeddu, Stephen Davies, Paul Gaffney, Jacques Garello, Pierre Garello, Bertrand Lemmencier, Emmanuel Martin, Chris Sciabarra e Aeon Skoble pelos conselhos e críticas às primeiras versões. Terceiro, Ruth Abbey por ler e comentar dando muitas contribuições, uma versão posterior do trabalho. Quarto, Jonathan Jacobs, que não apenas leu e teceu valiosos comentários sobre as muitas versões de todos os originais mas cujas questões perspicazes nos forçaram a esclarecer muitos pontos. Quinto, agradecimentos especiais para Elaine Sternberg, cujos comentários penetrantes das versões iniciais e finais e sua profunda preocupação com a clareza conceitual nos ajudaram a melhorar nossa argumentação. Sexto, novamente Fred D. Miller assim como Timothy Fuller pelos comentários excelentes sobre a versão final. Sétimo, Elizabeth Hiestand e Jennifer M. G. Smith pelo trabalho de revisão e edição completo e atento. E finalmente, Sandy Thatcher, diretor da Pennsylvania State University Press, pelo apoio e interesse pelo projeto e também à sua excelente equipe pela assistência editorial de primeira linha.

Também gostaríamos de agradecer a algumas instituições pelo apoio: Earhart Foundation; o Centro de Políticas e Filosofia Social da Bowling Green State University; a Sociedade Mount Pélerin; Université Panthéon-Assas (Paris II); Université d'Eté de la Nouvelle Economie (Aix-en-Provence); Liberty Fund; Bellarmine University; e a St. John's University.

Material adaptado de capítulos ou ensaios escritos anteriormente por nós em conjunto ou individualmente estão dispersos por todo o livro. A não ser quando for explicitado, esse material foi substancialmente revisado e/ou expandido de modo significativo. Pela permissão de usar material previamente publicado, agradecemos a alguns editores e editoras. São eles:

"The Natural Right to Private Property", in *Liberty and Nature: an Aristotelian Defense of Liberal Order* (La Salle, Ill: Open Court, 1991), 115-28;

"Reply to Critics", *Reason Papers* 18 (Outono 1993): 115-32;

"Reclaiming Liberalism", *The Thomist* 58 (Janeiro 1994): 109-19;

"Rights as Metanormative Principles" e "Community Versus Liberty?", in *Liberty for the Twenty-First Century*, ed. Tibor R. Machan e Douglas B. Rasmussen (Lanham, Md.: Rowman & Littlefield, 1995), 59-75 e 258-87;

"Liberalism Defended: The Challenge of Post-Modernity", in *Classical Liberalism and Civil Society*, vol. 7 de *The John Locke Series in Classical Liberal Political Economy, The Shaftesbury Papers*, ed Charles K. Rowley (Fairfax, Va: The Locke Institute, 1997), 9-1-9-81;

"Human Flourishing and The Appeal to Human Nature", *Social Philosophy & Policy* 16, n. 1 (Inverno 1999): 1-43;

"Liberalism and Virtue", in *Public Morality, Civic Virtue and the Problem of Modern Liberalism*, ed T. William Boxx e gary M. Quinlivan (Grand Rapids, Mich.: William B. Eerdmans, 2000), 58-88;

"Ethical Individualism, Natural Law and the Primacy of Natural Rights", *Social Philosophy & Plicy* 18, n. 1 (Invernos 2001): 34-69;

"Why Individual Rights?" Reimpresso a partir de *Individual Rights Reconsidered: are the Truths of the U.S Declaration of Independence Lasting?* Ed. Tibor R. Machan, 113-37, com a permissão da editora, Hoover Institution Press. Copyright 2001 pelo Board of Trustees of the Leland Stanford Junior University;

"Self-Ownership", *The Good Society* 12, n.3 (2003): 50-57.

Finalmente, gostaríamos de dedicar este livro a nossos pais, Ethan e Maxine Rasmussen, e Robert e Andrea Den Uyl. Eles nos ensinaram não em que acreditar e a que dar valor, mas o que significa formar crenças e valores próprios.

Parte 1

LIBERALISMO E ORDEM POLÍTICA

> O termo "liberalismo" é um belo termo, pois se refere à liberdade, mas infelizmente ele se tornou ambíguo para a nossa era.
>
> ↬ PASCAL SALIN, *Libéralisme*

Não apenas a maior parte de seus críticos equivoca-se na compreensão do que é o liberalismo; na verdade, o mesmo ocorre com seus proponentes. E essa falha encontra-se no cerne das dificuldades do liberalismo. Descrevemos esse erro em detalhes, assim como sua fonte, no capítulo 1, que se inicia com uma discussão da crise do liberalismo. No capítulo 2 discutimos os problemas que resultam desse erro. Em ambos os capítulos sugerimos o que consideramos a solução para a questão do que é o liberalismo. E observamos que tal solução exige que repensemos os supostos fundamentos do liberalismo. Nós a denominamos "solução metanormativa". No capítulo 3 identificamos as similaridades e diferenças principais entre nossa sugestão e as visões de alguns pensadores importantes do legado do liberalismo. No capítulo 4 oferecemos as linhas gerais da argumentação que sustenta nossa solução. Nesse capítulo observamos que direitos individuais são uma herança histórica do liberalismo, a qual não desejamos abandonar. Mas argumentamos que esses direitos devem ser concebidos como "princípios metanormativos" e que, como tais, não remetem às preocupações-padrão da ética normativa, mas sim ao problema de como encontrar uma base ética para a estrutura jurídico-política geral da sociedade. Chamamos esse problema de "problema do liberalismo". E buscamos mostrar como tal problema tem suas raízes, legitimidade e solução nas necessidades e exigências da natureza humana compreendida à luz de nossa perspectiva teórica por nós descrita como "perfeccionismo individualista neoaristotélico". Essa perspectiva também se faz presente na discussão do capítulo 5, o último capítulo da Parte I.

Tendo formado uma ideia daquilo com que se parece um direito em uma teoria liberal adequadamente fundamentada, avançamos no capítulo 5 para a discussão de um dos direitos centrais na teoria liberal clássica, o direto à propriedade. Nosso arcabouço neoaristotélico ajuda a fornecer um entendimento da natureza desse direito e do significado da propriedade em um contexto sócio-político. No entanto, a estrutura profunda comum associada a esse direito, ou seja, a autodeterminação, será tratada na Parte II. Não só porque a segunda parte do livro é dedicada a uma análise mais detalhada e embasada da estrutura profunda que sustenta nossa concepção de liberalismo. Mas a separação também é uma forma deliberada de afirmar que não acreditamos que o direito à propriedade seja uma função do direito à autodeterminação, ao menos não da forma com que esse direito geralmente aparece na tradição liberal. Em outras palavras, não estabelecemos primeiro o direito à autodeterminação para depois derivarmos o direito à propriedade daquele direito mais básico. Não é que consideramos essa visão equivocada, mas sim que ela acriticamente pressupõe, ou supõe, certo entendimento dos princípios básicos que, quando articulados, mostra ou que a abordagem é muito simplificada ou que não é ela que se desincumde da tarefa. Assim, podemos ter o direito à propriedade privada e dela ter uma concepção como a tradição liberal sempre supôs sem termos de nos comprometer com sua derivação "lockeana" usual. Contando com uma concepção de direitos à propriedade privada possuímos as ferramentas básicas de que necessitamos para fundamentar o liberalismo. Assim, partimos para a elaboração da substância de nossa argumentação. E na Parte III consideramos as críticas comunitaristas e conservadoras ao liberalismo detalhando os componentes de nossa argumentação em prol dos direitos individuais e respondemos às objeções à argumentação.

No livro como um todo buscamos, através de nossa visão do perfeccionismo individualista, tirar o liberalismo político de sua crise atual, dando-lhe uma nova estrutura profunda. Nosso objetivo é fornecer uma justificação tanto para o entendimento liberal do problema central da filosofia política – que denominamos "problema do liberalismo" – quanto para as soluções mais lastreadas em princípios para esse problema – ou seja, os direitos individuais. Com essa argumentação não apenas buscamos compreender e defender o liberalismo, mas também fornecer insights que permitam identificar da forma mais apropriada o que é filosofia política. Em última análise, buscamos justificar as normas que fazem da liberdade a norma para a ordem jurídico-política.

Capítulo 1

LIBERALISMO EM CRISE

O Liberalismo – e a herança intelectual responsável pelo seu nascimento (o Iluminismo) – tem sido alvo de ataques abertos e respeitáveis por parte de pensadores como Alasdair MacIntyre e Alan Bloom. O Liberalismo também tem sido defendido vigorosamente por pensadores como David Gauthier, Ronald Dworkin, James Buchanan e F. A. Hayek, sem falar nos trabalhos seminais de [John] Rawls e [Robert] Nozick. Embora muitos desses pensadores diferenciem-se significativamente uns dos outros, todos partilham uma preocupação em relação às perspectivas para o Liberalismo. Tal afirmação pode ser feita mesmo antes de definir-se o que é Liberalismo, já que este é um termo que muitas vezes permanece indefinido, e parte do debate sobre o Liberalismo certamente se relaciona com o debate em torno do que ele significa.

    DOUGLAS B. RASMUSSEN E DOUGLAS J. DEN UYL,
Liberty and Nature: an Aristotelian Defense of Liberal Order

Fizemos a observação nesta epígrafe há mais de uma década.[2] E se julgarmos o que ocorreu no mundo intelectual desde então, a natureza e a defesa do liberalismo se tornaram uma questão ainda mais premente. Na verdade, abrimos um trabalho recente intitulado *Liberalism Defended: the Challenge of Post-Modernity*, com a seguinte questão:

> "Por que se preocupar com o liberalismo? Nos últimos anos tem sido pejorativamente chamado de "a palavra 'L'". E embora a geração dos anos sessenta que agora chega ao poder ainda perceba algo idealista no liberalismo, a maioria de nós sabe que mais governo

---

[2] Douglas B. Rasmussen e Douglas J. Den Uyl, *Liberty and Nature: an Aristotelian Defense of liberal Order* (La Salle, Ill.: Open Court, 1991), xiii.

não é a solução para nossos problemas. Pode mesmo ser a causa de muitos deles. O país, especialmente o país jovem, tornou-se mais conservador politicamente, especialmente em questões econômicas. Politicamente, o liberalismo parece fora de compasso. E, ao que parece, intelectualmente também. É verdade que pensadores como John Rawls criaram projetos intelectuais que defendem várias versões do Estado do bem-estar (*Welfare state*). Mas fica a impressão de que tais esforços mais se aproximam de uma atividade de reforçar estruturas de um edifício com risco de desabar do que da abertura de novos caminhos. Por que então preocupar-se com liberalismo?[3]"

Tanto o título como o tom geral de *Liberalism Defended* indicavam claramente que não acreditávamos que a "crise do liberalismo" arrefecera, mesmo quando se compreende o liberalismo à maneira americana moderna. Talvez seja justo afirmar que no período entre nosso enunciado de abertura e o supracitado, e até o mundo atual posterior aos ataques terroristas de 2001, a vitalidade do liberalismo como doutrina teórica e política tem continuamente se dissipado. Defensores têm se multiplicando em torno do corpo quase sem vida do liberalismo e todos os esforços para revigorá-lo parecem fracos e ineficazes. Ainda assim, e por não haver nenhuma alternativa poderosa, o liberalismo procura se manter de pé. A crise, portanto, continua.

A literatura em filosofia política está cheia de ruminações sobre a crise do liberalismo. A esquerda política sempre foi uma fonte de crítica ao liberalismo, mas a crise do liberalismo intensificou-se principalmente porque as fontes esquerdistas tradicionais não são a única, ou mesmo a principal, base das críticas. A partir dessas perspectivas mais recentes, as formas de crítica ao liberalismo enquadram-se em três tipos principais: primeiro, há as críticas que entendem que o caráter

---

[3] Douglas B. Rasmussen e Douglas J. Den Uyl, *Liberalism Defended: the Challenge of Post-Modernity* (Cheltenham, UK, e Northampton, Mass.: Edward Elgar, 1997).

essencial do liberalismo é a expressão política de princípios derivados do Iluminismo. E que, sendo assim, os fracassos do Iluminismo são também os do liberalismo E as críticas ao Iluminismo são também críticas ao liberalismo. Nesse grupo encontram-se pensadores como John Gray, Charles Taylor e Alasdair MacIntyre.

Segundo, há críticas mais diretamente políticas ao liberalismo que, em geral, carregam o rótulo de "comunitaristas". Os supracitados pensadores também as fazem, mas além deles Michael Sandel e Roberto Unger também podem ser lembrados. Tais pensadores atacam principalmente a orientação do liberalismo centrada nos direitos individuais e defendem a primazia de procedimentos comunitários. No nível fundacional, o indivíduo autônomo portador de direitos é rejeitado e substituído por indivíduos cuja formação e integração estão intrinsecamente ligadas à comunidade em que vivem e agem.[4] De fato, o liberalismo é acusado de minar diretamente as comunidades e de ser inadequado à formação delas.

Por último, há uma pletora de fontes "conservadoras" de crítica ao liberalismo, que vai de teóricos do direito natural aos "Strausseanos", passando pelos assim chamados agrarianos sulistas. Embora todas essas três formas de crítica partilhem a rejeição ao liberalismo por seu suposto atomismo, instrumentalismo, individualismo, neutralismo, subjetivismo, ceticismo e que tais, as fontes das críticas ou ataques são diferentes. Com relação a alguns desses grupos, a queda do comunismo permitiu que forças da direita política se afirmassem contra os liberais clássicos dos quais eles sempre tinham sido aliados desconfortáveis, partilhando com eles talvez apenas o anticomunismo.

---

[4] Em *Comunitarianismo e Individualismo*, ed. Shlomo Avineri e Avner de-Shalit (Oxford: Oxford University Press, 1992), 12-50, ensaios de Michael Sandel, "The procedural Republic", e Charles Taylor, "Atomism" são de grande ajuda como introduções a essas críticas ao liberalismo.

Atualmente está na moda entre todos esses grupos levar a crise a um tal ponto que se chega a proclamar que a morte do liberalismo é a expressão política de um fracassado projeto Iluminista. Não apenas se tem pensado o Iluminismo como vulnerável a algumas objeções, mas como um movimento que falhou completamente e que agora chegou ao fim. Portanto, o liberalismo é visto como uma filosofia política obsoleta baseada em princípios no mínimo ingênuos, mas na maioria falsos e perniciosos. A doutrina dos direitos universais naturais ou humanos, por exemplo, é descrita como uma abstração iluminista que mina a importância da comunidade por ignorar as formas específicas de associação que constituem nosso ser social real. Deveras, um individualismo excessivo é visto como a culminância inevitável e final de um comprometimento altamente abstrato com a "autonomia individual" defendida nos estágios iniciais do liberalismo. O comprometimento universalista abstrato gera, na prática, uma liberdade ilimitada que dá ao indivíduo o "direito" de se preocupar apenas com ele. O efeito não é apenas um individualismo excessivo, mas também uma tendência ao ceticismo e ao subjetivismo. Ceticismo porque ninguém parece capacitado a dizer o que é bom para todos, o que o bem comum poderia ser ou mesmo o que é o bem; e subjetivismo porque o indivíduo parece ser a única determinante do valor. A resposta a tais críticas tem variado de propostas requentadas de socialismo a certos tipos de conservadorismo que jamais estiveram muito confortáveis em sua associação com o liberalismo. Todos têm em comum o fato de erigirem a "sociedade" como unidade básica de análise e em determinante de todo princípio importante na ética e na política.

Assim, a crise do liberalismo tem a ética como campo de batalha. Os campos de batalha tradicionais – em especial, o econômico (por exemplo, empobrecimento dos trabalhadores, prosperidade, viabilidade do socialismo) – ou já foram apaziguados ou ficaram em segundo plano.⁵ E porque questões de ética sempre implicam questões mais amplas, a crise do liberalismo deve ser vista como parte de uma crise maior que vai muito além da moral e da filosofia política. É uma crise que diz respeito não apenas ao Iluminismo e a seu projeto de utilizar a razão para desvendar os segredos da natureza, mas também às raízes helênicas da civilização ocidental. Nessas raízes encontram-se as questões básicas relativas ao verdadeiro significado da vida humana: podem o bom e o verdadeiro ser distinguidos do ancestral e do comunitário? Pode haver um estudo das coisas primeiras? E esse estudo tem importância para os assuntos humanos? O que significa ser humano e viver uma vida verdadeiramente humana? Essas questões aparentemente abstratas e estritamente filosóficas vêm à tona porque a ética não diz respeito apenas ao que devemos fazer, mas por que o devemos fazer e o significado disso para o mais amplo contexto da existência humana. Em consequência, sempre ligamos, mesmo que apenas sugestivamente, nossas discussões das questões éticas e políticas aos contextos metafísicos e epistemológicos mais amplos que dão forma à nossa abordagem da ética e da política. Por ora, entretanto, nos preocuparemos com as forças na ética e filosofia política responsáveis pela contínua crise do liberalismo.

Claramente, uma das razões para a crise, se não para o declínio do liberalismo, na filosofia política acadêmica tem sido o avanço do comunitarismo. O comunitarismo é uma visão política *pós-liberal*. Opõe-se de várias formas à divisão da ética em duas linguagens feita pelo liberalismo: uma linguagem da liberdade para lidar com questões de ordem político-jurídica e uma linguagem da moralidade pessoal para lidar com questões de ordem não-política, ou seja, com as escolhas que

---

⁵ Não sugerimos com isso que as questões econômicas não são mais importantes. Regulações e restrições tarifárias continuam a ser questão vital, assim como imigração. O que queremos dizer é que o campo de batalha para a teoria liberal enquanto arcabouço teórico estará mais concentrado em questões éticas e metaéticas.

dizem respeito a cada pessoa, família, amigos e conhecidos. O comunitarismo sustenta que tal divisão não é filosoficamente justificável e não se sustenta sociológica e culturalmente.

O comunitarismo é, em grande parte, um conjunto de diferentes visões oriundas de várias fontes e que parecem em conflito, de uma forma ou de outra, com o liberalismo.[6] Qualquer que seja a unidade a ser encontrada no pensamento comunitarista deriva de sua oposição à proposição de que a liberdade é o valor político a ser alcançado e

---

[6] Consultem-se os seguintes trabalhos: Markate Daly, ed. *Communitarianism: A New Public Ethics* (Belmont, Calif.: Wadsworth Publishing, 1994); Stephen Mulhal e Adam Swift, eds., *Liberals and Communitarians* (Oxford and Blackwell, 1992); C. F. Delaney, ed., *The Liberalism-Communitarianism Debate: Liberty and Community Values* (Lanham, Md.: Rowman & Littlefield, 1994); Avineri e de-Shalit, *Communitarianism and Individualism*; Daniel Bell, *Communitarianism and its Critics* (Oxford: Clarendon Press, 1993); Amitai Etzioni, *The Spirit of Community: Rights, Responsibilities and the Communitarian Agenda* (New York: Crown Publishers, 19993); e Etzioni, ed., *Rights and the Common Good: the Communitarian Perspective* (New York: St. Martin's Press, 1995). Ver tb o trabalho mais recente de Amitai Etzioni, Andrew Volmert e Elanit Rothschild, *The Communitarian Reader: Beyond the Essentials* (Lanham, Md.: Rowan & Littlefield, 204). Boa parte da inspiração para o nosso entendimento do comunitarianismo vem dos livros acima listados e também dos seguintes trabalhos: Charles Taylor, *Philosophy and the Human Sciences: Philosophical Papers 2* (Cambridge, Cambridge University Press, 1985); Taylor, *Sources of the Self: the Making of Modern Identity* (Cambidge, Mass.: Harvard University Press, 1989); Taylor, "Cross purposes: the liberal-communitarian debate", in *Liberalism and the Moral Life*, ed. Nancy L. Rosenblum (Cambridge, Mass.: Harvard University Press, 1989), 159-82; Alasdair MacIntyre, *After Virtue: A Study in Moral Theory*, segunda edição (Notre Dame, Ind.: University of Notre Dame Press, 1984); MacIntyre, *Whose Justice? Which Rationality?* (Notre Dame, Ind.: University of Notre Dame Press, 1988); MacIntyre, *Three Rival Versions of Moral Enquiry* (Notre Dame, Ind.: University of Notre Dame Press, 1990); Michael J. Sandel, *Liberalism and the Limits of Justice* (Cambidge: Cambridge University Press, 1982); Sandel, ed. *Liberalism and its Critics* (Oxford: Blackwell, 1984); e Sandel, *Democracy's Discontent: America in a Search of a Public Philosophy* (Cambridge, Mass.: Belknap Press of Harvard University Press, 1996). Deve-se registrar que nem todos os autores mencionados consideram suas filosofias "comunitaristas", muito embora sejam assim descritas pelos trabalhos mencionados no parágrafo anterior. E finalmente, devemos mencionar o precioso livro de Steven Lukes, *Individualism* (Oxford: Basil Blackwell, 1973).

mantido antes de qualquer outro. Que a conquista e manutenção da liberdade deve ser a preocupação *central* e *primária* da ordem político-jurídica, este é o princípio central do liberalismo. E é a tese que o comunitarismo vem tentando derrotar.

O que dá significado e força particulares ao comunitarismo, e o que o tornou tão interessante nos últimos anos, é a estratégia argumentativa utilizada contra o princípio fundamental do liberalismo. O comunitarismo adotou como bandeira um conjunto de alegações que rotulamos de "neoaristotélicas". São as seguintes: que os seres humanos são naturalmente sociais; que o relativismo ético é uma teoria moral inadequada; que o raciocínio prático não é apenas instrumental e é crucial para a ética; que o universalismo abstrato do racionalismo ético não consegue reconhecer o papel do particular e do contingente (por exemplo, costumes ou tradições particulares que florescem em comunidades específicas) na determinação da conduta adequada; que normas universais abstratas possuem uso limitado na orientação da conduta ética que depende de normas e práticas situadas; que a teoria moral impessoal ou neutra em relação ao agente não pode fornecer a base para uma conduta moral e nem motivá-la; que a liberdade não pode ser definida ou compreendida sem um comprometimento ético; que qualquer teoria dos direitos capaz de motivar a conduta humana deve em última análise basear-se em uma concepção do bem humano em vez de somente ser uma questão de direito; e que direitos não são eticamente fundamentais. O comunitarismo tem tentado, assim, mostrar que o liberalismo não é nem filosoficamente justificável e nem social e culturalmente viável, posto ser incompatível com essas alegações neoaristotélicas. O comunitarismo tem defendido que em virtude de o princípio fundamental do liberalismo exigir que se rejeitem tais alegações, esse princípio é falso.

Em outras palavras, a estratégia argumentativa dos comunitaristas é a que os lógicos chamam de *modus tollens*. Se P, então Q; não-Q; logo, não-P.

Se alguém defende que a liberdade deve ser a preocupação central e primária da ordem jurídico-política (P), então essas asserções neoaristotélicas são falsas (Q). Mas essas asserções neoaristotélicas são verdadeiras (não-Q). Portanto, não é verdade que a liberdade deve ser a preocupação central e primária da ordem jurídico-política (não-P).

Defendemos que a primeira premissa do argumento comunitarista não é verdadeira. O liberalismo não torna obrigatório sustentar que essas alegações neoaristotélicas são falsas. Embora alguns teóricos liberais as tenham negado, não é o caso de se achar que tais alegações *tenham* de ser consideradas falsas para que o princípio fundamental do liberalismo se mantenha de pé. Alguns teóricos liberais, e nós nos incluímos nesse grupo, aceitam a verdade de cada uma dessas alegações. De fato, elas podem até mesmo ser usadas para defender a centralidade da política e a primazia da liberdade. Dessa forma, um dos traços de nosso projeto será mostrar que a estratégia argumentativa do comunitarismo não é bem sucedida; outro aspecto será mostrar que essas alegações neoaristotélicas apoiam e, na verdade, exigem a aceitação do princípio básico do liberalismo. Discutiremos em breve esta última questão em maiores detalhes.

Há, claro, versões diferentes de liberalismo. E algumas não consideram a liberdade um valor tão central e primário para a ordem política quanto outros. O liberalismo americano contemporâneo tem buscado atenuar sua ênfase na liberdade introduzindo outros valores na ordem política, em especial quando se trata de lidar com questões econômicas.[7] Tais modificações, entretanto, não satisfazem aos comunitaristas,

---

[7] É tentador sugerir que os liberais não acolhem outros valores, que apenas ampliam o significado de liberdade. Assim, por exemplo, podemos exigir das pessoas que sejam caridosas (ou justas) com base no argumento de que a liberdade dos necessitados é menor que a dos que não o são. As transferências operadas por políticas do bem-estar são uma forma de expandir, ou equilibrar, a liberdade para todos. Essa abordagem, mesmo que seja adequada, não responde ao problema mencionado no

pois mesmo o liberalismo em sua forma americana aceita, quando estão em questão assuntos não diretamente relacionados à vida econômica, a divisão da ética numa linguagem da liberdade para a ordem política e numa linguagem da moralidade pessoal para a ordem não-política. É essa divisão, em seus próprios fundamentos, que o comunitarismo rejeita, por encará-la como destruidora da linguagem ética de nossa cultura e as instituições das quais depende uma comunidade política justa e decente.

Por essas e outras razões, acusa-se o liberalismo de minar seus próprios princípios, de abandonar postulações mais fortes de validade universal, de subverter a vida moral e de fomentar a injustiça e a desumanidade. Não é mais possível, assim, defender um *tipo* de liberalismo como se todos concordássemos que o liberalismo é, em geral, o arcabouço político correto. Defender um tipo de liberalismo, seja o clássico ou o moderno liberalismo do Estado de bem-estar, inevitavelmente faz com que se passe para questões gerais mais profundas sobre as fundações do liberalismo. Por essas razões, optamos por reter a palavra "liberalismo", em vez de usar "liberalismo clássico" ou "libertarianismo", embora sejam tipos de liberalismo mais próximos do que consideramos defensável. Embora encaremos a forma comum ou moderna de "liberalismo", como esse termo é utilizado nos Estados Unidos, como uma forma pervertida do liberalismo propriamente dito, ela ainda mantém muitos dos princípios do liberalismo; a saber, que o poder político não é algo que alguém detém por direito natural, que o progresso é possível, que o indivíduo é a unidade social básica, que as pessoas devem ser livres para perseguir suas próprias concepções de vida boa. E que a ordem político-jurídica deve se limitar a proteger os

---

próximo parágrafo sobre as duas formas de falar sobre valor. Mas em seu próprio direito, ou tal abordagem implica diminuição de caridade (ou justiça, ou outro valor) pois é sempre uma forma de liberdade, ou esses liberais na verdade fazem o que nós alegamos: destacam outros valores além da liberdade.

indivíduos na busca das próprias concepções de vida boa. Esses e outros princípios são parte integrante da própria natureza do liberalismo político, e são esses princípios que hoje estão sendo questionados.

Ao examinarmos a estrutura básica do liberalismo nos concentraremos em questões éticas. Isso faz sentido porque a legitimidade da ordem liberal é precisamente o que está em questão. Além disso, Alasdair MacIntyre, entre outros teóricos, defende que o liberalismo se alimenta do debate contínuo sobre seus próprios princípios com o efeito de acabar minando sua própria legitimidade.[8] MacIntyre alega que o liberalismo se vê obrigado a assim proceder porque decide questões de política pública computando e pesando as preferências em torno do que é certo ou bom. Uma vez que o liberalismo se apresenta como oficialmente neutro em relação a concepções rivais do que é certo ou bom (o que muitas pessoas hoje consideram ser um ideal político impossível), não possui nenhuma base para alegar que seus valores são superiores. Além do mais, o efeito da neutralidade é trivializar todos os assuntos substantivos, uma vez que na prática todas as questões se reduzem a preferências. Desse modo, valores morais substantivos não possuem mais mérito inerente que as mais insignificantes questões políticas. Se essa é uma tendência do liberalismo, certamente faz-se necessário devotarmos boa parte de nossa atenção a questões éticas básicas, no caso de se pretender assegurar a legitimidade do liberalismo.

Pode ser mesmo que as críticas recentes ao liberalismo tenham encontrado o ponto fraco a ser atacado. Uma suposição, no entanto, não chega a ser questionada nem pelos defensores e nem pelos críticos do liberalismo: a de que está fechado nas formas tradicionais de compreender a si mesmo. Em outras palavras, o liberalismo tem sido visto como incapaz de ir além das fontes modernas tradicionais de apoio; e de se ligar tanto ao pensamento pré quanto ao pós-moderno. O li-

---

[8] Ver MacIntyre, *After Virtue*, capítulos 2-9.

beralismo está na defensiva porque se presume incapaz de incorporar qualquer coisa que já não se encontre presente em seu próprio quadro de referência. É precisamente com relação a isso que acreditamos que devemos nos preocupar com os fundamentos do liberalismo. Mesmo porque pretendemos introduzir alguns elementos "externos" na condução desse debate.

Chegamos assim a um dos paradoxos centrais — que poderia ser chamado de "paradoxo estrutural" — que é consequência de nosso próximo argumento. O paradoxo é o seguinte: *o liberalismo parece ter sua própria estrutura profunda, mas na verdade precisa importar essa estrutura.* Se o liberalismo enfrenta dificuldades é porque importou a estrutura profunda errada ou porque acredita que pode confiar apenas em si para ter tal estrutura. Assim, como já indicamos, concordamos com alguns críticos do liberalismo para os quais certos traços manifestos da filosofia Iluminista — em especial aqueles que envolvem rejeitar as alegações neoaristotélicas sobre a comunidade, a verdade ética e a sociabilidade já apontados — que têm sido usados para estruturar o liberalismo agora contribuem para sua crise. Igualmente problemática é a tendência corrente a encarar o liberalismo como um sistema ético completo com uma filosofia de vida e um arcabouço metaético. Acreditar que o liberalismo precisa somente voltar-se para si mesmo para ser compreendido, ou para formular questões éticas, é tentador mas impraticável. E, em geral, constitui uma estratégia desastrosa. É impraticável porque sendo o liberalismo uma filosofia política, é inevitável que importe um arcabouço e valores mais abrangentes. É melhor identificá-los francamente e distingui-los da filosofia política que fomentam ou sustentam.

A estratégia é desastrosa para o liberalismo porque, como filosofia política, é bastante subdeterminado quando se defronta com a maioria das questões importantes da ética e filosofia moral. Com pouco a oferecer além de variações sobre o tema da tolerância ou cooperação, o liberalismo pode de fato encorajar as compreensões muito estreitas, instrumentais e minimalistas de valor e vida ética das quais é acusado de abraçar. Até porque a tolerância não empresta muita riqueza ao panorama ético,[9] de tal modo que outros valores acabam ignorados ou reduzidos a seu papel instrumental. Dessa forma, a estratégia contribui para a própria derrocada do liberalismo porque serve para distanciá-lo da ética, cedendo terreno moral superior aos críticos que acusam o liberalismo de empobrecer a ética.

Por ser difícil evitar fazer contrabando nos processos de adoção dos quadros de referências mais amplos (como sugere nosso paradoxo), o minimalismo (a visão segundo a qual existem poucas verdades morais, e tratam exclusivamente de assuntos de cooperação social) e o ceticismo (a visão segundo a qual ninguém provavelmente está de posse de uma verdade moral) têm sido importados para defender o liberalismo.[10] Combinados, implicam que o valor da liberdade é inver-

---

[9] Analisamos e criticamos esta e outras afirmações comunitaristas no capítulo 10.

[10] O trabalho mais recente de Richard A. Epstein, *Skepticismo and Freedom: A Modern Case for Classical Liberalism* (Chicago e Londres University of Chicago Press, 2003) aparenta ser um exemplo sofisticado dessa linha de argumentação. Embora Epstein tenha razão em rejeitar uma versão apriorista e dedutivista do direito natural que apresenta uma abordagem da obrigação moral tipo "um tamanho serve para todos", e embora ele esteja correto também em admitir que certos julgamentos morais sobre a forma das instituições políticas são melhores que outros, ele, no entanto, endossa um perturbador ceticismo. Ele descreve as duas virtudes do ceticismo moral: a "recusa a alegar que qualquer pessoa conhece a intensidade e preferência de outros indivíduos... [e] o uso da ignorância sistemática para formar um conjunto de regras legais que maximiza a esfera mais ampla da escolha humana" (9). Como tal ignorância sistemática mostra que a forma de um conjunto de regras legais deve maximizar a esfera da escolha humana ou mesmo o que, frente a tal ceticismo, significa "maximizar a esfera da escolha humana", não pretendemos saber. Parece-nos que Epstein tem um profundo compromisso ético com a proteção da escolha humana acima de quase tudo. Se esse é o caso, ele parece deixar os críticos do liberalismo em vantagem, pois a queixa deles contra o liberalismo é a de que em ética estamos preocupados nem tanto com as escolhas humanas, mas com humanos escolhendo

samente proporcional à robustez do quadro de referência ético adotado. Quanto menos pudermos dizer sobre o que é o bem, por exemplo, mais fácil será argumentar que as pessoas devem ser deixadas em paz para encontrar sua própria concepção de bem. Por mais atraente que essa abordagem possa parecer, seu efeito já foi apontado: entregar a preocupação com a ética aos oponentes do liberalismo. Se é correto nosso diagnóstico da atual crise do liberalismo, este precisa desesperadamente de um arcabouço alternativo.

Nossa tese é a de que o liberalismo é não apenas defensável mas também capaz de enriquecer-se com tradições intelectuais além das que levaram a ele. Nossa defesa do liberalismo não se dá nos termos usualmente associados aos ensinamentos liberais. Acreditamos que a política do liberalismo pode ser sustentada por um arcabouço aristotélico, desde que seja pelo menos concebido de forma ampla. Também argumentamos que esse arcabouço é o *melhor* para embasar o liberalismo. A esse respeito, duas questões merecem ser formuladas: pode o liberalismo ser sustentado por um arcabouço alternativo? E essa proposta é defensável?

Para lidar com isso formulamos algumas questões básicas concernentes à interface entre ética e política. Uma vez que nossa abordagem não se encontra em geral explicitada nas doutrinas de alguns dos mais proeminentes pensadores liberais, nosso enfoque é primariamente

---

corretamente. Portanto, o desafio para o liberalismo é responder a duas perguntas: (1) o que faz a escolha humana, e as ações que dela derivam, merecer proteção legal? e (2) como se determina quais escolhas devem ser protegidas e quais proibidas? O ceticismo não é adequado para responder a essas questões; e o apelo que Epstein também faz em *Principles for a Free Society: Reconciling Individual Liberty with the Common Good* (New York: Basic Books, 1998) à importante visão de Hume – de que o interesse próprio limitado em um mundo de escassez molda a organização política – tampouco é suficiente. Nesse caso, a moralidade acaba reduzida quase inteiramente a questões de cooperação social. O que também deixa em vantagem os críticos que alegam que o liberalismo leva ao empobrecimento da ética.

conceitual e nada derivado de exemplos históricos específicos. Como apontamos em outro trabalho,[11] os arcabouços possíveis dentro dos quais pode ser representada a relação teórica entre moralidade e política encontram-se na figura I:

Figura I
Abordagens à ética e política

Ética Antiga Política Antiga (Platão e Aristóteles)	Ética Antiga Política Moderna (Spinoza)
Ética Moderna Política Antiga (Rousseau)	Ética Moderna Política Moderna (Locke, Kant, Mill)

A teoria ética antiga caracteriza-se pela centralidade da virtude e pela ideia de que o problema central da vida moral é o da compreensão do bem e de como alcançá-lo. Ela frequentemente emprega a linguagem do "florescimento" ou da "autoperfeição". A teoria política antiga apresentava a promoção da virtude ou do bem como objetivo central. A teoria ética moderna, em contraste, é definida em termos das relações e obrigações que uma pessoa contrai com outra. Portanto, a moderna teoria política preocupa-se com o alcance da liberdade individual, uma vez que nossas obrigações têm alguma coisa a ver com a natureza e o alcance das liberdades de que desfrutamos.

Os liberais tipicamente encaixam-se no quadrante inferior direito da figura. Nossa abordagem, em contraste, pretende oferecer uma visão da política liberal com base na ética antiga. Isso significa que nos enquadramos no quadrante superior à direita. Acreditamos não apenas

---

[11] Rasmussen e Den Uyl, *Liberty and Nature*, 222-23.

que o liberalismo encontra sua morada nesse quadrante, mas também que nele se encaixa melhor e que se mostra menos defensável em outro. Assim, o quadrante em que nos colocamos sugere que nossa tese a respeito da distintividade entre política e moralidade resulta do ponto de vista proporcionado por um arcabouço moral robusto - no caso, uma ética neoaristotélica. De fato, sustentamos mais adiante que a postura política do liberalismo é consistente com essa robustez e na verdade a pressupõe. Em outras palavras, defendemos que há e deve haver uma base perfeccionista para uma política não-perfeccionista.

Diferentemente da maioria dos muitos liberais que, como acabamos de mencionar, defendem sua visão de política recorrendo ao minimalismo moral ou ao ceticismo moral, empregamos uma distinção entre princípios *normativos* e *metanormativos*. Estes últimos estão mais diretamente ligados à política e referem-se a princípios que estabelecem as condições político-jurídicas sob as quais a conduta plenamente moral pode ter lugar. Não precisamos minimizar o universo moral para dar suporte ao liberalismo. Tampouco precisamos basear a moralidade em sentimentos ou contratos, como muitas vezes fez o liberalismo tradicional, para gerar uma política liberal. É evidente que não defendemos apenas a posição de que não precisamos recorrer a doutrinas tradicionais para defender o liberalismo, mas também que tais doutrinas criam seus próprios infelizes paradoxos, os quais serão examinados nos capítulos 2 e 3.

Rejeitamos a alegação de que o liberalismo necessariamente está atrelado ao minimalismo e ao ceticismo morais. A conexão entre liberalismo e minimalismo e ceticismo éticos tem sido herança do quadrante inferior direito, que apresenta a combinação entre teoria moderna da ética e teoria política moderna. As razões para isso são complexas e estão além do escopo deste projeto.[12] As principais figuras identifica-

---

[12] O parágrafo final do presente capítulo sugere aonde acreditamos que devemnos ir para lidar com essa questão.

das com esse quadrante certamente não se veriam como céticos e minimalistas. Mesmo assim, o legado ético que o liberalismo nos deixou, ao menos cronologicamente, parece ser o minimalismo e o ceticismo. Entretanto, minimalistas e céticos liberais devem ironicamente ser incluídos entre aqueles que aceitam o gerenciamento da conduta moral como sendo função legítima da política e como ponto de partida da teoria política. Quer isso dizer que tais defensores do liberalismo devem ser agrupados com aqueles que rejeitam o liberalismo em nome do estabelecimento de uma conexão mais direta ou isomórfica entre moralidade e política.

Antes de aprofundarmos mais o último ponto, devemos ser claros em relação a que autores consideramos que encaram a teoria política como atrelada ou identificada com a moral. Não falamos apenas daqueles que desejam conectar moralidade e política de forma conservadora — por exemplo, aqueles que desejam promover "valores familiares" ou "decência" — mas também daqueles cuja agenda é "liberal" ou esquerdista e que desejam fomentar valores morais de natureza mais igualitária ou politicamente correta. A questão a respeito do grau com que a política deve se preocupar com valores morais — sejam valores como a antipornografia ou a igualdade entre os sexos — será cuidadosamente examinada nos capítulos seguintes. Isso quer dizer que examinamos e defendemos o princípio a ser usado para se tomarem decisões sobre como ligar a política a preocupações morais. No momento é suficiente dizer, antecipando nosso argumento, que os programas de reforma moral, sejam de esquerda ou de direita, não sobrevivem à nossa análise.

Seguindo a mesma linha, é ainda mais importante observar que aqueles liberais que não negociam o princípio básico do liberalismo, mas buscam defender esse princípio por meio do minimalismo ou do ceticismo moral, muito se assemelham a seus críticos por verem a política como definidora da conduta moral. Há um paradoxo da unanimidade aqui, pois apesar das manifestas diferenças entre defensores e críticos do liberalismo, ambos parecem aceitar a noção de que a política e a ética adotadas devem ser uniformes em escopo e substância. É patente que ambos os lados acabam ligando diretamente a moralidade à política. Valores à parte os valores que consideram centrais, são deixados à escolha do indivíduo. Mas a ideia de que o político é um veículo para promover e assegurar a moral permanece intocada.[13]

Portanto, liberais de quase todos os matizes e seus críticos frequentemente diferem apenas com relação ao *grau* ou *nível* da moralidade que será objeto de controle ou ação política. Não divergem na visão de que a política essencialmente ocupa-se em determinar o escopo e a essência da conduta moral. Novamente, liberdade e moralidade são inversamente proporcionais tanto para os críticos como para os defensores exatamente porque a política, como concebida desde Platão, é a institucionalização efetiva do que é ético. De nosso ponto de vista, ambos os lados não conseguem, como consequência, perceber a singularidade essencial do liberalismo como teoria política – qual seja, o afastamento que promove entre a moralidade substantiva e a política. A arte de governar não é a de forjar caráter; a política não se presta a "tornar os homens morais". Uma vez que se abandone a ideia de que a política é a ética institucionalizada, torna-se possível dizer que o valor da liberdade é diretamente proporcional à solidez da ética adotada.

Mais uma coisa precisa ser acrescentada antes de encerrarmos esse esboço de nossa posição. Uma das suposições ocultas da teoria políti-

---

[13] Não queremos dizer que os partidários dos diferentes campos liberais defendam que não há diferença entre política e moralidade, embora em geral não consigam reconhecer a conexão em seus respectivos casos. A política e a moralidade podem se diferenciar porque se pode argumentar que há limitações práticas ao que o Estado ou a política pode fazer. Mas, dadas as limitações, esses teóricos liberais não rejeitam a ideia de que a política pode e deve ter papel significativo para incentivar e desenvolver a conduta moral.

ca e da filosofia contemporâneas que rejeitamos — que tem relação com o paradoxo estrutural mencionado acima — é a ideia de que a filosofia política pode ser desvinculada de outras áreas da filosofia, além da ética e da política, como a metafísica.[14] Há duas questões a se considerar aqui: se e até que ponto pode haver alguma conexão com fundamentos não-políticos e se o desconforto atual do liberalismo é, de alguma forma, decorrência dessa especialização filosófica. Deve ficar claro a partir desses comentários de abertura que não somos simpáticos a nenhuma separação radical da teoria política de suas fundações filosóficas mais amplas. E, no entanto, o "fundacionalismo" é em si mesmo um tópico contemporâneo que causa controvérsia.

De todo modo, indicamos alguns elementos de nossas próprias fundações na Parte II e reportamo-nos a elas ao longo do trabalho. Descrever a nós mesmos como neoaristotélicos sugere a assunção de certos comprometimentos nos campos da metafísica e da epistemologia. Embora a questão da conexão entre filosofia política e outras áreas da teoria filosófica não seja discutida diretamente na Parte II, o que dizemos dá alguma indicação de como percebemos a conexão. Mais importante, há a questão de saber se a crise do liberalismo deve-se à falta de conexão com questões filosóficas mais amplas ou se, na verdade, tem tais conexões, só que erradas. Talvez os fundamentos filosóficos que o liberalismo possui produzam a ilusão de que o liberalismo não necessita dar atenção às conexões fundacionais quando busca a própria defesa! Se essa é a dificuldade ou a ilusão do liberalismo, não é a nossa. Olhamos na direção de perspectivas mais amplas e profundas. Acreditamos, por fim, que se houve um tempo em que a teoria política em geral, e o liberalismo em particular, podiam ignorar tais conexões, esse tempo já passou.

---

[14] Embora certamente adote uma linha diferente da nossa, Jean Hampton também ataca essa tendência em "Should Political Philosophy be Done Without Metaphysics?", Delaney, *The Liberalism-Communitarianism Debate*, 151-87.

Capítulo 2

LIBERALISMO E ÉTICA[15]

Aquele que dá a cada um o que lhe é devido por medo da força tem sua ação restringida pelo comando de outrem e pela ameaça de punição e não pode ser chamado de homem justo. Mas aquele que dá a cada um o que lhe é devido por ter consciência do verdadeiro princípio da lei e de sua necessidade, age com firmeza e por vontade própria, e não por vontade de outrem, e assim pode ser chamado corretamente de homem justo.

    BENEDICTUS DE SPINOZA, *Tractatus Theologico-Politicus*

Há uma ambivalência no liberalismo com relação à ética. Por um lado, o papel tradicional da ética como exortação à conduta apropriada parece ao liberalismo um anátema. Leo Stauss, por exemplo, observou que "a alma do desenvolvimento moderno, pode-se dizer, é um realismo peculiar que consiste na noção de que os princípios morais e o apelo a esses princípios – pregações, sermões, – são ineficazes. E, portanto, deve-se buscar um substituto para os princípios morais que se mostre mais eficaz que uma inócua pregação".[16] O ponto que Strauss aqui enfatiza é um aspecto do esforço mais amplo dos primeiros pensadores políticos modernos de tratar "os homens como são" e não "como deveriam ser".[17]

---

[15] O presente capítulo foi derivado do texto "Liberalism Defended: The Challenge of Post-Modernity", in *Classical Liberalism and Civil Society*, vol. 7 na série *John Locke Series in Classical Liberal Political Economy, the Shaftsbury Papers*, ed. Charles K. Rowley (Fairfax, Va.: The Locke Institute, 1997), 9-5 – 9-22, com poucas mas importantes alterações.

[16] Leo Strauss, "Progress or Return", in *The Rebirth of Classical Political Rationalism: an Introduction to the Thought of Leo Strauss*, ed. Thomas Pangle (Chicago: University of Chicago Press, 1988), 242.

[17] Spinoza, por exemplo, é explícito a respeito: "[Filósofos] concebem os homens não como eles são, mas como eles gostariam que fossem. O resultado é que geral-

Ter um sistema social que "funcione" significa que devemos descobrir as forças básicas que operam na sociedade e utilizá-las para alcançar os resultados desejados. Portanto, a distância entre o prescritivo e o descritivo — ou seja, entre as normas que deveriam ser seguidas e o que na realidade descreve nossas disposições — não deve ser muito grande para que tenhamos princípios *que funcionem*. Esquemas que se colocam contra inclinações básicas ou forças sociais rudimentares tornam-se condenados a ser ignorados desde o nascimento. Prescrições éticas, especialmente as exigentes, são, por isso, de utilidade social duvidosa.

De fato, como o desenrolar da história do liberalismo mostra, atenção crescente é dada não à ética, mas ao que hoje descrevemos como "ciência social", culminando talvez na ciência econômica.[18] Para esta ciência (e para outras) parece evidente que as exortações éticas são ferramentas fracas em comparação com forças como incentivos monetários quando se trata de estimular comportamentos, seja no plano individual seja no social. Não por acaso, muitos dos pais do liberalismo foram também pais da economia.

Mas a dimensão moral não foi totalmente ignorada pelos primeiros liberais. Liberdade de pensamento e expressão, junto com a tolerância, eram aspectos centrais de suas doutrinas. Além do mais, paz, ordem social, bem-estar material e os benefícios advindos da realização desses valores (por exemplo, o alívio da pobreza, da ignorância e da doença) certamente também faziam parte da estrutura valorativa contitutiva das raízes do liberalismo. Acrescente-se que a linguagem do liberalis-

---

mente os filósofos têm escrito sátiras e não ética, e jamais conceberam um sistema político que possa ser aplicado na prática. Mas acabaram produzindo fantasias óbvias ou esquemas que só poderiam ser colocados em prática na Utopia, ou na idade do ouro dos poetas quando, claro, não havia sequer a necessidade deles" (*Tractatus Politicus*, cap. I).

[18] Acreditamos que também Espinosa perseguia esse objetivo, apesar do uso da palavra "ética" na passagem citada na nota anterior. Espinosa desejava substituir o que nós chamamos teoria política normativa pela ciência social.

mo era, e ainda é, estruturada com base em direitos; e o conceito de direito dificilmente pode ser visto como desprovido de conotações morais. Consequentemente, pode-se argumentar que, embora interessados em ciências sociais, os liberais também muito se preocupavam com a justificação moral e a conveniência da ordem liberal.

Entretanto, na teoria liberal o prescritivo e o descritivo (ciência social e ética normativa) parecem manter uma relação peculiar. Jamais ficou claro qual deve predominar, embora nenhum dos dois pareça muito capaz de sobreviver sem o outro e de sozinho expressar a natureza do liberalismo. O descritivo precisa do prescritivo para dar sustentação à noção de que as conclusões das ciências sociais devem ter vínculos com políticas públicas. Mostrar que o livre mercado nos torna mais ricos não é em si um argumento capaz de nos levar, política e socialmente, em sua direção. O prescritivo necessita do descritivo para se apresentar como realista. Historicamente, o liberalismo não tem sido uma forma de idealismo ou utopismo. Tem-se orgulhado de propor soluções viáveis para os problemas sociais — soluções que levam em conta os seres humanos como eles realmente são e o que os motiva. Mesmo quando o liberalismo aspira a objetivos ainda não realizados na sociedade, sempre os defende e busca em nome do que é realmente alcançável. Moralizar parece uma atitude pouco eficaz para ajudar a distinguir o que é realista.

Além do mais, como o liberalismo parece se diferenciar de outras ordens por não tentar direcionar os indivíduos para uma concepção específica e socialmente uniforme de bem, gera a impressão de necessitar menos de exortação moral e de precisar apenas recorrer, como complemento, a outras técnicas mais "eficientes" descobertas pelas ciências sociais. De fato, a moralidade parece constantemente a um passo da irrelevância, já que o argumento de que determinado fim pode ser alcançado de forma mais efetiva sem sua influência parece suficiente para se abandoná-la. Contudo, a moralidade não pode ser totalmente abandonada pelo menos uma razão: as ordens liberais querem ser vistas como possuindo uma base moral ao menos equivalente, senão superior, a qualquer outro regime. Mas até que ponto isso pode ser estabelecido na ausência da exortação moral tradicional e de uma concepção de bem? Os liberais sofrem a tentação do argumento de que os efeitos das políticas liberais falam por si. Mas isso entrega de bandeja para os antiliberais todo o empreendimento moral. O efeito pode ser visto hoje: sucesso material disseminado devido às políticas liberais combinado com um igualmente disseminado cinismo ou hostilidade em relação à dimensão moral das referidas políticas.

Embora o liberalismo apresente certa ambivalência em relação à exortação moral tradicional, seus críticos não apresentam nenhuma quando se trata de tirar vantagem de tal ambivalência. Por um lado, os liberais são criticados por não aderirem suficientemente ao lado descritivo de sua teoria ao postularem a existência de direitos universais independentemente de todos os contextos sociais. Argumenta-se que tais alegações morais ignoram a realidade das prescrições morais que necessariamente se fazem presentes em ordens sociais específicas e que estão enraizadas nas práticas sociais vivas. Por outro lado, os liberais são acusados de abandonar o lado prescritivo em favor de um estreito *homo economicus* ou de uma concepção "atomista" de ser humano que serve para minar a possibilidade mesma de valores morais. A culpa, no caso, frequentemente recai sobre as teorias do estado-de-natureza, muitas vezes propugnadas tanto pelos primeiros liberais quanto pelos contemporâneos.

Embora alguns benefícios heurísticos possam ser derivados das teorias do estado-de-natureza,[19] não é difícil perceber que enraizar uma doutrina em um contexto sem moralidade, sociabilidade ou práticas

---

[19] Ver Douglas B. Rasmussen e Douglas J. Den Uyl, *Liberty and Nature: An Aristotelian Defense of Liberal Order* (LaSalle, Ill.: Open Court, 1991), 191-206, em que discutimos Buchanan e a contribuição que teorias econômicas ou não-tuistas podem dar à teoria social.

institucionais dá azo a críticas de atomismo, relativismo e não comunitarismo. O próprio cenário de um estado de natureza é atomista, relativista e não comunal. Mais importante, para nossos objetivos, é que os seres humanos são percebidos por esse modelo como se não tivessem nenhum *summum bonum* como se não perseguissem fins naturais e, consequentemente, como se não pudessem ser descritos como sujeitos a um bem independente dos desejos dos atores individuais nesse estado de natureza. Isso significa que não temos um padrão ou fundamentação para uma moral suficientemente independente para ser usados na avaliação desses desejos. Consequentemente, a moralidade deve ser uma função desses desejos, ou os resultados de sua busca. Assim, a moral parece ser as normas resultantes provenientes da interação dos desejos ou dos desejos gerados em nós por nossas percepções das consequências das variadas buscas interessadas, ou de ambos. O que não parece ser o caso é que as normas devem comandar nossas alianças porque são corretas, valiosas, verdadeiras ou apropriadas. Para alguns, isso nunca leva à moralidade. Certamente os apelos tradicionais à comunidade, ao que é certo, à verdade, são colocados de lado. A vontade de manter juntos o prescritivo e o descritivo acaba custando o sacrifício do próprio prescritivo, poderiam argumentar esses críticos.

Como vimos, o problema é mais profundo. Pois, se alguém constrói uma teoria partindo da suposição de que a moralidade não existe e a cooperação é o primeiro e principal bem a ser estabelecido por algum tipo de contrato, então fica difícil ver onde termina a política e começa a moralidade. Uma ordem moral seria exclusivamente o conjunto de normas que regulam como devemos agir com base em nossos desejos vis-à-vis os dos outros, já que não pode haver avaliação anterior de nossos desejos sem levar em conta seus efeitos sociais. Portanto, as normas que nos regulam definirão as fronteiras de nossa interação. Mas isso, claro, é apenas o que a política parece fazer. Em consequência, o liberal que começa por esse caminho enfrenta o problema de precisar encontrar uma forma de distinguir o político do moral. E esse problema, como veremos, é importante.

Que os tipos de crítica que apontam para o empobrecimento moral do liberalismo têm de fato acertado o alvo, é algo que parece confirmado pelas recentes defesas do liberalismo que o caracterizam como plausível porque as discordâncias em torno da natureza do bem são essencialmente intratáveis. Contudo, se o bem é intratável, não está claro o que se quer dizer com a alegação de que os regimes liberais podem, afinal de contas, ser defendidos no terreno da ética. E esse é, na verdade, ao menos o ponto tácito, senão o explícito, enfatizado por críticos como John Gray que desejam adotar políticas e valores liberais mais ou menos porque simplesmente são aquilo a que, nas sociedades liberais, estamos acostumados e que chamamos de nossos. Essa estratégia caracteriza um liberalismo em estado de exaustão e jamais poderia ter tido serventia para os fundadores do liberalismo na luta para garantir-lhe um lugar no interior das ordens autoritárias ou das enraizadas na tradição.

Pode-se, entretanto, adotar outra estratégia mais comum ao liberalismo que é a de se sugerir que desacordos intratáveis em torno do "bem" nada dizem a respeito dos desacordos concernentes ao "certo". Dar esse tipo de resposta pode, em última instância, ser uma petição de princípio, pois pressupõe uma distinção que oponentes do liberalismo diriam estar no coração do que há de errado com o liberalismo e, portanto, do que eles rejeitam. Dada a forte penetração dessa distinção no seio de boa parte do liberalismo, parece-nos importante dar-lhe a devida atenção.

O bem e o direito

Em um esforço para acomodar tanto a liberdade pessoal quanto as demandas por justiça, o liberalismo parece exigir uma distinção básica, como a que se faz entre "o bem" e o "direito".²⁰ A tendência geral tem sido considerar o bem como pertencendo essencialmente à esfera privada e o direito como universalizado. Em outras palavras, o bem tem sido visto como objeto do interesse e desejo de cada um, ou aquilo que cada um considera benéfico para si. É visto em contraste com o que se pode fazer com qualquer direito. O que um indivíduo pode fazer por direito é aquilo que é permitido a todos ou cobrado e exigido de todos os agentes de modo igual e universal (ou daí derivado). Os primeiros pensadores liberais podiam falar confortavelmente dos "direitos do homem", mas teria sido incomum para eles falar do "bem do homem". "Bens dos homens", pelo contrário, teria sido uma locução aceitável (assim como não teria sido "o direito do homem"). Direitos são universais; bens dizem respeito a indivíduos particulares. Essas locuções sugerem que o bem e o direito não precisam ter necessariamente qualquer conexão um com o outro. O que uma pessoa faz ou possui por direito não tem conexão necessária com o que lhe proporciona o bem. E o que lhe proporciona o bem pode estar em conflito com a conduta permitida ou exigida por direito. Esse caráter assíncrono do bem e do direito deve-se ao fato de o bem ser parcial, interessado e, portanto, amoral enquanto que o direito apreende a moral, por ser desinteressado e imparcial. Essa distinção permite que tenhamos algo que não é atomista, relativista e parcial – ou seja, o "direito" – ao

---

²⁰ A distinção realmente tem suas origens no trabalho de John Rawls, *A Theory of Justice* (Cambridge, Mass.: Belknap Press of Harvard University Press, 1971), 446-52. Não estamos certos a respeito de quanto apoio a ela pode ser dado usando-se os escritos clássicos do liberalismo (por exemplo, Locke, Hume, Constant, e outros), mas a distinção tornou-se de tal forma parte da literatura contemporânea que consideramos justificável tratá-la como uma distinção conceitual central para o liberalismo. O próprio Rawls enfrenta dificuldades por tentar separar em demasia o bem e o certo. Ver John Rawls, *Political Liberalism* (New York: Columbia University Press, 1993), conferência 5, o que confirma o nosso ponto a respeito da constante oscilação do liberalismo entre os dois.

mesmo tempo em que permite que se reconheça a realidade dos interesses, desejos e objetivos individuais.

Todavia, a distinção entre o bem e o direito de forma alguma atenua o fato de que um dos problemas centrais do liberalismo tem sido tradicionalmente o de alinhar ou harmonizar os dois.[21] Qual deles deve ter precedência? Teóricos morais liberais tendem para o direito, enquanto que cientistas sociais que priorizam o empírico preferem trabalhar mais com o bem. Portanto, a própria natureza da distinção cria uma tensão em busca de uma solução. E inúmeras soluções têm sido tentadas. Por exemplo, a teoria do contrato social, seja a clássica ou a contemporânea, pode ser caracterizada como o esforço para se gerar o direito a partir do bem. As regras que devem reger a ordem social (o direito) devem ser produto da interação auto-interessada dos indivíduos (o bem). Se tudo funcionar, as normas que emergirem da interação serão as que reconheceremos como favoráveis a nosso próprio interesse (ao nosso próprio bem), ao menos em momentos desinteressados.

Tal processo pode de fato conciliar o bem e o direito, mas pode alguém se perguntar se nossa satisfação com as diversas descrições do bem é simplesmente função do que predeterminamos ser direito. Em outras palavras, não são as coações sobre os contratantes (sejam elas "véus da ignorância" ou a "unanimidade") um reflexo de determinada concepção de direito? E não é essa concepção de direito que estatui o que é mais significativo na concordância a ser alcançada pelas partes

---

[21] Algumas teorias liberais recentes anteciparam essa opção ao tornar o bem relativo ao agente, mas não o direito. Ver por exemplo, Eric Mack, "Moral Individualism and Libertarian Theory", in Tibor R. Machan e Douglas B. Rasmussen, eds. *Liberty for the Twenty-First Century: Contemporary Libertarian Thought* (Lanham, Md.: Rowman & Littlefield, 1995). Isso difere da abordagem tradicional porque o bem, relativo ao agente, ganha status moral, criando assim um dualismo moral. Nosso ponto de vista a respeito dessa visão é que é tão instável como suas correspondentes tradicionais, e que o próprio empenho em reconciliar bem e direito é fruto de uma percepção da tensão potencial entre eles.

no "contrato"? E se fosse o caso de apelar para nossos momentos de imparcialidade para definir nossos "interesses", os elementos da imparcialidade (o direito) não acabariam se tornando o padrão mais significativo? Os mesmos tipos de questão podem ser dirigidas a teorias que tentam embasar as normas morais no que resulta da evolução, e não no que foi explicitamente acordado. Mesmo porque, em algum momento, o teórico evolucionário deve vir à tona em busca de ar para avaliar os frutos da evolução. E outra coisa que não o estado de coisas que evoluiu terá de servir de padrão de avaliação.[22] Ou seja, ele terá de se voltar para o direito.

Como consequência da irritante suspeita de que as teorias do contrato social são, no fim das contas, mais propelidas pelo direito que pelo bem, alguns argumentaram (provavelmente partindo de Kant) que os fundamentos do liberalismo devem ser deônticos (ou seja, estribados no apelo a princípios e não a consequências).[23] Na maioria dos casos, não se considera o bem (o interesse) relevante para qualquer determinação do direito. A irrelevância do bem pode assumir uma das duas formas: é irrelevante por estar abaixo do direito ou acima dele.

No primeiro caso, o bem é definido em termos de interesse e considerado irrelevante para a determinação das obrigações e deveres básicos de cada um. Um dever ou obrigação é algo que deve se mostrar universal imparcial e, de tal forma que aquilo que é interesse particular de alguém não pode merecer tal estatuto. Em vez disso devemos en-

---

[22] Não está claro por que, se removêssemos (ou acrescentássemos, dependendo da perspectiva) todas as restrições, não acabaríamos simplesmente no mundo que já temos. Se supomos que todos os agentes são racionais e de que agem em busca de vantagens próprias sob quaisquer condições com as informações que possuem, então o resultado deve ser racional bem como constituir uma descrição acurada do mundo como de fato existe.

[23] Ver Mack, "Moral Individualism and Libertarian Theory", 41-58.

contrar uma base para que alegações universais, imparciais, possam ser feitas. Uma forma comum e impelente de fazê-lo tem sido a de observar alguns traços genéricos individuais da pessoalidade (*personhood*) para deles extrair normas universais e imparciais. Com base nisso podemos, por exemplo, afirmar que pessoas possuem certos direitos básicos porque sua própria personalidade exige respeito de cada um e de todos nós.

No outro caso, em que o bem está acima do direito, o bem se torna heroico, pois vai além do que o dever exige. Pode ser, por exemplo, que alguém mereça crédito, como ato de gratidão em resposta a uma gentileza anterior, sem ter nenhuma obrigação necessária de realizar o ato. A pessoa não tem o direito, por assim dizer, de reivindicar que os recursos de outra sejam dados como pagamento de gratidão por algum ato de gentileza prévio. Mas parece estranho supor que o ato de gratidão em questão não possua valor moral algum. Parece igualmente estranho dizer que a pessoa deve ser obrigada a fazer o benefício. Em consequência, a solução é dizer que o bem será reconhecido como moral, mas depois relegado à categoria do moralmente heroico (supererrogatório). Pouco ou nada tem a ver com a determinação do direito, pois não podemos dizer que todos tenham de fazê-lo, ou fazê-lo da mesma forma e no mesmo grau.[24] O resultado é que o bem é progressivamente ignorado em favor do que quer que se coloque sob a rubrica do direito.

Resta uma possibilidade: a situação em que o bem de alguém é definido como *equivalente* a ações realizadas a partir do reconhecimento do direito. Aqui em geral nos defrontamos com uma noção de bem "verdadeiro", ou seja, com aquela que talvez possa conflitar diretamente com nossos interesses ou desejos imediatos, mas que mesmo assim

---

[24] É tentador afirmar que se apenas distinguimos bens morais de bens não-morais podemos conciliar o bem inferior, o bem superior e o direito em uma teoria. Mas a ideia de que existe super — e sub— errogação é em si função da distinção entre o bem e o direito, e da irrelevância final do bem para a determinação do direito. Há mais uma rejeição do que uma reconciliação aqui.

incorpora certo princípio que a própria razão de alguém possa vir a aceitar por ser correto ou porque serve a um propósito universal mais amplo. Nesse caso, por exemplo, pode-se dizer a alguém que sua utilidade pessoal deve se ajustar à utilidade da sociedade como um todo; ou que seu próprio bem verdadeiro consiste realmente em respeitar os direitos dos outros.[25]

Nesse tipo de contexto, amplamente deôntico, o bem "verdadeiro" não marca simplesmente a clássica (ou seja, pré-moderna) distinção entre o bem aparente e o bem real. A visão clássica ainda se apegava à noção de que o bem "real" é um bem para pessoas particulares. Em contraste, a visão moderna deôntica defende que o bem verdadeiro se aplica a ninguém em particular e a todos igualmente. Nós só temos que nos apegar a ele. O bem verdadeiro, nessa abordagem, é verdadeiro exatamente porque despojado de todos os elementos particularistas. Sendo assim, só é bem de alguém na medida em que esse alguém não se diferencia dos outros. Caso alguém se diferencie em termos de bem, isso é sinal de que ainda não consegue enxergar o bem verdadeiro. Não está claro, contudo, se essa abordagem tenta realmente reconciliar o bem com o direito tanto quanto transforma completamente um (o bem) no outro (direito).

---

[25] Um exemplo contemporâneo é o trabalho de Alan Gewirth, que propõe que percebamos nosso próprio bem em termos da liberdade e bem-estar implicados em nossas ações para com os outros. Ver Gewirth, *Reason and Morality* (Chicago: University of Chicago Press, 1978). Como observamos abaixo, esse procedimento não parece limitado às teorias deônticas. Mill parece recomendar que identifiquemos o bem de alguém com o bem-estar da sociedade, embora talvez seja esse conceito de "bem-estar" a marcar a diferença. Para a ideia de que o utilitarismo é na verdade uma forma de deontologia, ver Henry B. Veatch, *For An Ontology of Morals: A Critic of Contemporary Theory* (Evanston, Ill.: Northwestern University Press, 1971), 152. A tendência mais comum a equiparar o bem ao direito é a redução de toda ética a questões de justiça. Sobre esse ponto, ver Douglas J. Den Uyl, "The Right to Welafare And the Virtue of Charity", *Social Philosophy & Policy* (Inverno, 1993): 192-224.

Uma possibilidade final de conciliação do bem com o direito parece estar refletida nas teorias de alguns liberais do século XVIII para os quais o bem e o direito, embora distintos, ficavam em uma espécie de equilíbrio ou harmonia natural. Se, por exemplo, as pessoas só aderissem a direitos que dizem respeito à conduta (por exemplo, o agir que não recorre à força ou fraude), a busca diferenciada de cada um por seus próprios bens particulares redundaria em benefício para todos. Este tipo de conceito "mão invisível" *à la* Adam Smith parece-nos mais poderoso do que se tem tendido a reconhecer,[26] mas pouco ajuda a resolver os problemas de prioridade que temos formulado. Até porque se a mão invisível não leva tão constantemente à harmonia, a questão da prioridade emerge novamente. Além do mais, a não ser que se esteja propenso a dizer que o que quer que *seja* está em um estado de harmonia, a própria ideia de harmonia pressupõe a possibilidade de separação e desarmonia, o que exige de nós alguma forma de avaliação nos faz portanto mais uma vez enfrentar a questão da prioridade.

Nossa breve exposição sugere haver uma inevitável tendência na distinção entre o bem e o direito a depreciar a natureza moral do bem e a aumentar a do direito. Em outras palavras, o que é imparcial e universal ganha precedência sobre os bens que são, quase por definição agora, parciais e particulares.[27] Assim, o problema de separar o bem do

---

[26] Um exemplo de sua profundidade pode ser percebido através dos usos do conhecimento na sociedade. Ver Thomas Sowell, *Knowledge and Decisions* (New York: Basic Books, 198), cap. 1.

[27] A esse respeito a nossa visão se aproxima da de Rawls, que defende que a prioridade do bem sobre o direito é central para o liberalismo, e uma boa coisa. Como exemplo de quão como isso é verdadeiro é isso em um nível mais profundo, Will Kymlicka, argumentando contra Rawls, tenta sugerir que não há questão real sobre a prioridade do bem e do direito. Ver seu trabalho *Liberalism, Community and Culture* (Oxford: Clarendon Press, 1989), 21. Kimlycka argumenta que Rawls concebeu utilitarismo de forma equivocada ao escrever: "É a preocupação com tratamento equitativo que subjaz à argumentação de Bentham e Sidgwick... e é explicitamente

direito é que o conteúdo ético particularizado é crescentemente sacrificado em nome de normas abstratas e universalizadas.[28] Consequentemente, o indivíduo, visto de forma tão central para o liberalismo, torna-se ainda mais eticamente irrelevante.

Se o liberalismo se abstém de usar a exortação moral como técnica de gerenciamento social isso não se deve apenas ao fato de reputá-la ineficaz. A despeito da retórica tanto do que pensam seus defensores como seus críticos, *o liberalismo não tem sido tradicionalmente uma teoria ética individualista*. Ao contrário, confere ao bem individual pouco ou nenhum destaque moral.[29] E embora o liberalismo fale de autonomia individual ou pessoalidade, suas tendências universalistas tornam qualquer individualismo substantivo quase que sem sentido. Isso ocorre porque, como temos observado, a distinção entre o bem e o direito inevitavelmente levanta uma questão de prioridade que, à luz das tendências universalistas do liberalismo, acaba sendo resolvida a favor do direito. A autonomia individual seria, por exemplo, boa porque tem permissão inicial para ser assim por direito, e não é direito porque contribui para o bem (a exemplo de John Stuart Mill).[30]

Defendemos que o liberalismo está certo em ignorar o individual para ter uma perspectiva universal. Está certo em fazer isso apenas

---

afirmado por utilitaristas recentes" (25). É claro que subjacer a uma doutrina de "consideração equitativa" é dar prioridade ao direito sobre o bem no nível mais profundo.

[28] Usamos o termo "separar" em vez de "distinguir" de forma deliberada, pois parte do aspecto que enfatizamos reside em que o que começa como uma simples distinção torna-se separação com o passar do tempo.

[29] Adam Smith parece uma exceção a isso. Ele admite que além da justiça e da benevolência, a prudência e o auto-interesse possuem importância e posição morais. Até aqui nenhum problema, mas que atos auto-interessados são dignos de aprovação e quais não são, pouco têm a ver com o bem individual e muito a ver com as normas sociais sancionadas pelo espectador imparcial.

[30] Nosso ponto, claro, não defende que todas as doutrinas liberais sejam deontologias disfarçadas, mas que a tendência aponta nessa direção.

se abrir mão de toda pretensão de ser uma ética.[31] O liberalismo tem tanto de ética quanto de teologia. Ainda que o liberalismo como teoria social se empenhe para afastar toda e qualquer ligação com a teologia, fracassa ao se distinguir da ética. Teóricos liberais têm se apegado à ideia de que a política é a ética expressa de uma forma mais clara e mais forte e que, portanto, os princípios políticos liberais são manifestamente princípios éticos como quaisquer outros.

Para o liberalismo o preço de apegar-se a essa forma de encarar as coisas é a separação entre direito e bem, porque é difícil para princípios éticos serem ao mesmo tempo universais e particulares se existir qualquer diversidade no nível particular. Para se evitarem as inconveniências que a diversidade do particular apresenta para os princípios éticos, há uma tendência inevitável a se generalizar ou universalizar, ou seja, a considerar ético apenas aquilo que pode ser afirmado igualmente das pessoas em geral. A consequência disso é que a adequação moral do individualismo, que o liberalismo deveria construir e fomentar, acaba minada.

O empenho em manter a ideia de que princípios políticos são prescrições éticas comuns ampliadas, tem, na verdade, efeito de socializar a ética, ou seja, de dar ao indivíduo pouca ou nenhuma importância ética. Isso é precisamente o que se encontra nas profundezas da maioria das teorias liberais. A socialização da ética desempenhou importante papel no estabelecimento da prioridade do direito sobre o bem ao tirar a importância ética das buscas individuais. Em consequência, normas éticas em um ambiente liberal tornaram-se cada vez mais identificadas com a justiça. O liberalismo clássico, em seu esforço para preservar o valor da liberdade individual, enveredou inevitavelmente pelo minima-

---

[31] Rejeitar a identificação do liberalismo com a ética não é rejeitar uma conexão entre eles. O exame da natureza dessa conexão encontra-se em nossa discussão dos princípios metanormativos e direitos encontrada nos capítulos seguintes do presente trabalho.

lismo moral, já que este propiciava a diversidade entre os indivíduos. Aqueles que adotaram o assim chamado neoliberalismo pensaram que o minimalismo moral permitia todo o tipo de abusos sociais e tentaram expandir a concepção de justiça,[32] visto que como liberais, também se sentiam compelidos a sustentar que a única função legítima do Estado é impor a aplicação e cumprimento das regras da justiça.[33] Nosso foco a seguir, entretanto, recairá sobre as formas utilizadas pelo liberalismo para socializar a ética, e não sobre as implicações divergentes desse fenômeno.

A SOCIALIZAÇÃO DA ÉTICA

Em meio às sementes do liberalismo encontramos o fenômeno a que acabamos de nos referir.[34] Considere-se a passagem de Thomas Hobbes:

> "A virtude moral, suscetível de ser mensurada por leis civis, que varia de Estado para Estado, é justiça e equidade; a única virtude moral que mensuramos apenas pelas leis naturais é a caridade. Além disso, toda virtude moral está contida nessas duas. Contudo, as

---

[32] O novo liberalismo de fato foi um esforço de trazer de volta algum conteúdo para a ética, (ou a ética de volta ao liberalismo). Seu problema central é fazer isso e ainda assim poder ser qualificado de liberalismo.

[33] Este termo é um nome dado a liberais do século XIX que buscavam maior intervenção do Estado na vida social e que tendiam a apresentar uma concepção de bem ético mais robusta que a de seus congêneres clássicos.

[34] Acreditamos que o processo tenha começado muito antes, com o aumento de controle político e a influência da Igreja Católica. Visto que a religião discursa em termos predominantemente normativos, sua ligação com a vida política necessariamente começaria a enxergar a ética em termos do social, em vez de primariamente em termos de salvação pessoal. A rejeição da Igreja Católica durante a Reforma não foi uma rejeição a esse aspecto da relação entre ética e política, como a *Genebra* de Calvino indica.

outras três virtudes (exceto a justiça) que são chamadas de cardinais – coragem, prudência e temperança – não são virtudes de cidadãos enquanto cidadãos, mas enquanto homens, pois tais virtudes são úteis não tanto ao Estado quanto o são aos indivíduos que as possuem... pois, assim como cada cidadão possui seu próprio bem privado, assim também o Estado possui seu próprio bem público. E nem, na verdade, deveria alguém exigir que a coragem e a prudência do homem privado, se úteis só para ele mesmo, sejam exaltadas ou consideradas virtudes pelos Estados ou por quaisquer outros homens para os quais não são úteis. Assim, condensando todo esse ensinamento sobre modos e disposições em poucas palavras, digo que boas disposições são aquelas adequadas para se ingressar na sociedade civil; e boas maneiras (ou seja, virtudes morais) são aquelas por meio das quais o que foi apropriado pode ser melhor preservado. Pois todas as virtudes estão contidas na justiça e na caridade."[35]

Observe-se como todas as virtudes reduzem-se a duas. E as duas virtudes são elas mesmas virtudes pelo que contribuem para a cooperação social. A passagem começa com Hobbes identificando corretamente que as virtudes cardinais, com a possível exceção da justiça, estavam historicamente concentradas na perfeição do indivíduo (o "bem privado"). E embora ele pareça admitir a distinção entre bem público e bem privado, a redução de todas as virtudes a duas, e a interpretação dessas duas virtudes exclusivamente em termos de sua contribuição à cooperação social, torna ocioso o bem dos indivíduos enquanto categoria ética. A importância ética do bem privado, portanto, desaparece, não importando quão importante seja para descrever a vida no estado de natureza ou para predizer os termos do contrato social.

Outros liberais, ou figuras importantes para o desenvolvimento do liberalismo, fazem sugestões semelhantes. Consideremos a seguinte passagem de Lord Shaftesbury:

---

[35] Hobbes, *De Homine*, cap. 13, 9.

"Podemos considerar primeiro, que a Afecção Parcial ou Amor social em parte, sem ligação com a Sociedade pronta e acabada ou com o Todo, é uma Inconsistência em si e implica uma Contradição absoluta. Qualquer que seja a Afecção devotada a qualquer coisa que não seja nós mesmos, não sendo de tipo natural dirigida ao Sistema ou ao tipo deve ser, dentre todas as outras Afecções, a mais dissociável, e destrutiva dos prazeres da Sociedade. Se de fato é do tipo natural, aplicada apenas a uma Parte da Sociedade, ou da Espécie, mas não à Espécie ou à Sociedade em si; então não há mais explicação para ela, a não ser a mais estranha, caprichosa e temperamental Paixão. A Pessoa, portanto, consciente dessa Afecção, pode estar consciente da falta de Mérito ou Valor dela advinda".[36]

David Hume fez comentário similar: "Mas, no todo, parece-me que embora sempre se admita que há virtudes de muito tipos diferentes, ainda assim, quando um homem é chamado *virtuoso*, ou qualificado de homem de virtude, reportamo-nos principalmente a suas qualidades sociais que são, de fato, as mais valiosas."[37] Tais observações não se limitam aos empiristas britânicos. Kant alega, por exemplo, que "temos razões para ter apenas uma visão ruim sobre nós mesmos como indivíduos, mas como representantes da humanidade só podemos nos ter em alta conta."[38]

Pode-se objetar, em especial no tocante a pensadores como Hume, Adam Smith e Kant, que tiveram o cuidado de separar as virtudes ou deveres que dizem respeito a si próprio *(self-regarding)* das que concernem ao social (que dizem respeito ao outro), sendo que ambos os

---

[36] Citado em L. A. Selby-Bigge, ed. *The British Moralists*, vol I (Oxford Clarendon Press, 1897), 40.
[37] David Hume, *Enquires Concerning the Human Understanding and Concerning the Principals of Morals*, segunda edição, ed. L. A. Selby-Bigge (Oxford: Clarendon Press, 1902), apêndice 4, 314.
[38] Immanuel Kant, *Lectures on Ethics* (Indianapolis e Cambridge: Hackett Publishing, 1930), 126.

tipos são necessários para se alcançar uma visão completa da moralidade. Mas essa objeção serve apenas reforçar para o ponto. Qualquer que seja a independência que virtudes e deveres que dizem respeito ao eu possuam, seu valor é determinado quase que completamente por sua contribuição à cooperação social. Consideremos, por exemplo, estas palavras de Adam Smith: "A sabedoria que concebeu o sistema das afecções humanas, assim como de qualquer outra parte da natureza, parece ter julgado que o interesse da grande sociedade da humanidade seria melhor promovido direcionando-se a atenção principal de cada indivíduo para aquela parte específica da sociedade que melhor se coadunava com suas habilidades e seu entendimento".[39] Portanto, embora o liberalismo possa conceder ao indivíduo a liberdade para agir como lhe aprouver, de forma alguma isso implica um individualismo *ético*, ou seja, uma ética em que o indivíduo tem valor primário e o florescimento (o bem) do indivíduo é o objetivo básico da ética. De fato, há um paradoxo do individualismo, no liberalismo tal como tradicionalmente compreendido, pois embora críticos do liberalismo apontem com entusiasmo para o caráter "possessivo" ou "atomista" dos indivíduos encontrado nas teorias liberais, o fato é que o liberalismo é impulsionado pela necessidade de socializar e não pela de atomizar. Não surpreende, assim, que quando chegamos a Smith e Kant, a imparcialidade seja o traço distintivo das teorizações éticas, sendo a parcialidade dos indivíduos considerada o principal obstáculo à paz e cooperação social. Com relação a isso, é bastante ilustrativo que o ataque ao liberalismo inicia-se mais forte com aquele que vinculou o valor ético positivo ao indivíduo verdadeiramente atomizado, ou seja, com Rousseau e seu "homem selvagem".

Que a ética foi historicamente socializada sob o liberalismo e que, portanto, o liberalismo não necessariamente é uma ética do individu-

---

[39] Adam Smith, *Theory of Moral Sentiments*, VI, ii, 2.4.

alismo, é decorrência do abandono de outro traço da ética clássica: a substituição da prudência pela justiça como virtude cardinal suprema.[40] Que a justiça tenha substituído a prudência é algo que se deve, ao menos parcialmente, ao abandono da "autoperfeição" em favor da cooperação, harmonia e paz sociais. Com exceção do indicado na citação de Hobbes feita acima, há pouca dúvida de que outros pensadores também insistem em realizar a substituição. Considere-se, por exemplo, as passagens de Hume e Mill, respectivamente:

> "A necessidade de justiça para dar sustentação à sociedade é a ÚNICA fundação dessa virtude; e já que nenhuma excelência moral é tida em tão alta conta, podemos concluir que essa circunstância de utilidade tem, em geral, a energia mais forte e o comando mais completo sobre nossos sentimentos. Deve ser, portanto, a fonte de parte considerável do mérito atribuído à humanidade, benevolência, amizade, espírito público e outras virtudes sociais do gênero; por ser ÚNICA fonte de aprovação moral dada à fidelidade, justiça, veracidade, integridade e outras qualidades e princípios úteis e estimáveis".[41]
>
> "A partir do que foi dito parece que a justiça é um nome para certas exigências morais que, consideradas coletivamente, localizam-se em um ponto mais alto na escala da utilidade social; e, constituem, portanto, a obrigação suprema frente a todas as outras".[42]

A urgência de se equiparar justiça e ética como um todo tem sido praticamente irresistível para o liberalismo. De uma perspectiva, se os liberais estatuem que o raio apropriado de ação do Estado deve se li-

---

[40] Ver Douglas J. Den Uyl, *The Virtue of Prudence* (New York: Peter Lang, 1991) para uma explanação acerca dessa virtude.
[41] Hume, *Enquiry Concerning the Principles of Morals*, seção 3, parte 2.
[42] John Stuart Mill, *Utilitarianism*, segunda edição, ed. George Sher (Indianápolis: Hackett Publishing, 2001), 63.

mitar a questões de justiça, então todos os assuntos que envolvem séria preocupação moral podem ser relegados a questões de justiça. Isto porque deixar uma questão moral séria fora da esfera da justiça a protegeria de sanções e a tornaria simples matéria de escolha individual. Não fica claro, em tal caso, quão séria a questão moral pode ser caso, totalmente entregue ao apenas indivíduo, fracasse em ser *necessariamente* social em natureza e fique sem sanção social.

Vista sob outra perspectiva, a socialização da ética indicaria que o que é necessária e inerentemente social acabaria tendo primazia em relação ao que não é. A justiça pareceria ser a melhor candidata para ocupar o centro da ética por causa de sua estrutura interpessoal aparentemente inerente. Além do mais, o caráter interpessoal da justiça parece legitimar o *gerenciamento* das relações interpessoais, o que nos leva de volta à política.

Uma vez que a socialização da ética por meio da justiça tende a tornar o foco da ética aquilo que pode ser gerenciado, um de seus efeitos é a secularização da ética. Por exemplo, a salvação pessoal, que historicamente pode ter reivindicado primazia, é empurrada para os limites da consciência privada. Se a cooperação social é nosso fim, nossas ações e disposições em direção aos outros devem merecer precedência. Sobra assim pouco espaço para o pessoal ou "privado" se destacar. E assim se dá incentivo para se interpretar qualquer coisa que seja privada de uma forma pública. Portanto, não é por acaso que, a despeito da distinção feita por Hobbes entre justiça e caridade, esta possua pouco valor independente. Spinosa é ainda mais explícito no tocante a essa conexão.[43] Hoje em dia é claro que não temos praticamente nenhuma concepção de caridade que vá além daquilo que se faz pelos outros.[44]

---

[43] Espinosa, *Tractatus Theologico Politicus*, cap. 14.
[44] Ver Den Uyl, "Right to Welfare and the Virtue of Charity".

Uma indicação adicional da redução da ética à justiça surge na linguagem dos direitos. Comunitaristas frequentemente lamentam o fato de que o estudo da ética é conduzido quase que exclusivamente na linguagem dos direitos. Ao menos em termos descritivos os comunitaristas estão cobertos de razão em identificarem os direitos como o conceito central da ética liberal. De fato, entre os filósofos políticos contemporâneos, o problema da filosofia política parece ser exclusivamente o de justificar e especificar direitos básicos. É quase desnecessário dizer que tais preocupações se localizam no campo da justiça. E embora as várias teorias e suas conclusões difiram no que diz respeito a que direitos temos ou não, raramente se afastam da ótica que encara a ética primariamente em termos de questões de justiça.

Para os liberais, contudo, um problema importante surge quando a ética é socializada por meio da justiça. A doutrina é chamada de "liberalismo" por seu caráter liberal, ou seja, por seu amor à liberdade. Mas a combinação da liberdade com a socialização da ética resulta numa inclinação para a minimização moral. Se, em outras palavras, as obrigações morais centrais de uma pessoa tendem a ser definidas em termos do que deve aos outros, e se também deve ser deixada livre para buscar seus interesses, à sua maneira e no máximo grau possível, então conciliar esses extremos parece exigir um número mínimo de deveres interpessoais restritivos.

É verdade que se pode alegar que, enquanto nossos deveres interpessoais se mantiverem em um nível mínimo, podemos ter muitas outras obrigações morais a cumprir como indivíduos. Estas outras obrigações sugerem que o minimalismo moral não necessariamente descreve o liberalismo com precisão. Mas, como vimos, o que quer que permaneça fora do centro acaba empurrado para a periferia, tornando-se insignificante. Em consequência, o liberalismo parece dividido entre a maximização da liberdade e a minimização da obrigação, de um lado, e a crescente obrigação às custas da liberdade, de outro. Essa tensão é criada precisamente na medida em que a própria liberdade é filtrada pela justiça.

Se a cooperação é possível com mínimos constrangimentos à conduta individual, então pode ficar a impressão de que a demanda por justiça está sendo satisfeita. Se, por outro lado, o tipo de "cooperação" resultante da livre associação é considerado de algum modo deficiente (por exemplo, pagar "salário de fome" aos trabalhadores), então a pressão para a inclusão de outros valores além da liberdade inevitavelmente afetará a liberdade. A tensão nos parece inconciliável na medida em que a justiça define a própria estrutura da ética e o liberalismo passa a ser considerado uma ética.

A SOLUÇÃO METANORMATIVA

Vimos que a relação entre liberalismo e ética é de ambivalência e tensão. Resulta da incapacidade de pensadores liberais de apreenderem a verdadeira singularidade do liberalismo. Tais pensadores escrevem como se estivessem apenas dando continuidade a uma longa tradição na filosofia política devotada à busca da melhor ordem social, da boa sociedade ou do Estado ideal. Consideram que seu projeto objetiva produzir e justificar normas reguladoras para a melhor sociedade com o estatuto de deveres morais. Um autor recente, por exemplo, afirma que o liberalismo é "uma filosofia política normativa, um conjunto de argumentos morais sobre a justificação da ação política e das instituições."[45] Outro escreve que há "uma oposição... entre o individualismo liberal, em uma ou outra versão, e a tradição aristotélica em uma ou outra versão."[46] Em ambos os casos vemos o

---

[45] Kymlicka, *Liberalismo, Community and Culture*, 9.
[46] Alasdair MacIntyre, *After Virtue: A Study in Moral Theory*, segunda edição (Notre Dame, Ind.: University of Notre Dame Press, 1981), 259.

liberalismo tratado como uma filosofia ética a ser contrastada com outras filosofias éticas.[47]

Encontra-se aí grande parte do problema. De fato, as normas não são todas de um mesmo tipo, diferenciadas apenas por tema ou pensador. Algumas normas podem regular as condições em que a conduta moral pode ocorrer, enquanto que outras são mais diretamente prescritivas da conduta moral em si. À luz dessa possibilidade, acreditamos não ser apropriado afirmar que o liberalismo é "uma filosofia política normativa" no sentido comum. É antes uma filosofia política de meta-normas. *Não procura guiar a conduta individual na atividade moral, mas regular a conduta de forma que as condições possam ser obtidas onde a ação moral pode ocorrer.* Contrastar o liberalismo diretamente com sistemas éticos ou valores alternativos é, portanto, um erro-de-categoria.

O liberalismo é melhor compreendido se não for tratado como um sistema equinormativo.[48] Os sistemas equinormativos são os que consideram que princípios éticos diferem apenas no que diz respeito ao tema tratado e não de acordo com o tipo. Outra forma de formular essa questão é afirmar que em sistemas equinormativos todas as normas justificadas que regulam a conduta das pessoas têm status de

---

[47] Nós, naturalmente, argumentamos que nada se distancia mais da verdade do que dizer que liberalismo e aristotelismo se opõem. Concordaríamos com MacIntyre na medida em que a "oposição" seria maior sem a distinção metanormativa.

[48] Seria um erro interpretar nossas observações como implicando que antes o liberalismo estava alheio ao ponto aqui por nós enfatizado. De fato, entre os capítulos 14 e 20 do *Tractatus Theologicus-Politicus,* Spinoza indica a distinção entre as normas dadas pelo Estado e a salvação ética ou bênção. Adam Smith distingue a ética da jurisprudência, apontando-as como partes separadas da "filosofia moral"; ver seu *Theory of Moral Sentiments* (VI ii. Introdução). Além disso, nos primórdios da experiência americana não era raro falar de direitos como "poder...de agir de forma moral", sugerindo uma distinção entre ação moral per se e direitos, embora o papel exato da moralidade fosse confuso; ver James H. Hutson, "The Emergence of The Modern Concept of a Right América: the Contribution of Michel Villey", *American Journal of Jurisprudence* 39 (1994): 185-224.

regras morais. Algumas regras podem ser mais importantes ou mais fundamentais que outras, mais ou menos gerais, ou mais dedicadas a um assunto que a outros, mas todas formam uma única classe de regras morais, que se diferenciam apenas por seu grau de obrigatoriedade ou ocasião de aplicabilidade.

Assim, a teoria política é vista como uma extensão de um debate em torno dos méritos dos vários sistemas equinormativos: por exemplo, um sistema exige que aos indivíduos sejam dados direitos básicos abstratos em oposição a um outro para o qual seus deveres são definidos por uma comunidade à qual estão submissos. Os teóricos investem seu tempo na identificação das implicações dos vários sistemas e na avaliação de como um pode ser superior a outro. Comum a todas as abordagens, todavia, é a ideia de que o produto final é a compreensão do tipo de orientação ou perspectiva moral, "liberal" ou não, que as comunidades devem ter.

É importante compreender que a posição que assumimos contra as visões usuais de liberalismo – para nós, que deve ser considerado em termos de metanormas em vez de normas – não é uma outra versão da prioridade do direito sobre o bem. Não se fica necessariamente fora de um sistema equinormativo quando princípios deontológicos se sobrepõem a princípios consequencialistas. Tudo que se pode estabelecer é a prioridade dos princípios (questões de direito têm prioridade sobre questões do bem), não que exista mais de um tipo. O mesmo se aplica a sistemas (por exemplo, o utilitarismo) que dão prioridade ao bem sobre o direto, pois isso pode também ser apenas uma outra questão de prioridade. De fato, sistemas éticos utilitaristas e deontológicos modernos, sendo universalistas e inclusivos por natureza, pouco se parecem com uma tipologia de princípios éticos, embora não afirmemos que necessariamente excluam tal tipologia.[49]

---

[49] Talvez Kant chegue mais perto com a sua distinção entre regras imperativas categóricas e todas as outras regras.

Além disso, é especialmente importante notar que teorias céticas em relação à ética sistemática, como a que se pode encontrar nos trabalhos de John Gray ou Isaiah Berlin, também são equinormativas. Dizer que há conflitos irredutíveis entre valores em nada sugere que possa haver valores ou normas de tipos diferentes. De fato, em alguns aspectos esse tipo de teoria é a mais equinormativa de todas, já que conflitos valorativos são mais manifestos quando até as prioridades dos vários valores ou normas possuem o mesmo status.

Nossa visão, portanto, é simplesmente que o desconforto do liberalismo resulta principalmente de se tratá-lo como um sistema equinormativo. O liberalismo fica mais vulnerável aos críticos e também sujeito às próprias "tensões" quando compreendido dessa forma. O que se coloca em questão não é algo apenas de natureza teórica, mas também prática. É bem possível, como alegam alguns críticos do liberalismo, que o foco exclusivo sobre os valores liberais tenha levado as pessoas a ignorarem outras significantes virtudes morais e tenha assim empobrecido a moralidade no processo.

Contudo, se o liberalismo não é uma filosofia ética, a promoção dos "valores liberais" dificilmente se qualificaria como a finalização de um processo de instrução ética e, portanto, não poderia ser inculpado por isso. Nem se poderia reivindicar muito na realização ética quando se tem sucesso *vivendo* de acordo com valores liberais.[50] A tradicional litania dos valores liberais indica muito pouco a respeito do que seria necessário ao indivíduo para exibir excelência moral — um ponto que os críticos do liberalismo apressam-se em apontar.[51] Em outras palavras, não há nada particularmente louvável, desafia-

---

[50] Ao afirmar isso rejeitamos claramente a visão que encara o liberalismo como regras abstratas universais mais interesses pessoais, de tal forma que se faz referência a uma coisa ou outra. Em nosso esquema existem normas liberais, normas éticas e interesses pessoais.

[51] MacIntyre, *After Virtue*, cap. 17 e 18.

dor, ou obrigatório em ser, por exemplo, um indivíduo tolerante ou autônomo. Isso depende em grande parte de como a tolerância e a autonomia são exercitadas.

Todavia, é tentador enxergar princípios liberais implicando valores morais. Charles Taylor, por exemplo, escreve: "Falar de direitos universais, naturais ou humanos é fazer uma ligação entre respeito pela vida e integridade humanas com a noção de autonomia. É conceber pessoas como cooperadores ativos no estabelecimento e garantia do respeito que lhes é devido. E isso expressa uma característica central da moderna perspectiva moral ocidental".[52] Se princípios liberais são metanormas, não é de forma alguma permissível, ao contrário do que prega Taylor, derivar ou inferir normas ou valores morais a partir deles, independentemente do quão confortável o arranjo possa parecer. Se indivíduos cooperam ativamente para garantir o respeito que lhes é devido ou passivamente anseiam por ter esse respeito, isso não é do interesse oficial do liberalismo. Uma vez que o liberalismo não é necessariamente um sistema equinormativo, nenhum conjunto específico de valores morais é por ele imposto, embora alguns valores possam ser excluídos e várias classes e conjuntos de valores possam ser mais funcionais que outros dependendo das circunstâncias. Em outras palavras, o liberalismo não mais implica que a vida de alguém se justifique pelo que, por exemplo, estabelecem os preceitos da ética protestante do trabalho e nem que se devam abraçar causas como a que apoia os direitos dos homossexuais. O liberalismo não está projetado para promover, preservar ou implicar uma forma de florescimento em detrimento de outra. Nem por isso está completamente em aberto. O liberalismo evita "formas de florescimento" que inerentemente impeçam a possibilidade concomitante de ocorrência de outras formas diferentes de florescimento.

---

[52] Charles Taylor, *Sources of the Self: The Making of Modern Identity* (Cambridge, Mass.: Harvard UniversityPress, 1989), 12.

A esse respeito, pode ser impossível para qualquer sistema equinormativo que, por necessidade, trate suas normas, por mais abstratas e gerais que possam ser, como sugestivas de uma certa forma de vida, finalmente abraçar formas diversas de florescimento.[53] É por isso que parece preferível permitir o desenvolvimento de normas éticas substantivas no contexto dado por metanormas em vez de universalizar e abstrair progressivamente as próprias normas.

Quando se trata o liberalismo como uma teoria ética equinormativa, perde-se um elemento importante do liberalismo: sua alegação de que a atuação do Estado para regular ou promover a conduta moral é inepta ou inadequada. Não faz diferença se a conduta está de acordo com valores liberais ou conservadores, antigos ou modernos, comerciais ou pastorais. A verdadeira singularidade do liberalismo como doutrina social reside no esforço em distinguir a política da moralidade da mesma forma que reconhecidamente separou a moralidade da teologia.

Quando se usa a política para promover normas éticas ou modos de florescimento particulares, se comete erro similar ao se fazer da política a chave para compreender Deus ou a religião. O liberalismo está projetado para transcender a competição entre quadros metanormativos.[54] A solução metanormativa interrompe, portanto, a discussão a respeito de se o liberalismo é ou não uma filosofia ética adequada ao sugerir não só que não é uma filosofia ética *per se* como também que é da natureza da política implicar uma forma de florescimento em detrimento de outra quando a política é usada como veículo para regular a conduta ética. O que o liberalismo apresenta, ao contrário, é uma

---

[53] A visão de ética, incluindo a metaética que nos parece mais de acordo com a natureza do liberalismo será esclarecida no capítulo 6.

[54] Alguns valores – possivelmente a equidade entre eles – podem ser interpretados de modos metanormativos ou como modos que são morais, pura e simplesmente. Esse problema só faz aumentar a confusão da qual falamos.

doutrina que separa a política da ética tanto quanto possível sem cair no relativismo, niilismo ou historicismo.[55]

Na prática, o debate atual sobre essas questões contém uma mistura de normativo e metanormativo, mas o fracasso em separar os níveis da argumentação — ou mesmo em se reconhecer a existência desses níveis — equivale praticamente a negá-los. A passagem de Taylor acima citada, por exemplo, indica claramente como os níveis éticos se sobrepõem. A exigência formalista e abstrata de respeitar as pessoas a fim de se estabelecerem direitos humanos diferencia-se estruturalmente do respeito que alguém pode exigir por querer assegurar a própria autonomia ou por desejar ser apreciado por seu próprio valor como pessoa. E ainda assim recebem o mesmo tratamento. No primeiro caso (o dos direitos humanos), os princípios éticos existem independentemente de quem ou do que uma pessoa é em particular, de qual é sua história narrativa, de quais são seus projetos e sua ligação com as narrativas e os projetos alheios. Os outros tipos de princípios éticos seriam criticamente dependentes de tais fatores.

Pode-se estar inclinado a afirmar que a base de ambos os tipos de princípios éticos é a mesma; ou seja, ambos se apoiam em valores morais como o respeito às pessoas como indivíduos, respeito à ideia de que as escolhas de uma pessoa contam (ao menos para ela mesma), o valor da razão e persuasão sobre a força nas relações interpessoais, a importância da vida humana e coisas do gênero. Esses valores morais são comuns tanto às perspectivas abstratas quanto às particulares. Como ambos os princípios éticos encontram suas origens na mesma fonte, nosso sistema moral pode parecer tão equinormativo quanto qualquer outro. Embora a lógica desse argumento seja persuasiva caso tais valores sejam tomados como primitivos, para nós são, antes, va-

---

[55] Os capítulos 6 a 9, assim como o 11 e o 12, indicam o arcabouço ético e político que permite ao liberalismo evitar esses problemas.

lores extraídos de uma filosofia moral madura. Isso significa que não derivamos nossa distinção entre valores normativos e metanormativos da aceitação primeira de tais valores, mas sim do fato de que qualquer que seja a verdade contida em tais valores é função do arcabouço de onde eles se originaram. E o mesmo também originaria a distinção entre normativo e metanormativo. Sendo assim, os valores não são de forma alguma primitivos, mas noções complexas que necessitam de um arcabouço teórico que os sustente. Nos capítulos seguintes falaremos um pouco desse arcabouço, mas por ora apenas observamos que há diferença nas características estruturais das normas em questão e que não cabe negligenciá-las. Em um caso, as histórias, intenções, interesses e circunstâncias do indivíduo não afetam sua força ética; no outro caso, são críticos. Essa diferença, por si, fornece a base para se questionar a equinormatividade.

A perspectiva moral clássica (ou seja, aristotélica) que adotamos torna fácil distinguir o moralmente normativo do metanormativo. Dessa perspectiva, a conduta moral e, portanto, as normas que a regulam e definem tem por objeto a autoperfeição do indivíduo. A linha de demarcação entre o normativo e o metanormativo é, assim, relativamente fácil de ser traçada, pois as normas não diretamente relacionadas à autoperfeição de agentes particulares não seriam "morais" nesse sentido primário.

Portanto, desenvolver noção de que condições de liberdade igual deveriam prevalecer entre os indivíduos na sociedade poderia ser um princípio ético-social importante, mas por si só pouco faz para aumentar a autoperfeição de qualquer indivíduo. Por isso, não é uma norma moral, mas uma metanorma. Nesse sentido, é importante perceber que não é a abstratividade ou generalidade que determina a metanormatividade. Nada poderia ser mais abstrato e geral que o princípio "faça o bem e evite o mal", mas isso claramente regula a conduta pessoal de forma direta, sendo por isso uma norma moral.

Para alguns, contudo, tudo isso pode parecer petição de princípio. Afinal, porque se deveria ver a moralidade dessa forma se especialmente quando ela é vista mais comumente de outra forma? Não pensamos que a distinção metanormativa *exige* que se adote nossa abordagem da ética, embora em seguida venhamos a argumentar em favor de sua adequação. Tudo o que se exige para a plausibilidade da distinção metanormativa é a possibilidade de se reconhecer uma diferença entre as normas que regulam diretamente a conduta moral e as que regulam as condições sob as quais tal conduta poderia ocorrer.[56]

Duas objeções vêm imediatamente à mente a partir do que dissemos: (1) não há diferença material entre liberalismo encarado como sistema metanormativo e o liberalismo visto como uma filosofia ética substantiva, pois as metanormas engendrarão de fato os tipos de valores morais que tradicionalmente os liberais têm admirado; e (2) o liberalismo pode parecer comprometido com uma estrita neutralidade devido a seus aparentes comprometimentos transcendentais amorais aparentes; e se esse não é o caso, seus comprometimentos teóricos mais profundos mostrariam no fim das contas que é uma teoria equinormativa como qualquer outra, como sugerido pela primeira objeção.

Voltando-nos primeiramente para a segunda objeção, respondemos que a conexão exata entre liberalismo e ética será dissecada nos capítulos seguintes. Nosso objetivo agora deve ser primeiramente lembrar que o liberalismo não é totalmente abrangente. E em segundo lugar que dizer que o "liberalismo é neutro" em geral significa que o direito tem prio-

---

[56] Alguns autores liberais aproximam-se dessa posição. Por exemplo, F. A. Hayek fala de regras "independentes de objetivo", que não se propõem a promover qualquer valor. Hayek, *Rules and Order*, volume 3 de *Law, Legislation and Liberty* (Chicago: University of Chicago Press, 1973), 112-14. Embora alguns autores reconheçam os diferentes níveis de regras, não conseguem compreender a relação entre regras e moralidade e assim ou sucumbem à tentação de considerar as regras gerais abstratas como regras morais ou diminuem o caráter substantivo da moralidade reduzindo-a à evitação de conflito ou à conduta que respeita direitos.

ridade sobre o bem; e que o liberalismo é neutro no que diz respeito às formas do bem. Nesse sentido, é um equívoco caracterizar, o liberalismo como neutro desse modo; *mas* se forçados a empregar esse modo de dizer, então a metanormatividade implicaria que o liberalismo é tão "neutro" em relação ao direito quanto o é em relação ao bem. Contudo, acreditamos que o direito e o bem não podem ser separados e que o liberalismo é totalmente compatível com uma perspectiva que negue essa separação.[57] Parece portanto necessário concentrarmo-nos na primeira objeção.

Uma resposta completa à primeira objeção nos obrigaria a ir muito além do que podemos realizar aqui. Parte de nossa resposta se encontra nos capítulos que se seguem, em especial na parte do capítulo 10 em que lidaremos com as críticas comunitaristas e conservadoras ao liberalismo. Devemos reconhecer, ao mesmo tempo, que parte da resposta encontra-se na visão que se tem da relação entre teoria e prática. Se uma sociedade tradicional, por exemplo se, liberalizasse e concedesse a seus membros a liberdade de perseguir seus próprios projetos, que se revelariam de natureza essencialmente comercial, diríamos que a ética comercial é uma implicação da recém-adotada doutrina liberal ou que as buscas comerciais fazem naturalmente parte do esforço humano com a diferença de que agora ganharam liberdade para poder ser exercitadas?

Desde Platão e Aristóteles tem-se acreditado que a estrutura constitucional de um regime ao menos influencia, se não cria, o tipo de pessoas que pode ser encontrado nesse regime. Portanto, regimes liberais criariam um certo tipo de personalidade "liberal", enquanto outros regimes fariam o mesmo de acordo com seu tipo.[58] Indubitavelmente

---

[57] John Gray aprecia citar a Joseph Raz de que os: direitos não são primitivos mas baseados em última análise em interesses. Ver Gray, "Agnostic Liberalism", *Social Philosophy & Policy* 12 (inverno 1995): 119. Os interesses que desenvolvemos, todavia, são dependentes do direito que possuímos. Essa discussão do tipo "o ovo e a galinha" parece pouca produtiva.

[58] Ver, por exemplo, R. Lerner, "Commerce and Character: The Anglo-American as New Model Man", *William and Mary Quarterly* 36 (Janeiro 1979): 3-26.

há uma verdade nessa posição, embora menos do que gostaria a vaidade de filósofos e teóricos políticos que parecem julgar cada noção que elaboram como tendo precisa e clara aplicabilidade no mundo real.

Em contraste, é bastante possível que a estrutura de um regime seja função das pessoas que nele existem. O liberalismo responde menos à questão da prioridade e aponta mais para uma concepção alternativa. *O que o liberalismo implica, uma vez que se embasa mais em metanormas do que em deveres morais, é que as reais implicações sociais e culturais de seus princípios ainda precisam ser apreendidos; e que, na verdade, não podem ser desenvolvidas a não ser na prática.*

Nesse sentido, o liberalismo permanece radicalmente incompleto. Se há algo como uma "personalidade liberal", é algo bastante subdeterminado. Embora alguns sugiram que é exatamente essa subdeterminação que subverte os componentes substantivos necessários tanto para a florescimento pessoal quanto para o comunitário, o liberalismo replica que, no fim das contas, o florescimento não está completamente inscrito nos princípios estruturais de quaisquer regime.[59]

A estrutura metanormativa fundamental do liberalismo indica que a conduta ética e o florescimento ético devem ser encontrados fora da política. A aparente postura *laissez-faire* em relação à ética não indica que está sendo rejeitada, mas sinaliza apenas o reconhecimento de que a ética se embasa em práticas que não podem subordinar-se ao Estado, ou à lei, ou mesmo à comunidade formalmente constituída. A estrutura metanormativa é apenas o reconhecimento desse fato.

Parece assim que nossa abordagem do liberalismo é tão singular que não tem precedentes. Antes de continuarmos com nossa teoria positiva, parece apropriado detemo-nos um momento em nossos predecessores intelectuais dentro da tradição liberal. Identificaremos fontes

---

[59] Há, é claro, aqueles que enfatizam a existência de indivíduos liberais completos com suas próprias virtudes liberais. Ver, por exemplo, Stephen Macedo, *Liberal Virtues: Citizenship, Virtue and Community in Liberal Constitutionalism* (Oxford: Clarendon Press, 1991).

de inspiração e ao mesmo tempo nos diferenciaremos de pensadores cujas visões poderiam ser confundidas com a nossa. Assim será mais fácil estabelecer os parâmetros básicos de nossa abordagem aos quais essa parte do livro é dedicada.

Capítulo 3

O PASSADO DO LIBERALISMO E OS SEUS PRECEDENTES

> A finalidade de todo Estado é proporcionar uma vida segura e consortável.
> ෴ SPINOZA, *Tratactus Theologico-Politicus*

O enunciado de Spinoza é uma das mais vigorosas sentenças do que o liberalismo político tem de essencial. Despojada, prenuncia valores partilhados por praticamente todos os teóricos liberais. Liberdade, propriedade, paz e o advento de melhorias da condição humana são os valores que contribuem para os fins descritos por Spinoza e que são defendidos por quase todos os liberais. Esse conjunto partilhado de valores tem sugerido a muitos a existência de um conjunto comum de fundamentos para eles. Hoje em dia fala-se de liberalismo como se o termo possuísse um significado unívoco e um conjunto de pressupostos em comum para sustentar seus princípios políticos. De fato, alguns consideram que o liberalismo tem implicações e princípios que vão além do político. Alasdair MacIntyre, por exemplo, acha que o liberalismo expressa toda uma filosofia moral com sua própria metaética e sua antropologia filosófica.[60] Outros comunitaristas tratam o liberalismo de forma semelhante.[61] E os próprios liberais frequente-

---

[60] Alasdair MacIntyre, *After Virtue: A Study in Moral Theory*, segunda edição. (Notre Dame, Ind.: University of Notre Dame Press, 1984), cap. 6 e 7.
[61] Ver os ensaios presentes nos seguintes trabalhos: Markate Daly, ed., *Communitarianism: A New Public Ethics* (Belmont, Calif.: Wadsworth Publishing, 1994); Stephen Mulhall e Adam Swift, eds. *Liberals and Communitarians* (Oxford: Blackwell, 1992); e C. F. Delaney, ed., *The Liberalism-Communitarianism Debate: Liberty and Community Values* (Lanham, Md.: Rowan & Littlefield, 1994). E também os seguintes trabalhos de

mente se expressam dessa forma.⁶² Embora indubitavelmente algumas perspectivas sejam partilhadas ao menos entre os pais do liberalismo, em nossa opinião são questões em aberto a respeito de se há ou não apenas uma forma de se defender o que é partilhado, ou se as defesas encontradas são ou não as melhores.

Tradicionalmente, liberais podem, por exemplo, defender algumas distinções que não precisam ser aceitas. Um exemplo poderia ser a distinção entre o direito e o bem discutida no capítulo anterior. Embora tal distinção possa ser um princípio comum tanto a liberais históricos quanto contemporâneos, é um princípio que não endossamos e que não acreditamos que sirva aos interesses do liberalismo a longo prazo. Segundo, o liberalismo tem sido vinculado, como observamos no primeiro capítulo, ao relativismo, minimalismo, emotivismo, ceticismo, atomismo, universalismo e materialismo. Sem falar das consequências indesejáveis que se alega advirem desses supostos traços do liberalismo, tais como perda da comunidade, da virtude e a pretensa incoerência ou o caráter autodestrutivo dos próprios princípios do liberalismo. E novamente não estamos convencidos de que muitos desses elementos são defendidos por pensadores acusados de promovê-los, tais como Locke, Hume, Smith, Hayek ou mesmo Hobbes.⁶³ Mas tentar aqui

---

Charles Taylor: *Philosophy and the Human Sciences: Philosophical Papers 2* (Cambridge: Cambridge University Press, 1985); taylor, *Sources of the Self: the Making of Modern Identity* (Cambridge, Mass.: Harvard University Press, 1989); Taylor, "Cross-Purposes: the Liberal-Communitarian Debate", in *Liberalism and The Moral Life*, ed. Nancy L. Rosenblum, 159-82 (Cambridge, Mass.: Harvard University Press, 1989). Consultar também os trabalhos de Michael J. Sandel: *Liberalism and the Limits of Justice* (Cambridge University Press, 1982); Sandel, ed. *Liberalism and its Critics* (Oxford: Blackwell, 1984); Sandel, *Democacy's Discontent: America in Search of a Public Philosophy* (Cambridge, Mass.: Belknap Press of Harvard University Press, 1996).
⁶² Stephen Macedo é apenas um exemplo. *Liberal Virtues: Citizenship, Virtue and Community in Liberal Constitucionalism* (Oxford: Clarendon Press, 1991).
⁶³ Ver Douglas J. Den Uyl e Stuart Warner, "Liberalism and Hobbes and Spinoza", *Studia Spinozana 3* (Outono 1987): 261-317.

destrinchar tudo referente a cada autor e contexto histórico seria um tipo de projeto diferente daquele que estamos empreendendo. Nossas incursões por determinados contextos ou personalidades históricos têm por objetivo principal ajudar a esclarecer, como fizemos no capítulo anterior, nossas teses e nossos argumentos mais positivos.

Em geral, não acreditamos que os supracitados elementos atribuídos ao liberalismo de fato são necessariamente seus traços constitutivos; ao menos não da forma usualmente sugerida pelos críticos do liberalismo. Embora rejeitemos, por exemplo, o atomismo como aplicável ao liberalismo ou a qualquer defensor histórico relevante do liberalismo, isso não significa que endossemos todos os traços das teorias clássicas liberais encontradas no passado. Não temos simpatia, como vimos no capítulo anterior, por uma das perspectivas teóricas que ensejaram acusações de atomismo, ou seja, pelas teorias do "estado-de-natureza". E discordamos dessas teorias por razões não tão diferentes das apresentadas pelos críticos do liberalismo.

Ao afirmar que às vezes ficamos do mesmo lado dos críticos do liberalismo, paradoxalmente o fazemos discordando de um dos princípios centrais adotados por eles, qual seja, a visão segundo a qual o liberalismo é uma filosofia de vida, uma doutrina ética, ou uma bússola para medir o bem-estar do indivíduo ou da comunidade, independentemente de quão pobre ou mal fundamentada seja tal filosofia. Como o concebemos, o liberalismo não é nenhuma dessas coisas, e sim uma doutrina política que se desenvolve a partir de necessidades sociais e filosóficas específicas e que tem um objetivo limitado e específico. Apesar de o ligarmos a um quadro filosófico mais amplo, não é uma filosofia de vida. Supor que é, como muitos defensores do liberalismo têm feito, não é apenas uma compreensão equivocada do liberalismo, mas contribui ativamente para miná-lo. Sendo assim, o liberalismo não tem sido minado apenas por seus críticos! Há defensores do liberalismo que acreditam, por exemplo, que ele desenvolveu uma teoria ética, incluindo uma teoria da virtude com uma lista de virtudes centrais. Sob muitos aspectos, simplesmente estabelecer uma conexão estreita entre política e moralidade torna-se um dos erros mais comuns e prejudiciais no modo de conceber o liberalismo e é cometido tanto por críticos quanto por defensores.

À luz do que já foi dito acima, e nos dois últimos capítulos, nossa visão do liberalismo aparenta não ter precedente histórico. A pretensão de abrir um novo território pode parecer tanto arrogante quanto tola; arrogante por considerar-se demasiado original e tola por se pensar que a originalidade é sólida! Entretanto, parece, com base em tudo que dissemos até aqui, que não nos encaixamos confortavelmente em nenhuma das categorias usuais empregadas para se discorrer sobre liberalismo e teoria política. Já chamamos a atenção para o fato de sermos perfeccionistas em ética, mas não em política, por exemplo. Como, então, nosso perfeccionismo neoaristotélico (um termo cujo uso será discutido no capítulo 6) e nossa moderna abordagem da política baseada nos direitos naturais se harmoniza com a história clássica do liberalismo? Voltarmo-nos para os poucos autores que contribuíram para o legado do liberalismo, e com os quais temos afinidades, será de grande valia. Nosso objetivo, acima mencionado, é ajudar a iluminar nossa doutrina positiva e não fazer uma história exaustiva. A discussão divide-se em duas partes principais. Primeiro, analisaremos a natureza do liberalismo em geral. Segundo, examinaremos os precedentes filosóficos da teoria dos direitos naturais individuais negativos por nós subscrita. Em ambos os casos, fazemos isso sem ainda termos apresentado nossa teoria positiva; por isso pedimos paciência ao leitor para com as observações parciais que apontam para discussões posteriores.

A NATUREZA DO LIBERALISMO

Acreditamos que pelo menos uma figura histórica compreendeu completamente o que é central na natureza do liberalismo: Spinoza.

Ele compreendeu não apenas que o escopo da moralidade é mais amplo e profundo que o da política, mas também que a política não se presta à produção da virtude. Compreendeu esses princípios que integram um arcabouço que contém uma ética bem robusta, ou seja, uma ética que não reduz a excelência moral a alguma forma de cooperação social, como faz a maioria dos teóricos liberais. A noção de que a moralidade transcende o político é parte da teoria política de Spinoza. Encontramos, por exemplo, afirmações como a que se segue no *Tractatus Theologico-Politicus* (doravante chamado TTP): "Simplicidade e integridade de espírito não são inspiradas no homem pelo comando de leis ou pela autoridade pública. E é impossível tornar alguém abençoado pela força ou por decreto; os meios exigidos para isso são o aconselhamento fraternal e piedoso, uma boa criação e, acima de tudo, o juízo livre e independente" (*TTP*, VII). No *Tractatus Politicus* (doravante *TP*), Spinoza faz observações similares: "Aqueles que acreditam que um povo, ou os homens divididos em relação a assuntos públicos, pode ser induzido a viver apenas com base nos dita da razão, estão sonhando com a era de ouro dos poetas... pois a liberdade ou a força da mente é uma virtude privada; a virtude do Estado é estabilidade" (*TP*, I, 5-6).

As bases teóricas das afirmações anteriores encontram-se no *TTP*, onde ele afirma que os objetos do desejo humano enquadram-se em três categorias: conhecimento de causas primárias, controle das paixões e segurança e bem-estar físico (*sano corpore*). Os objetos de desejo também são ordenados por Spinoza, sendo o mais elevado o primeiro mencionado e o mais inferior o terceiro. A política aplica-se apenas à última categoria.

> "Os meios diretos aos dois primeiros bens, suas causas próximas e eficientes, encontram-se na própria natureza humana; de forma que sua obtenção depende em grande parte de nosso próprio poder desajudado, ou seja, das leis da natureza humana apenas... Mas os

> meios para a segurança e conservação do corpo (*corpus conservandum*) residem principalmente em coisas fora de nós. Consequentemente, tais bens são chamados dádivas da fortuna... Ainda assim, a vigilância e orientação humanas podem muito fazer para ajudar os homens a viver em segurança e evitar danos... e o meio mais seguro para esse fim, o meio prescrito pela razão e pela experiência, é formar uma sociedade com leis definidas." (*TTP*, III)

A vida política se ocupa da segurança e do bem-estar físico e não dos assuntos éticos como descritos nos dois primeiros bens. Tendo em mente o que Spinoza chama de "fortuna" na passagem acima, ele afirma posteriormente em *TTP* que "a felicidade e a paz do homem que cultiva seu entendimento natural dependem principalmente de sua própria virtude inerente... e não do controle da fortuna" (*TTP*, IV). De fato, a política parece tão afastada da perfeição moral que em determinado ponto Spinoza escreve que "um homem pode ser livre em qualquer tipo de Estado; pois é claro, um homem é livre na medida em que é guiado pela razão" (*TTP*, XVI, não.33).

A citada atitude em relação ao político é ilustrada também quando nos voltamos para a questão de Deus e da religião. No capítulo 4 do *TTP*, Spinoza distingue a lei humana da divina, afirmando que cada uma possui um objetivo diferente. A lei divina é o amor a Deus, que não se origina nem do medo e nem "do amor a qualquer outra coisa que desejamos usufruir", mas do conhecimento que é "autovalidante e auto-evidente". Nesse capítulo do *TTP*, Spinoza tenta mostrar que a crença em narrativas históricas não é necessária para nosso bem supremo, mas ao mesmo tempo demonstra que medos e recompensas também pouco fazem em prol desse fim. Em consequência, "ações que se pretendem boas apenas por serem prescritas por convenção ou por simbolizarem algum bem, nada podem fazer para aperfeiçoar nosso entendimento. São apenas formas vazias e não parte da conduta que é o produto ou o fruto do entendimento e do senso adequado" (*TTP*, IV).

Aprendemos no capítulo 5, que direitos sagrados nada têm a ver com a lei divina e "consequentemente tenha relação com a com a bênção e a virtude." Direitos sagrados são, com efeito, formas políticas para Spinoza. Isso equivale a dizer que a política nada tem a ver com a virtude ou a excelência moral.

O procedimento liberal típico não era distinguir política de moralidade, mas definir o moralmente bom de forma consistente com a política liberal. Frequentemente, isso tinha por consequência a redução da moralidade a versões de cooperação. Note-se que Spinoza não faz isso. As questões de segurança e bem-estar físico não são questões de moralidade substantiva porque estão muito afastadas de um estado de excelência moral ou bênção. Não que "paz e vida confortável," como em outra passagem Spinoza se refere a elas, estejam desconectadas do bem humano. A questão é que assegurar as condições de sua realização pode ter pouca relação com as qualidades de caráter que podem ser associadas à excelência moral. A razão é que as formas de conduta exigidas para assegurar as condições de paz — por exemplo, evitar a agressão a outrem, ou tolerar diferenças entre vizinhos pacíficos — não exigem nenhuma forma especial de excelência por parte dos agentes e podem ser adotadas por todos. E mais importante, as condições básicas para a paz e a vida confortável não exigem qualidades de caráter, já que podem, em sua maioria, ser facilmente alcançadas tanto pela coerção legal quanto pelas qualidades de caráter. Além disso, nada fazem para desenvolver ainda mais nossa natureza de seres racionais. Evitar agredir outrem ou buscar cooperar são modos interpessoais de conduta valiosos, mas exigem no máximo um caráter moral ou sentimento modestamente desenvolvido.

Como visto no capítulo anterior, outros liberais além de Spinoza seguiram seus pais intelectuais na crença de que a teoria política deve se preocupar com o caráter moral da comunidade. Uma vez que se buscava o envolvimento mínimo do Estado na vida das pessoas, a esfera da moralidade teria de ser minimizada para que houvesse uma congruência substancial entre moralidade e política. Como notamos no capítulo 2, a ênfase na liberdade em um arcabouço tradicional que junta política e moralidade gera fortes tendências no liberalismo a reduzir a moralidade aos direitos. Os direitos relacionados à conduta, à tolerância, à abertura mental e outras dessas "virtudes liberais" implicadas por uma ética de cooperação acabaram, portanto, identificadas com a moralidade como um *todo*.[64] Frente tal pressão, o "liberal" (aquele que crê que o Estado deve se restringir à proteção dos direitos das pessoas) desejoso de uma ética mais robusta se vê obrigado a expandir a esfera dos direitos, aceitando que o Estado dirija e oriente mais a vida dos cidadãos.

O resultado de se deixar de distinguir o trabalho da moralidade do da política, como sugerimos, resulta no que se poderia chamar de dilema do liberalismo: uma tendência ao empobrecimento da moralidade ou à trivialização dos direitos. As defesas comuns do liberalismo resvalam para a primeira tendência ao relegar a excelência moral ao superrogatório. E incidem na segunda ao inflar a linguagem dos direitos para cobrir todo o bem humano concebível. É uma característica única da filosofia política de Spinoza o fato de conseguir evitar tanto o empobrecimento da moralidade quanto a trivialização dos direitos. Ele o faz separando claramente a esfera moral da política.[65] Nesse sentido, Spinoza é um predecessor de nossa teoria de uma forma muito significativa e que consideramos bastante precisa no entendimento da natureza do liberalismo.

Outras personalidades históricas, como T. H. Green e Kant, parecem ter alguma semelhança à luz de nosso desejo de restringir a conexão entre política e moralidade. Ambos estão intimamente associados

---

[64] A lista de "direitos naturais" que Hobbes apresenta em *Leviatã* é uma fonte de instrução na ética da cooperação.

[65] Para uma elaboração mais completa sobre o tema, ver Douglas J. Den Uyl, "Autonomous Autonomy", *Social Philosophy & Policy* 20, número 2 (verão 2003): 30-69.

ao liberalismo. Em Green, por exemplo, encontramos uma teoria ética que, à maneira aristotélica, é teleológica e perfeccionista bem como interessada em distinguir o político do moral. No que diz respeito aos elementos de "organização", Green afirma, por exemplo, que "a determinação da vontade pela razão, que constitui a liberdade moral ou autonomia, deve significar sua determinação por um objeto que a vontade de uma pessoa, em virtude de sua razão, apresenta a si mesma, consistindo tal objeto na realização de uma ideia de perfeição que ela tem em si e por si mesma." Os kantianos enfatizam, no entanto, que há claramente um sentido de autodesenvolvimento e perfeccionismo moral no pensamento de Green que poderia facilmente ser conectado à tradição de florescimento por nós subscrita e à ética da virtude em geral. Considere-se: "o progresso moral da humanidade não possui realidade a não ser a que desemboca na formação de caracteres individuais mais perfeitos; mas, por outro lado, todo progresso em direção à perfeição do caráter individual pressupõe alguma corporificação ou expressão de si pelo princípio autorrealizador naquilo que pode ser chamado... a organização da vida".[66] Nossa obrigação é nos organizarmos de forma a nos desenvolvermos até algum nível de perfeição moral. Para Green, incentivar esse desenvolvimento acaba por se tornar um objetivo central do Estado e dos direitos e deveres por ele estipulados e administrados. "A reivindicação ou o direito do indivíduo de ter certos poderes garantidos pela sociedade e a contrarreivindicação da sociedade de exercer certos poderes sobre o indivíduo, repousam no fato de que tais poderes são necessários à realização da vocação do homem de ser um ente moral, e à efetiva devoção ao trabalho de desenvolver o caráter perfeito em si mesmo e nos outros."[67] A direção

---

[66] T. H. Green, "The Sense of Freedom in Morality", in *Lectures on the Principles of Political Obligation* (Ann Arbor: University of Michigan Press, 1967), 24, 26.
[67] T. H. Green, "Lectures on the Grounds of Political Obligation" in *Lectures on the Principles of Political Obligation*, 41.

dessa afirmação é clara: ao forjar um sistema de direitos e deveres, o Estado deve ter em mente em que contribuirá para o aperfeiçoamento moral de seus membros. Essa perspectiva é classificada de política liberal moderna porque Green vê a perfeição moral como criticamente dependente da liberdade de escolha e da responsabilidade pessoal.

> "O valor das instituições da vida civil reside na missão de dar realidade às capacidades da vontade e da razão, habilitando-as a ser realmente exercitadas. Em seus efeitos gerais, à exceção de aberrações particulares, tornam possível ao homem ser livremente determinado pela ideia de uma possível satisfação de si; em vez de ser impulsionado por forças externas nesta ou naquela direção, elas dão realidade à capacidade chamada de vontade; e elas o capacitam a organizar sua razão, isto é, sua ideia de autoperfeição, agindo como membro de uma organização social na qual cada um contribui para o melhor-estar de todo o resto."[68]

As instituições imaginadas por Green não são para incentivar a exibição direta da conduta virtuosa, mas para encorajar o comportamento obstinado que resulta em alguma forma de autossatisfação. O Estado proporcionaria condições e daria incentivos mais do que comandaria ações com o objetivo de se atingir algum fim. De fato, o Estado não pode decretar a perfeição moral, uma vez que ela é criticamente dependente de ações que resultam de princípios totalmente internalizados e não de cursos de ação definidos externamente.[69] De acordo com a visão de Green, o Estado deveria estar menos envolvido em dizer às pessoas

---

[68] Ibid, 32-33.

[69] Green nos exorta a agir com base em princípios de "autorrealização", que em cada caso seriam princípios que "a cada estágio de sua existência está cônscio de uma forma mais perfeita de existência possível para si, e é movido para a ação pela consciência". Green, "The Sense of Freedom in Morality", in *Lectures on the Principles of Political Obligation*, 20.

o que fazer e muito mais devotado a fornecer o cenário institucional no qual as pessoas mais provavelmente alcançarão seus fins através da ação independente. Em consequência, "a função real do governo é manter condições de vida nas quais a moralidade seja possível; consistindo a moralidade na performance desinteressada de deveres auto-impostos". Com relação a isso, Green toma cuidado de distinguir os direitos que o Estado tem de respeitar, da moralidade. Diferentemente dos direitos, que exigem poderes impositivos do Estado para assegurá-los e protegê-los, os "deveres morais não admitem ser assim impostos".[70] Contudo, direitos são estabelecidos e justificados no interior de um quadro moral, como o mencionado anteriormente. Portanto, o Estado jamais terá como missão legítima legislar sobre a moralidade, mas se ocupará de assegurar as condições nas quais a moralidade florescerá.

Além de ser uma ética teleológica e o autoperfeccionista, a teoria de Green parece apresentar outros elementos semelhantes à nossa. Primeiramente, há a centralidade da autodireção para a ação moral. Há também a visão de que o Estado não é um veículo apropriado para definir e direcionar a ação moral que deve, ao contrário, se limitar a prover condições sob as quais essas ações podem ocorrer. Finalmente, a distinção entre "direitos" (*jus naturae*) e moralidade tem uma semelhança com nossa distinção entre o normativo e o metanormativo.

A natureza plena de nossa posição e as razões por trás de nossa teoria ainda estão por ser apresentadas. Ainda assim, é instrutivo nesse estágio observar que a teoria de Green difere significativamente da nossa a despeito de algumas semelhanças surpreendentes. A diferença principal é que em nossa teoria o Estado não deve incentivar as condições para a conduta moral, mas limitar-se a assegurar as condições que tornam possível a ação moral na medida em que possa ser afetada por outros. De fato, essa não é a única limitação, mas é suficiente para indi-

---

[70] Green, "Lectures on the Grounds of Political Obligation", 34-44.

car por enquanto a nossa posição. Assegurar as condições para a ação moral é certamente diferente de tentar garantir a própria ação moral. Pelo mesmo diapasão, assegurar as condições que tornam a ação moral possível está longe de se tentar assegurar condições que encorajam a conduta moral. E, finalmente, há uma diferença entre condições que contribuem para a conduta moral e provisão garantida das condições que tornam possível a conduta moral.

Embora talvez seja uma questão empírica, podemos imaginar um argumento que desenvolva a proposição de que sem uma certa provisão mínima de alimentos, assistência médica, educação, a perspectiva de virtude entre os indivíduos parece limitada. Em consequência, uma teoria que encoraje o Estado a assegurar as condições para a virtude (direta ou indiretamente) aparentemente teria de estar aberta a admitir que a provisão de pelo menos um mínimo (e porque apenas um mínimo?) de bens materiais é parte das condições para a virtude. Pode haver outros meios, menos "materiais", de encorajar a virtude como uma legislação paternalista ou exigências de serviço comunitário. A posição de Green está, em princípio, aberta a isso e de fato tem sido usada para apoiar tais programas. Em contraste, nada em nossa teoria que limita o Estado a assegurar condições para a *possibilidade* da ação moral, requer qualquer comprometimento com programas desse tipo por parte do Estado. Aquilo que é possível não compromete, por si mesmo, ninguém com o que é plausível ou provável.

Defendemos, de fato, que não é função do Estado assegurar diretamente a moralidade ou assegurar as condições que provavelmente levam à melhora da conduta moral. Nossa posição não resulta de indiferença em relação à promoção da virtude; se a adotamos é porque acreditamos que a preocupação com o valor da moralidade a exige. Nesse sentido somos como Green. De alguma forma a teoria política deve se basear em um arcabouço moral ou ético mais amplo para que haja alguma esperança de vir a dar uma resposta às questões de legitimidade. Mas disso não significa que uma preocupação com a inserção da teoria política no amplo domínio da ética, ou a ideia de que a virtude tem importância e gera consequências, requer algum comprometimento com a sua promoção, ou organização funcional, por parte de um sistema político. Dizer que a criação de um conjunto de condições C torna possível outro conjunto de condições P de forma alguma equivale dizer que C funciona para produzir P ou que C deve funcionar para produzir P. Mesmo que esperemos que C produza P com frequência, isso não significa que C funciona para produzir P como condição suficiente para P. Obviamente, se C é uma condição necessária, então pode haver outras condições necessárias. E mesmo se C é a única condição necessária, não quer dizer que C funciona para produzir P, já que C pode ser também condição necessária para Q. Devemos ter o cuidado de evitar a falácia de acreditar que uma preocupação com a virtude é um programa político.

Pode parecer, ao dizermos essas coisas, que nossa posição guarda algumas marcantes similaridades com a de Kant. Ele prega, por exemplo que, ao organizar as pessoas de acordo com leis universais que assegurem a sobrevivência, a constituição deve ser de um tipo capaz de produzir a paz. Com vistas a isso, ele escreve:

> "Pois tal tarefa não envolve o aperfeiçoamento moral do homem; significa apenas descobrir como o mecanismo da natureza pode ser aplicado aos homens de forma tal que o antagonismo de suas atitudes hostis fará com que se sintam compelidos a se submeter a leis coercitivas, produzindo assim condições de paz nas quais o cumprimento das leis possa ser imposto. Não podemos esperar que suas atitudes morais produzam uma constituição política boa; ao contrário, é apenas por intermédio desta que podemos esperar que as pessoas atinjam um bom nível de cultura moral."[71]

---

[71] Immanuel Kant, "Perpetual Peace", in *Kant's Political Writings*, ed. H. S. Reiss (Cambridge: Cambridge University Press, 1997), 113.

Kant sugere assim que a política não ignora completamente a moralidade, embora nenhum esforço faça para encorajá-la. Em vez disso, provê um tipo de fundação a partir do qual a moralidade pode florescer, mas que por si só não produzirá essa conduta.[72] H. S. Reiss, editor da edição de Cambridge de *Kant: Political Writings*, assim coloca a questão:

> "O republicanismo, doméstico e externo, não torna os homens melhores – para isso seria necessária uma nova criação. Apenas gera um estado de coisas no qual será, ao final, mais fácil realizar ações morais porque elas entrarão cada vez menos em conflito com a lei ou com as ações governamentais. A república Kantiana respeita a liberdade... que é essencial à atividade moral...Ou, em outras palavras, as condições políticas corretas são necessárias à criação de uma comunidade ética na qual todos os homens agirão moralmente e na qual se poderá alcançar o maior bem ou se chegar perto dele."[73]

De fato, pouco antes dessa passagem, Reiss observa que para Kant "a moralidade é essencial e exclusivamente uma questão pessoal... Portanto, a política deve se voltar para o desenvolvimento de um arcabouço legal que permita que os indivíduos levem uma vida moral e sejam leais à sua própria humanidade."[74] Embora não estejamos convencidos de que os

---

[72] Pode-se argumentar que esta leitura é algo forçada. Antes da passagem citada, Kant nos dá uma razão para pensarmos o Estado como um tipo de substituto da moralidade: ele faz o que a moralidade faria se fosse possível confiar que as pessoas agiriam por motivos morais. Uma vez que não podem fazê-lo, confiamos nesse mecanismo do Estado para agir em seu lugar. Aqui nos concentramos em uma interpretação que se aproxima mais da nossa para enfatizar as diferenças.

[73] H. S. Reiss, citado de *Kant's Political Writings*, 259-60. Algumas das frases deixadas de fora podem ser interpretadas de forma a nos afastar de Kant, mais do que queremos para fazer o nosso contraste.

[74] Ibid, 259.

escritos de Kant sustentem uma interpretação de sua teoria política como exclusivamente preocupada em criar as condições políticas para atividade moral, em oposição a fomentar a própria atividade moral, dados nossos propósitos aqui a aceitaremos como acurada. Assim proceder, faz com que com que a perspectiva atribuída a Kant se *pareça* mais com a nossa.

Mas mesmo aceitando essa leitura de Kant, há ainda diferenças significativas entre a teoria dele e a nossa. A primeira é que nossas bases são aristotélicas por oposição às kantianas. Embora o pleno alcance dessa diferença não possa ser explorado em poucos parágrafos neste capítulo, talvez uma melhor percepção das diferenças surja à medida que nosso argumento se desenvolva. De todo modo, o que podemos observar aqui é que os objetivos das duas abordagens são completamente diferentes, mesmo que algumas conclusões pareçam as mesmas. Kant, como acima descrito, deseja estabelecer o arcabouço da moralidade porque ele tem de se contentar com menos devido aos defeitos da natureza humana. Se fosse possível legislar sobre a ordem moral, Kant o faria; mas já que não é, ele se contenta com uma ordem pacífica. Como a política não pode esperar por uma era em que as pessoas reconheçam a justeza moral da paz e do respeito mútuo, então ela desenvolve um substituto que não depende da ação moral mas é consistente com ela, no caso de haver motivação.

Em contraste, consideramos que a exclusiva preocupação da política em assegurar as condições de possibilidade da ação moral não se deve ao pessimismo em relação aos seres humanos ou à natureza humana, e não corresponde a contentar-se com menos. Nossa visão é a de que a natureza da política e a da moralidade são tais que não é *apropriado* dar uma missão moral à política,[75] embora ter uma missão

---

[75] Em outras palavras, há uma razão ética baseada na natureza do florescimento humano que explica porque a política não deve assumir as tarefas-padrão da ética normativa ou moralidade: ou seja, descobrir o que é inerentemente bom ou obrigatório e determinar como alcançar o bem ou fazer o que é direito.

moral talvez envolva a necessidade de se ter interesse pela política. O que é especialmente importante aqui é que a perspectiva que adotamos não exige que rejeitemos *o melhor da natureza* humana ao alegarmos que a moralização da política não é apropriada. Isso quer dizer que não acreditamos que devemos decair de uma concepção de excelência moral, como faz Kant, para construirmos uma teoria política plausível. Tampouco acreditamos que temos de ser idealistas em relação à natureza humana.

Nossa teoria se baseia na natureza humana sem que se tenha de depender da possibilidade de perfeição humana ou sem que se tenha de ignorá-la. Isso é assim porque, segundo nossa visão, o propósito da teoria política não é ajustar a política ao correto grau de perfeição humana, idealmente ou empiricamente compreendido. Preferimos defender que o problema da política, que no presente trabalho chamamos de "problema do liberalismo", simplesmente não é, por sua própria natureza, apenas o problema moral. Em contraste, o problema da perfectibilidade é o problema moral. E dizemos isso por sermos aristotélicos. Nesse momento é importante assinalar um ponto lógico, cujos pilares substantivos deverão ser reforçados à medida que avançarmos.[76] Qualquer instância da conduta humana X pode ser avaliada em termos de se entra em conflito ou contribui para a moralidade, ou seja, para a autoperfeição humana ou virtude.[77] Não se conclui dessa admissão que todas as ações humanas possuem significância moral e nem que dizer que X não uma é uma ação moral e nem um princípio moral implica que X é imoral ou inapropriado à conduta humana. Pode ser que em alguns contextos, no interior de outros quadros referência, alguma ação X possua a sanção da ética, ou da moralidade compreendida de

---

[76] Esses pilares serão inicialmente delineados no capítulo 4, mas serão desenvolvidos e defendidos nos capítulos 6 e 7, e reenunciados passo-a-passo no capítulo 11.

[77] Isso inclui, devemos adicionar, a virtude da justiça, discutida nos capítulos 7 e 12.

forma ampla, sem que represente um princípio moral ou a ação moral em si. Pode ser, em outras palavras, o caso de a moralidade ser indiferente a X ou de X ter pouco a ver com princípios ou objetivos morais (ou seja, diretamente com o florescimento humano) comuns e mais a ver com alguma outra dimensão da ordem moral. A esta altura, o ponto é apenas lógico, mas esta última ideia será desenvolvida nos capítulos seguintes. Kant mantém a visão tradicional de que a filosofia política ocupa-se fundamentalmente da moralidade tal qual normalmente compreendida.[78] Em nome da moralidade, se afasta ou se coloca fora dela. Nós, ao contrário, defendemos que a política e a moralidade têm problemas bastante diferentes para resolver e não que a política se sai mais ou menos mal quando ajuda a realizar a conduta moral.

Outra diferença significativa entre a filosofia política de Kant e a nossa é que a abordagem de Kant exemplifica ou exige uma separação entre o direito e o bem. Por exemplo, ele afirma que:

> "o princípio da felicidade (que, de fato, não é de forma alguma um princípio definido) tem efeitos negativos no direito político assim como na moralidade, independentemente de serem boas as intenções daqueles que o ensinam. O soberano deseja fazer as pessoas felizes como ele acha melhor, e assim se torna um déspota, enquanto as pessoas não se dispõem a desistir de seu desejo humano universal de buscar felicidade à sua própria maneira e por isso se tornam rebeldes. Se eles, em primeiro lugar, tivessem perguntado o que é legal (em termos de certeza *a priori*, que nenhum empirista

---

[78] Claro, Aristóteles defendia esse ponto de vista também. E como Kant, talvez tenha pensado a vida política como uma "afastamento decadente" do tipo melhor de vida. Nesse sentido, Kant e Aristóteles estão mais próximos um do outro do que cada um deles de nós quando afirmam que o projeto político é um projeto moral cujo problema principal é como aumentar ou diminuir o alcance da moral. A conexão indireta entre política e moralidade de Kant se assemelha mais à nossa visão, embora nos liguemos mais à Aristóteles no que toca à concepção de moralidade.

pode derrubar), a ideia de um contrato social manteria sua autoridade intacta"[79]

O final da passagem, e a passagem como um todo, refere-se ao problema da obediência e paz entre soberano e cidadão ou ao contrato social entre o povo e o soberano. Não precisamos nos ocupar da teoria do contrato social para notar que a passagem se refere a um conceito de direito político que desponta como separado do bem e presumivelmente é anterior a ele no sentido de que tem ele. Encaixa-se, claro, na posição ética geral de Kant de que o bem — o que se crê que beneficie a pessoa — está um tanto fora daquilo que define o direito moral. O bem parece também externo ao domínio do direito político — dando-se à teoria de Kant sua forma liberal — já que o Estado deixa de ter entre suas atribuições a de assegurar "bens" para seus cidadãos.

A distinção entre direito e bem claramente dissemina-se pela maior parte da teoria política liberal, culminando talvez com o vigoroso endosso que Rawls dá a ela em *A Theory of Justice*. Portanto, não é necessário ser kantiano para adotar a distinção, embora a adoção seja consistente com o pensamento de Kant. Todavia, está claro que, para Kant, a distinção entre direito e bem não é uma distinção entre direito e moralidade, pois de certa forma a ética kantiana dissocia a moralidade do bem e a deixa com o direito. O dever é uma manifestação do direito e se leva ou não ao bem de alguém é, de acordo com Kant, virtualmente desimportante para a definição de sua correção.[80]

É por essa última razão que Kant — talvez, paradoxalmente — jamais consegue evitar unificar o político e o moral, ao menos no nível a priori. As passagens que examinamos acima indicam que os dois seriam somente um só se as pessoas fossem capazes de se mostrar mais

---

[79] Kant, "Theory and Practice", in *Kant's Political Writings*, 83.
[80] Claro está que Kant não diz que o bem é sem importância para a moralidade, apenas para sua estrutura e fundações.

atentas às exigências do dever. Já que não o são, temos a política, que é uma substituta da moralidade em um mundo empírico impuro. Na mesma linha, a concepção de Kant da conexão entre direitos e moralidade torna sua teoria semelhante à nossa na prática porque o bem para ele é essencialmente ignorado pelo Estado. Princípios universais de direito guiam o político, enquanto concepções particularistas de bem ficam à escolha do indivíduo — de sua busca e realização. A diferença entre Kant e nós, então, é que nós colocamos as questões do bem diretamente no domínio da moral porque a natureza teleológica do aristotelismo torna a busca dos bens uma questão com importe moral. Como já tínhamos observado, fica parecendo que estamos vulneráveis à opinião de que a diferença entre a posição de Kant e a nossa, embora real, é de interesse puramente acadêmico ou filosófico, com poucas implicações práticas.

No entanto, a última inferência é um pouco precipitada. Ao admitir colocar práticas, aspirações, projetos, bens, papéis sociais e similares no domínio da moralidade, nossa posição tanto captura o que parece verdadeiro de compreensões ordinárias dos atores no mundo real quanto concorda com aqueles que argumentam que algo está muito errado com uma teoria que não consegue dar peso moral a esses tipos de atividade. Portanto, de forma significativa e importante de Kant quando tratamos, por exemplo, as relações familiares ou aspirações profissionais como centrais para o significado da vida moral e, portanto, para o significado daquilo que torna as nossas ações "corretas". Ao mesmo tempo, afastamo-nos de alguns críticos do liberalismo quando negamos que tais assuntos morais são melhor pensados se articulados com o político — ou seja, se são vistos aberta ou indiretamente como ações políticas. E como o político, para nós, não é simplesmente a coletivização da moral, independentemente de se a moral é compreendida de forma robusta ou mínima, a infusão da moralidade na política não apenas leva ao problema das relações soberano/cidadão apontado por Kant na passagem acima citada, mas também engendra uma confusão intelectual entre os dois que ameaça a liberdade e a virtude por não dar a nenhum dos dois seu escopo pleno.

Rawls, usando a distinção entre direito e bem, tenta lidar com essa questão da política e moralidade de uma maneira diferente. De forma muito conhecida, invoca uma distinção entre doutrinas liberais abrangentes e "liberalismo político."[81] Os liberalismos abrangentes constituem defesas do liberalismo propostas como parte de doutrinas filosóficas mais amplas que têm algo a dizer sobre o que é valioso ou melhor para os seres humanos buscarem ou abraçarem. A defesa do liberalismo de modo abrangente depende de forma um tanto crucial dos valores e arcabouço do sistema filosófico mais amplo. Kant é um liberal abrangente; e nós também o somos. Rawls deseja limitar-se ao liberalismo político, uma doutrina que se limita ao político e que não se volta para questões mais amplas relacionadas ao bem estar humano ou à vida boa. Para Rawls, o problema principal do liberalismo abrangente é que ameaça o desejo de se construir uma teoria política que se mostre neutra em relação aos bens. As teorias abrangentes sugerem que o liberalismo tem valor porque está de acordo com uma concepção de bem que a teoria abrangente favorece. Se for esse o caso, o liberalismo não pode pretender transcender todas as teorias do bem ou ser neutro com relação a elas. Tampouco pode pretender ser independente delas, se todos os liberalismos em suas raízes derivaram de uma doutrina abrangente. Aqui não estamos muito preocupados com a questão da neutralidade. Nossa abordagem claramente não é neutra diante das teorias e nem alega que o liberalismo possa ser tão neutro. Rejeitamos

---

[81] John Rawls, *Political liberalism* (New York: Columbia University Press, 1993), xxvii e conferência V, "The Priority of the Right and the Ideas of the Good", 173-211. A distinção entre o direito e o bem no pensamento de Rawls também pode ser encontrada em seu *A Theory of Justice* (Cambridge, Mass.: Belknap Press of Harvard University Press, 1971), 446-52.

o "neutralismo justificativo". Se há neutralidade em nossa abordagem, não deriva de a teoria transcender o bem, mas de um entendimento da natureza do bem na prática. Tal ponto será discutido posteriormente.[82] No momento o que nos interessa é a tese de Rawls de que a distinção entre direito e bem é necessária para se separar o político de outros campos de preocupação e interesse como a moralidade, a vida boa ou de algum outro sentido do não político.

Os críticos de Rawls desejam negar a separação entre o político e o não-político, afirmando que a fronteira, no caso de existir, não é nítida.[83] Todos os modos de vida possuem implicações políticas e todos os programas políticos favorecem mais certos modos de viver que outros. Parece, então que, se tentamos traçar uma linha divisória entre o político e o moral, também ficamos sujeitos ao mesmo tipo de objeção. Não podemos aqui responder completamente a essa acusação, pois muito ainda será dito sobre as distinções que estabelecemos e as razões para fazê-las. Contudo, de uma forma geral podemos dar duas respostas agora, uma metafísica e a outra teórico-moral. Primeiro, como aristotélicos, não somos humeanos. Isso significa que distinções não são necessariamente separações. O fato de fazermos uma distinção entre o político e o moral não implica que são assim separados pelos agentes em sua conduta. As ações efetivas de uma pessoa podem ser multidimensionais, tendo tanto uma dimensão política quanto uma moral, sem falar em outras possíveis. As distinções que fazemos objetivam ajudar a entender que tipos de respostas, se é que existem, são apropriadas, e dadas por quem. Isso não quer dizer que faz sentido

---

[82] Tampouco somos completamente neutros em relação a ações, já que a política pressupõe um conjunto de princípios éticos que delimitam de certa forma as ações. *Parecemos* tão neutros em relação às ações porque o escopo que a política legitimamente regula é muito pequeno.

[83] Para uma boa discussão de um dos críticos mais importantes, Charles Taylor, ver Ruth Abbey, *Charles Taylor* (Princeton: Princeton University Press, 2000).

afirmar que determinado aspecto da ação é o componente político, e que aspecto o moral. Os significados, motivações e objetivos de uma ação podem ser vários, mas ainda assim é *uma* ação: uma unidade integrada de comportamento intencional. Isso significa que pode haver distinções sobre ela que podem não ser separações. Motivações diversas podem ser coisas separadas, mas as qualidades estéticas e utilitárias de uma ação, por exemplo, são distinguíveis mas não separáveis.

Numa perspectiva menos metafísica e mais diretamente moral, somos também aristotélicos. Isso quer dizer que para nós a moralidade não se reduz a assuntos de cooperação social e nem está primariamente voltada para eles. Consequentemente, mesmo que se pudesse demonstrar que a política liberal não pode ser separada de valores como a tolerância, senso de *fair play* ou inclusividade, para nós se avançaria muito pouco na direção da autoperfeição exigida por uma teoria ética aristotélica. Sem dúvida, há algumas qualidades autoperfeccionistas na, digamos, tolerância, mas não muitas, e não as mais importantes.

Rawls e outros autores enfrentam dificuldades para separar o político do não-político porque no mundo moderno os valores associados à cooperação social definem virtualmente a moralidade como um todo. Torna-se difícil, portanto, se não impossível, falar de uma teoria política em contradição à cooperação social ou dela separada. Estamos propensos a admitir que esses valores de cooperação social tornam difícil *separa*r o político do moral, já que, sob muitos aspectos, são valores que, dada nossa sociabilidade natural, nos permitem olhar para ambas as direções. É um equívoco, entretanto, supor que não existe distinção útil a ser feita entre a política e a moralidade. De fato, pensar que não há essa distinção real corrói a possibilidade de uma ética robusta por encorajar a redução de todos os valores aos da cooperação social. Além do mais, argumentando contra a distinção, os críticos acabam por se colocar em um tipo de dilema intelectual: ou negam que o liberalismo obtém sucesso ao defender teoricamente a distinção porque a distinção não é sustentável, o que significa que jamais houve uma articulação bem sucedida da própria doutrina que eles pretendem criticar; ou admitem que a distinção é definidora da verdadeira natureza do liberalismo e que, portanto, essa distinção pode de algum modo ser sustentada. Este último tentáculo do dilema solapa o argumento segundo o qual a distinção é de algum modo estruturalmente defeituosa ou incoerente. Teria de ser dito, ao contrário, que é possível traçar a distinção, mas que é equivocado forjar uma filosofia política a partir dela ou nela baseada.

O primeiro tentáculo do dilema significa que os argumentos contra o liberalismo não são na verdade contra o liberalismo em virtude de o liberalismo não poder ser articulado, já que sua distinção definidora básica entre o político e o não político carece de sentido. Mas esse resultado seria estranho, já que precisamos da distinção que a filosofia política derivou dele e das ordens políticas que tentam implementá-lo para atacar o liberalismo.[84] Mas isso não apenas deixa em aberto a possibilidade de uma *nova* teoria capaz de articular e defender melhor a distinção, mas também significa que as ordens liberais, embora falhas, não são completamente incoerentes ou autocontraditórias. Não poderiam existir se o fossem. Uma saída possível para o dilema é sugerir que jamais existiram ordens liberais, ao menos como concebidas pelos teóricos. Avaliadas à luz dos ingredientes encontrados nas teorias liberais, elas só têm sido ordens políticas mais ou menos liberais, mas se isso é verdade, o debate não gira em torno do liberalismo *per se*, mas do valor das várias aproximações a ele.

Como notamos no capítulo anterior, a distinção entre direito e bem parece ser responsável por permitir que se distinga o político do não-político. Portanto, é justo afirmar que nosso projeto global é indi-

---

[84] Essa dificuldade, como veremos no capítulo 10, é inerente a todas as formas de comunitarismo.

car que isso não é necessariamente assim. Pode-se distinguir o político do não-político sem se aderir a uma distinção entre direito e bem. E a distinção entre direito e bem, do nosso ponto de vista, não necessariamente sustenta doutrinas como o liberalismo, porque essa distinção na verdade serve para minar a distinção que é necessária ao liberalismo, qual seja, a distinção entre o político e o não político. Isso ocorre, como vimos, estimulando-se a equação entre política e moralidade.

No entanto, parece claro que qualquer discussão em torno do direito e do bem não pode deixar de nos levar de volta a Kant e de nos lembrar de quão central ele é para essas deliberações. Até porque sua concepção da estrutura inerente do direito é que domina, de vários modos, a forma com que o debate moderno é conduzido. Noções de universalidade, desinteresse, imparcialidade e impessoalidade são as características que definem a noção de direito em Kant, além de serem centrais na separação do direito do bem. O bem para Kant é despojado de muito de seu conteúdo moral e esse aspecto de seu sistema parece persistir na maioria dos projetos morais pós-kantianos. Como o direito e o bem distinguem-se facilmente com base em que o direito é mais verdadeiramente uma perspectiva ética que o bem, a questão então é se é possível distinguir adequadamente política e moralidade interior de um arcabouço em que formas de universalidade e imparcialidade são os traços definidores daquilo que deve ser qualificado de moral ou ético.

Precisamos admitir que, à primeira vista, parece possível ler ao menos Kant de uma forma tal que a atividade política ao mesmo tempo se ocupa do direito e não se ocupa da moralidade. Para o kantiano, a política pode ser melhor compreendida em termos de regras "metamorais" que protegem a liberdade da moralidade como tal em vez de promover uma moralidade específica ou um pacote de valores morais.[85] Nesse sentido,

---

[85] Essa posição nos foi efetivamente apresentada por Corinna Delkeskamp-Hayes em um artigo a ser publicado, "Moralized Human Rights and the Right to Moral Autonomy".

a política presta-se à proteção das condições da autonomia moral, e se faz esse tanto, faz com que a moralidade se torne realidade. Pois, a primeira coisa que devemos fazer é reconhecer e assegurar que os outros sejam agentes morais para que a ação moral tenha lugar. E isso é diferente de tentar garantir a ação moral como tal. Fora da ordem numênica, pareceria que a política e a lei são meios através dos quais se estabelece o arcabouço metamoral de uma comunidade formada por agentes autônomos necessária ao funcionamento da atividade moral.

Contudo, justamente quando parece que a posição de Kant e a nossa poderiam convergir, encontramos a maior distância. Nossa discussão de Kant e Rawls e a distinção entre direito e bem — como parte de uma doutrina mais abrangente ou não — apontam para a diferença principal entre essa posição e a nossa e para a razão pela qual a posição kantiana não consegue, afinal, sustentar a tentativa de distinguir o metamoral do moral.[86] A razão é que a essência da moralidade para Kant é fundamentalmente legislativa,[87] enquanto para nós é fundamentalmente teleocêntrica. Kant afirma abertamente em seus escritos morais que a moralidade é uma forma de elaboração de leis. E isso é central para a forma do juízo ético: "é mister que possamos querer que uma máxima de nossa ação se torne lei universal — este o cânone geral de apreciação moral de nossa ação."[88] Universalidade, imparcialidade, desinteresse e

---

[86] Em certo sentido há uma forma mais fácil, que é sugerir que — exatamente o oposto de Kant — *investimos* o bem com moralidade, e desvinculamos o direito dela. Talvez esse seja um dispositivo heurístico valioso para se entender a diferença de abordagem entre a nossa e outras perspectivas kantianas, mas isso também nos colocaria na situação de endossar a separação entre direito e bem, o que relutamos em fazer. Apesar disso, como posteriormente e momentaneamente certo se tornará evidente, algo como o direito se adequa à política, mas o mesmo não vale para toda característica da conduta moral.

[87] De fato, devemos "partilhar... na constituição da lei universal". Kant, *Groudwork of the Metaphysic of Morals*, ed. H. J. Patton (New York: Harper, 1967), 103.

[88] Ibid, 91.

impessoalidade são (apropriadamente) todas características da lei. Se também são centrais para a estrutura dos juízos morais, então distinguir o político do moral torna-se em princípio cada vez mais difícil. Supondo-se que a lei seja a forma através da qual uma ordem política expressa seus valores, nada subsiste capaz de estruturalmente diferenciar as proposições da lei das da ética, a não ser considerações empíricas como a exequibilidade da imposição da lei. Em princípio, como Kant parece sugerir, qualquer regra moral pode ser concebida também como regra legal, embora muitas considerações práticas possam desconsiderar isso. Kant compreendeu isso e, como vimos, essa é a razão que o obriga a confiar numa abordagem que não é sua preferida, ao distinguir a política da moral. Ainda assim, o esforço de distinguir condições para a autonomia do exercício de ações autônomas nos parece improfícuo. Embora seja verdade que podemos distinguir o *reconhecimento* do outro como agente moral autônomo das ações humanas que podem ser levadas a cabo vis-à-vis a esse agente, em um arcabouço kantiano a distinção somente é útil para determinar quem se enquadra no universal moral e não para separar as ações morais de outras. Uma vez que as ações morais definem-se essencialmente pela universalidade e seus derivados, o reconhecimento do outro como agente moral é apenas o primeiro passo na execução de ações voltadas para esse outro (que deve por universalidade estar incluído) e não uma forma de separar as ações. É por isso que Kant, de forma mais plausível, recorre a um "segundo preferido" argumento — ou seja, em lugar de procurar realizar a unidade inerente entre o moral e o legislativo, ele adota um meio-termo político.

Em contraste, para nós, a universalidade, imparcialidade, desinteresse e impessoalidade não são centrais à estrutura das proposições morais, pois estas, quando de tipo teleocêntrico, ocupam-se de sua relação com o florescimento pessoal. Pode haver elementos genéricos que lembrem as condições kantianas de universalidade, mas de importância *igual* ou *superior* para nós — dada nossa perspectiva centrada no agente – são os elementos do juízo moral que incluem o particular, o parcial, o interessado e o pessoal. Esses elementos são tão cruciais à moralidade de uma ação como quaisquer outros traços universais que poderiam ser aplicados. É claro que expor isso em detalhes, e tornando-o mais claro, é tarefa a ser realizada nos capítulos que se seguem. No momento é importante reconhecer que as estruturas das proposições morais e político-jurídicas como as concebemos, diferem das de Kant; e essas diferenças refletem uma diferença no tipo de função que supostamente devem realizar.[89] Consequentemente, para nós não se trata apenas de a modalidade de ação política ou legal (coerção) ser incompatível com a moralidade, *mas de a forma ética de uma diferir da outra. Isso* nos leva à nossa distinção entre tipos diferentes de princípios éticos – os normativos e os metanormativos e significa que a tentação de confundir um com o outro é minorada.

O que nos cabe fazer, política e socialmente, é encontrar regras que possam ser aplicadas imparcialmente e sem referência a interesses particulares ou a status social. O que devemos fazer moralmente é encontrar princípios que possam guiar as pessoas para uma condição de florescimento. Se tais princípios são ou não igualmente aplicáveis, ou aplicáveis da mesma forma, aos outros é menos relevante que identificar seus papéis potenciais na contribuição para o florescimento. Contudo, porque florescemos na companhia dos outros, devemos encontrar um meio de conciliar esses dois projetos, pois devem ter lugar não apenas juntos, mas de forma integrada. A divergência estrutural entre juízos morais ordinários e as normas apropriadas à vida política dá origem à nossa distinção entre princípios normativos e metanormativos. É o tipo de distinção que não está completamente ausente da história do liberalismo, mas raramente é nela encontrada. Kant não foi apenas

---

[89] No capítulo 4 nós argumentamos que o trabalho da ordem política/ jurídica define-se em termos do "problema do liberalismo".

um inovador em teoria ética, mas também um homem de percepção apurada no que tange à direção e natureza da teoria moral. A busca da universalidade é um traço distintivo da política moderna contra o paroquialismo que a antecedeu.[90] Kant transforma essa tendência política na essência do juízo ético; e nesse processo afasta de uma vez por todas da ética qualquer resquício aristotélico. De fato, a despersonalização da ética parece se acelerar depois de Kant, pois o utilitarismo pouco faz para reverter a tendência. Embora o universalismo possa ter ajudado a ampliar a disseminação do liberalismo, a falta de centralidade no agente pode ser uma fonte de declínio do liberalismo causado por doutrinas antiliberais hostis ao indivíduo ou pelo fracasso em estabelecer uma linha de demarcação capaz de definir os limites da ação estatal legítima. Devemos por isso buscar um caminho alternativo de encarar e defender o liberalismo.

Direitos naturais

Tanto por causa de nosso aristotelismo quanto de nosso liberalismo que se embasa em direitos naturais negativos "lockeanos", é importante considerar primeiramente as formas pelas quais os direitos naturais são uma extensão da tradição do direito natural. Essa discussão inclui menção às formas com que os defensores dos direitos naturais têm falhado em apreciar tal conexão ou com que a têm diretamente solapado. Dado que nosso projeto é amplamente conceitual, e não histórico, nos concentraremos nos princípios se aplicam a ambos os lados

---

[90] Para uma análise dessa busca com base em uma perspectiva existencialista, ver Jason D. Hill, *Becoming a Cosmopolitan: What it Means to be a Human Being in the New Millenium* (Lanham, Md.: Rowman & Littlefield, 2000). Hill argumenta de forma persuasiva que o cosmopolitismo é necessário para se superar o tribalismo, mas sua concepção existencialista do eu não lhe permite que ele aprecie suficientemente a importância da distinção entre o cosmopolitismo compreendido como princípio para a teoria político-jurídica e como princípio para a teoria moral.

da questão. Resumindo nossas conclusões sobre essas questões: nosso problema principal com a teoria tradicional do direito natural é sua incapacidade de compreender o caráter individual do bem; o problema principal com a maior parte das teorias modernas do direito natural é sua rejeição ao eudemonismo teleológico na ética.[91]

Ademais, alguns comentários sobre nossa própria posição devem ser tecidos antes de começarmos a examinar essas posições diferentes. Defendemos uma compreensão contemporânea da ética do fim natural que pode ser usada para apoiar uma versão dos direitos naturais do liberalismo clássico. Essa visão ética sustenta que a *phronesis* (ou sabedoria prática) é a virtude intelectual central do florescimento ou do autoaperfeiçoamento da vida humana, e também que o bem humano não é simples e monístico, mas complexo e plural. O florescimento humano não pode ser alcançado ou mantido sem profunda atenção a seu caráter individual; mas que também encerra um caráter profundamente social. De forma resumida, o florescimento humano é objetivo, inclusivo, individualizado, relativo ao agente, autodirigido e social (consultar capítulo 6).

Argumentamos em *Liberty and Nature*, e o faremos novamente nos capítulos 4 e 11, que a concepção precedente de florescimento humano gera a necessidade de um conceito de "direitos" que tem uma função

---

[91] "O eudemonismo teleológico" sustenta que o florescimento humano é o fim natural ou *telos* da vida humana. É o padrão moral através do qual a conduta humana é avaliada. Os humanos podem optar por não considerar o florescimento como seu padrão moral, mas não podem escolher não serem humanos ou não terem o potencial para o florescimento humano. Em consequência, a escolha humana, ou autodireção, não são radicalmente livres. Estão a serviço do bem humano. Ainda assim, a autodireção é o elemento central e necessário na realização dessa potencialidade — ou seja, na descoberta, implementação, integração e fruição dos bens que constituem o florescimento humano. Uma análise contemporânea dessa visão encontra-se em Douglas B. Rasmussen, "Perfectionism", in *Encyclopedia of Applied Ethics*, volume 3 (San Diego: Academic Press, 1997), 473-80.

irredutível. Para nós, direitos são um conceito ético, mas são diferentes de outros conceitos desse tipo. Os direitos não se preocupam diretamente com o florescimento humano, virtude, ou mesmo obrigação moral como são geralmente compreendidos; se preocupam, em vez disso, com formação de contextos, ou seja, com o fornecimento de orientação na criação, interpretação, avaliação e justificação de sistemas político-jurídicos. O objetivo dos direitos é resolver um problema que resulta da tentativa de se estabelecer uma ordem político-jurídica que, estruturalmente, não exigirá que uma forma de florescimento humano seja preferida a outras.[92] Em outras palavras, direitos objetivam conciliar as dimensões individualizada e social do florescimento humano. Os únicos tipos de direitos que acreditamos serem capazes de fazê-lo são os chamados direitos "lockeanos", ou seja, os direitos que os indivíduos possuem e que requerem uma não-interferência mútua. Esses direitos às vezes também são chamados de "direitos negativos", já que de certa forma demandam das pessoas apenas contenção e não ação "positiva". Falaremos mais a respeito desses conceitos nos capítulos posteriores, mas no momento nos ocuparemos primariamente da "naturalidade" e da "individualidade" dos direitos.

Se direitos naturais são "naturais", então uma das questões que nos tem preocupado é a de saber até que ponto a tradição dos direitos naturais liga-se à tradição do direito natural. Aparentemente, a tradição do direito natural é simpática ao aristotelismo, mas a tradição dos direitos naturais não. Pela mesma razão, a tradição do direito natural parece menos simpática à tese da natureza individualizada do bem por nós subscrita, assim como de nossa política liberal. Qual então poderia ser a ligação, se é que há alguma, entre elas?

---

[92] Como já foi mencionado, nós o denominamos "problema do liberalismo", e explicaremos no capítulo 4 e novamente no capítulo 2 como esse problema resulta do caráter individualizado social, e relativo ao agente do florescimento humano.

Uma forma de enxergar os direitos naturais como não conflitantes com o direito natural é fazer a assimilação dos primeiros ao segundo.[93] Pode-se fazer isso pensando em direitos naturais como simples princípios do direito natural expressos através de um indivíduo.[94] O filósofo do direito Heinrich Rommel perfilha uma versão extrema dessa posição. Segundo ele, os direitos se fundem como o que é direito, de forma que direitos são "a esfera do direito, que é 'dado' com a natureza de uma pessoa".[95] Vemos como isso é entendido quando Rommen favoravelmente cita a visão de Thomas P. Neill segundo a qual cada direito natural é "fundado em um dever correspondente da parte de seu possuidor. O direito à liberdade religiosa, por exemplo, baseia-se no dever de adorar Deus, assim como o direito de trabalhar baseia-se no dever de autopreservação e autoperfeição."[96] Temos, então, apenas direitos àquilo que, por dever, somos levados a buscar. Segundo esse ponto de vista, os direitos fazem pouco mais que reiterar a noção de que os indivíduos possuem obrigações. Nenhum trabalho substantivo novo é realizado por esse conceito de "direito".

As concepções de direito natural que concedem maior status ao conceito de direitos, como as dos filósofos John Finnis e Henry B. Veatch, acabam se confrontando com um problema similar. Na perspectiva de Finnis, os direitos são modos de expressar princípios de

---

[93] Muitos dos parágrafos remanescentes desta seção derivam de algumas modificações pequenas, embora importantes do trabalho de Douglas J. Den e Douglas Rasmussen, "Ethical Individualism, Natural Law and the Primacy of Natural Rights", *Social Philosophy & Policy* 18 (invernos 2001): 34-69.
[94] Como observamos em outro momento, até mesmo a individualidade está em dúvida aqui. Rommen fala da importância da "personalidade" no direito natural, mas a personalidade é, ela própria, um tipo de categoria genérica de fins à qual os indivíduos devem aderir. Há pouca coisa genuinamente individual nisso. Heinrich A. Rommen, *The Natural Law: A Study in Legal and Social History and Philosophy* (Indianapolis: Liberty Fund, 1998), 206.
[95] Ibid.
[96] Ibid, 216.

justiça. Para ele, a tradição do direito natural fica incompleta sem a linguagem dos direitos, pois a linguagem dos direitos é uma ferramenta linguística mais precisa para discriminar obrigações de justiça que a linguagem do direito natural tradicional.[97] Contudo, não está claro porque a linguagem dos deveres não pode ser adaptada para cumprir a mesma função, a despeito de toda falação em torno dos direitos ter-se tornado o modo preferido de discurso. Talvez o argumento seja o de que falar dos direitos de alguém (ou daquilo a que tem direito em determinada situação) seja mais *econômico* que as formas alternativas de expressão. Em outras palavras, é muito mais fácil dizer que Maria tem um direito a X do que detalhar a extensão e o escopo de seus deveres. Mas esse tipo de análise leva-nos a suspeitar que o trabalho moral substantivo está sendo realizado pelos princípios de justiça, com os direitos servindo meramente como meio de transmitir um significado definido em outra instância. Nossas suspeitas são sustentadas pelo seguinte: "Mas quando vamos explicar os imperativos da justiça, e o fazemos referindo-nos às necessidades do bem comum em seus vários níveis, descobrimos haver razão para tratar o conceito de dever, obrigação ou exigência moral como tendo um papel explicativo mais estratégico que o conceito de direitos".[98] De acordo com Finnis, direitos são importantes porque é o indivíduo que se beneficia com as obrigações implicadas pelos direitos ao agir de acordo com elas. Embora essa posição corretamente apreenda a conexão necessária entre direitos e indivíduos, não consegue identificar a natureza ou a relevância dessa conexão. Para Finnis, indivíduos são veículos que traduzem as obrigações em prática, mas não são fundamentais para definir a natureza das obrigações. Além do mais, o que Finnis afirma dos indivíduos com relação às obrigações, se aplica igualmente à forma com que discute

---

[97] John Finnis, *Natural Law and Natural Rights* (Oxford: Clarendon Press, 1980), 205ff.
[98] Ibid, 210.

indivíduos com relação a deveres ou benefícios; deixa, portanto, de demarcar qualquer território conceitual novo para os direitos; ficando das vantagens obtidas confinadas à economia de linguagem. A ideia de que o individualismo de alguma forma é moralmente central à própria natureza dos direitos não está presente aqui. Em consequência, a posição de Finnis em relação aos direitos é assimilacionista; ele simplesmente vê os direitos naturais como uma extensão do direito natural.

A posição assimilacionista é também desenvolvida na teoria dos direitos formulada por Henry B. Veatch.[99] Em um esforço para ter de fundamentar evitar os direitos em teorias que destacam o interesse ou em considerações deontológicas[100] – arcabouços éticos que ele (corretamente) rejeita – Veatch apresentou uma nova "terceira via" para fundamentar os direitos naturais. Em sua ótica, direitos naturais não derivam de deveres naturais que temos em relação aos outros e nem resultam de contratos sociais ou de interesses expressos por meio de cálculos de vantagem pessoal ou social. Em vez disso, direitos naturais derivam de deveres que naturalmente o indivíduo tem para consigo mesmo.[101] O argumento desenvolve-se mais ou menos da seguinte forma: já que todos nós, por natureza, temos a obrigação ou o dever de buscar a autoperfeição (dada por uma ética aristotélica), cada um de nós por natureza está fadado a cumprir essa obrigação. Impedir os

---

[99] Henry B. Veatch, *Human Rights: Fact or Fancy?* (Baton Rouge: Louisiana State University Press, 1985), 160-96. Os parágrafos seguintes que criticam a teoria de Veatch são uma adpatação do material encontrado em Douglas B. Rasmussen e Douglas J. Den Uyl, *Liberty and Nature: An Aristotelian Defense of Liberal Order* (La Salle, Ill: Open Court, 1991), capítulo 3, e em Douglas J. Den Uyl, *The Virtue of Prudence* (New York: Peter Lang, 1991), capítulo 9.

[100] Uma teoria deontológica é qualquer teoria em ética normativa que sustenta que o "dever" e o "direito" são básicos e que define o moralmente bom em termos de dever e direito. Tais teorias tentam determinar obrigações de forma separada de uma consideração a respeito do que promove ou expressa o bem. Para os kantianos, isso é alcançado primariamente através de um teste de universalizabilidade.

[101] Veatch, *Human Rights: Fact or Fancy?*, 160-66.

esforços — ou neles interferir — que uma pessoa faz para cumprir sua obrigação natural priva a pessoa daquilo que ela e outros reconhecem que ela deve fazer (e, assim, para cada um de nós). Portanto, nosso dever de perseguir a autoperfeição gera o direito de não ter a busca de nosso fim bloqueada.

Acreditamos que dois aspectos importantes desse argumento devem ser aceitos. Primeiro, a conclusão é verdadeira. Ninguém tem o direito de interferir na busca de outrem por autoperfeição. Segundo, a terceira via de Veatch é a correta nos seguintes sentidos: (1) apela à autoperfeição e não ao interesse ou aos deveres deônticos formais;[102] (2) compreende a autoperfeição de uma forma tal que a busca que o indivíduo faz dela tem ao menos estruturalmente valor equivalente à busca dela feita por qualquer outra pessoa; (3) o argumento fornece uma base naturalista e moralmente informada para a afirmação de que quaisquer que sejam os direitos que existem, serão universalizados por todos os indivíduos. No entanto, alguns problemas surgem por Veatch não conseguir distinguir um direito daquilo que é direito. Em nossa síntese do argumento de Veatch, por exemplo, fica evidente que só se possui o direito à liberdade de interferência na medida em que se está buscando a autoperfeição. Contudo, suponha-se que não se está fazendo isso; suponha-se que a autoperfeição de um indivíduo resida em escrever tratados de filosofia, mas que ele busque uma vida de indolência, hedonismo ou simplesmente esportiva. Os outros possuem o direito de interferir no caminho de degradação desse indivíduo? Pensamos que não. Mas nada há no argumento de Veatch que conceda ao indivíduo o direito de desviar-se do caminho da virtude.

É claro que o argumento de Veatch não afirma que alguém *teria* o direito de interferir na vida dessa pessoa; mas se não interfere, não é porque assim violaria os direitos dessa pessoa. Veatch percebeu corre-

---

[102] Ver nota 98.

tamente que ter um direito está conectado à liberdade. E, no entanto, não conseguiu perceber que possuir um direito tem uma extensão maior do que fazer (ou ou estar em busca de) o que é direito. Nossos direitos não estão baseados em qualquer busca efetiva ou conquista do que é direito, mas na necessidade de um contexto político-social que proteja a *possibilidade* dessa busca ou conquista. Denominamos o fracasso em se distinguir claramente entre ter um direito e fazer o que é direito – encontrado tanto em Rommen como em Finnis – de "falácia moralista".

Mas suponhamos que ignoremos a falácia moralista por um momento. Ainda assim nos parece que a argumentação de Veatch contém, nesse caso, um *non-sequitur*. Se um indivíduo tem o dever de perseguir a autoperfeição, por que os outros devem se sentir obrigados a evitar interferir nessa sua busca? É certo que se interferirem, o indivíduo será impedido de fazer algo que está obrigado a fazer – de fato, algo que os outros reconhecem que é obrigado a fazer. No entanto, essa afirmação é um tanto diferente da que a que proclama que os outros são obrigados a não interferir, uma vez que a obrigação do indivíduo não necessariamente dá aos outros uma razão para que evitem a interferência. Certamente falta algo no argumento de Veatch. Uma abordagem a esse problema pode ser a alegação de que ao impedir você de alcançar a autoperfeição, um indivíduo está fazendo algo que o impede de alcançar sua própria autoperfeição. No entanto, isso nem sempre e nem necessariamente é o caso, pois o que é bom para uma pessoa não é necessariamente bom para outra. Além disso, voltando à situação acima mencionada, um indivíduo que impede outro de se degradar pode efetivamente estar aumentando sua própria autoperfeição, já que está contribuindo para o bem estar de outra pessoa, o que por sua vez pode refletir sobre seu próprio caráter virtuoso. Certamente, se pode impedir a degradação de uma pessoa violando seus direitos. Portanto, a não ser que se consiga demonstrar sem incorrer em petição de princípio que a violação aos direitos do outro é sempre uma negação de sua própria obrigação à autoperfeição, essa tentativa de resolver o problema está fadada ao fracasso.

Parece também derivar da teoria de Veatch que se eu interferir ou impedir, em *minha* realização da autoperfeição (por exemplo, afastando-me deliberadamente do bem), isso equivale a violar meus próprios direitos. De acordo com a teoria de Veatch, os direitos são gerados a partir da busca de uma obrigação. E uma interferência nessa busca constitui uma violação de direitos. Veatch não faz distinção baseada em quem faz a interferência; Rommen e Finnis também. Embora certamente se possa dizer que alguém pode ter direitos, e também exercê-los ou fracassar em exercê-los, é absurdo afirmar que alguém está violando seus próprios direitos. O correto é afirmar que alguém fracassou em suas obrigações.[103] Ao contrário de "obrigações" (ao menos como compreendidas pela ética do direito natural), "direitos" é um conceito relacional cuja aplicabilidade vale apenas no que tange a outras pessoas.

Deve estar evidente a esta altura que o argumento de Veatch falha porque ele, como Rommen e Finnis, presume que o dever expresso por um direito é similar em natureza a outros deveres morais que alguém pode ter, independentemente da maior ou menor importância que alguns desses deveres podem ter em relação a outros. Em outras palavras, ele acredita em deveres para consigo mesmo e que há um direito objetivo, mas não acredita que seres humanos individuais possuem direitos em qualquer sentido irredutível. De fato, Veatch é bem explícito a esse respeito, ao escrever: "em uma teoria da ética do direito natural... os direitos de uma pessoa estão estritamente condicionados pelo fato de a vida, a liberdade e a propriedade do indivíduo serem os meios necessários para uma existência sábia e responsável e para se tornar e ser a pessoa que um ser humano deve ser."[104]

---

[103] De acordo com a ética do direito natural, pode-se ter uma obrigação consigo mesmo.
[104] Veatch, *Human Rights: Fact or Fancy?*, 205.

Com relação ao indivíduo que se dedica a uma conduta que não se volta para o aperfeiçoamento, Veatch afirma: "As ações que ele realiza e a conduta que ele segue deixam, assim, de ser corretas. E nem seus direitos naturais à vida, liberdade e propriedade podem ser considerados como permissões para que viva do modo que ele, de forma tola e impensada, escolheu. Em outras palavras, que alguém decida abusar de seus direitos [ou seja, adotando conduta que não busque a perfeição] não deve ser tido como correto, ou mesmo como sendo seu direito de alguém em qualquer sentido estrito."[105] Claramente, quando Veatch fala do direito de uma pessoa de fazer X, é apenas uma forma abreviada de afirmar duas outras coisas. Primeiro, Veatch quer dizer que é correto uma pessoa fazer X, ou que fazer X é necessário para se obter uma outra coisa que por sua vez é correto a pessoa fazer. Segundo, ele quer dizer que é em virtude de ser correto fazer X, ou de fazer X ser o meio necessário para fazer outra coisa que por si é correta, os outros (de alguma forma) têm o dever de não interferir com a pessoa que faz X. O conceito de direitos naturais baseado na visão de Veatch acaba realmente por ser supérfluo; os únicos conceitos de que a sua teoria precisa são aqueles que definem o que é correto e o dever das pessoas de fazer o que é correto.

No fim das contas, o que terceira via de Veatch realmente estabelece é o reconhecimento de que nossa obrigação de autoperfeição se associa com o reconhecimento de que os outros têm também a obrigação de autoperfeição; e que tal obrigação assume formas muito diferentes em pessoas muito diferentes. Portanto, quando tentamos considerar a questão de uma perspectiva social, precisamos colocar de lado como somos diferentes e encontrar o elemento crítico comum que perpassa todas as buscas de autoperfeição. Por isso foi dito acima que o argumento de Veatch está correto na medida em

---

[105] Ibid.

que estabelece o modelo apropriado de universalização. Mas quando se vai além, como faz Veatch, fundindo direitos com o que é correto, não apenas deixa-se o conceito de direitos sem uma função que não possa ser levada a cabo pelo dever ou obrigação como também, – e mais importante, – se colocam sob ameaça o pluralismo e o individualismo. Quanto mais os direitos são identificados com o que é correto, mais provável que uma forma particular de autoperfeição seja incorporada estruturalmente nos princípios dos direitos em detrimento de outras formas. Além do mais, se não se deseja que os princípios de direitos sejam vagos, deve-se encontrar alguma resposta para a pergunta: o que é correto? Entretanto, em um contexto social em que todos os indivíduos devem ser contemplados, essa resposta deve sempre ser dada de forma universal. E é precisamente essa forma universal que é tão problemática, e até contraditória, para a natureza individualizada de qualquer concepção positiva de autoperfeição.

O problema, então, não é apenas encontrar uma função para o conceito de direitos naturais, mas também encontrar um papel para o indivíduo que não seja apenas o de repositório de obrigações intercambiáveis; a esta questão retornaremos posteriormente. Em todo caso, como estratégia para defender a existência de compatibilidade entre a tradição do direito natural e a dos direitos naturais, as abordagens assimilacionistas de Rommen, Finnis e Veatch obtêm sucesso por de fato removerem os direitos naturais. Uma vez que essa não parece ser a solução, devemos estar atentos à possibilidade de que nossa própria posição não retrocede, ou seja, que remova a posição do direito natural assimilando-a à posição dos direitos naturais. Essa possibilidade levanta a questão de se as duas tradições podem ser distintas sem serem antitéticas de alguma forma fundamental. O trabalho recente do filósofo Fred D. Miller Jr. e do historiador Brian Tierney pode ser considerado uma tentativa de indicar como as duas tradições podem ser compatíveis e, ainda assim, distintas.¹⁰⁶ Para os nossos objetivos, o trabalho de Tierney é mais relevante, uma vez que lida com o período final da Idade Média e o início da era moderna, quando os direitos naturais começaram a desenvolver-se a partir do direito natural.

Devemos primeiro observar que boa parte da discussão de Tierney se devota a mostrar que os direitos naturais (também chamados de direitos "subjetivos" ou "individuais") desenvolveram-se em conjunção com os ensinamentos tradicionais do direito natural. Esta tese opõe-se à visão de que os direitos naturais são estritamente invenção da teoria política moderna ou do nominalismo. Por mais interessante que essa tese possa ser, mostra mais coincidência histórica que consistência doutrinária. O desenvolvimento interligado de duas doutrinas, em um lapso de tempo, não implica uma consistência entre elas. O desenvolvimento conjunto pode até mesmo representar uma ruptura ou tensão em uma escola de pensamento ou uma ambiguidade em relação à natureza de determinado conceito.

A teoria de Tierney proporciona uma compreensão mais filosófica da compatibilidade entre direito natural e direitos naturais? Para responder a essa questão, devemos estabelecer a distinção entre duas doutrinas que *não são incompatíveis* e duas doutrinas que *são compatíveis*. Duas doutrinas não são incompatíveis quando não há contradição ostensiva entre elas. Por exemplo, ao discutir Ockham e São Tomás de Aquino, Tierney nota que a doutrina dos direitos subjetivos de Ockham não contradiz diretamente à doutrina do direito natural de Aquino.¹⁰⁷ Contudo, isso não significa que exista alguma relação estrutural, ou de outro tipo, significativa entre as duas doutrinas. Presume-se que se duas doutrinas são compatíveis, então funcionam articuladamente de

---

¹⁰⁶ Fred D. Miller Jr., *Nature, Justice and Rights in Aristotle's "Politics"* (Oxford: Clarendon Press, 1995); Brian Tierney, *The Idea of Natural Rights: Studies on Natural Rights, Natural Law and Church Law* (Atlanta, Ga: Scholar's Press, 1997).
¹⁰⁷ Tierney, *Idea of Natural Rights*, 286.

alguma forma direta ou partilham algum princípio central ou princípios. O melhor argumento de Tierney para explicar por que o direito natural é compatível com os direitos naturais pode ser denominado "a solução da capacidade moral". Tierney faz menção a ela em conexão com Christian Wolff, um filósofo do século XVIII que seguia Leibniz mas também incorporava Aquino em seu pensamento: "O direito natural, direito inerente à natureza racional do homem, obriga cada pessoa a buscar a autoperfeição. Mas o cumprimento da obrigação moral exige alguma liberdade de ação; e Wolff declara: 'Essa faculdade, ou poder moral, de agir chama-se de um direito (*ius*)'. Levando o argumento mais longe, Wolff explicou que o que a lei da natureza torna obrigatório como um fim, o *ius* nos dá como um meio'".[108] Os direitos naturais, portanto, referem-se às esferas de liberdade que os indivíduos devem possuir de forma a cumprir suas obrigações morais. Como as esferas de liberdade de ação são distintas do princípio no qual a ação se baseia – ou seja, a obrigação de buscar o florescimento humano – há uma distinção entre direitos naturais e direito natural. De acordo com essa visão, direitos naturais e direito natural são interdependentes e, portanto, funcionam numa relação mútua necessária. Ademais, ambos podem ser chamados "naturais" porque as fundações dos princípios morais derivam da natureza do homem ou porque faz parte da natureza do significado da ação moral incluir ambos os elementos.[109] De uma forma ou de outra, a compatibilidade é alcançada.

O problema com o argumento da capacidade moral é o de que não fica claro por que precisamos empregar um termo especial ("direitos naturais") para as esferas da ação livre. Elas poderiam ser facilmente subagrupadas àquilo que chamamos de obrigação moral. Talvez exis-

---

[108] Ibid., 51. Christian Wolff, *Institutiones Juris Naturae et Gentium*, ed. M. Thommann, in *Gesammelte*, 36 volumes. (Hildesheim, Alemanha: Olms, 1968-83), 26: 1.1.46, 24.
[109] Queremos dizer que esses poderiam ser significados alternativos em geral, e não na doutrina de Wolff.

tam razões práticas para se distinguir a obrigação moral das esferas da ação livre. Mas por que as esferas de ação são diferentes do escopo da aplicabilidade da obrigação moral? E se elas são apenas isso, por que não considerá-las parte do que queremos dizer com obrigação? Além do mais, as esferas da ação livre parecem delimitadas pela obrigação, e não o inverso; portanto, o trabalho significativo é feito pela obrigação moral, e não pelas esferas da ação livre. Parece, então, que o argumento de capacidade moral não concede um papel realmente independente ao domínio dos direitos naturais. Pode-se argumentar, contudo, que o que realmente distingue os direitos é o modo como determinam obrigações delimitando as esferas de liberdade. Consequentemente, embora o argumento da capacidade moral seja superior à posição assimilacionista, ainda permanece obscuro se logra preservar em última análise um papel independente tanto para o direito natural quanto para os direitos naturais. Assim, pode ser que, ao fim e ao cabo, se desponte simplesmente com uma forma modificada de assimilacionismo.

Dado que a posição de Tierney acaba por tomar uma feição assimilacionista, subsiste o problema de se compreender como o direito natural e os direitos naturais podem ser distintos e ainda assim compatíveis. Há uma outra visão que tenta lidar com isso. Segundo esse ponto de vista, a perspectiva dos direitos naturais "destaca" alguns traços da tradição do direito natural. Esse processo de destacar concede à abordagem dos direitos naturais uma aparência um tanto diferente da abordagem do direito natural; mas as raízes dos direitos naturais ainda podem ser rastreadas no direito natural. Um expoente dessa posição é A. P. d'Entrèves. Ele argumenta que, embora a perspectiva dos direitos naturais seja bem diferente daquela do direito natural, seus elementos básicos encontram-se na tradição do direito natural.[110] Para d'Entrèves

---

[110] A. P. d'Entrèves, *Natural Law* (Londres: Hutchinson University Library, 1970), em especial o capítulo 4.

a tradição dos direitos naturais caracteriza-se pelo racionalismo, individualismo e radicalismo (radicalismo relativo à reforma política e social). A importância da razão e o valor básico do indivíduo, ideias encontradas na tradição do direito natural, são assim enfatizados na tradição dos direitos naturais e radicalizados pelo movimento que propõe a passagem do que *é* correto para aquilo a que o indivíduo tem direito. Na visão de d'Entrèves, um movimento que vai do direito "objetivo" para o direito "subjetivo". Embora não fique plenamente claro no pensamento de d'Entrèves, o movimento do direito objetivo para o subjetivo que provoca o radicalismo pode ser o resultado de uma ênfase exagerada no individual. Seja como for, como essa ênfase foi dada, a primazia da razão e a importância do indivíduo tornaram-se centrais ao direito natural tradicional, mas não o que foi feito com tais ideias.

> "Não havia nada de novo na noção de que um homem nasce livre e igual a todos os outros homens; na ideia de um estado de natureza original; na procura por uma explicação da mudança ocorrida com o surgimento das instituições políticas e sociais. É apenas uma mudança de ênfase nesses lugares-comuns da teoria do direito natural que pode explicar por que repentinamente nos deparamos com uma doutrina que deliberadamente se propõe a explicar a sociedade civil como resultado de um ato deliberado de vontade da parte de seus componentes. A mudança de ênfase é a mesma que analisamos na transformação do direito natural em um princípio meramente racional e secular. A ênfase agora é no indivíduo."[III]

Além de confirmar nossa interpretação do argumento de d'Entrèves, esta passagem suscita a questão de onde devemos traçar a fronteira entre uma "ênfase" e uma mudança de princípio ou doutrina. A teoria

---

[III] Ibid., 58.

do contrato social é apenas o resultado de se dar maior atenção à centralidade do indivíduo ou representa um afastamento significativo de algo ponto fundamental à tradição do direito natural? Em parte, a resposta a esta pergunta depende de como se define o que é central na abordagem tradicional do direito natural.

Talvez, à luz das críticas comunitaristas contemporâneas ao individualismo liberal,[112] a alegação de d'Entrèves pareça um tanto inacreditável. Quaisquer que sejam as outras queixas contra a teoria do direito natural, ninguém jamais a acusou de não ter senso de comunidade ou de ser atomista. Mesmo assim, o individualismo conectado à tradição dos direitos naturais tem certamente suscitado tal crítica. Também parece provável que os primeiros expoentes dos direitos naturais não conceberam seu projeto como dedicado a enfatizar partes da tradição do direito natural.

Antes que nos deixemos levar muito longe por esse tipo de crítica, devemos observar que os novos teóricos do direito natural, como John Finnis, Germain Grisez e Robert George, cujos traços de seus trabalhos examinaremos no capítulo 8, dão os mesmos destaques ao que d'Entrèves descreve como estando presente na teoria dos direitos naturais. Para estes teóricos, o indivíduo localiza-se bem no centro da teoria do direito natural. Além do mais, se considerarmos os modos pelos quais a teoria do direito natural é contrastada com certas práticas e tendências contemporâneas, parecerá que a reforma social também é parte da teoria.[113] Finalmente, a razão também é central para as novas teorias do direito natural; elas criticam ativamente as formas de raciocínio contemporâneas por terem uma carga secular exagerada. Direitos

---

[112] Ver as notas 60 e 61.
[113] Isso novamente, depende de como se olha para o indivíduo. Pareceria haver alguma questão em torno de se a crítica social dos novos teóricos do direito natural faz-se ou não em nome da liberdade individual, como era o caso da crítica dos direitos naturais clássica.

naturais, na medida em que são legítimos, são formas de se enfatizar o que já está presente na perspectiva do direito natural. Aparentemente, assim, d'Entrèves parece estar certo quando olhamos para a teoria contemporânea: direito natural e direitos naturais parecem distintos, ainda que compatíveis.

Entretanto, nossa posição é a de que existem mais diferenças significativas entre direito natural e direitos naturais que a posição de d'Entrèves indica. Em alguns casos, especialmente no que diz respeito ao individualismo, a posição dos direitos naturais difere — e lhe é superior — de forma substantiva da abordagem do direito natural. Não é uma questão de ênfase, mas de ajuste. Ao oferecer uma alternativa à tradição do direito natural, a abordagem dos direitos naturais pode ter perdido de vista o que havia de valioso naquela tradição. Acreditamos que d'Entrèves tem um insight importante a oferecer. Ele cita a seguinte passagem de um filósofo aristotélico do século XX, John Wild: "Toda genuína filosofia do direito natural... deve ter caráter irrestritamente ontológico. Deve se ocupar da natureza da existência em geral, pois é apenas à luz de tal análise básica que a estrutura moral da vida humana pode ser compreendida de forma mais clara."[114] Além disso, d'Entrèves cita Rommen sobre o mesmo ponto: "A ideia de direito natural obtém aceitação geral apenas nos períodos em que a metafísica, rainha das ciências, domina. Recua ou sofre um eclipse quando o ser... o dever, a moralidade e a lei se separa, quando a essência das coisas e sua ordem ontológica são tidas como incognoscíveis."[115] Com esses pontos básicos estamos de acordo. Os primeiros teóricos dos direitos naturais produziram um arcabouço com maior embasamento ontológico e metafísico na expectativa de que assim se

---

[114] John Wild, *Plato's Modern Enemies and the Theory of Natural Law* (Chicago: University of Chicago Press, 1953), 172, citado por d'Entrèves, *Natural Law*, 152.
[115] d'Entrèves, *Natural Law*, 152.

pudessem compreender os direitos naturais. Desse modo, se vincularam à tradição do direito natural descrita nas passagens supracitadas. A esse respeito cabe lembrar as páginas de abertura do *Leviatã* de Hobbes, do *Primeiro Tratado*, de Locke ou dos *Discursos* de Rousseau. Ao menos no que diz respeito à antropologia filosófica, o estudo do que é ser humano, o conceito de "natureza" é conservado em ambas as perspectivas, a do direito natural e a das primeiras perspectivas dos direitos naturais. Isso significa que, com base nessas perspectivas, a teoria abraçada sobre a natureza, ou sobre a natureza humana em particular, é central e significativa para as posições morais e políticas assumidas pelos que seguem essas doutrinas.

Algumas páginas depois das passagens acima citadas, d'Entrèves critica a tradição do direito natural por ser por demasiado ontológica, ou seja, por ser objetiva demais e rechaçar a orientação "subjetiva" da abordagem dos direitos naturais.[116] Todavia, d'Entrèves não consegue formular e responder questões básicas, por exemplo, se a ontologia que os defensores dos direitos naturais oferecem é, em algum aspecto significativo, similar à encontrada na tradição do direito natural. E se a resposta for negativa, se essa ontologia da tradição dos direitos naturais tem algo significativo a dizer sobre por que essa tradição é diferente. Há também outra questão: se o tipo de ontologia encontrada na tradição do direito natural pode ou não ser adaptada à abordagem dos direitos naturais.

No momento não podemos nos dedicar a uma minuciosa discussão das duas primeiras questões. Parece, contudo, um tanto seguro afirmar que a perspectiva teleológica da metafísica clássica do direito natural constituía algo que não era parte da antropologia filosófica do início da era moderna. De fato, é provável que os primeiros modernos estivessem procurando por um arcabouço metafísico que estivesse de

---

[116] Ibid, 157ff.

acordo com o que consideravam as exigências da ciência moderna e do realismo em teoria política – algo que as doutrinas metafísicas clássicas não faziam. Não é implausível argumentar que as teorias dos direitos naturais podem ter tido a aparência que tiveram exatamente por causa desses esforços conscientes que fizeram para se afastar da tradição metafísica clássica. Para nós, entretanto, a questão é a oposta: pode uma teoria dos direitos naturais apoiar-se em uma perspectiva metafísica com mais afinidade com o eudemonismo clássico teleológico? Em essência, pretendemos no presente trabalho, assim tentamos fazer em *Liberty and Nature*, estabelecer essa conexão.

Concordamos com aqueles que argumentam que uma perspectiva metafísica mais ampla mostra-se, em última instância, necessária para a elaboração de uma visão completa dos direitos em uma teoria política. Esse desejo de uma perspectiva mais ampla opõe-se à atitude da maioria dos teóricos políticos contemporâneos, ao menos na filosofia. Mas essa é também uma problemática por demais extensa para que possa ser aqui dissecada. O máximo que podemos fazer é fornecer uma pequena indicação de como os direitos naturais podem reter alguns dos elementos chave da perspectiva teleológica clássica.

O problema com o argumento de d'Entrèves, tal qual formulado, é que não fica claro por que o movimento do direito objetivo ao direito subjetivo foi bom. O máximo que podemos depreender é que a mudança *ocorreu* e que uma teoria que não levasse a mudança em conta seria inadequada. Também é possível que a posição dos direitos naturais confira ao indivíduo uma posição de mais destaque do que a teoria tradicional do direito natural; e que d'Entrèves acredite ser isso uma coisa boa. Também concordaríamos com isso. Mas, além do sentimento sobre o valor dos indivíduos, não fica óbvio o que é tão valioso nessa ênfase no "subjetivo". Além do mais, à luz das críticas comunitaristas ao atomismo defendido na moderna teoria política e social, pode-se até argumentar que a mudança em direção ao "subjetivo" foi para pior. D'Entrèves surge em um ambiente pós-Segunda Guerra no qual as doutrinas coletivistas se multiplicavam e a individualidade parecia especialmente vulnerável. Atualmente, alguns críticos alegam que estamos mergulhados num individualismo que nos é prejudicial.

Nossa posição é relativamente simples e já foi anteriormente declarada. Desejamos basicamente adotar uma abordagem eudemonista teleológica clássica da ética e uma abordagem mais ou menos realista aristotélica da metafísica e da epistemologia. E usar tudo isso como fundação para uma teoria política com feição moderna, ou seja, que enfatize a liberdade do indivíduo. Com relação ao que é específico a este capítulo, defendemos que a abordagem do direito natural como a encontramos hoje não atenta suficientemente para o indivíduo e que por isso preferimos a abordagem dos direitos naturais. Contudo, a tradição do direito natural, ao enfatizar o arcabouço teleológico eudemonista, encontra-se mais próxima que outros arcabouços éticos de alcançar a fundamentação correta para os direitos naturais. Portanto, embora não cheguemos a ir tão longe a ponto de afirmar que as duas tradições se opõem, percebemos diferenças reais que vão muito além de uma mera questão de ênfase.

Somos "lockeanos" em nossa concepção de direitos e empregamos uma base neoaristotélica para sustentar tal posição. Pode ser discutível até que ponto Locke é aristotélico em suas teorias metafísica, epistemológica e ética. O grau em que ele é ou não é o grau que nos levará a com ele convergir ou dele divergir nessas áreas. No entanto, concordamos abertamente com os direitos naturais negativos que ele defende e que reforçam uma ordem política liberal. De certa forma, buscamos conciliar a tradição dos direitos naturais com a do direito natural. A tomar-se a história como guia, elas parecem possuir algumas tendências inconciliáveis. Começaremos agora, contudo, a defender a conciliação entre as duas vertentes, aproveitando muita coisa de ambas.

Capítulo 4

POR QUE DIREITOS INDIVIDUAIS?
DIREITOS COMO PRINCÍPIOS METANORMATIVOS

> Thomas More: A lei não é uma "luz" para que você ou qualquer homem veja; a lei não é um instrumento de qualquer tipo. A lei é uma calçada pela qual um cidadão pode, contanto que se mantenha nela, caminhar em segurança.
>
> ~ ROBERT BOLT, *A Man For All Seasons*

A linguagem dos direitos é a linguagem do liberalismo. E os liberais, como veremos, não deveriam abandonar essa linguagem. Além disso, como temos alegado, e como desenvolveremos aqui e nos capítulos seguintes, a tradição e a linguagem dos direitos naturais individuais também formam nosso contexto. Os direitos naturais individuais são, portanto, um legado histórico que não desejamos abandonar. Em consequência, a tarefa primária deste capítulo é apresentar os traços gerais de nosso argumento em favor desses direitos.

Em primeiro lugar, explicaremos o que envolve a asserção de que os indivíduos possuem um direito moral básico, negativo, à liberdade. Em segundo, apontaremos o problema central que esta alegação enfrenta. Em terceiro, enfrentaremos o desafio de apresentar um argumento em defesa desse direito básico, que, com efeito, acabará mostrando por que ele é um direito natural. Todavia, este capítulo apenas delineia os contornos de nossa argumentação. No capítulo 2 da Parte III retomaremos a questão dos direitos individuais e desenvolveremos alguns dos componentes de nosso argumento em maiores detalhes. E no capítulo 12 responderemos às objeções ao nosso argumento.

O DIREITO BÁSICO À LIBERDADE

Consideremos a afirmação de que os indivíduos possuem um direito moral básico, negativo, à liberdade – uma asserção tradicional do liberalismo. "Direito," aqui, refere-se a uma reivindicação ou autorização que os indivíduos experimentam em relação a como os outros os devem tratar. "Moral" significa que esse tratamento deve existir, mas não necessariamente que existe. "Negativo" refere-se ao tipo de tratamento que os outros devem aos indivíduos – a saber, que não usarão os indivíduos sem seu consentimento. Especificamente, as pessoas estão proibidas de empregar, ou ameaçar empregar, a força física em todas as suas formas contra outras pessoas. Esse direito é considerado básico no sentido de não se fundamentar em qualquer outro e de também ser a fonte de outros direitos, derivados – por exemplo, os direitos contratuais.

O direito à liberdade de um indivíduo é concebido como acarretando dois direitos-corolário: o direito à vida e o direito à propriedade privada. O primeiro diz respeito ao direito de viver a vida de acordo com as próprias escolhas, sem sofrer pressão ou ameaça física. O segundo direito será discutido no próximo capítulo. Se dessa forma compreendidos, esses direitos implicam que as vidas e os recursos, assim como as condutas individuais, não devem ser usados ou direcionados para objetivos não consentidos por seus possuidores. Eles se aplicam a todo ser humano, mas também exigem um sistema jurídico para a sua efetiva implementação.

O traço mais importante, e talvez controverso, dos direitos individuais é que se sobrepõem a todas as outras reivindicações morais. Se os indivíduos têm direito à liberdade, então não podem ser fisicamente compelidos ou coagidos a executar ações que poderiam ser de outro modo moralmente valiosas. Isso quer dizer que os indivíduos não podem ser compelidos ou coagidos a fazer ações que constituem, por exemplo, comportamento virtuoso ou a cumprir suas obrigações morais para com outro, alcançar o bem comum político ou promover o maior bem para o maior número de pessoas possível. Além disso, os indivíduos não podem ser proibidos de forma coercitiva de fazer algo moralmente errado. As pessoas devem ser livres para *escolher* o curso de ação moralmente errado. Compulsão e coerção física — cujos limites são determinados pelos direitos individuais — podem em última análise ser utilizadas apenas para alguém se defender do exercício da força física ou coerção ou em resposta a ele. Isso em geral é entendido como abrangendo a extorsão, a fraude e qualquer outra forma não consensual de uso de pessoas e suas propriedades.

O problema central enfrentado por qualquer defensor dos direitos individuais diz respeito a como justificá-los concedendo-se importância fundamental ao direito à liberdade. Por que o direito à liberdade é mais importante que ser virtuoso, que cumprir as obrigações morais que se tem para com os outros, que alcançar o bem político comum ou promover o maior bem para o maior número? Qualquer argumento em defesa dos direitos individuais deve responder a essas questões se pretende ser bem sucedido.

Direitos como princípios metanormativos

O conceito de direitos individuais é o único conceito ético que não pode ser reduzido a outros conceitos éticos; portanto, o caráter básico dos direitos individuais não pode ser apreendido se conpreeendemos a ética de uma maneira equinormativa, ou seja, se todas as normas éticas são compreendidas como sendo do mesmo tipo ou como possuindo a mesma função. Direitos individuais são um conceito ético diferente dos conceitos geralmente encontrados na ética normativa. Não precisamos deles para conhecer a natureza do florescimento humano ou da virtude; ou nossas obrigações para com os outros ou mesmo as exigências da justiça. Tampouco são versões muito mais encorpadas dessas outras normas. Os direitos individuais são necessários para resolver um problema que é unicamente social, político e legal. A esse problema denominamos "problema do liberalismo",[117] e pode ser formulado da seguinte forma: como admitirmos a possibilidade de indivíduos florescerem de formas diferentes (em culturas e comunidades diferentes) sem criar conflito moral inerente na estrutura global do contexto sociopolítico – isto é, na estrutura provida pela ordem político-jurídica? Como encontrar uma ordem político-jurídica que em princípio não demande que o florescimento de qualquer pessoa ou grupo receba preferência estrutural em detrimento de terceiros? Como protegermos a possibilidade de cada um florescer sem ao mesmo tempo fornecer os princípios que regulam a conduta de todos?[118]

O direito de um indivíduo à liberdade é crucial para a resolução do problema do liberalismo. Ao proteger a liberdade, a possibilidade de ação ou de autodireção, central para qualquer forma de florescimento humano, é socialmente preservada. A justeza moral do individualismo e a necessidade de sociabilidade se conciliam. Portanto, o direito de um indivíduo à liberdade não é em essência um princípio normativo, e sim, um princípio metanormativo. Em outras palavras, diz respeito à criação, interpretação e justificação de um contexto político-jurídico no qual a possibilidade de se buscar o florescimento está assegurada.

A base racional subjacente ao direito do indivíduo à liberdade é a busca de um fundamento político-jurídico que evite que o caráter individual e o interpessoal da vida moral entrem em conflito estrutural. A

---

[117] É por nós chamado de "problema do liberalismo" porque o liberalismo tem sido, em geral, a única tradição política a considerar a fundamentalidade e a importância desse problema. Mas como já indicamos, a tradição liberal nem sempre fez isso de modo coerente.

[118] Outra tentativa (e, do nosso ponto de vista, falha) de responder a essas questões encontra-se em Steven Wall, em seu livro *Liberalismo, Perfectionism, and Restraint* (Cambridge: Cambridge University Press, 1998). Ver a resenha crítica de Elaine Sternberg em *Philosophical Books* 40, número 4 (Outubro 1999): 273-75.

legitimidade dessa concepção metanormativa dos direitos individuais, assim como a argumentação a seu favor, depende de o florescimento humano ser: (1) objetivo, mas altamente individualizado (e, portanto, plural); (2) profundamente social; e (3) autodirigido. Essa concepção fortemente aristotélica do bem humano é crucial à compreensão da força moral e dos limites dos direitos individuais.

Florescimento humano — objetivo, mas plural

Apesar do que acreditam muitos pensadores contemporâneos, o florescimento humano não é meramente convencional.[119] Ao contrário, nossa natureza de seres humanos põe à mostra um conglomerado de bens genéricos que precisamos conquistar para florescermos. Esses bens constituem o florescimento humano genericamente compreendido. Entre esses bens há a sociabilidade, o conhecimento, o lazer, a apreciação estética, a criatividade, a virtude moral, a saúde, o prazer, a auto-estima e a sabedoria prática.[120] Uma vida humana que não consegue partilhar de alguma forma cada um desses bens genéricos é deficiente. Por conseguinte, o florescimento humano não é apenas uma questão de costumes sociais ou desejo pessoal. É nosso bem objetivo e nosso propósito moral.

---

[119] A parte remanescente do presente capítulo foi adaptada do texto de Douglas Rasmussen, "Why Individual Rights?", veiculado em *Individual Rights Reconsidered: are the Truths of the U.S Declaration of Independence Lasting?* obra organizada por Tibor R. Machan, 113-37 (Stanford, Calif.: Hoover Institution Press, 2001).

[120] A sabedoria prática é a virtude integrante central do florescimento humano e, como tal, encontra-se presente em todo ato virtuoso e bem genérico. Portanto, ela e a virtude moral (quando as consideramos como um todo) não são da mesma ordem que os outros bens genéricos. Ver Douglas J. Den Uyl, *The Virtue of Prudence* (New York: Peter Lang, 1991). Não consideramos essa lista necessariamente completa. A espiritualidade, por exemplo, pode ser acrescentada por algumas pessoas. Mas nada disso altera, em nossa opinião, o ponto principal aqui destacado.

Cada um desses bens é necessário ao caráter do florescimento humano; mas quando considerados como tais, independentemente de a quem pertencem, nenhum desses bens genéricos possui maior importância do que os outros; a exceção é a virtude integrante e diretiva — da sabedoria prática. Em termos abstratos, a natureza humana não nos diz que peso ou valor conceder a esses bens. Ao contrário do que Platão e Aristóteles parecem sustentar, não conhecemos a melhor forma de florescimento humano universal. Não há uma receita geral que forneça a valoração apropriada ou que defina o peso adequado dos bens genéricos que todo indivíduo deve ter. Nosso propósito moral reside em criar uma vida florescente para nós mesmos; só que apelos a princípios morais abstratos ou a listas de bens genéricos não nos dirão aquilo que precisamos saber. Tal racionalismo ético é altamente limitado.

Como nossa humanidade não é um universal amorfo e indiferenciado, o florescimento humano não possui caráter abstrato e universal. Os bens genéricos que constituem o florescimento humano só se tornam reais, determinados, e valiosos quando recebem formas particulares dadas pelas escolhas feitas por pessoas de carne e osso. Na realidade, a importância ou valor desses bens está enraizada em fatores que são únicos para cada pessoa. As circunstâncias, talentos, dons, interesses, crenças e histórias que descritivamente caracterizam cada indivíduo — o que denominamos de "nexo" de um indivíduo — determinam, tanto quanto possível, que valoração ou peso apropriado têm esses bens genéricos para cada indivíduo. O florescimento humano não é simplesmente alcançado e usufruído por indivíduos, mas é ele mesmo individualmente realizado.

Contrariamente às concepções da maioria dos teóricos modernos da ética, sustentamos que a vida ética ou moral exige que as pessoas sejam parciais em suas valorações dos bens genéricos. O excelente uso da razão prática — o que Aristóteles chama de *phronesis* (sabedoria prática) – exige que os indivíduos descubram como um bem genérico, juntamente com outros bens genéricos, se integra e se particulariza de forma coerente em suas vidas. Esse processo demanda que os bens genéricos não recebam valor igual, mas sim, diferentes pesos e valores. O valor ou peso que se confere a um bem genérico na vida de um indivíduo depende crucialmente do nexo desse indivíduo. O contingente e o particular são aspectos da vida ética ou moral que não podem ser eliminados e que são essenciais para se determinar o peso apropriado dos bens genéricos para um indivíduo.

Existem potencialidades genéricas e individualizadoras; e isso faz do florescimento humano algo sempre único, específico a cada indivíduo. Além do mais, deve-se enfatizar que o florescimento humano não é algo que simplesmente *acontece* nos limites da vida de um indivíduo, como se um indivíduo fosse simplesmente um marcador de lugar para outrem. Os bens genéricos do florescimento humano são sempre, em última análise, bens para um indivíduo ou outro: por isso não são algo extrínseco ao indivíduo. A verdadeira natureza desses bens, enquanto bens, envolve uma referência *essencial* ao indivíduo para o qual são bens, que fazem parte de sua descrição. Seu valor é encontrado e empregado nas atividades de um indivíduo que constituem seu processo de florescimento. O florescimento humano é relativo ao agente e também individualizado.[121]

Podemos e devemos considerar esses bens genéricos de forma abstrata. Contudo, devemos evitar a tentação de imaginar que os bens que o florescimento humano abarca possuem existência ou valor à

---

[121] O florescimento humano (F), para a pessoa (P), é relativo ao agente se e apenas se sua presença característica no mundo (M1) é a base para que (P) prefira o mundo (M1) em detrimento do mundo (M2), mesmo que (F) não seja a base para *ninguém mais* que prefira (M1) a (M2). Ver nossa análise dessa afirmação nas discussões da relatividade ao agente nos capítulos 6 e 7. Ver também o artigo muito importante de Eric Mack, "Moral Individualism, Agent Relativity, and Deontic Restraints", *Social Philospphy & Policy* 7 (Outono 1989): 81-111.

parte os indivíduos para os quais eles são um bem. Uma vez que os indivíduos não são marcadores de lugar ou *loci* nos quais esses bens são instanciados, os indivíduos não devem ser vistos como "almofadas de alfinetes" metafísicas nas quais esses bens genéricos são "espetados". Os indivíduos fazem mais do que localizar no espaço esses bens genéricos. É apenas através das escolhas práticas de um indivíduo que esses bens genéricos se tornam determinados, reais e valiosos.

Uma ética do florescimento humano assim concebida é uma versão do pluralismo moral. O florescimento humano não é nem uma forma "platônica" e nem um bem impessoal.[122] Há muitas formas de florescimento humano, sem que exista uma, única, que seja *a melhor*. Existem formas específicas de florescimento humano que são as melhores para indivíduos específicos.[123] Portanto, há muito *summa bona*. Isso, entretanto, não acarreta que o florescimento humano seja subjetivo. O florescimento humano não consiste em se possuir sentimentos favoráveis ou em conceder valor como mera expressão de preferência. É possível para uma descrição do florescimento humano incluir a diversidade sem subjetivismo.

Florescimento humano — profundamente social

Apesar do caráter individualizado do bem, o florescimento humano não é atomista, mas altamente social. Não florescemos como

---

[122] Uma teoria ética é impessoal quando todos os valores, razões e *rankings* moralmente proeminentes são "neutros em relação ao agente"; e neutras em relação ao agente quando envolvem, como parte de sua descrição, uma referência essencial à pessoa para quem o valor ou razão existe ou o *ranking* está está correto. Assim, quando se trata de descrever um valor, razão ou o *ranking*, não importa eticamente de quem são os valores, razões ou o *ranking*. Ver nossa análise a respeito da neutralidade do agente, nas discussões nos capítulos 6 e 7.

[123] De fato, para algumas pessoas, em especial quando jovens e em geral antes de terem feito escolhas cruciais, é possível não haver uma melhor forma única de florescimento para elas, mas um conjunto limitado dessas formas.

cogumelos, repentinamente e de uma vez, sem envolvimento uns com os outros. Nosso amadurecimento e nossa maturidade exigem que vivamos com outras pessoas. Temos potencialidades que são orientadas para o outro, e não conseguimos alcançar a realização sem concretizá-las. A preocupação com o outro (*philia*) é, de fato, um dos bens genéricos que constituem o florescimento humano.

Em termos de origem, nascemos quase sempre em uma sociedade ou comunidade. E é em um ou outro contexto social que crescemos e nos desenvolvemos. Muito do que é crucial à nossa autoconcepção e aos valores fundamentais depende de nossa criação e ambiente. Nossas vidas se entrelaçam com as de outros. Não conseguimos florescer sem as sociedades e comunidades nas quais há valores compartilhados. Precisamos viver e trabalhar com outros em consonância com algum conjunto comum de valores. Consequentemente, pensar que os seres humanos podem florescer de modo independente e separado uns dos outros é incorrer na falácia da reificação. Na mesma maneira incorrem os que pensam que a natureza humana e a sociedade podem existir independente e separadamente dos indivíduos.[124] Ser associal não é uma política consistente com o florescimento humano; e os indivíduos devem se preocupar com a natureza da vida social e com as condições que a tornam possível.

É caro que a necessidade de vida comunitária não implica que indivíduos devem aceitar o *status quo* da comunidade em que vivem. Uma vez que a responsabilidade de alcançar os bens genéricos do florescimento humano em termos do nexo da pessoa depende de cada um, pode ser que uma pessoa tenha a necessidade de transformar ou abandonar sua comunidade. No entanto, isso não pode ser feito se a sociabilidade for

---

[124] Enunciada de modo simples, essa falácia ocorre quando alguém trata uma consideração abstrata de um ente como se fosse o ente mesmo. Portanto, quem quer que cometa essa falácia ignora as diferenças entre modo e maneira da cogniças de um ente e as características e as propriedades do ente ele mesmo.

possível apenas com aqueles com quem se partilham valores comuns. Deve ser possível para as pessoas imaginarem, descobrirem e estabelecerem relacionamentos alternativos. Diferentemente dos animais, que se encontram confinados a tipos particulares de comunidades, nós seres humanos temos a capacidade de nos relacionarmos com outros humanos com os quais há apenas um potencial de valores partilhados. Portanto, precisamos manter aberta a possibilidade de relacionamentos com outros mesmo quando tudo o que se sabe é que se está lidando com outro ser humano.

Contrariando o que parece ter sido a visão aristotélica tradicional,[125] a sociabilidade humana não precisa confinar-se a um grupo ou conjunto seleto de seres humanos. Embora as relações com os outros se baseiem em valores comuns que formam a base para um contínuo de relações – desde aquelas que temos com amigos íntimos e conhecidos às que temos com membros das comunidades e culturas – a sociabilidade humana é aberta. Não impõe limitação a priori quanto a com quem se deve manter uma relação. Assim, alegar que o amadurecimento moral ou o florescimento de alguém é impossível sem que partilhe valores com outros não significa que a sociabilidade está confinada às relações e conjuntos de valores correntemente existentes. A sociabilidade humana permite a abertura a estranhos ou a seres humanos em geral. De fato, o florescimento humano só é possível se as pessoas puderem se abrir a relações com outros com os quais ainda não partilham qualquer valor particular. Isso é assim porque, como todos os outros bens que são qualificados de bens pelo indivíduo, esses bens sociais também devem ser, de alguma forma significativa, "tornados nossos". Isso quer dizer que a forma com que exatamente se lida com os outros não pode ser desvinculada ou determinada antes de se começar uma relação.

---

[125] Ver Julia Annas, *The Morality of Happiness* (New York: Oxford University Press, 1993), 250-52, para uma discussão desse ponto.

O caráter aberto da sociabilidade humana é importante. Revela a necessidade de uma perspectiva ampla o bastante para explicar como as relações possíveis entre as pessoas que ainda não têm valores em comum que são estranhas umas às outras podem, apesar disso, coexistir eticamente, ou seja, podem ser "compossíveis"! Em outras palavras, requer que se dê atenção ao modo como poderia ser possível para o florescimento de indivíduos diferentes. E como isso ocorre por caminhos diferentes (em diferentes culturas e comunidades) sem criar conflito ético inerente na estrutura global do contexto sóciopolítico em que esses indivíduos se inserem. Portanto, o caráter aberto da sociabilidade humana demanda que uma ética que veja o florescimento humano como sendo algo sempre vivido em alguma comunidade e cultura, examine as questões relativas ao caráter apropriado das ordens político-jurídicas. Especificamente, demanda uma ética do florescimento humano que atente para a questão de se encontrar um arcabouço político que ao mesmo tempo seja compatível com a adequação moral do individualismo e ainda assim baseada em algo que possa ser mutuamente valioso para todos os envolvidos. Além do mais, como a nossa sociabilidade é essencial à nossa autocompreensão e bem estar, essa preocupação com arcabouços políticos não é eticamente opcional para o indivíduo.

Quando se compreende a vida interpessoal ou social como voltadas para as relações com *qualquer* ser humano, e quando o caráter individualizado e relativo ao agente do florescimento humano é apreendido, então se reconhece a necessidade de um tipo diferente de norma ética. É necessário um tipo de norma que se ocupe não da orientação da conduta do indivíduo na atividade moral, mas da regulação da conduta de modo que as condições para que ocorram ações moralmente significativas possam ser obtidas. O caráter aberto de nossa natural sociabilidade cria a necessidade de um princípio que permita, como anteriormente observamos, a possibilidade de indivíduos florescerem de formas diferentes (em culturas e comunidades diferentes) sem criar conflito moral inerente na estrutura global do contexto político-social — ou seja, na estrutura provida pela ordem político-jurídica. Precisamos de uma solução para o problema do liberalismo. Nós precisamos de um princípio *metanormativo*.

Exigências para a metanormatividade

Não podemos ter um princípio metanormativo que de modo preconceituoso, leve a ordem político-jurídica da sociedade a favorecer estruturalmente determinadas formas de florescimento humano em detrimento de outras. Isso tornaria tal princípio inconsistente com a alegação de que o florescimento humano é o objetivo moral básico de todo indivíduo. Portanto, devemos chegar a um princípio que se mostre, isto é, que seja universal igualmente aplicável a todos os indivíduos. Ademais, como esperamos que fique claro tanto aqui como nos capítulos posteriores, a exigência de universalidade requer que centremos nosso princípio na característica presente em todas as formas de florescimento humano (ou de sua busca). Do contrário, novamente nos mostramos parciais diante da situação, favorecendo algumas formas de florescimento em detrimento de outras.

Bens genéricos não bastam para se constituir aqui em nosso padrão aqui. Embora universais por auxiliarem na definição do que significa florescimento humano para todos os indivíduos, seu peso ou forma específica varia de indivíduo para indivíduo. Não temos regras universais a priori que definam o peso apropriado dos bens genéricos do florescimento humano. Não existe um florescimento humano neutro em relação ao agente.[126] Isso quer dizer, por exemplo, que embora a busca artística, ou criatividade, a saúde e a amizade possam ser necessárias

---

[126] Ver notas 121 e 122.

para o florescimento, sua forma e peso particulares serão diferentes de pessoa para pessoa. Os bens genéricos só possuem determinação, realidade e valor relativamente ao indivíduo. Esse é o ponto crucial do individualismo moral ou pluralismo.

Um princípio metanormativo deve ser aplicável tanto ao particular quanto ao geral, da mesma maneira e com relação ao mesmo aspecto, ou retrocederemos à promoção apriorística de algumas formas de florescimento humano em detrimento outras. Certamente é muito difícil encontrar um "candidato" capaz de embasar um princípio metanormativo – um que perpasse todos os indivíduos e que possa valer ao longo de todo o processo de desenvolvimento que leva à conquista e manutenção do florescimento humano individualizado. Pode haver uma ordem político-jurídica que não exija, como questão de princípio, que uma forma de florescimento humano tenha preferência sobre as outras? Como evitar a condenação anarquista da vida política-jurídica por esta necessariamente exigir o sacrifício de alguma forma de vida boa em favor de outras? Podemos justificar uma ordem político-jurídica? Ilustrando a questão, ordens político/jurídicas exigem canibalismo moral?

Justificando a ordem político/jurídica

As duas questões básicas da filosofia política são: existe conexão entre a ordem ética e a ordem política/jurídica e, se existe, qual a natureza da conexão entre elas? Se não existe uma base ética para uma ordem político/jurídica de uma sociedade, então sua legitimidade é, no mínimo, duvidosa. Claro, pode ser o caso de não haver ordens políticas/jurídicas moralmente legítimas.

Mesmo que seja admitida a existência de alguma conexão entre as duas ordens, certamente não se deve presumir a princípio que há uma relação direta ou isomórfica entre as duas, muito menos uma identidade. Dizer que uma atividade X é moralmente correta ou boa, e que deve ser realizada, não implica, por si só, realizar que X deve ser algo exigido política ou legalmente. Além disso, dizer que fazer X é moralmente errado, e que não deve ser feito, não implica, por si só, que fazer X deve ser política ou legalmente proibido. Ademais, tais alegações não são semanticamente equivalentes. De fato, como observa São Tomás de Aquino, há uma diferença entre as exigências da justiça que são moralmente obrigatórias e as que são moral *e* juridicamente obrigatórias.[127] Portanto, não se pode presumir legitimamente que a política é simplesmente a ética ampliada.

Existe a necessidade de algo que conecte a ordem ética e as ordens político/jurídicas. De fato, é esse, *de jure,* o *datum explanandum* fundamental da filosofia política, e é incumbência do filósofo político mostrar o que justifica o movimento de uma ordem para outra. Isso não pode ser simplesmente suposto. Por causa da diferença *prima facie* entre as proposições morais e políticas acima exposta, o ônus da prova recai sobre aquele que procura passar da ética para o político-jurídico. Sem tal prova, não há justificação ética para a ordem político-jurídica. Este é um problema tanto teórico quanto prático, pois a maior parte das ordens políticas existentes parece legítima aos olhos daqueles que nelas estão inseridos, mas podem se tornar instáveis se nenhuma justificativa ética puder ser dada para as questões concernentes às efetivas condições da vida social.

Deve também estar claro que nosso argumento em defesa do direito à liberdade é uma tentativa de encontrar uma justificativa baseada em princípios para a ordem político-jurídica. Nossa conclusão é a de que uma ética que concebe o florescimento humano como padrão moral último que sustenta uma ordem político-jurídica que encara a proteção da liberdade individual como seu objetivo principal. Ao con-

---

[127] São Tomás de Aquino, *Summa Theologiae*, II-III, 23, ad I e II-II, 80, ad I.

trário do que concluem muitos liberais e conservadores contemporâneos, uma ética do florescimento humano ou da autoperfeição não exige uma política perfeccionista. O objetivo da política não é o florescimento humano, mas a paz e a ordem (como definidas por nosso direito moral negativo básico à liberdade). Em outras palavras, há uma base perfeccionista para uma política não-perfeccionista. A chave desse argumento é o caráter autodirigido do florescimento humano, pois ele promete prover a base para a solução da questão de legitimidade, e ao mesmo tempo resolver o problema do liberalismo.

Florescimento humano — uma atividade autodirigida

Em relação à concepção de florescimento humano de Aristóteles (*eudaimonia*), Jennifer Whiting traçou a seguinte comparação:

"Um coração que, devido a alguma deficiência em suas capacidades naturais, não consegue bater por conta própria e que precisa de um marcapasso que o faça bater não é um coração saudável. Nesse caso, o coração não desempenha, estritamente falando, sua função. De forma semelhante, um homem que devido a alguma deficiência em suas capacidades naturais não consegue conduzir a sua própria vida e é conduzido por ordens e deliberações de outrem não é *eudaimôn*. Nem mesmo se possuir os mesmos bens e se engajar nas mesmas atividades fundamentais realizadas por um homem *eudaimôn*. Isto porque, sendo esse o caso, o homem não está, estritamente falando, desempenhando sua função... a afirmação de Aristóteles de que a *eudaimonia* é uma atividade da alma em acordo com a virtude mostra que ele pensa que a *eudaimonia consiste em* exercitar o bom senso."[128]

---

[128] Jennifer Whiting, "Aristotle's Function Argument: A Defense", *Ancient Philosophy* 8 (1988): 43.

Independentemente de ser esta ou não a posição de Aristóteles, a comparação de Whiting se presta a nossos propósitos. O florescimento humano é fundamentalmente uma atividade autodirigida.

A partir dessa perspectiva aristotélica, o florescimento humano deve ser atingido através dos próprios esforços de um indivíduo; e não resultar de fatores que se situam fora de seu controle. O florescimento não consiste na mera posse e uso de bens que podem ser necessários a uma vida próspera. Em vez disso, o florescimento humano consiste em uma pessoa desenvolver habilidades, hábitos, juízos e virtudes que, na maioria dos casos, permitirão alcançar os bens necessários. Os bens devem, de uma forma central, ser *tornar a própria pessoa*.

A questão aqui, contudo, não é que a autodireção seja necessária para a *existência* do florescimento humano, uma vez que certamente existem muitas outras condições desse tipo. A autodireção não é apenas mais uma dessas condições. A questão é que a autodireção é necessária para a *essência* mesma do florescimento humano. É constituinte ou ingrediente necessário e central do florescimento humano. Nenhum outro traço pode ser um constituinte ou um ingrediente sem a autodireção. De fato, seu próprio *status*, como traço do florescimento, é função de seu caráter autodirigido. Em outras palavras, autodireção é condição necessária e condição operacional, da busca e conquista do florescimento humano. Independentemente do nível de especificidade ou de conquista, a autodireção é um traço de todos os atos do florescimento humano. Autodireção é o que torna o florescimento humano uma atividade pessoal, em vez de um simples ato de comportamento ou um estado estático e não-relacional.

Para apreciar amplamente essa concepção de autodireção, precisamos considerar brevemente o papel da sabedoria prática como virtude integrante central do florescimento humano. Como não há regras universais a priori que ditem o peso apropriado dos bens e virtudes para o florescimento humano, os indivíduos só chegam a uma definição apropriada do peso quando possuem o discernimento prático no momento da ação. Eles precisam descobrir o equilíbrio adequado por si próprios. Os bens genéricos do florescimento devem ser conseguidos, mantidos e usufruídos de forma coerente. A sabedoria prática é a habilidade do indivíduo de discernir, sob circunstâncias particulares e contingentes, o que é moralmente exigido para a ação: é a razão prática usada apropriadamente.

De uma forma geral, a sabedoria prática é a condução inteligente da própria vida de forma que todos os bens e virtudes necessários sejam coerentemente alcançados, mantidos e fruídos de forma apropriada àquele ser individual. Todavia, esse exercício de razão prática não é automático. Independentemente do nível de aprendizagem ou grau de habilidade, são necessários empenho e esforço. O indivíduo deve ser ativo, e não passivo, para descobrir os bens e virtudes do florescimento humano, assim como para alcançá-los e implementá-los. O ato de usar a capacidade intelectual é um exercício de autodireção. E um ato de autodireção é um exercício da razão.[129] Não são atos separados de duas pessoas isoladas, mas aspectos distintos do mesmo ato consciente.[130] Embora possam as conclusões de raciocínio prático ser compartilhadas, o *ato* de raciocinar é um exercício de autodireção que não pode ser partilhado. É algo que cada um de nós deve fazer por si. Portanto, se fôssemos falar em "florescimento humano" como a "perfeição" do ser humano, então seria fundamentalmente um processo de autoperfeição, no qual o ser humano individual é agente e objeto do processo.

---

[129] Ver Douglas J. Den Uyl, *The Virtue of Prudence*, 183-86.
[130] São Tomás de Aquino declara que "o homem é senhor de suas ações pelo emprego de sua razão e vontade; daí o livre arbítrio ser definido como a faculdade e vontade da razão." (*Summa Theologiae* IaIIae, I.I). Ver também a discussão de Ayn Rand em torno da relação entre atuação e a razão humana, especificamente a sua noção de "consciência volitiva" em *Atlas Shrugged* (Nova York: Random House, 1957), 1012-13.

Autodireção como base para metanormatividade

A autodireção é central e necessária à natureza do florescimento humano, ao mesmo tempo universal e particular. É a única característica do florescimento humano comum a todos os atos do florescimento humano e também peculiar a cada um deles; e ao mesmo tempo não implica qualquer forma específica de florescimento. Expressa o núcleo fundamental do florescimento humano. Portanto, a autodireção preenche os requisitos para a metanormatividade.

Da autodireção se pode dizer que é a única característica do florescimento humano em que toda pessoa em uma situação concreta tem interesse. Além disso, é o único aspecto do florescimento humano cuja proteção é consistente com as diversas formas de florescimento. Como a autodireção não apenas é comum a, mas é exigida por todas as formas de florescimento humano (ou a sua busca), mas é também exigida por elas, pode ser independentemente do nível de realização ou especificidade, usada para criar uma ordem político-jurídica. Não exige que o florescimento de qualquer grupo ou pessoa seja sacrificado em favor de outra. Assim, a autodireção é a única característica do florescimento humano sobre a qual se pode embasar a solução para o problema do liberalismo.

A autodireção também provê a base moral para se estabelecer a ligação entre as ordens ética e político-jurídica. Antes mesmo de se formularem questões sobre como se deve raciocinar ou como deve alguém se conduzir, uma análise da natureza do florescimento humano revela a necessidade de se exercitar a razão ou a necessidade de se ter autodireção. É claro, que raramente ocorre de alguém se defrontar com o desafio de exercitar sua razão ou inteligência pura. Raciocinamos sobre alguma coisa, emitimos juízos e damos prioridade a algum ponto ou objeto; assim, essa questão abstrata sobre a importância fundamental da autodireção para a natureza do florescimento humano raramente é enfrentada na conduta ética. Uma vez que nem a razão especulativa e nem a razão prática ocorrem "naturalmente", a importância primária da autodeterminação torna-se mais manifesta se abstraída de contextos específicos e aplicada à questão de justificar ordens político-jurídicas.

É importante perceber, contudo, que o termo "autodireção" nesse contexto não significa a autonomia plena de Mill ou Kant, ou a indicação do eu aperfeiçoado que torna o indivíduo completamente racional. Em vez disso, expressa o ato de se usar a própria razão e capacidade de julgar aplicando-as ao mundo em um esforço para compreender o entorno com a finalidade de planejar nele ou efetivamente nele ou sobre ele atuar. A autodireção assim descrita permanece fiel às ações do mais auto-aperfeiçoado dos indivíduos, mas nada nessa descrição exige ou implica que essa autodireção seja predicada de indivíduos auto-aperfeiçoados ou mesmo da conduta bem sucedida. Portanto, a ordem político-jurídica pode ter uma base ética sem que isso exija que essa ordem seja moralista.

A PROTEÇÃO DA POSSIBILIDADE DE AUTODIREÇÃO EM MEIO AOS OUTROS

A autodireção não pode existir quando certas pessoas direcionam outras para objetivos que não recebam o consentimento delas. Além do mais, já que o uso da força física é a intervenção que mais ameaça, e a mais básica, a autodireção,[131] o objetivo do direito individual à liber-

---

[131] A autodireção de uma pessoa B é suplantada por outra pessoa A, quando A literalmente move-se, usa, direciona ou de alguma outra forma trata fisicamente B de uma forma que B não consentiu. A questão apresenta-se de forma bastante clara e direta quando, por exemplo, A fisicamente ataca B de alguma forma ou toma a propriedade de B sem seu consentimento. (Ver nossa discussão do direito natural à propriedade privada no capítulo 5). Além do mais, se A obtém a propriedade de B através de uma troca, mas deliberada e premeditamente planeja e recusa-se a

dade é banir legalmente esse tipo de atividade em todas suas formas. O direito individual à liberdade permite a cada pessoa uma esfera de liberdade – um "espaço moral", ou "território moral" – no interior da qual atividades autodirigidas podem ser exercitadas sem sofrer a inva-

---

cumprir os termos da troca, então a posse da propriedade de B é uma apropriação da propriedade de B sem seu consentimento, pois A possui a propriedade de B em termos que não foram acordados com B. A fraude, portanto, também é um tipo de força física inicial pois, presumindo-se que o indivíduo tenha o direito legítimo à propriedade, é como se A simplesmente esperasse um momento antes de tomar fisicamente a propriedade de B, ou seja, até que A renegue aos termos da troca.
Ademais, devemos também considerar o caso de ameaças de uso da força física. Suponha que A, enquanto brande uma faca, ameaça B da seguinte forma: "Seu dinheiro ou sua vida". Está claro que B está sendo instado a *decidir* se abre mão de seu dinheiro ou de sua vida. De fato, a velha piada comum em programas de rádio nos anos 1940 vem à mente O comediante Jack Benny – que sempre se retratava como *muito* pão-duro – faz uma pausa em silêncio depois de ter ouvido as alternativas, como se de fato ele estivesse pensando a respeito de qual delas escolher! Mas a questão aqui não é de se há uma escolha ou uma deliberação possível envolvida quando a B são apresentadas as opções, e sim a questão da impermessibilidade de A oferecer tais opções. A pode ter o poder de usar a faca contra B, mas *se A já* está obrigado a não fisicamente ameaçar, usar, mover ou direcionar B sem o consentimento deste, A também está obrigado a não ameaçar B com essas ações. Ou seja, *se* A está em primeiro lugar obrigado a não dar início ao uso da força física, porque B tem o direito de não sofrer tal tratamento, então A não deve oferecer refrear ameaça de tal tipo em troca do dinheiro de B.
A base para tal "troca" seria um tratamento que B tem o direito de não sofrer e A está obrigado a não criar – ou seja, usar fisicamente B sem o consentimento deste, o que seria de fato o caso se a faca de A penetrasse o corpo de B. De outra forma a ameaça não seria bem sucedida. A respeito desse ponto, ver Eric Mack, "Individualism, Rights and the Open Society", in *The Libertarian Reader*, ed. Tibor R. Machan, 13-14 (Totowa, N. J.: Rowman & Allanheld, 1982). Além do mais, também é o caso de que tais ameaças sejam uma versão do uso inicial da força física, porque dado que B tem o direito de ter nem sua vida nem sua propriedade usadas sem seu consentimento, e dado que B não consentiu ser usado em uma troca, é como se A simplesmente esperasse o momento (até depois de B decidir desistir de sua vida ou propriedade) antes de fisicamente se apropriar ou da vida ou da propriedade (ou ambos) de B.

são de outros. Isso se traduz socialmente em um princípio de liberdade possível *e* igual para todos.

A liberdade deve ser igual no sentido de que deve permitir a possibilidade de diversos modos de florescimento e, portanto, não deve mostrar predisposição para algumas formas de florescimento em detrimento de outras. Também deve ser compossível, ou seja, o exercício da atividade autodirigida de uma pessoa não deve prejudicar ou diminuir o de outras pessoas. Portanto, uma teoria dos direitos individuais que proteja a autodireção da pessoa pode ser usada para criar uma ordem político-jurídica que não necessariamente exigirá que o florescimento de qualquer pessoa ou grupo seja sacrificado por causa de outro.

Protegendo a possibilidade de autodeterminação, o direito à liberdade serve ao florescimento humano não no sentido de promovê-lo de forma direta e positiva, mas de prevenir atentados às condições que tornam possível o florescimento humano. O objetivo do direito à liberdade é assegurar a possibilidade do florescimento humano, mas de uma forma bastante específica: procurando proteger a possibilidade de autodireção.[132] Dessa forma, o direito à liberdade se justifica através de

---

[132] Direitos individuais têm por objetivo apenas a proteção da possibilidade de ação autodirigida em sociedade, e não assegurar o seu exercício. A capacidade para autodireção é inerente a qualquer ser humano fisicamente normal, mas o seu exercício é algo que as pessoas devem fazer por si mesmas. Não pode ser providenciado por outros. Mas isso levanta questões a respeito de se existem ou não ações realizadas por pessoas que não sejam auto dirigidas, e se tais ações são ou não protegidas pelos direitos individuais. Pode haver situações em que as ações das pessoas não são resultado do exercício de autodireção, como nos casos em que suas ações são resultado de forças "internas" ou "externas" completamente fora de seu controle. Ainda assim, elas estão na mesma posição dos "atos da natureza", e não são assunto para avaliação ética ou jurídica, pois não são "desempenhadas" pelas pessoas em nenhum sentido relevante. Contudo, e de forma mais interessante para os nossos problemas, são aquelas situações mais complicadas, e muitas vezes extraordinárias, em que as ações das pessoas são uma mistura de autodireção e não-autodireção. Tais ações apresentam variados graus de responsabilidade e autodireção. Claro,

um apelo à natureza do florescimento humano, e uma solução para o problema do liberalismo é encontrada.

É importante perceber que o direito individual à liberdade não se preocupa diretamente com a promoção do florescimento humano em si, mas apenas com as condições que o tornam possível. Portanto, não são as consequências *per se* que determinam quando a liberdade de alguém é violada. O que é decisivo é se a ação de uma pessoa em relação a outra ocorre com o consentimento dela ou se é função das escolhas dela. Até porque podem-se violar os direitos de alguém e produzir uma cadeia de eventos que levam a consequências que podem ser consideradas como benefício real ou aparente desse alguém. Alternativamente, pode-se não violar os direitos de alguém e produzir uma cadeia de eventos que lhe acarretem aparente ou real prejuízo. Mas, uma vez que o objetivo aqui é estruturar um princípio político que proteja as condições de possibilidade do florescimento humano em processos de interação, em mais do que levar ao florescimento humano em si, as consequências das ações têm pouca importância (exceto na medida em que ameacem a condição que os direitos foram criados para proteger em primeiro lugar). Nossa preocupação no momento não é com o que resultará dos atos, mas com a construção das fundações apropriadas para a realização de uma ação qualquer, em primeiro lugar.

---

todas são situações que devem ser examinadas caso a caso pois conhecer os detalhes específicos é vital para determinar-se o status moral da pessoa. Mas, a medida em que os direitos direitos individuais estão envolvidos, se é uma situação em que as ações das pessoas exibem algum grau de autodireção, então os direitos protegem sua possibilidade em um contexto social. Sob o ponto de vista político-jurídico, a única questão relevante é se essas ações híbridas envolvem o uso ou direcionamento de outros sem o consentimento deles. As sutis considerações de uma análise moral não são apropriadas para uma análise político-jurídica, que é mais uma indicação da importância de se conceberem os direitos como princípios metanormativos.

Compreensão dos direitos individuais

Direitos individuais, portanto, não são normas no sentido de nos guiarem em direção à conquista de excelência moral ou do florescimento humano. E, ao contrário das aparências, tampouco são princípios normativos interpessoais comuns. Os direitos individuais expressam um tipo de princípio moral que deve prevalecer se quisermos conciliar nossa sociabilidade natural com as diversas formas diferentes de florescimento. Em outras palavras, necessitamos de uma vida social robusta, mas também precisamos ser bem sucedidos como indivíduos voltados para uma forma particular de florescimento.

Normas e obrigações que especificam como viver, tanto no que diz respeito a alcançar seus objetivos pessoais quanto a viver com os outros, são uma coisa. Normas que definem os cenários para tais interações e obrigações são outra coisa. As obrigações que um indivíduo tem para com um outro devem-se a uma necessidade partilhada de agir em um contexto sócio-político pacífico e ordenado. Estas são as metanormas. As obrigações que o indivíduo tem no primeiro caso são função do que é necessário para se viver bem e elas não podem ser geradas à parte de ações específicas, do contexto, da cultura, das tradições, intenções e práticas particulares à luz das quais ou com base nas quais ele age. Essas ações e contextos pedem a normas valorativas através das quais sucesso, adequação e mérito podem ser medidos e julgados em casos particulares. Direitos individuais são metanormas. No entanto, não são requisitados pelo progresso de uma cultura ou indivíduo, mas esse progresso *deles depende*. Como tais, direitos individuais são politicamente primários.

Direitos individuais não são, entretanto, princípios éticos primários. Não conseguir perceber a diferença entre a função dos direitos individuais e de outros princípios éticos é uma falha que tem dado origem a muitas críticas mal dirigidas aos direitos individuais. Os críticos conservadores e comunitaristas têm, por exemplo, argumentado que os direitos não podem ser politicamente primários se são dependentes de algum outro princípio ético mais básico. Eles também têm argumentado que os direitos não conseguem lidar adequadamente com as complexidades da vida moral porque ferramentas conceituais mais acuradas do que os direitos são necessárias. Finalmente, têm argumentado que um regime político baseado no direito individual à liberdade exige uma fundamentação moral maior do que apenas a liberdade para sustentá-lo.

Tais críticas serão consideradas em maiores detalhes no capítulo 10. Mas uma resposta como que mais direta por ser oferecida aqui. Simplesmente essas críticas não conseguem mostrar que o direito individual à liberdade não é politicamente primário. Direitos individuais de fato exigem fundamentação ética mais profunda, mas não quer dizer que os direitos não possam ter uma função singular. Além do mais, a forma como caracterizamos os direitos não implica certamente que possam substituir todos os outros conceitos que usamos. E de forma alguma são conceitos a serem usados para se fazerem distinções morais sutis. Entretanto, por que isso deveria significar que os direitos não devem ser primários quando está em questão a ordem político-jurídica? Finalmente, um regime político baseado no direito individual à liberdade de fato demanda mais do que apenas o direito à liberdade para se sustentar. E mais uma vez, isso não quer dizer que quando se trata de enfrentar o problema do liberalismo que, na verdade, é o problema da filosofia política, direitos individuais não sejam primários. É perfeitamente possível que os direitos individuais sejam a resposta para uma questão ética crucial sem que seja também verdade que os direitos individuais sejam a resposta para todas as questões éticas.[133]

---

[133] Nossa posição é ainda mais radical do que pode parecer à primeira vista. Direitos individuais não apenas não são resposta para todas as questões éticas, mas

Por que os direitos individuais prevalecem

Ainda é necessário explicar por que os direitos individuais são colocados acima de todos as outras exigências morais. Primeiramente, devemos esclarecer, se ainda não foi feito, que os direitos não se sobrepõem, *tout court*, a todas as outras exigências morais. Ao contrário, apenas se sobrepõem a outras exigências quando se trata de dirigir-se a um problema importante, mas específico, por nós denominado "problema do liberalismo". Somente para lidar com esse problema é que os direitos individuais são primários.

Em segundo lugar, a concepção de florescimento humano que temos apresentado almeja mostrar a legitimidade e a importância fundamental do problema do liberalismo. O problema de se encontrar uma base para a ordem político-jurídica que, por princípio, não exija dar preferência ao florescimento de determinada pessoa ou grupo em detrimento de outros, é uma preocupação humana central e básica. É parte da condição humana e um problema cujas bases encontram-se na natureza humana. A centralidade desse problema acaba por emprestar à sua solução uma importância que tende a se sobrepor a tudo o mais.

Terceiro, não se pode presumir que a política é a ética em versão ampliada. A passagem de "fazer X deve (ou não deve) ser feito" a "fazer X deve ser política e juridicamente exigido (proibido)" precisa de uma justificativa, como já foi dito. Há necessidade de uma premissa mediadora; e ela precisa ser consistente com o caráter altamente in-

---

tampouco são resposta para a questão da educação de pessoas em virtude moral. Se Aristóteles estiver correto e as normas da ordem política são de fato e necessariamente moralmente educativas, então as ordens liberais estariam educando os indivíduos em moralidades impessoais, minimalistas e universalistas. Mas nós rejeitamos a premissa educativa. Direitos individuais não são moralmente educativos, mas moralmente contextualizadores.

dividualizado e autodirigido, assim como profundamente social, do florescimento humano. Em outras palavras, tal premissa precisa satisfazer aos requisitos da metanormatividade. Em qualquer discussão ou debate político, o ônus da prova recai sobre aquele que procura mover-se diretamente do ético para a ordem político-jurídica. Sem essa prova, as condições para a metanormatividade não são satisfeitas, e nenhuma razão é oferecida para tornar "fazer X" uma preocupação político-jurídica.

Em quarto lugar, autodireção é central e necessária à própria natureza do florescimento humano. Como observamos acima, a autodireção é a característica singular do florescimento humano cuja proteção por parte da ordem político-jurídica é consistente com diversas formas de florescimento. Também é o único aspecto do florescimento humano na qual todo ser humano em uma situação concreta possui interesse necessário. Preenche o requisito da metanormatividade e, portanto, o da prioridade.

Quinto, o direito individual à liberdade protege a possibilidade de autodireção em um contexto social. Isso, por sua vez, assegura a possibilidade de que seres humanos individuais possam florescer de diversas formas em várias culturas e comunidades sem que haja necessidade de sacrificar o florescimento de qualquer indivíduo ou grupo.[134] O direito individual à liberdade é a solução para o problema do liberalismo,

---

[134] Assassinato, roubo, estupro, extorsão e fraude são tipos de atividade banidas legalmente por uma ordem política-jurídica baseada em direitos individuais. Embora possam existir indivíduos que considerem tais atividades como formas de florescimento humano, elas não são. Tais atividades são incompatíveis com muitos aspectos do florescimento humano, mas especialmente com o bem genérico que é a sociabilidade. Ademais, tais atividades não são expressões necessárias e peculiares às tendências humanas para o conforto, sexualidade, assertividade e outros, e portanto não são formas de florescimento. Finalmente, na medida em que tais atividades se tornam parte de práticas sociais e culturais "normais", então essas sociedades e culturas são inimigas do caráter social e pluralista do florescimento humano.

que, como vimos, é central e fundamental para a vida humana. E localiza-se acima todas as exigências morais quando se trata de resolver o problema do liberalismo e legitimar as ordens políticos-jurídicas.

Uma importante objeção a ser considerada

O presente capítulo teve que ignorar uma série de objeções e problemas, muitos dos quais serão considerados mais tarde. Todavia, há a necessidade de se enfrentar de modo breve uma objeção importante. Ela também é de natureza conservadora-comunitarista e chega ao cerne do argumento que delineamos. Ela simplesmente rejeita a distinção entre princípios normativos e metanormativos. Ela alega que o objetivo da ordem político-jurídica é criar excelência moral, e que é possível atingir o hábito da excelência moral pela coerção e que a ordem político-jurídica é, em última análise, uma ferramenta para a educação. Em outras palavras, a arte de govenar é "formadora do caráter".

Nossa resposta básica aponta para a dupla confusão cometida pela posição "governança-forjadora-de-caráter": (1) a de confundir uma relação contingencial com uma necessária; e (2) a conduta ordeira com a excelência moral.

(1) É claro que a coerção levar algumas pessoas a uma posição que as façam compreender a conveniência de uma norma moral que, de outra forma, não seria assim percebida. O exemplo extremo disso é Aleksandr Solzhenitsyn. Ele transformou o Gulag em uma oportunidade para o desenvolvimento moral. No entanto, não há aqui uma relação necessária. O que exemplos como o do Gulag revelam é que se os indivíduos possuem algum controle sobre algumas áreas da sua vida, podem ser capazes de integrar suas circunstâncias em uma forma de florescimento muito própria. O que isso ilustra é o caráter pluralista do florescimento humano, e não a utilidade da coerção na criação de excelência moral. De fato, o que em geral a coerção significa para inú-

meras pessoas é a perda de sua bússola moral e até de suas almas. Mas números aqui não importam; o que importa é que a coerção não mantém conexão necessária, ou mesmo provável, com a excelência moral. Se o nosso objetivo é a excelência moral, então pouco há a recomendar a aplicação em geral da coerção.

(2) Há uma diferença entre a conduta que adere a uma norma moral, que alguém acredita ser adequada por seguir essa norma, e a conduta que procede de uma compreensão da adequação de uma norma moral. A última forma de conduta é necessária à excelência moral. No entanto, compreender a adequação de uma norma moral exige que o indivíduo exercite tanto a sabedoria prática quanto a especulativa; e tais atividades são essencialmente autodirigidas. A coerção, por si só, não cria pessoas moralmente excelentes ou virtuosas, pois não apela em última análise para a compreensão dos indivíduos ou à sua razão para embasar suas crenças na adequação da norma moral. A conformidade não implica compreensão, e a coerção se desvia da razão do indivíduo.

Como conservadores e comunitaristas não têm como esperar, de forma razoável, alcançar a excelência moral pela coerção, acabam tendo de se dar por satisfeitos com a conduta ordeira. Quer isto dizer que comunitaristas e conservadores devem aceitar que as pessoas apenas acreditem que determinada conduta é moralmente apropriada sem que compreendam que é. Se as pessoas vêm a acreditar por medo, por desejo de conformidade, ou por qualquer outro sentimento, essa proporção da crença é aceitável para a conduta ordeira. Mas não é aceitável para a excelência moral ou florescimento humano.

Embora aparentemente a retórica da virtude moral fique do lado daqueles que defendem a coerção como ferramenta para se atingir a excelência moral, o que ocorre é o oposto. É a posição do defensor do liberalismo – ou seja, de uma ordem político-jurídica baseada no direito individual à liberdade – que mantém uma relação mais próxima com a virtude ou excelência moral. A ordem liberal pode permitir que as pessoas vivam sem qualquer tipo de virtude ou excelência. Mas, ao limitar-se a prover o contexto (como definido pelo direito individual à liberdade), a ordem liberal oferece uma estrutura político-jurídica que permite a possibilidade de virtude moral em um contexto social para todos. Alternativamente, a ordem não-liberal, seja de esquerda ou direita, deve negar essa possibilidade para alguns indivíduos e grupos. A verdade é que qualquer ordem político-jurídica que não se baseie no direito individual à liberdade deve praticar o canibalismo moral em algum grau.

Nossos objetivos no presente capítulo têm sido dois. Em primeiro lugar, apresentamos uma concepção de direitos individuais que revela o caráter único deles e sua importância fundamental: são princípios metanormativos. Em segundo lugar, fornecemos um delineamento de um argumento para esta concepção de direitos individuais, que mostra como os direitos individuais podem ser politicamente primários, mas apesar disso dependentes de uma noção ética mais profunda – o conceito de florescimento humano. O florescimento humano é objetivo, individualizado, social e autodirigiddo. Ele fundamenta o direito individual à liberdade. No entanto, há muito mais que precisamos dizer a respeito dessa concepção de florescimento humano e sua relação com os direitos individuais. Dessa relação nos ocuparemos no começo da parte II. Primeiramente, consideramos necessário nos debruçar sobre um direito considerado central à teoria liberal, ou seja, o direito à propriedade. Ao discutirmos este direito no próximo capítulo, esperamos lançar luz sobre não apenas esse direito central, mas também sobre como a perspectiva metanormativa pode alterar a forma com que encaramos esse direito.

Capítulo 5

O DIREITO NATURAL À PROPRIEDADE PRIVADA[135]

> O direito à propriedade privada é o direito a uma ação... não é o direito a um objeto, mas à ação e à consequência de se produzir ou ganhar por esforço aquele objeto.
>
> ~ AYN RAND, "Man's Rights".

O direito natural à propriedade é tido como um dos componentes mais polêmicos na tradição liberal lockeana. Não é nosso objetivo aqui começar a aplicar a nossa teoria a direitos específicos tradicionalmente associados à referida tradição, ou a formas particulares de direitos de propriedade como foram definidos no passado. Em vez disso, pretendemos apontar algumas implicações da nossa teoria dos direitos individuais nessa área tão central e polêmica da teorização liberal tradicional. Ao fazê-lo, nosso desejo é expressar que a nossa visão de que a propriedade é de fato central ao liberalismo e mostrar como ela pode ser compreendida de acordo com os princípios da nossa teoria.

Em primeiro lugar, nós consideramos o enunciado na epígrafe acima uma expressão da essência de uma abordagem correta para se pensarem direitos de propriedade. O enunciado contrasta de modo vívido com a compreensão usual refletida em enunciados como "o direito à proprieda-

---

[135] O material do presente capítulo foi adaptado de nosso argumento em prol do direito natural à propriedade privada em Douglas B. Rasmussen e Douglas J. Den Uyl, *Liberty and Nature: An Aristotelian Defense of Liberal Order* (LaSalle, Ill.: Open Court, 1991), 115-28. O material também apareceu, com uma forma um pouco diferente, no nosso ensaio "Aristotelianism, Commerce and the Political Order", in *Aristotle and Modern Politics*, ed. Aristide Tessitore (Notre Dame, Individuais: University of Notre Dame Press, 2002), 278-304.

de é, grosso modo, um direito que uma pessoa tem sobre uma coisa específica,"[136] em que nada há que se refira à essência do direito à propriedade entendida como uma ação. Essa forma tradicional de pensar direitos de propriedade em termos de coisas não é completamente evitada por aqueles que definem a propriedade em termos de posse (*ownership*).[137] "Posse" orienta-se menos para o objeto – ou coisa – do que outras abordagens, mas ainda assim é um conceito derivado do que deve ser dito em primeiro lugar sobre a ação, como veremos com mais profundidade no capítulo 9.

O relacionamento que as pessoas têm com coisas ou objetos, seja em termos de possessão (*possession*) ou posse (*ownership*), é função da ação humana. A questão central sobre os direitos de propriedade, portanto, diz respeito a como uma teoria se encaixa naquilo que é dito de uma forma geral sobre direitos e ação humana. Nossa posição é a de que seres humanos são seres materiais, e não fantasmas sem corpo, e que o fato de serem autodirigidos não é um mero estado físico. A autodirecionalidade concerne a ações no mundo, a ações que empregam ou envolvem coisas materiais em algum lugar e em algum momento.[138] Para que tais ações individuais sejam autodirigidas, é necessário que eles que as realizam tenham o uso e o controle do que criaram e produziram protegidos de uso por outrem sem seu consentimento. Portanto, os indivíduos não precisam ter direitos de propriedade sobre os objetos *per se*, como se qualquer distribuição aleatória fosse aceitável.[139] Um ser humano precisa ter direitos de propriedade a coisas que são resultado de seus próprios juízos e esforços produtivos. As escolhas e

---

[136] Allan Giggard, "Natural Property Rights", *Noûs* 10 (1976): 77.

[137] Lawrence C. Becker, *Property Rights: Philosophical Foundations* (Londres: Routledge and Keagan Paul, 1977), 18-20 e, em especial, 120 n. 11.

[138] Ver George Mavrodes, "Property", in *Property in a Humane Economy: A Collection of Essays*, ed. Samuel L. Blumenfeld (LaSalle, Ill.: Open Court, 1974), 183.

[139] David Kelley, "Life, Liberty and Property", *Social Philosophy & Policy* 1 (primavera 1984): 112.

juízos de uma pessoa acabam desrespeitados se a expressão material de tais juízos é tirada do indivíduo.

Do nosso ponto de vista, então, a ação humana não se compõe de uma parte "mental" acompanhada por um correlato físico. Dualismo de duas substâncias é falso. As escolhas, juízos ou intenções das ações humanas realizam-se, em última análise, em realidades materiais e físicas, no espaço e no tempo. Ademais, uma vez que essas ações são executadas por seres humanos, e uma vez que mentes coletivas não existem, estamos falando de um assunto concernente a indivíduos.

A percepção de que a produção é um assunto altamente individualizado talvez seja nossa primeira indicação de que Locke estava equivocado ao afirmar que Deus, ou a natureza, deu à humanidade um estoque de objetos (em comum ou não) a partir do qual devemos divisar um sistema de regras para sua justa distribuição (ou mesmo, como veremos, para a posse original). A natureza oferece, em geral, oportunidade potencial para a transformação do mundo material. Portanto, uma teoria dos direitos de propriedade deve ocupar-se da exploração legítima das oportunidades e não das coisas ou objetos; e a "posse" será a expressão legal da exploração legítima de oportunidades. Note-se que essa forma de encarar a questão não exclui a posse de algo ou os direitos de propriedade a ele, que não seja uma coisa ou pedaço de terra, tais como campos eletromagnéticos. Essa abordagem ao tema também não começa com a suposição essencialmente coletivista de que há um estoque comum de bens que todos devem igualmente encarar como "riqueza". Propriedade e riqueza não são coisas *in rerum natura* – ou seja, coisas que existem "lá fora", independentemente e à parte da cognição e esforço humanos. São, ao contrário, essencialmente uma função dos esforços transformadores de seres humanos individuais.[140]

---

[140] Se essa perspectiva individualista está correta, parece-nos que a isso se segue imediatamente que não precisamos considerar a mera condição ou arranjo de bens

É um tanto ilegítimo considerar "riqueza" algo que não seja o produto da ação ou da mente de um indivíduo.[141] George Mavrodes considera tal alegação "peculiar",[142] e ele não é o único. Mas a alegação parte da nossa negação geral do valor não-relacional (ver capítulo 6 para uma discussão da base ontológica do valor), da nossa reivindicação pela preferência do pensamento e ação humanos na produção, e pela experiência. O continente relativamente empobrecido que é a África não é menos dotado de recursos naturais do que a América do Norte; mas aquele é claramente menos rico do que este. Acreditamos que parte significativa do motivo para tal relaciona-se a empecilhos colocados à exploração de oportunidades. De todo modo, nossa posição é a de que a riqueza tem relação com os atos e interesses produtivos, de forma que cada novo estado existencial do mundo material seja um novo campo de oportunidades assim como o estado anterior era. Todos os estados de existência considerados desvinculadamente da ação humana são apenas oportunidades potenciais.

Quando se pensa em oportunidades, não se pensa primeiro nos objetos, mas sim em ações cujos fins podem ser a obtenção de objetos.

---

materiais como necessariamente indicativos de qualquer proposição moral. Em outras palavras, não precisamos considerar, por exemplo, como Becker faz (*Property Rights*, 109-11), a mera presença de dilapidação de recursos ou desigualdade de posses como necessariamente indicativo de algo portador de interesse moral.

[141] Anterior à ação ou cognição inicial de uma pessoa, há apenas oportunidades potenciais, não há conhecimento ou percepção de oportunidades, nenhum valor foi ainda concretizado e, portanto, tampouco existe a base para a criação de riqueza ou propriedade. Para uma discussão interessante, sob alguns aspectos similar à nossa, em torno do que está envolvido no estabelecimento de aquisição inicial e porque tal aquisição não é injusta, ver Edward Feser, "There is no Such Thing as an Unjust Initial Acquisition", *Social Philosophy & Policy* 22 (inverno 2005): 56-80. Contudo, não pensamos que a tese da autopropriedade (*self-ownership*) seja uma forma adequada de começar um argumento em prol do direito de propriedade. Ver capítulo 9.

[142] Mavrodes, "Property", 187.

Mas se estamos certos em dizer que os próprios objetos são produções ou criações,[143] então mesmo os objetos não podem ser o fim das ações, mas uma característica das ações elas mesmas; e a sabedoria moral tradicional tem tido muito a dizer sobre o equívoco de se tratarem objetos como fins. Dois pontos parecem seguir-se a essas considerações e daquelas dos parágrafos anteriores: (1) os objetos ou propriedade que alguém tem devem ser considerados extensão do que ele é (supondo-se nenhuma dicotomia entre a pessoa e suas ações e não itens contingentemente atrelados a ele); e (2) o conceito de "oportunidade" deve ser função de um direito geral à ação (como acima especificado) se existe um direito natural à propriedade.

Vimos que os nossos direitos naturais consistem em princípios metanormativos que definem um conjunto de territórios morais compossíveis. Também temos defendido, e mais adiante argumentaremos mais, que os indivíduos são, em um certo sentido significativo, criadores de valor, de tal forma que cada uma de suas realizações eudemônicas é única para o indivíduo. Os direitos permanecem abstratos e negativos com o intuito de acomodar a verdade do individualismo. Mas, uma vez que os direitos definem territórios morais, circunscrevem áreas nas quais um indivíduo possui liberdade de ação. Ter liberdade para agir dentro de certos limites é nada menos que ter oportunidade de ação dentro desses mesmos limites. Como a extensão das oportunidades equivale à extensão dos limites, a primeira coisa a aprender sobre o direito natural à propriedade é que não passa de outro nome para a liberdade de agir ou, em outras palavras, de se viver de acordo com as

---

[143] Como diriam os aristotélicos latinos e os comentadores de São Tomás de Aquino, seres *in rerum natura* não se tornam objetos até que tenham alguma relação com a cognição ou esforço humanos. Para uma discussão deste ponto e outros relacionados, veja Douglas B. Rasmussen, "The Significance for Cognitive Realism of the Thought of John Poinsot", *American Catholic Philosophical Quarterly* 68 (verão 1994): 409-24, em especial 411 n. 6.

próprias *escolhas*. Dito de outro modo, o direito natural à propriedade é um direito natural que partilha os aspectos centrais de qualquer direito natural.

Para diferenciar o direito natural à propriedade de outros direitos naturais, precisamos de um diferencial. *Oportunidade* funciona como gênero porque também está presente em todos os outros direitos naturais (por exemplo, a liberdade de expressão é a oportunidade de se comunicar o que se deseja dentro dos limites permitidos). A diferença com relação à propriedade vem com o respeito ao conceito de exploração. Compreendemos *exploração* como uma tentativa de transformar as oportunidades legítimas de uma pessoa em consequências que estão de acordo com seus valores. Uma vez que ações e consequências em geral possuem uma dimensão material, o ato de transformação envolvido normalmente incorpora algo tangível. Isso deve ser verdadeiro com respeito ao esboço do direito positivo nessa área: até mesmo os direitos à propriedade intelectual devem ter uma corporificação tangível (livros, artigos, obras de arte) para que sejam protegidos por lei. Mas por ora é suficiente observar que os direitos de propriedade ocupam-se de atos permissíveis de transformação do mundo material. Na presente discussão, "permissivo", "legítimo" e termos similares se referem a ações que não atravessam as fronteiras do território moral de outra pessoa sem permissão.

O direito de transformar o mundo material é nada mais que o direito de agir, já que as ações ocorrem na ordem material. O segundo componente do direito natural à propriedade, portanto, equivale a dizer que o indivíduo tem o direito de agir. O controverso é determinar até que ponto alguém tem o direito de reter as consequências das suas ações. Mas como se resolve tal problema? A primeira questão, acreditamos, concerne ao argumento do "ônus da prova". No que diz respeito aos direitos de propriedade, o ônus da prova pode seguir uma das duas direções: (1) o indivíduo deve mostrar por que deve ter o direito de conservar as consequências de suas ações; ou (2) os outros devem mostrar as razões para interferirem na retenção dessas consequências. Está claro, pela teoria dos direitos apresentada neste livro, que o ônus da prova recai sobre (a). O exercício de um direito natural não é algo que se tenha a obrigação de justificar aos outros. Contudo, o que exatamente significa reter as consequências ainda não foi examinado.[144]

Acreditamos, entretanto, que podemos afirmar a esta altura que as discussões em torno da propriedade começam mal se a questão dos direitos centrais exigir que o indivíduo justifique a retenção das consequências de suas ações na ausência de evidência de que limites não foram respeitados. Outra forma de salientar o mesmo ponto é afirmar que a discussão dos direitos de propriedade começa mal se a primeira questão colocada é: quanto do que uma pessoa produz se deve permitir a ela manter? Para nós, a questão deve ser o contrário: quando, se é que isso alguma vez se justifica, pode alguém interferir nos atos produtivos de outrem?

Segundo, uma vez que a propriedade é criada por meio de um ato de transformação, é discutível a cláusula lockeana de que deve haver "o suficiente e tão bom" deixado para os outros em casos de aquisição original. Até porque pode nunca haver "o suficiente e tão bom" deixados para os outros se cada ação desemboca em uma transformação singular. Se uma ação transforma a ordem material, não pode haver outras formas idênticas de propriedade até que uma ação similar alcance o mesmo resultado. Colher uma maçã da árvore não deve ser julgado em termos do número de maçãs que sobra, mas em termos do ato que transformou a árvore em uma mercadoria útil. Tudo isso se segue, claro, de nossa alegação de que não há algo como uma riqueza preexistente (ou seja, pretransformada).

---

[144] Ver o famoso exemplo de Robert Nozick, "suco de tomate" em seu livro *Anarchy, State and Utopia* (Nova York: basic Books, 1974), 175.

Pode-se desejar argumentar que cada um é obrigado a deixar *oportunidades* equivalentes para os outros de modo a executarem o mesmo ato de transformação. Mas, à parte as questões de escassez, não fica claro por que se tem essa obrigação, mesmo porque o ato de transformação de alguém de forma alguma priva o outro do que foi transformado. E nem é o caso de as oportunidades serem similares umas às outras, como as maçãs na árvore, uma vez que são muito dependentes das circunstâncias, , interesses e habilidades individuais. Finalmente, oportunidades dependem essencialmente de tirocínio. Portanto, de forma alguma são comuns a todos. Mesmo no caso das maçãs, um indivíduo pode achar que estão prontas para ser comidas, enquanto que outro pode entender que farão mal à saúde por estarem verdes ou maduras demais. Mavrodes defende que o ato de transformação priva o outro de seus direitos, pois o indivíduo age sobre algo a que não tem direito (o objeto sem dono).[145] Mas essa posição não consegue distinguir entre privar o outro de seus direitos e privá-lo de uma oportunidade potencial.[146] O primeiro é claramente ilegítimo, ao passo que este último, não. Atos de transformação sob as condições de aquisição original claramente não constituem violação de direitos porque (virtualmente) ninguém tem direitos sobre os objetos pré-transformados em questão, uma vez que em sentido relevante ainda nem são objetos.

Se a transformação de bens sem dono não constitui violação de direitos, é o esforço de empreender um ato de transformação ("explorar uma oportunidade") potencial ou concretamente uma violação de

---

[145] Mavrodes, "Property", 189, 195, *passim*.

[146] Mavrodes implicitamente endossa a ideia de um direito positivo à oportunidade de adquirir propriedade. Devemos observar que a nossa compreensão de "oportunidade igual" significa que o direito básico negativo à propriedade está legalmente protegido e implementado para todos os membros da comunidade política. Isso não envolve "uma distribuição igualitária de oportunidades" no sentido de requerer a distribuição de bens e serviços de acordo com algum princípio de igualdade.

direitos? Em outras palavras, podemos asseverar que é ilegítimo iniciar uma ação para explorar uma oportunidade percebida nas condições de aquisição original? *Certeris paribus*, não é ilegítimo ou uma violação de direitos começar uma ação sobre uma oportunidade percebida para transformar recursos. Quer isso dizer que não se tem o direito de empreender uma ação de exploração de uma oportunidade pelas seguintes razões: primeiro somos seres materiais que devem agir em um mundo material para que possam existir. Nossas oportunidades "percebidas" devem, portanto, ser compreendidas não apenas como estados mentais, mas como ações. Segundo, as explorações de oportunidades percebidas são essencialmente atos de criação. Isso significa que o indivíduo não tem obrigações prévias com os outros com relação a uma criação em particular porque a "oportunidade" só tem significado existencial como uma *função* do agente realizando o ato de transformação e de ninguém mais. Supor que oportunidades estão sujeitas a obrigações prévias (para com outros ou para com a comunidade, por exemplo) equivale a dizer que as próprias avaliações do indivíduo estão assim obrigadas. Isso, no entanto, é claramente escravidão ou ausência de qualquer direito individual.[147] Alguém pode, entretanto, ter obrigações prévias que podem afetar o que ele (ou ela) faz quando explora as oportunidades.[148] Por

---

[147] É possível que mais de uma pessoa tenha simultaneamente a mesma percepção que outra. E, nesse caso, pode haver necessidade de uma regra desenvolvida para evitar conflito (por exemplo, o primeiro a chegar serve-se primeiro, ou divisão igualitária, ou outras assim). Tal regra confere talvez um direito positivo, mas não mostra, que a avaliação de uma pessoa é menos dependente ou sujeito à obrigações prévias. De fato, não é por uma obrigação prévia que desenvolvemos uma regra, mas exatamente porque não temos uma que talvez precisemos dela nesse casso.

[148] Obviamente o ato de transformação teria que respeitar os direitos existentes. Em outras palavras, não se pode transformar um pedaço de terra sem levar em conta os efeitos que tal ato podem impor aos proprietários legítimos de outros pedaços de terra nas cercanias. Falamos de atos de transformação e percepção de oportunidades, e não dos contextos em que tais eventos ocorrem.

exemplo, alguém pode perceber uma oportunidade do outro lado do mundo, mas ser obrigado a ficar em casa cuidando dos filhos. Terceiro, como os direitos em nossa teoria não são função de permissão social para agir, o ônus da prova recai sobre aquele que alega haver obrigações preexistentes em relação aos outros, e não sobre aquele que deseja agir sobre uma oportunidade percebida.

A partir disso, conclui-se que uma teoria correta do direito natural à propriedade reconhecerá que ninguém tem direito aos atos de transformação dos outros, já que não pode haver reivindicações preexistentes àquilo que ainda não existe (a entidade transformada).[149] Mas, uma vez que estamos falando de direitos, estamos falando de metanormas aplicáveis em um contexto social. O contexto social que exige que os atos de transformação sejam compossíveis. "Compossível" aqui não enseja apenas "clarificação de ambiguidade", pois qualquer sistema de regras clarifica ambiguidades em relação a quem pode fazer o que (contanto que as regras sejam claras e praticáveis). Deve se referir aqui a um conjunto de regras ou princípios consistentes com a teoria geral dos direitos naturais que desenvolvemos no capítulo anterior. Acreditamos haver, em princípio, uma ampla gama de regras aceitáveis que satisfariam à exigência de compossibilidade. Mas não acreditamos que essa gama seja completamente aberta.

Já que nos encontramos no nível geral da discussão, as restrições à gama de regras aceitáveis devem elas mesmas ser gerais. Aqui seguimos os passos de F. A. Hayek, que exige que as limitações à gama de regras aceitáveis sejam a universalidade e a negatividade. A universalidade é incontroversa porque supõe-se que todos os direitos tenham essa caracte-

---

[149] A única saída, nesse nível geral, é levar a sério a premissa coletivista e argumentar que *todas* as ações do indivíduo se atrelam a obrigações de servir aos interesses de outros, de forma que *nenhuma* ação jamais é uma ação de fato do indivíduo. Nem precisamos comentar aqui o quanto essa posição é contrária à nossa concepção neoaristotélica de florescimento humano.

rística. Já mencionamos a negatividade dos direitos naturais. Mas nesse contexto "negativo" significa (a) estabelecimento de limites na natureza e (b) excludente; (a) torna possível (b) e (b) foi justificado em nossa discussão prévia em torno do ônus da prova e em nossa concepção de direito natural à liberdade como exigindo territórios morais. Ambos capturam em conjunto o conceito de "negativo" porque direitos naturais são essencialmente obrigações de restrição, e também porque existe uma ausência de uma obrigação preexistente de não se engajar em privação de oportunidades (já que nenhum direito está sendo violado no processo).

Talvez alguns exemplos ajudem a esclarecer nosso ponto. Mavrodes, em sua discussão da aquisição original de uma árvore, afirma que um número de regras seria possível em tal caso e lista as seguintes:

1 – Todos têm o direito a derrubar qualquer árvore e aquele que assim o fizer tornar-se-á dono da árvore.
2 – Todos têm o direito a derrubar qualquer árvore, e de cortar seus galhos, e aquele que assim o fizer será o dono da lenha resultante.
3 – Cada um tem o direito de marcar uma árvore não marcada pintando nela suas iniciais; e assim passa a ser seu proprietário.
4 – Todos têm o direito de reivindicar a posse de qualquer árvore sem dono marcando-a para oferecê-la em sacrifício no alto do Monte Cloudpiercer. Aquele que assim o fizer passará a ser dono da árvore.
5 – Todos têm o direito de reivindicar a posse de qualquer conjunto de árvores sem dono colocando, na praça da vila, uma placa definindo o conjunto de árvores com os seguintes dizeres "eu reivindico a posse das árvores que agora existem, e que existirão no futuro, no vale do rio Broad desde a nascente nas montanhas à beira-mar". Aquele que assim o fizer tornar-se-à dono de todas as árvores assim especificadas.
6 – Todos têm o direito de reivindicar qualquer árvore sem dono marcando-a e dando uma festa para todos seus amigos. Aquele que assim o fizer será o dono da árvore.

> 7 – Todos têm o direito de reivindicar qualquer árvore sem dono marcando-a e dando a seus amigos uma ferramenta útil, como machado ou serrote. Aquele que assim o fizer será o dono da árvore.[150]

Mavrodes argumenta que como não há nenhum "princípio metafísico pronto" para decidir qual dentre dentre os direitos acima elencados é apropriado, todos são possíveis. Concordamos em grande parte. Universalidade e negatividade são limitações "metafísicas", mas não reduzem significativamente a lista de Mavrodes. Especificamente, as regras 1-3 e 5 parecem possíveis em nossa teoria, mas as regras 4, 6 e 7 não são aceitáveis.[151] Como dissemos, a gama é ampla, mas não ilimitada. Essas três regras violam nossa exigência de negatividade por tornar o direito de alguém contingente do que se paga aos outros. A negatividade é exigida para se garantir que os direitos de propriedade sejam introduzidos por indivíduos. Ademais, as regras 4, 6 e 7 parecem exigir a presença do Estado de uma forma que nenhuma outra regra o faz. Exigir que os indivíduos realizem cerimônias, ofereçam banquetes ou presenteiem parece supor a presença de uma terceira parte que define a extensão do que alguém deve dar ou fazer para se tornar proprietário. Mas Mavrodes pode estar simplesmente dizendo que um ato manifesto é necessário para sinalizar a propriedade, e com isso concordamos em geral. Nosso ponto, contudo, é que deve-se distinguir entre reconhecer uma oportunidade explorada e a exploração efetiva em si. A primeira pode envolver terceiros, mas deve ser levantada em resposta à ultima.

Nosso ponto geral aqui é que em situações e cenários sociais específicos, explicar tudo isso em termos de lei e direitos positivos será difícil e se colocará fora da alçada da teoria política, social e moral abstrata. Uma comunidade de artistas pode entrar em acordo sobre

---

[150] Mavrodes, "Property", 194-96.
[151] Isso é diferente do que dissemos em *Liberty and Nature*, 123.

os critérios de perspectiva visual em sua sociedade (por exemplo, você possui o que pode ver) em casos de aquisição original. Consideramos altamente improvável que tais critérios levem a um consenso; mas também é improvável que a ideia puritana de que você possui aquilo sobre o qual você pode fisicamente trabalhar seja o único princípio aceitável para a aquisição original.

As pessoas acabarão por descobrir que têm valores diferentes daqueles que possuíam na época da aquisição original, de forma que à medida que a propriedade é trocada, a visão geral dos bens se altera. Um pretenso artista que recebera um grande quinhão com base nos termos da aquisição original mencionados no parágrafo anterior pode descobrir que não tem talento algum para as artes. Sua forma própria de florescimento pode ser melhor desenvolvida se ele se livrar de parte da terra trocando-a por outros bens (talvez direitos de uso sobre as terras de outros). Faz parte da essência da posição individualista o rechaço da visão de que podemos estabelecer a priori um sistema de valores para indivíduos diferentes. As regras de aquisição original frequentemente são menos uma questão de moralidade que uma questão de fazer com que a sociedade cooperativa decole.

A transferência voluntária irrestrita de bens é um traço dos direitos de propriedade que se segue à exigência de negatividade e à proposição moral primitiva segundo a qual a escolha é respeitada pelo consentimento em um contexto social. O consentimento é o meio através do qual a integridade dos territórios morais se mantém interpessoalmente. E a propriedade nada mais é do que a expressão material do território moral de cada um. Para que possamos levar nosso território moral conosco através do tempo e de forma compossível com os outros, os outros devem se abster de invadir o nosso território, a não ser que permissão para isso seja concedida.

Muito do que dissemos depende da validade do primeiro princípio, anteriormente mencionado, ou seja, que os "objetos" ou "possessões" que o indivíduo tem devem ser considerados extensões do que e de quem ele é. Uma vez que já foi mostrado que as pessoas possuem o direito natural à liberdade, se realmente é o caso de a propriedade ser uma extensão de si mesmo, nós então temos também o direito natural à propriedade; pois o direito natural à propriedade – apropriado a um certo contexto – é essencialmente uma reenunciação do direito natural básico à liberdade em prol do qual já argumentamos.

Como coisas vivas, os seres humanos não têm escolha em relação a se relacionarem com outras coisas que existem. A vida humana não é atomista. Mas temos muito a dizer sobre aquilo a que estamos relacionados e a forma pela qual nos relacionamos. Ademais, humanos têm a responsabilidade de criar relacionamentos que os capacitem a florescer. Somos seres que criam relações, e essas relações – sejam elas lógicas, amorosas ou produtivas – são os meios pelos quais conhecemos, cuidamos e controlamos nosso ambiente. Tais relações são tanto meios como constituintes da vida humana: controem a vida de um ser humano. Portanto, como somos seres humanos cujos poderes conceituais nos permitem criar, controlar e usar as relações, *a exploração das oportunidades no mundo é expressão fundamental do que e de quem somos.*

Assumir o controle da propriedade de outrem contra sua vontade pode agora ser visto como nada menos do que assumir o controle de uma das relações centrais que constituem a vida de um ser humano. Não há e não pode haver dicotomia entre o direito natural de um ser humano à vida e à liberdade e seu direito natural à propriedade privada. Este último é a expressão do fato metafísico de que seres humanos são coisas materiais que vivem e florescem através da exploração de oportunidades no mundo material.

A aceitação desse direito natural básico não impede a possibilidade de que o que alguém faz dentro dos limites legítimos de seu território moral gere efeitos "indesejáveis" sobre os outros. Tais efeitos *podem* ser de interesse para os moralistas, mas não necessariamente implicam ação não-ética e certamente não implicam a ocorrência de violação de direitos. Se A produz um produto melhor do que B, então as consequências para B serão "indesejáveis"; mas A não fez necessariamente nada de "errado" e não violou os direitos naturais de B. Ninguém é por natureza obrigado a dar aos outros tenham uma cadeia de consequências favoráveis. Cada um é obrigado apenas a restringir suas ações para que os territórios morais dos outros não sejam penetrados sem permissão. Mas isso nos leva de volta, numa volta completa, à nossa tese inicial sobre o conceito de direitos naturais.

A ideia de que o direito à propriedade é função do direito à ação e, portanto, baseia-se na ação certamente é consistente com o tipo de aristotelismo com o qual nos alinhamos. Contudo, nossa defesa da propriedade privada não é exatamente igual à de Aristóteles, cujo tom é mais utilitário (ver *Politics*, 126_{3a} ff). Ainda assim, uma defesa da propriedade privada encontra-se nos limites do aristotelismo padrão, embora em si cubra apenas parte do caminho quando mostra como o aristotelismo reforça o liberalismo ou libertanismo clássicos. Acreditamos que os capítulos seguintes ajudarão a completar a compreensão de como uma teoria aristotélica pode se casar com nossa concepção de direitos. Na terceira parte do livro retornaremos mais uma vez à estrutura da argumentação em prol dos direitos que já adiantamos. Até lá haverá poucas menções à propriedade privada. Isso ocorrerá não porque a consideremos desimportante, mas porque consideramos que a propriedade é extensão do conceito de ação, o ponto com o qual abrimos o presente capítulo. Nesse sentido, nosso ponto central aqui é que o direito à propriedade é realmente outra forma de expressar a primazia da autodireção em um contexto político e social.

De fato, não é inexato pensar no direito de propriedade como uma regra metanormativa que protege a possibilidade de transformações autodirecionadas de oportunidades percebidas pelos agentes atuando em uma ordem material. A metanormatividade "garante" a compossibilidade nesse caso, embora isso, claro, não equivalha a sugerir que não haverá disputas, ou zonas cinzentas em torno de quem transformou o quê. Todavia, não foi nosso objetivo no presente capítulo explorar os problemas básicos legais e práticos envolvidos no estabelecimento de um sistema exequível de direitos de propriedade. Podemos apenas iniciar um esforço para encarar a propriedade como uma extensão da ação autodirigida, e dar a sustentação que podemos à primazia da autodireção em um contexto social e político. É para dar maior sustentação às fundações dessa posição que agora nos voltamos, mesmo que a propriedade em si não seja explicitamente mencionada.

Parte 2

UMA NOVA ESTRUTURA PROFUNDA
PARA O LIBERALISMO

A liberdade não é um meio para um fim político mais elevado. É ela mesma o fim *político* mais elevado. A exigência da sua existência não se dá em nome de uma boa administração pública, mas em nome da segurança da busca dos objetos mais elevados da sociedade civil e da vida privada.

    LORD ACTON, *The History of Freedom in Antiquity* (grifo nosso)

Os três primeiros capítulos da Parte I ofereceram como conclusão à percepção — comum no passado, mas hoje aparentemente esquecida — de que o liberalismo não é uma doutrina ética ou uma bússola para orientar e medir o bem-estar individual ou comunitário. Na verdade, o liberalismo é uma doutrina política que surge a partir de necessidades sociais e filosóficas específicas e que possui um objetivo limitado e determinado — qual seja, o de assegurar uma ordem social pacífica e segura. No entanto, a estrutura profunda que o liberalismo escolheu para embasar essa percepção não tem conseguido sustentá-lo. E, na verdade, ela o tem minado. Portanto, o que o liberalismo político precisa é de uma nova estrutura profunda.

Os capítulos 4 e 5 pretenderam traçar os contornos gerais de nosso argumento de que os princípios fundamentais do liberalismo — ou seja, os direitos individuais — são princípios metanormativos e, portanto, que o liberalismo é uma filosofia política de metanormas. Ao fazerem isso, os referidos capítulos, em especial o capítulo 4, recorreram a uma nova estrutura profunda para o liberalismo mostrando que um perfeccionismo ético neoaristotélico sustenta uma visão não perfeccionista da política, que se destaca por encarar os direitos individuais como definidores do caráter de "paz e ordem". O que se segue na Parte II é uma exposição mais aprofundada das bases para o argumento iniciado nos capítulos 4 e 5. O capítulo 6 desenvolve a concepção neoaristotélica de florescimento humano com maiores detalhes, embora com um olhar mais voltado para a teoria política do que para a ética. O capítulo 7 defende essa visão do florescimento humano contra várias críticas. E o capítulo 8 faz uma crítica à teoria recente do direito natural (tradicional e contemporânea) no que concerne ao florescimento humano e ao bem comum da comunidade política. Finalmente, o capítulo 9 examina e avalia uma das suposições centrais do pensamento liberal – a tese da auto propriedade (*self-ownership*) – e mostra que não é adequada para embasar a postulação de que os indivíduos possuem direitos negativos básicos. De uma forma geral, na Parte II procuramos fornecer maiores detalhes para a argumentação que introduzimos na Parte I, e também buscamos comparar nosso argumento com as teorias de direito natural e com as teorias liberais tradicionais. Fazemos tais comparações porque desejamos usar *insights* de ambas as tradições para esclarecer a natureza da estrutura profunda apropriada ao liberalismo e para fornecer ao leitor os meios para posterior apreciação e avaliação dessa estrutura e de sua conexão com a teoria política que ela implica. Os detalhes e comparações adicionais fazem-se necessários não apenas para completar o argumento, mas também porque o arcabouço que usamos para defender o liberalismo raramente é utilizado para realizar tal defesa. Em consequência, parece-nos necessário explorar mais o significado e os parâmetros desse arcabouço tendo em vista sua importância para a compreensão do liberalismo.

Capítulo 6

PERFECCIONISMO INDIVIDUALISTA

> Contudo, todos devem se agarrar resolutamente a seus dons peculiares na medida em que são apenas peculiares e não viciosos, para que a justeza, o objeto da nossa indagação, possa ser assegurada mais facilmente. Pois devemos agir de forma a não nos opormos às leis universais da natureza humana. Mas, enquanto as salvaguardamos, seguimos as tendências de nossa natureza particular; e mesmo que outras carreiras sejam melhores e mais nobres, ainda podemos regular nossas próprias buscas pelos padrões da nossa própria natureza.
>
> ~ CÍCERO, DE OFFICIIS

O que é perfeccionismo? Se entendemos que a ética normativa formula duas questões – (1) o que é inerentemente bom ou valioso? e (2) como as pessoas devem se conduzir? – então podemos determinar o que o perfeccionismo é por suas respectivas respostas a elas. O perfeccionismo sustenta que a *eudaimonia* é o bem ou valor último e que a virtude deve caracterizar o modo pelo qual os seres humanos conduzem suas vidas. Mas para apreciarmos estas respostas mais deve ser dito.

Eudaimonia é uma palavra grega, e "felicidade" é uma tradução que nem sempre transmite seu significado. Para os ouvidos modernos, "felicidade" muitas vezes significa meramente fazer o que se quer ou o que se considera prazeroso ou satisfatório, o que não necessariamente equivale a eudaimonia. Expressões como "florescimento humano", ou "autoperfeição" ou "autorrealização" transmitem com mais precisão o significado de eudaimonia, pois cada um carrega consigo a ideia de que eudaimonia é desejável; ou que é uma escolha que vale a pena pela atividade que é e não simplesmente porque é desejada ou escolhida. Além disso, "perfeito" vem do latim *perfectus*, e de seu correspondente grego *teleiois*. *Perfectus* implica algo que está realizado, completado, ou acabado, e que, portanto, envolve a ideia de uma coisa possuindo uma natureza, que é seu fim (*telos*) ou função (*ergon*). Alguém "se aperfeiçoar" ou "se realizar," não equivale a tornar-se parecido com Deus, imune à degeneração, ou impermeável a dano; equivale a transformar em realidade as potencialidades e capacidades que percebemos e especificamos de modos individuais. Finalmente, a noção de que uma coisa funciona bem ou com excelência é a finalização, ou consecução, de seu *telos*. Essa é a ideia básica da virtude (*aretê*). Eudaimonia é uma atividade em conformidade com a virtude.

O perfeccionismo tem exercido uma forte influência ao longo da história da ética. De Platão, Aristóteles e São Tomás de Aquino a Spinoza, Hegel, Marx e Nietzsche, variadas concepções de vida boa, como definida pela natureza humana, ocuparam posição central na ética normativa. No entanto, durante a maior parte do século XX, o perfeccionismo pouco destaque mereceu. Passou a ser encarado como envolvendo uma "falácia naturalista",[1] como implicando comprometimentos com visões ontológicas e epistemológicas polêmicas. E simplesmente como fracassando em oferecer aconselhamento definido para a conduta ética. A Deontologia, o contratualismo e o consequencialismo (em geral em alguma versão utilitárista) passaram a dominar a cena ética.[2] No

---

[1] A "falácia naturalista" consiste em deduzir um enunciado do que *deve* ser a partir de um enunciado do que é o caso ou em deduzir um enunciado *valorativo* de um enunciado *fatual*.

[2] Uma teoria deontológica é uma teoria em ética normativa que defende que "dever" e "certo" são básicos, e que define o moralmente bom com base neles. Tais teorias tentam determinar obrigações à parte considerações do que é o bem. Para os kantianos, se tenta obter isso por meio do teste de universalizabilidade. Contratualismo é qualquer teoria ética que tenta determinar obrigações normativas e/ ou políticas com um apelo ao que está (ou estaria) acordado entre pessoas reais ou hipotéticas, consideradas à parte sua situação social. Em geral presume-se que a resolução de conflitos é o objetivo central da teoria ética. O consequencialismo é qualquer teoria em ética normativa que tenta determinar obrigações simplesmente

entanto, com a discussão de John Rawls das teorias do bem e perfeição na Parte III de *A Theory of Justice*, com as críticas de Alasdair MacIntyre ao consequencialismo e à deontologia em *After Virtue*, assim como com as críticas de Bernard Williams ao imparcialismo em *Ethics and the Limits of Philosophy* e o endosso qualificado ao perfeccionismo feito por Joseph Raz em *The Morality of Freedom*, o interesse nas teorias do perfeccionismo e da virtude aumentou consideravelmente no último quartel do século. Ademais, a explosão de trabalhos sobre a ética e a política neoaristotélicas, por meio dos esforços de acadêmicos como J. L. Ackrill, Julia Annas, G. E. M. Ascombe, John Cooper, John Finnis, Philippa Foot, Rosalind Hursthouse, Abraham Maslow, Fred D. Miller Jr., David L. Norton, e Henry B. Veatch ajudaram a dar uso filosófico corrente a termos como "autoperfeição", "autorrealização", "auto-atualização", "florescimento humano" e "eudaimonismo."

Além do mais, o perfeccionismo deu, na ética contemporânea, uma importante guinada ao passar a ser cada vez mais compreendido como um afastamento radical dos modos de teorizar kantiano, contratualista e utilitarista. Isso é especialmente assim no que se refere à versão neoaristotélica do pensamento perfeccionista. Tal teoria combina um apelo à natureza humana com o reconhecimento da individualidade humana. Essa concepção neoaristotélica de florescimento humano inspira-se em parte na observação de Ackrill:

"[Aristóteles] certamente pensa que a natureza do homem – os poderes e necessidades que todos os homens têm – determina o caráter que qualquer vida humana satisfatória deve assumir. Mas

---

avaliando se uma ação ou regra produz as maiores, nítidas e esperadas "boas" (ou "menos ruins") consequências. Uma teoria utilitarista é uma teoria consequencialista da obrigação que não considera a quem pertence o bem alcançado ou realizado, que é universalista em seu objetivo. O bem de cada um deve ser considerado, mas não mais do que o de qualquer outra pessoa. É uma teoria impessoal e neutra em relação ao agente.

uma vez que seu entendimento da natureza do homem é em termos gerais a especificação correspondente da melhor vida para o homem em geral. Assim, embora sua suposição limite de certa forma as respostas possíveis à pergunta 'como devo viver?' abre um espaço considerável para uma discussão que leve em conta meus gostos, capacidades e circunstâncias individuais."[3]

O *insight* fundamental que se encontra por trás dessa concepção de florescimento humano é não apenas o de que é o florescimento de seres humanos, individuais que, em última análise importa, mas também a individualidade do florescimento. Norton expressa bem esse ponto ao observar que "emular um homem de valor não é reviver sua vida individual, mas utilizar o princípio da vida meritória, por ele exemplificada, para melhorar qualitativamente nossa individual."[4] Portanto, o objetivo de cada um não é imitar o "homem de valor", mas emulá-lo.

Essa teoria, cujas características interrelacionadas geram uma elaborada concepção do bem e obrigação humanos, ilustra bem como um perfeccionismo individualista representa uma alternativa fundamental às visões dominantes em ética normativa no século XX. O esboço e a discussão que se seguem na próxima seção deste capítulo fornecerão uma base para se compreender o desafio aos pontos de vista kantiano, contratualista e utilitarista feito por essa versão do pensamento perfeccionista contemporâneo. Além disso, configurará também um afastamento de alguns dos trasços da teoria do direito natural tradicional e também da recente.

Contudo, antes de iniciarmos o esboço e discussão do perfeccionismo individualista, precisamos explicar em detalhes como essa abordagem à ética se afasta radicalmente das visões éticas dominantes

---

[3] J. L. Ackrill, *Aristotle's Ethics* (New York: Humanities Press, 1973), 19-20.
[4] David L. Norton, *Personal Destinies: a Philosophy of Ethical Individualism* (Princeton: Princeton University Press, 1976), 13.

de nossa época. Como já observamos em outro trabalho,[5] existem dois paradigmas dominantes na teoria ética. Nós os rotulamos de abordagem "clássica" e "moderna" à ética. A abordagem moderna entende que ética se ocupa fundamentalmente do "gerenciamento social". O problema central para a ética moderna é interpessoal, ou seja, o de gerar normas que resolvam conflitos de interesse (ou que ao menos prescrevam regras para as relações interpessoais). A ética moderna tem dificuldade em saber exatamente o que fazer com o lado pessoal ou "auto-interessado" de nossa razão prática. Como Henry Sidgwick afirma:

> "Há a necessidade vital sentida por nossa razão Prática de prover ou postular essa conexão entre Virtude e auto-interesse, para se tornar consistente consigo mesma. Isto porque negar a conexão nos força a admitir uma contradição última e fundamental em nossas intuições claras a respeito do que é razoável em conduta; e dessa admissão pareceria seguir-se que a operação manifestamente intuitiva da razão prática, expressa nesses juízos contraditórios é no final das contas ilusória... Se a conciliação entre dever e auto-interesse deve ser vista como uma hipótese logicamente necessária para se evitar uma contradição fundamental em uma área fundamental de nosso pensamento, resta indagar até que ponto essa necessidade constitui uma razão suficiente para se aceitar essa hipótese?"[6]

A ética moderna está tão orientada para o social ou o interpessoal que as obrigações morais pessoais ou auto-interessadas só são compreendidas adequadamente no que podem contribuir para o social ou interpessoal. Ainda assim, a razão prática parece exigir que existam obrigações de natureza pessoal e independentes de se contribuem ou não

---

[5] Douglas J. Den Uyl, "Teleologiy and Agent-Centeredness", *Monist* 75, n. 1 (Janeiro 1992); 14-33.
[6] Henry Sidgwick, *The Methods of Ethics*, 7ª edição (Indianápolis: Hackett Publishing, 1981 [1907]), 508.

para o bem estar social ou para algum bem total. De fato, essa passagem de Sidgwick proclama a fundamentalidade e irredutibilidade de nosso "auto-interesse" aos olhos da razão prática. Não se trata apenas de o auto-interesse ser moralmente permissível, mas também de o eu possuir status moral *ao menos equivalente* (se não maior) ao de qualquer orientação alternativa de nossa razão prática. Sidgwick não conseguiu resolver o conflito entre os dois modos primários da razão prática. E tampouco o conseguiu a ética moderna. O problema, em ambos os casos, brota de não se dar a devida atenção à pessoa humana individual quando está em questão definir a obrigação moral.

Em contraste direto com essa abordagem fica a ética clássica quando erige em problema central da ética o que se deve fazer da vida, assumindo assim uma orientação "autoperfeccionista". É o caso paradigmático do que se poderia chamar de uma ética centrada no agente, na qual todas as obrigações éticas ou morais estão relacionadas ao aperfeiçoamento do agente humano individual. Independentemente de se estar falando da eudaimonia aristotélica ou da visão beatífica de Santo Tomás de Aquino, a empreitada ética dirige-se fundamentalmente ao aperfeiçoamento do eu, sendo o "gerenciamento social" derivado (ou, sem desarmonia) dos princípios considerados necessários à autoperfeição.[7] Embora enfatizemos o caráter individualista da autoperfeição, nossa abordagem pertence claramente ao paradigma clássico. É preciso ter isso em mente para que se acompanhe o desenvolvimento da nossa concepção de vida boa e de natureza da obrigação moral.

---

[7] Algumas qualificações poderiam ser necessárias aqui, pois pode ser o caso de que à luz da interpretação "intelectualista" da eudaimonia o eu humano individual, ou a personalidade, acabe suplantada no conhecimento das formas das melhores coisas ou no conhecimento de Deus. Assim, possivelmente nossa observação deveria ser confinada à perfeição *natural*. Por outro lado, parece que o sujeito individual não pode ser totalmente eliminado do processo de conhecer as melhores coisas ou Deus, pois isso acabaria por destruir qualquer distinção entre aquele que sabe e as melhores coisas – ou Deus – e seria, em efeito, um misticismo, e não mais conhecimento.

Uma nota de advertência e uma breve discussão do método e do contexto metafísico

Antes de darmos início a um esboço e discussão dessa teoria perfeccionista contemporânea, duas coisas adicionais devem ser feitas. A primeira: uma nota de advertência parece apropriada. O que se segue não pretende ser uma exegese textual. O termo "neoaristotélico" aqui significa "teorização moderna que incorpora algumas doutrinas centrais de Aristóteles... Tal teorização deve avaliar criticamente suas ideias à luz da teoria filosófica moderna, da pesquisa científica e da experiência prática, revisar ou rejeitá-las quando necessário e considerar sua aplicação a... contextos não divisados por ele."[8] Embora a interconexão ocorra com frequência, há uma diferença entre a teorização neoaristotélica e uma exegese dos textos de Aristóteles. É, portanto, no sentido acima mencionado que esta teoria perfeccionista é neoaristotélica.

A segunda: cabe explicar como essa versão da ética perfeccionista compreende e invoca a natureza humana. Para começar, o caráter do florescimento humano não é descoberto apenas por um estudo científico da natureza humana. As considerações em torno das exigências e condições para ação e volição humanas, práticas culturais e sociais, e observações de senso comum são parte do processo. Ademais, não supomos que nossas crenças e práticas devem ser barreiras ao conhecimento do que é real. Não é necessário proceder de forma cartesiana e demolir todas as opiniões para encontrar algum a fundação sólida. Devemos começar em algum lugar, e o ponto inicial de uma investigação do caráter do florescimento humano encontra-se nas opiniões estabelecidas, ou *endoxa*, de nossa cultura e sociedade. De fato, raramente, ou nunca, invocamos a natureza humana para compreender o florescimento humano sem já

---

[8] Fred D. Miller Jr, *Nature, Justice and Rights in Aristotle's 'Politics'"* (Oxford: Clarendon Press, 1995), 336 n. 1.

termos um conjunto de visões avaliadoras. O ponto de entrada para tal reflexão é encontrado com frequência quando examinamos nossas vidas como um todo e nos perguntamos para que servem.[9] Nosso objetivo geral é tornar nossas vidas tão boas quanto possível e encontrar uma unidade para elas.

Contudo, o fato de não começarmos nossa investigação do florescimento humano *do zero* não implica que estejamos confinados ao *status quo*. Alegar que a racionalidade está sempre corporificada em uma tradição que fornece o contexto que determina se um argumento é bom pode ser interpretado de duas formas.[10] Pode significar que uma tradição determina se um argumento *é* bom, ou que determina apenas as pessoas a *pensarem* que um argumento é bom. A verdade da última interpretação, da alegação mais fraca, certamente não implica a verdade da primeira, a mais forte. Ademais, parece haver poucas razões para se desistir da ideia básica e bem estabelecida de que é a adequação do argumento a seu assunto que constitui seu valor, e não o fato de ele ser assim considerado no interior de determinada tradição.[11]

A natureza humana coloca o limite geral ao que, em última instância, é incluído ou excluído de qualquer visão do florescimento humano. Isto posto, cabe observar que a discussão a seguir é *essencialista* no seguinte sentido moderado: o que e quem os seres humanos são não é inteira-

---

[9] John M. Cooper, "Eudaimonism, the Appeal to Nature and 'Moral Duty' in Stoicism", publicado em *Aristotle, Kant and the Stoics: Rethinking Happiness and Duty*, e organizado por Stephen Engstrom e Jennifer Whiting, 264-65 (Cambridge, Cambridge University Press, 1996).

[10] Ver Alasdair MacIntyre, *Whose Justice? Which Rationality?* (Notre Dame, University of Notre Dame Press, 1988). Para uma crítica importante e poderosa deste livro, ver T. H. Irwin, "Tradition and Reason in the History of Ethics", *Social Philosophy & Policy* 7 (Outono 1989): 45-68.

[11] Também parece injusto supor que aqueles que reivindicam que a razão está sempre corporificada em uma tradição, intencionam endossar a visão de que a verdade de uma proposição consiste apenas em membros de uma tradição pensarem ou acreditarem que ela é verdadeira.

mente função de forças culturais ou sociais, de esquemas linguísticos ou conceituais e nem de sistemas de interpretação. Estes fatores não determinam, em última análise, a natureza humana. Em outras palavras, existem realidades individuais de um certo tipo às quais o termo "ser humano" se refere. Além do mais, esta discussão supõe que o realismo cognitivo é possível; ou seja, presume que podemos conhecer o que as coisas realmente são. Portanto, aderimos ao princípio realista segundo o qual o modo de nossa cognição não determina o caráter do conteúdo de nossa cognição. Nesse caso, isso quer dizer que aquilo que os seres humanos são é passível de ser conhecido. Estas são importantes suposições que necessitam de defesa, que não poderá ser oferecida aqui, mas que já foi fornecida em outros trabalhos.[12]

A visão neoaristotélica do florescimento humano que será apresentada invoca a natureza humana de duas formas: (1) supõe que a natureza humana é teleológica, ou seja, que os seres humanos possuem um *telos* ou função natural;[13] e (2) supõe que essa função natural possui importe

---

[12] Ver Douglas B. Rasmussen, "Quine and Aristotelian Essentialism", *The New Scholasticism* 58 (verão de 1984):316-35; Rasmussen, "The Significance for Cognitive Realism of the Thought of John Poinsot", *American Catholic Philosophical Quartely* 68 (verão 1994): 409-24; Baruch Brody, *Identity and Essence* (Princeton: Princeton University Press, 1980); Tibor R. Machan, "Epistemology and Moral Knowledge", *The Review of Metaphisics* 36 (setembro 1982): 23-49; Edward pols, *Radical Realism: Direct Knowing in Science and Philosophy* (Ithaca: Cornell University Press, 1992); e Anthony J. Lisska, *Aquina's Theory of Natural Law: an Analytic Reconstruction* (Oxford: Clarendon Press, 1996).

[13] Normalmente pensamos em artefatos como tendo uma função específica (*ergon*), por exemplo, a função da faca é cortar. Defender que uma entidade possui função natural é defender que a entidade possui função própria em virtude do que é, não como resultado de alguém projetá-la para determinada atividade. "Própria", aqui, refere-se ao que é essencial à entidade. A alegação de que uma entidade possui uma atividade própria que é sua função natural, está aqui confinada ao campo biológico. Portanto, funções naturais ocorrem primariamente em organismos vivos. A alegação de que entidades vivas possuem funções naturais repousa na outra alegação de que entidades *vivas* possuem um fim (*telos*) em virtude de sua

moral. Em outras palavras, supõe que saber qual é nossa função natural nos diz algo sobre o caráter do florescimento humano, e que a avaliação moral da conduta humana se dá em termos de florescimento. Ambas as suposições devem ser explicadas. Não poderão ser defendidas, entretanto, em detalhes. Essa tarefa é para um projeto maior. Esperamos, todavia, que essas observações mostrem ao menos como essas suposições não são tão implausíveis como às vezes se pensa.

(I) O caráter teleológico da natureza humana é, neste momento, a suposição mais importante e mais polêmica em nossa visão do florescimento humano. É a mais importante porque é a ideia de que o florescimento humano é o fim (*telos*) ou função (*ergon*) da vida humana que permite que essa teoria evite a "falácia naturalista". Se o florescimento humano é o fim natural da vida humana, e se compreendemos o bem humano em termos desse fim, então simplesmente não é o caso de todos os fatos serem desprovidos de valor. Isso significa que para os seres humanos seu bem se baseia em fatos, e é compreendido com base neles, que pertencem à sua natureza. De fato, para a classe de seres que têm fins ou funções naturais, o bem é ontológico no sentido de que é uma potencialidade que é realizada.[14] Dessa forma, nem sempre é uma falácia ir de um fato para um valor, pois alguns fatos são inerentemente carregados de valor. Além disso, se a autodireção tem lugar em nome do bem humano, então a ação ou autodireção não é radicalmente livre, como os existencialistas ou voluntaristas claramente a consideram. A autodireção possui uma potencialidade inata

---

natureza. Assim, a função natural de uma coisa viva é compreendida em termos de seu fim natural. "Fim", nesse contexto, quer dizer "aquilo para que algo existe", mas não necessariamente significa "propósito consciente". O ponto será explicado e defendido a seguir.

[14] Ver Douglas B. Rasmussen e Douglas J. Den Uyl, *Liberty and Nature: an Aristotelian Defense of Liberal Order* (La Salle, Ill.: Open Court, 1991), 56-57, e também Henry B. Veatch, *For an Antology of Morals: a Critique of Contemporary Ethical Theory* (Evanston, Ill.: Northwestern University Press, 1971).

para o bem.¹⁵ Portanto, razão e motivação não precisam estar sempre separadas, e o problema de alguém ter de encontrar motivação para ser moral não precisa se mostrar insuperável.

O caráter teleológico da natureza humana decerto é uma alegação polêmica. Para alguns, ligar tal alegação a essa visão de florescimento humano é tornar essa visão inaceitável. De fato, deve se admitir que a teleologia frequentemente é associada a visões metafísicas duvidosas – por exemplo, que o cosmos tem um fim, que as espécies são fixas e não evoluem e que há uma *scala naturae* ascendendo dos elementos simples até um motor imóvel. Alasdair MacIntyre classificou essas visões de "biologia metafísica".¹⁶ Além disso, a teleologia é associada a posições como o teísmo, vitalismo, inevitabilismo e genericismo,¹⁷ assim como a falácia do antropomorfismo. Não surpreende que existam defensores de uma ética do florescimento humano que buscam evitar assumir compromissos ontológicos sobre a natureza do florescimento humano.¹⁸

---

¹⁵ Ver Douglas B. Rasmussen, "Rand on Obligation and Value", *Journal of Ayn Rand Studies* 4, n. 1(outubro, 2002): 69-86.

¹⁶ Alasdair MacIntyre, *After Virtue: A Study in Moral Theory*, 2ª ed., (Notre Dame, Individuais.: University of Notre Dame Press, 1984), 162. ver nota 39.

¹⁷ O vitalismo sustenta que, em qualquer ser vivo, existe uma substância imaterial, um *élan vital*, que confere a essa coisa poderes que não são possuídos pela parte inanimada que a compõe nem dela resultam. O vitalismo deve então ser distinguido da visão segundo a qual em todo ser vivo existem propriedades emergentes que são contingentes à organização das suas partes inanimadas, mas não redutíveis a elas. Se o *telos* de alguém é inelutável, então a questão de ser responsável por alcançá-lo é irrelevante. O genericismo é a visão segundo a qual "todos os processos de desenvolvimento são genericamente equivalentes em todos os indivíduos de forma que os indivíduos tornam-se pouco mais que repositórios de dons genéricos". Douglas J. Den Uyl, *The Virtue of Prudence* (New York: Peter Lang, 1991), 36.

¹⁸ Ver Thomas Hurka, *Perfeccionism* (New York: Oxford University Press, 1993), para uma concepção de florescimento humano que não pressupõe uma teoria da natureza humana. Ver também Robert P. George, "Natural Law and Human Nature", publicado em *Natural Law Theory: Contemporary Essays*, e organizado por Robert P. George, 31-41 (Oxford: Clarendon Press, 1992). George argumenta que os bens básicos como conhecimento e amizade são bons de uma forma auto-evidente, e,

Todavia, a situação não é tão assustadora. Os defensores contemporâneos da teleologia natural argumentam que sua posição não exige que defendam alguma das citadas visões ou que cometam falácias. Não é necessário sustentar que o cosmo, a história, a sociedade ou a raça humana sejam dirigidos para algum grande *telos*. Em vez disso, é necessário apenas que os individuantes tenham fins.[19] Além disso, há potencialidades individuais que se realizam. Não é o caso de os indivíduos serem pouco mais que repositórios de dons genéricos e nada adicionarem aos processos de desenvolvimento. Não é necessário aceitar o genericismo. Assim, a existência de um *telos* humano não precisa estar em conflito com o caráter individualizado do florescimento humano, como parece estar nas versões tradicionais da ética aristotélica e da ética do direito natural. E nem é necessário sustentar que Deus tenha criado o universo ou as coisas individuais para servirem a algum fim para o qual foram projetados. É necessário haver apenas uma teleologia *natural*.[20]

James G. Lennox e André Ariew argumentaram que há basicamente dois diferentes modelos de teleologia ou de causação final.[21] De acordo

---

"portanto" não exigem uma base antropológica Ver Lisska, *Aquina's Theory of Natural law*, para uma crítica da visão de George.

[19] Philippa Foot traça uma nítida diferença entre "função" e "bem", como usados em biologia evolucionista com respeito a "o bem de uma espécie, como se uma espécie fosse ela mesma um organismo em desenvolvimento gradual, cuja vida pode se estender por milhões de anos," enquanto que "função" e "bem", como usados no dia-a-dia para descrever "um certo lugar" que uma característica de uma coisa viva tem "na vida de indivíduos que pertencem àquela espécie em um determinado momento". Foot, *Natural Goodness* (Oxford: Clarendon Press, 2001), 32 n. 10.

[20] "Natural" está sendo usada aqui para excluir a necessidade de compromissos supernaturais. Não significa o mesmo que materialismo ou, pelo menos, não o materialismo reducionista ou eliminativo. Ver a discussão de Eliot Sober, "Teleology Naturalizad", em seu trabalho *Philosophy of Biology* (Boulder, Colo.: Westview Press, 1993), 82-87.

[21] James G. Lennox, "Teleology," publicado em *Keywords in Evolutionary Biology*, e organizado por Evelyn Fox Keller e Elizabeth Lloyd, 324-33 (Cambridge, Mass.: Harvard University Press, 1992); André Ariew, "Platonic and Aristotelian Roots

com o modelo platônico, que tem sua origem no artesão divino do *Timeu*,[22] a operação dos fins como causas exige as ações de um agente ou mente racional cujas intenções se aplicam ao cosmo inteiro. É nos termos das intenções desse agente que os processos no mundo natural são julgados bons. Tanto o bem como a causa são, para esse modelo, "externos" ao que está sendo explicado. É, em princípio, a mesma visão de teleologia que é usada quando se fala de artefatos. Assim como dizemos que uma boa faca é aquela que cumpre o propósito para o qual foi criada – que é o de cortar –, dizemos o mesmo com relação às entidades do mundo natural.

De acordo com o modelo aristotélico,[23] a causação final é apenas uma das respostas à pergunta Por que?, e não exige um agente racional cujas intenções universais determinem o bem. Em vez disso, a teleologia é confinada ao domínio biológico e é "interna" ou "imanente" ao organismo que está sendo explicado. O que está sendo considerado é o objetivo ou função do organismo individual, e não o designer "externo". Ademais, não é necessário pressupor uma força imaterial, separável, um *élan vital* no organismo capaz de prover direção e motivação.[24] Ao

---

of Teleological Arguments" in *Functions. New Essays in the Philosophy of Psychology and Biology*, ed. André Ariew, Robert Cummins, e Mark Perlman, 7-32 (Oxford: Oxford University Press, 2002).

[22] James G. Lennox, "Plato's Unnatural Teleology", publicado em *Platonic Investigations*, organizado por Dominic J. O'Meara, 195-218 (Washington, D.C.: Catholic University Press, 1985). O *Timeu* é o mito da criação proposto por Platão no qual o artesão divino, o "demiurgo", confere propósito à natureza.

[23] Ver Allan Gotthelf, "Aristotle's Conception of Final Causality", publicado em *Philosophical Issues in Aristotle's Biology*, organizado por Allan Gotthelf e James Lennox, 204-42 (Cambridge: Cambridge University Press, 1987); Gotthelf, "Understanding Aristotle's Teleology", in *Final Causality in Nature and Human Affairs*, organizado por R. F. Hassing, 71-82 (Washington, D. C: catholic University Press, 1997); e Miller, "Natural Teleology", publicado em *Nature, Justice and Rights in Aristotle's 'Politics'"*, 336-46.

[24] "Mesmo considerando-se que as *aitia* finais são ontologicamente irredutíveis a causas materiais, disso não se segue que essas propriedades irredutíveis sejam 'forças

contrário, a teleologia pode resultar de um princípio diretivo interno, que seja uma característica irredutível dos processos de desenvolvimento do próprio organismo vivo. O processo é irredutível no sentido de que o movimento que vai da potência a atualidade é inerente à estrutura do organismo, de tal forma que outras formas de explicação (por exemplo, química ou mecânica) acabam sendo insuficientes para dar conta do fenômeno.

Em outras palavras, recorrer às potencialidades dos elementos materiais básicos que compõem uma coisa viva não pode dar conta da capacidade para o desenvolvimento que chega até a maturidade. Para Aristóteles, esses elementos materiais eram: terra, água, fogo, ar. Para nós, são muito mais complexos, mas o princípio é o mesmo.[25] O

---

vitais' intencionais, 'direcionadas para frente'. Uma 'força vital' é uma força que impulsiona um processo causal. Pegar uma delas seria destacar a fonte do movimento ou da mudança que leva ao desenvolvimento. Todavia, de acordo com a concepção aristotélica de explicação, atribuir esse papel à *aitia* final significaria destruir a distinção entre a *aitia* final e as *causas eficientes*... É a última, *aitia causal* que seleciona a fonte de mudança." Ariew, "Platonic and Aristotelian Roots of Teleological Arguments", 18. ver também M. D. Balme, que observa que "Aristóteles sempre apresenta as quatro causas como quatro fatores separados em uma situação causal (*Ph* II.3). Elas não são um fator mais três descrições ou visões alternativas dele. E nem a 'causa' (*aitia*) traduz-se meramente como explicação, pois nesse caso a palavra seria *logos* ou *apodeixis*. Tradutores modernos, assombrados por Hume, às vezes preferem a palavra "explicação", no lugar de "causa," correndo o risco de ambiguidade viciosa, já que no uso de Aristóteles, explicações e razões são palavras e pensamentos, enquanto que causas são coisas objetivas e eventos. Assim, se a causa eficiente for um fator objetivo na natureza, também a causa final o será." Balme, "Teleology and Necessity", in *Philosophical Issues in Aristotle's Biology*, ed. Gotthelf e Lennox, 275-85.

[25] Para explorar a ideia de que o princípio subjacente à teleologia de Aristóteles pode ser defendido sem aceitação da sua concepção dos processos físicos envolvidos, ver Michael Bradie e Fred D. Miller Jr., "Teleology and Natural Necessity in Aristotle", *History of Philosophy Quarterly* I(Abril 1984): 133-46. Ver também Robert Mayhew, *The Female in Aristotle's Biology: Reason or Rationalization* (Chicago: University of Chicago Press, 2004), que oferece uma explicação de como os erros de Aristóteles em relação à biologia feminina não eram resultado de pura misoginia ou racionalização ideológica.

desenvolvimento até a maturidade ocorre e exige explicação. Contudo, recorrer apenas às potencialidades dos elementos materiais básicos não é suficiente. Somente um potencial inerente para o desenvolvimento até a maturidade será suficiente.

Assim, os defensores contemporâneos da teleologia natural sustentam que aquilo que os seres vivos são e a maneira como se desenvolvem não se explicam de forma adequada se não forem compreendidos como funcionando para que o estado de maturidade do organismo seja alcançado. O processo de buscar e manter fins resulta da própria natureza das coisas vivas. A teleologia tem seu lugar na natureza não porque o universo tem um propósito ou porque Deus criou e dotou cada criatura com um propósito. A teleologia é, fundamentalmente, *biocêntrica*. Existe porque a natureza de uma coisa viva envolve o potencial de ser irredutível para o desenvolvimento até a maturidade.[26]

---

[26] Também defendido pela moderna biologia que o núcleo teórico da teleologia de Aristóteles — qual seja, que as formas de vida são autodirecionadas em virtude de formas ou estruturas inerentes. Não se pode defender, claro, as concepções de Aristóteles sobre os mecanismos físicos (por exemplo, calor vital) que eram tidos como fonte de transmissão do princípio formal. Mas aparentemente ele acertou na essência. Max Delbruck, fundador da genética molecular, observou a respeito da explicação de Aristóteles da geração de animais: "o que mais impressiona o leitor moderno é sua insistência em que, na geração de animais, o macho contribui, no sêmen, com um *princípio de forma*, e não com um mini-homem... O princípio da forma assemelha-se à carpintaria. O carpinteiro é uma força motora que transforma o substrato, mas ela não está contida no produto acabado. Em linguagem moderna, eis o que Aristóteles diz: 'o princípio da forma é a informação armazenada no sêmen. Depois da fertilização, ela é lida de uma forma pré-programada; a leitura altera a matéria sobre a qual ela age, mas não altera a informação guardada, que não é, falando de modo adequado, parte do produto acabado'. Em outras palavras, se aquela comissão em Estocolmo, que possui a nada invejável tarefa de a cada ano escolher os cientistas mais criativos, tivesse a liberdade de conceder prêmios póstumos, acho que eles deveriam distinguir Aristóteles com a descoberta do princípio implicado no DNA." Delbruck, "Aristotle-totle-totle," publicado em *Of Microbes and Life*, e organizado por Jacques Monod e Ernest Borek, 54-55 (New York: Columbia University Press, 1971). O trabalho de Miller, *Nature, Justice and Rights in Aristotle's Politics*, foi o que primeiro chamou nossa atenção para essa afirmação de Delbruck.

Uma vez que a natureza de uma coisa viva sempre existe, de uma forma individualizada e em uma realidade que independe da cognição, e não é algum *eidos* platônico ou *essência* porfiriana,[27] o que o desenvolvimento irredutível até a maturidade é para um tipo de coisa viva não é o mesmo para outra. Amebas, plantas, animais e seres humanos são tipos diferentes de coisas vivas; e o que a plena e completa realização de suas respectivas naturezas — ou seja, sua maturação — virá a ser não é algo uniforme. É importante compreender que uma teleologia *natural*, biocêntrica, é mais que uma alternativa a uma teleologia *antropocêntrica* ou *supranatural*. É uma teleologia na qual a natureza de uma coisa viva determina a maneira *geral* de viver que constitui o *telos* de cada coisa viva. Ademais, como viver não é uma abstração ou uma realidade desnaturalizada, o desenvolvimento até a maturidade de uma coisa viva pode nunca se limitar a satisfazer às exigências mínimas dedicadas a evitar a morte. A maturidade deve ser algo mais. Deve possuir alguma forma, maneira ou modalidade. Como observou Philippa Foot: "a estória teleológica vai além da própria sobrevivência."[28]

De fato, essa abordagem carrega consigo uma concepção ontológica de bem. Em seu sentido mais geral, bem é "definido" como a realização por uma coisa viva das potencialidades que formam sua natureza, uma vez que as necessidades e exigências de uma coisa viva são o que faz com que aquela realização seja um fim.[29] A relação, em um ser vivo, entre o que se realiza e o que é potencial fornece a base para o que

---

[27] Esse ponto de vista sustenta que a essência ou natureza de uma coisa realmente existe na entidade individual como elemento, ou parte, universal. Às vezes, o "realismo moderado" é descrito, erroneamente, como representante desse ponto de vista. Ver Rasmussen, "Quine and Aristotelian Essentialism", e "The Significance for Cognitive Realism of the Thought of John Poinsot."
[28] Foot, Natural Goodness, 43.
[29] Ver Rasmussen e Den Uyl, *Liberty and Nature*, 51-57, para uma crítica do "argumento da pergunta-aberta" de G. E Moore, e a sua afirmação de que o bem não pode ser definido.

se chama de bem. Em outras palavras, é o atual, em contraste com o potencial, que define o que faz uma coisa viva ser boa. Contudo, não há uma propriedade idêntica única em cada coisa viva que seja o bem. A abordagem biocêntrica à teleologia acrescenta a noção de benefício à de bem. Torna o bem sempre um bem *para* alguma coisa viva ou outra. Falando de modo fundamental, as atividades de uma coisa viva que a tornam uma boa instância de seu tipo também devem ser atividades que em princípio são boas para ela.[30]

Devemos enfatizar que o bem não existe abstratamente (este ponto será discutido detalhadamente na próxima seção, uma vez que faz parte do florescimento humano). Como já mencionamos, o que é bom é determinado pela natureza de uma coisa viva. E, assim, o que é bom para um tipo de coisa viva pode não ser para outro. Mas isso ainda é muito abstrato, pois não há algo como a realização das potencialidades da natureza de uma coisa viva que não envolva a realização de suas potencialidades individuativas (e vice versa). Ademais, a realização das potencialidades de uma coisa viva individual é consequência (ou seja, superveniente) da satisfação das necessidades dessa entidade. Não é algum *tertium quid*. Portanto, o bem é sempre o que é bom para a coisa viva individual, e não alguma relação ou propriedade abstrata.[31]

Com base nessa visão, o bem não está separado dos fatos quando se trata de coisas vivas. Ademais, o bem é "ontológico", mas ainda assim, em última instância, relacional. Em outras palavras, certas ações

---

[30] As noções de "tipo", "forma de vida" ou "natureza" não precisam ser as platônicas, e nem precisam negar a importância do ambiente de uma coisa viva para nossa compreensão de sua natureza. O acaso ou as circunstâncias desempenham um papel importante na determinação de se as atividades que tornam uma coisa viva uma boa instância de seu tipo são de fato benéficas a ela em determinada situação. Tais fatores não podem ser ignorados. Mas a questão ontológica permanece – qual seja, que para que uma coisa viva seja uma boa instância de seu tipo, também deve ser uma boa coisa *viva*. Ser benéfico para a coisa viva é necessariamente parte de seu bem.

[31] Esses dois últimos parágrafos foram adaptados de *Liberty and Nature*, 56.

de uma coisa viva em determinado momento beneficiam sua vida. Isso quer dizer que promovem seu desenvolvimento até a maturidade – que lhe dão condições de realizar suas potencialidades. As ações que promovem o desenvolvimento de uma coisa viva até a maturidade tornam possível a essa entidade, no futuro, repetir as ações que a farão continuar a avançando e se mantendo, e assim por diante. Tais ações, portanto, tanto produzem como expressam a vida da entidade. Constituem sua vida, embora também sejam *para* ela. Assim, o bem nem é uma característica intrínseca (não-relacional) de coisas ou ações e nem é meramente um fenômeno subjetivo da consciência. Em vez disso, é um aspecto da realidade *em relação com* o que é necessário para que uma coisa viva realize suas potencialidades atingindo assim a maturidade.[32] De fato, podemos dizer que não existem coisas boas, belas ou certas, separadas das coisas vivas. As coisas só são boas, certas ou belas com referência às entidades vivas.[33]

(2) Voltemo-nos, agora, para o segundo modo de nossa visão neoaristotélica do florescimento humano apelar para a natureza humana. Os seres humanos são parte da ordem natural, e não estão imunes às suas influências. Mas, se a visão acima proposta de teleologia está correta, os seres humanos são naturalmente levados para seus *telos*, mas não

---

[32] Essa relação pode se dar de várias formas. Por exemplo, pode ser uma atividade constitutiva da forma de viver de uma coisa viva particular; também pode ser uma atividade que é meramente instrumento ou ferramenta para se alcançar uma forma de viver de uma coisa viva particular. Ademais, pode ser também uma combinação. Em outras palavras, as atividades de uma coisa viva podem estar relacionadas a seu estágio de amadurecimento, como atividades que expressam esse estado ou o produzem, ou ambos. Além disso, sua relação com o estágio de amadurecimento de uma coisa viva pode ser direta ou indireta. Ver a discussão em Foot em torno do bem "primário" e "secundário". *Natural Goodness*, 26-27.

[33] Tibor R. machan, *Human Rights and Human Liberties* (Chicago: Nelson-Hall, 1974), 66. Cf. Ayn Rand, "The Objetivistic Ethics", in *The Virtue of Selfishness: a New Concept of Egoism* (New York, New American Library, 1964), 17; e Foot, *Natural Goodness*, 26-27.

empurrados para ele. Eles possuem uma potencialidade inerente para seus *telos*, mas precisam reconhecer em que atividades seu fim consiste e o que sua realização exige, tanto em termos específicos quanto gerais. A conquista do *telos* humano não é inelutável. Os seres humanos realizam seu *telos* apenas por meio de seus esforços autodirigidos e na medida em que fazem isso são agentes morais.

A conquista do *telos* ocorre por meio das disposições de uma pessoa para os desejos e ações apropriados – disposições que são em última análise uma questão de responsabilidade moral. A razão de uma pessoa que forma a concepção do que é bom para ela expressa-se em seu caráter desenvolvido ou nas disposições.[34] É a habilidade de conceber corretamente o que é bom para si (habilidade que crianças e animais não-humanos não possuem) que cria o poder causal necessário à produção deliberada de resultados bons. Em termos clássicos, a conquista de um *telos* depende do uso correto da razão (ver abaixo nossa discussão da razão prática). Isso é crucial para o florescimento humano e para qualquer atividade ser moralmente correta.[35] Como afirma Aristóteles, "a razão serve para distinguir o benéfico do prejudicial, e também o justo do injusto. Pois o que distingue um ser humano de outros animais é que ele tem a percepção do que é bom e mau, justo e injusto e de todo o resto" (*Política* 1253a 14-18). Portanto, é em termos do *telos* humano, ou função, que o caráter geral do florescimento humano (que será explorado em maiores detalhes na próxima seção) é compreendido. E é em termos do florescimento humano que a conduta humana pode ser vista como boa ou má, sábia ou tola, virtuosa ou viciosa, justa ou injusta.

Dessa forma, o significado e propósito da moralidade devem ser encontrados na "autoperfeição" ou "autorrealização" de um ser humano

---

[34] São Tomás de Aquino, *Summa Theologiae*, Ia.5.1.
[35] Não tentamos aqui nos envolver em questões de "livre arbítrio", "determinismo" ou "compatibilismo". Consulte a obra de Susan Sauvé Meyer, *Aristotle on Moral Responsibility Character and Cause* (Oxford: Basil Blackwell, 1993).

ou no "florescimento humano". A moralidade exige tanto explicação como justificação. Mas a explicação e a justificação da moralidade não são encontradas em algum comprometimento pré-moral com o florescimento ou nas consequências externas que fluem da atividade correta e que faz com que a "moralidade compense"; ou apelando-se ao dever em nome apenas do dever. Ao contrário, a explicação e a justificação da moralidade baseiam-se no fato de que cada ser humano possui uma potencialidade inerente para seu estado de maturidade e que esse estado é a base última para se compreender o que é bom e o que é correto.

Em outras palavras, a resposta à pergunta por que devemos ser morais? é dada em termos de florescimento humano, que é o fim natural de todo e qualquer ser humano; mas esse florescimento é tanto uma forma de ser (o bem último para um ser humano individual) como um tipo de atividade (como deve alguém se conduzir). O florescimento humano é, a um só tempo, um bom estado de ser e uma atividade correta. Portanto, uma ética do fim natural do tipo que estamos apresentando transcende a abordagem tradicional deontológica/consequencialista de como definir obrigações morais. Estas são *primariamente* definidas de forma vinculada a considerações sobre o florescimento humano, mas sem serem um mero meio para se chegar a ele.[36] Além disso, o papel da sabedoria prática torna-se crucial (como veremos) ao processo que determina o que se deve fazer. O que vale a pena, ou é bom, para um ser humano é constituído pela atividade correta, e a atividade correta expressa, não apenas produz, o que vale a pena ou é bom para um ser humano. O "bom" não pode ser separado do "certo" ou vice-versa. Assim, uma ética do fim natural do tipo que imaginamos responde à pergunta do por que ser moral com duas respostas intercambiáveis: "porque é bom para você" e "porque é a coisa certa para você fazer."

---

[36] Alguma coisa pode ser necessária para o florescimento humano de duas formas possíveis: (1) apenas como instrumento; (2) como um constituinte necessário. Ver nossa discussão da natureza inclusiva do florescimento humano adiante.

Finalmente, a natureza fundamental de um imperativo ético para uma ética do fim natural do tipo que estamos apresentando é melhor explicada por referência às seguintes classificações: "imperativo *categórico* — *independentemente* dos fins que você busca, você deve seguir os seguintes passos. Imperativo *hipotético problemático* — *se você* busca tal fim, então deve seguir os seguintes passos. Imperativo *hipotético assertórico* — *já que* você busca esse fim, então você deve dar os seguintes passos" (grifo nosso).[37] Nossa abordagem à ética do fim natural fornece em última análise um imperativo ético hipotético *assertórico*. Tal imperativo pode ser apresentado da seguinte forma: como todo ser humano possui uma potencialidade inerente para alcançar seu estado de maturidade, que é o fim natural desse indivíduo e que tem sido identificado como florescimento humano, e como essa potencialidade, embora realizada através de escolha, não é em si uma questão de escolha, mas uma questão de natureza humana que possui poder diretivo sobre nossas escolhas, então, fazer X é atividade necessária para se alcançar nosso fim natural, então fazer X é de fato bom para nós enquanto seres humanos. Fazer X é um meio ou uma propriedade constitutiva do conjunto de atividades que nos fazem ser bons seres humanos. Mas dizer que fazer X é de fato bom para nós também é dizer que fazer X *é digno de escolha*, e notar que fazer X é digno de escolha é apenas dizer que *devemos* escolher fazê-lo — se tudo o mais permanecer igual.

Portanto, por um lado, a obrigação de se fazer X, em que X é um meio ou uma atividade constitutiva do florescimento humano, não flui da mera escolha de se buscar o florescimento humano: mas, por outro lado, nem a obrigação de se fazer X resulta apenas de se dever categoricamente fazer X. Reconhecidamente, a escolha humana não é simplesmente um ato aleatório — algo que apenas acontece e que marca

---

[37] Roderick Long, *Reason and Value: Aristotle Versus Rand* (Poughkeepsie, N.Y.: The Objectivist Center, 2000), 61 n. 65. Nós mudamos ligeiramente a pontuação e reordenamos a lista.

a opção por um curso de conduta em detrimento de outro – mas é algo que deve envolver ter uma razão. Contudo, também se reconhece que "dever" somente se torna inteligível como algo que precisa ser feito em um contexto onde há um fim a ser alcançado que, nesse caso, é o de fazer X ser de fato bom para nós e digno de nossa escolha.[38] Do contrário, não é como se o indivíduo estivesse apenas ouvindo lhe dizerem "deve-se fazer X porque se deve fazer X" e *ponto final*? E isso equivale a simplesmente incorrer em petição de princípio no tratamento da questão, *Por que ser moral?*

Obviamente, as precedentes considerações ontológicas e antropológicas são complexas. E se este trabalho se dedicasse às fundações metaéticas da ética do fim natural, um exame e uma defesa mais detalhados seriam necessários.[39] Contudo, para nossos objetivos, o

---

[38] Claro, para fazer com que X seja uma atividade efetivamente boa e digna meritória para alguém, deve ser realizada e integrada a todas as outras atividades que constituem o florescimento humano de um indivíduo. Isso requer a virtude da sabedoria prática, que será discutida posteriormente no presente capítulo.

[39] Um exemplo do tipo de questão que precisa de exame mais aprofundado é dado por Rosalind Hursthouse quando observa que "uma má compreensão da *eudaimonia* como conceito não moralizado leva alguns críticos a suporem que os neoaristotélicos estão tentando embasar suas afirmações em uma concepção científica da natureza humana e do que conta, para um ser humano, como florescimento. Outros supõem que, se isso não é o que estão fazendo, não podem validar suas afirmações de que, por exemplo, caridade, justiça, coragem e generosidade são virtudes. Ou eles estão, ilegitimamente, fazendo uso da desacreditada teleologia natural de Aristóteles... ou produzindo meras racionalizações de seus próprios valores pessoais, ou culturalmente inculcados. Mas MacDowell, Foot, Alasdair MacIntyre, e Hursthouse recentemente delinearam versões de um terceiro caminho entre estes dois extremos. *Eudaimonia*, na ética de virtude, é de fato um conceito moralizado, mas não é apenas isso. Afirmações em torno do que constitui o florescimento humano não mais vagam à deriva, desligados dos fatos científicos relacionados a como são os seres humanos, não mais do que aconteceria com afirmações etológicas em torno do que constitui o florescimento para os elefantes. Em ambos os casos, a verdade das afirmações depende em parte de que tipo de animal são e que capacidades, desejos e interesses humanos ou elefantes possuem" (Rosalind Hursthouse, "Virtue Ethics",

que dissemos (e o que ainda vamos dizer) é suficiente para tornar razoável e plausível nossa concepção da relação entre florescimento humano e natureza humana. De fato, à medida que explicamos as características centrais dessa concepção de florescimento humano, a razoabilidade e plausibilidade de nossa compreensão da relação entre florescimento humano e natureza humana ficarão mais claras,

---

The Stanford Encyclopedia of Philosophy (outono 2003), ed. Edward N. Zalta. Disponível em: http://plato.satanford.edu/archives/fall2003/entries/ethics-virtue/.
A questão central aqui é, a de se obviamente "versões de um terceiro caminho" podem evitar a falácia naturalista sem algum comprometimento com a teleologia natural. Muito depende, certamente, do que a teleologia natural envolve, e pode ser que essas versões de um terceiro caminho considerem apropriado aceitar a concepção biocêntrica da teleologia natural aqui apresentada, ou, ao menos, algo similar. De fato, Foot parece aderir a essa concepção biocêntrica. Ver Foot, *Natural Goodness*, 32-33. Ademais, devemos observar que MacIntyre não mais considera possível compreender a vida moral sem referência a como a forma de vida dos seres que são constituídos biologicamente como humanos é possível. Ver Alasdair MacIntyre, *Dependant Rational Animals: Why Human Beings Need the Virtues* (La Salle, Ill.: Open Court, 1999), x.
Contudo, ainda resta a questão de como concebemos o trabalho da filosofia. Aqui podemos apenas indicar que não aceitamos o que parece ser um modo contemporâneo dominante de teorizar em ética – o de se evitar de forma estudada lidar com uma questão fundacional do tipo: "A que, na realidade, refere-se o 'bom' e o 'certo'?". Em sentido contrário supõe-se que existe algo denominado 'moralidade', que todos intuitivamente conhecemos e em contraste com a qual podemos medir o valor de teorias morais competidoras como a ética da virtude, a deontologia e o utilitarismo. Como observamos acima, é perfeitamente permissível começar com *endoxa*, mas não é nela que necessariamente terminamos. Frequentemente é preciso ir mais fundo. Finalmente, a questão pode também ser epistemológica, pois, como realistas cognitivos, não encaramos ideias ou opiniões bem fundamentadas como o solo para o que o bom e o correto *são*. Para que as nossas cognições sejam verdadeiras, devem responder ao real. Isso não é, claro, o mesmo que negar que a natureza da realidade frequentemente é muito difícil de desvendar, ou que os seres humanos são certamente falíveis. Equivale a afirmar que a realidade não está necessariamente escondida de nós. Portanto, ironicamente, não é errado falar de "insight direto", ou mesmo" intuição". Mas isso é assim porque insights e percepções são, no nível básico de análise, sempre insights e percepções *de* algum aspecto da realidade, e não atalhos que substituem o duro trabalho de investigação e análise.

pois essas características do florescimento humano afetam o caráter dessa relação.

Um esboço de uma versão neoaristotélica da ética perfeccionista

A visão apresentada de florescimento humano é central para a compreensão de nossa versão neoaristotélica do perfeccionismo. De acordo com essa visão, o bem humano é: (1) objetivo; (2) inclusivo; (3) individualizado; (4) relativo ao agente; (5) autodirigido; e (6) social. Estas características básicas e *interrelacionadas* serão diretamente explicadas.

1. Objetivo

O florescimento humano é um objeto de desejo. Em termos similares à pergunta de Sócrates a Eutífrone, o florescimento é um objeto de desejo porque é desejável e digno de escolha e não apenas porque é desejado ou escolhido. Em outras palavras, é desejado pelo que é. Sua constituição é o que o torna bom. Portanto, o bem humano é algo também ontológico. É um estado de ser, não um mero sentimento ou experiência.[40]

O bem do florescimento humano não pode, todavia, ser compreendido separadamente de um contexto biocêntrico. É um modo de *viver* e pertence ao esquema da normatividade natural encontrada no plano de todas as coisas vivas. Como observou Foot, "a estrutura da derivação é a mesma se derivamos uma avaliação das raízes de determinada árvore ou da ação de um ser humano particular. O significado das palavras "bom" e "mau" não é diferente quando aplicadas às

---

[40] Não queremos afirmar com isso que possuir os sentimentos e experiências apropriados não possam proporcionar a vida humana boa. De fato, a vida boa tradicionalmente é compreendida como a satisfação do desejo *certo*.

características das plantas ou dos humanos, mas é o mesmo quando aplicado a todas as coisas vivas nos juízos do bem e defeitos naturais."[41] Entretanto, o florescimento humano também é uma *forma* de viver porque existe a natureza humana. O florescimento é, portanto, algo mais que autopreservação ou sobrevivência. Novamente, uma observação de Foot:

> "Quando pensamos na ideia do que é bom para um indivíduo em oposição a seu bem, como começamos a fazer ao introduzirmos o conceito de benefício, o bem humano deve ser, de fato, reconhecido como diferente do bem no mundo das plantas ou animais, onde o bem consiste no sucesso do ciclo do desenvolvimento, automanutenção e reprodução. O bem humano é *sui generis*. Contudo... uma estrutura conceitual comum permanece. Mesmo porque há uma "estória de história natural" a respeito de como os seres humanos alcançam esse bem assim como há uma que conta como animais e plantas alcançam o deles. Há verdades tais como 'humanos fazem roupas e construem casas' que se comparam a 'pássaros possuem penas e constroem ninhos'; mas também há proposições tais como 'humanos estabelecem regras de conduta e reconhecem direitos.' Para determinar o que é bem e o que é falha de caráter, disposição e escolha, devemos considerar o que o bem humano é e como os seres humanos vivem. Em outras palavras, *que tipo de coisa viva um ser humano é.*"[42](grifo nosso)

O florescimento humano consiste de atividades que a um só tempo expressam e produzem em um ser humano uma realização de potencialidades que são específicas a seu tipo natural[43] – ou seja, específicas

---

[41] Foot, *Natural Goodness*, 47.
[42] Idid., 51.
[43] Mas, como discutiremos posteriormente, o florescimento humano não é um universal abstrato; as potencialidades peculiares ao indivíduo também estão envolvidas.

ao tipo de coisa que um ser humano é. Essas atividades constituem a consecução de um fim ou *telos* natural de um ser humano.⁴⁴

Ontologicamente considerado, o florescimento humano é uma atividade, uma realização, e um fim (ou função) que é atingido (ou desempenhado) através de escolha. O florescimento humano não é a mera posse de bens e virtudes necessários. *Omne ens perficitur in actu*: o florescimento deve ser encontrado na ação. Bens básicos ou "genéricos" (que serão brevemente discutidos) não existiriam como *bens* (ou virtudes como *virtudes*) se não fossem objetos ou manifestações dos próprios esforços de uma pessoa. O florescimento é uma atividade autodirigida, não um estado estático ou passivo.

O florescimento humano é aquilo em nome do que a conduta humana é executada. Embora o florescimento dependa da ação humana (o que também chamamos de "autodireção") para a sua consecução ou realização, não depende de tal ação para ter status de fim último. É, portanto, em última análise, o padrão pelo qual os desejos, desideratos e escolhas são avaliados.

2. Inclusivo

O florescimento humano é o fim último da conduta humana, mas não é a única atividade possuidora de valor inerente. Não é um fim "dominante" que reduz o valor de tudo o mais a mero meio para alcançá-lo. Tampouco é simples e monista. Ao contrário, é "o fim *mais* derradeiro, e nunca é buscado por causa de qualquer outra coisa, porque inclui todos os fins derradeiros."⁴⁵ O florescimento humano é

---

⁴⁴ Ver Jonathan Jacobs, "Methaetics and Teleology," *The Review of Metaphysics* 55 (setembro 2001): 41-55, para uma discussão da importância da teleologia para a ética perfeccionista e da virtude.

⁴⁵ J. L. Ackrill, "Aristotle on Eudaimonia", in *Essays on Aristotle's Ethics*, ed. Amélie O. Rorty (Berkeley e Los Angeles: University of Califórnia Press, 1980), 23.

um fim "inclusivo."⁴⁶ Abarca virtudes e bens básicos ou "genéricos,"⁴⁷ por exemplo, bens como conhecimento, saúde, amizade, consecução criatividade, beleza, prazer; e virtudes como integridade, temperança, coragem e justiça. São valiosos não apenas como simples meios para o florescimento humano, mas como expressão dele; e, portanto, como sua realização parcial. Como tais, esses bens e virtudes são fins derradeiros e em si mesmos valiosos.⁴⁸

Para melhor compreender essa ideia, devemos considerar dois tipos de relação de subordinação a algum fim: (a) por um lado, há a diferença entre atividades que são apenas meios ou instrumentos para aquele fim; e (b) por outro, há atividades que são ingredientes ou constituintes desse

---

⁴⁶ Irfan Khawaja é de opinião que a distinção dominante- inclusivo não é logicamente exaustiva e que tais termos contrastam questões diferentes. Ele sugere que as questões deveriam ser assim redefinidas: a distinção inclusivo-exclusivo diz respeito a saber o que está e o que não está incluído no florescimento humano, e a distinção dominante-subordinado diz respeito à indagação relativa a o que está ordenado para que e por que. Parece-nos uma boa maneira de discutir esses assuntos. Apesar disso, a terminologia incluvivo-versus-dominante de W. F. R. Hardie e J. L. Ackrill está bem estabelecida e é suficiente para os nossos propósitos limitados. Para uma discussão ampliada, ver Scott MacDonald, "Ultimate Ends in Practical Reasoning: Aquina's Aristotelian Moral Psychology and Ascombe's Fallacy" *The Philosophical Rewiew* 100 (Janeiro 1991): 31-66.

⁴⁷ Bens básicos podem ser considerados um tanto semelhantes ao que John Rawls chama de "bens primários", ou seja, coisas que se presume que todo homem racional quer. Rawls, *A Theory of Justice* (Cambridge, Mass.: Belknap Press of Harvard University Press, 1971), 62. Por conveniência, o termo "genérico" é usado em referência a considerações que envolvem tanto o gênero quanto a espécie a que o ser humano pertence.

⁴⁸ "A é mais final do que B, se, embora B seja buscado por sua própria causa (e, portanto, é um objetivo de fato final, e não intermediário), também é buscado por causa de A." Ackrill: "Aristotle on Eudaimonia", 21. Também, como observa Richard Kraut: "Não há incompatibilidade, na ética aristotélica, entre escolher os atos virtuosos por eles mesmos, e escolhê-los apenas por eles serem ingredientes fundamentais para a felicidade." "Aristotle on Choosing Virtue for Itself," *Archiv fur Geschichte der Philosophie* 58, n. 3 (1976): 238.

fim. Por exemplo, considere-se a diferença entre a relação de obter tacos de golfe para jogar golfe e a relação de dar tacada [*putting*] com jogando golfe. Embora ambas as atividades sejam feitas "em nome de" se jogar golfe, a primeira é apenas uma preliminar necessária, enquanto *putting* é uma das atividades que faz do golfe o que ele é. Além do mais, as ações realizadas para se conseguir os tacos produzem um resultado separado dessa atividade – qual seja, a posse de tacos de golfe que podem ser utilizados – mas o *putting* não possui outro propósito ou resultado além dele mesmo. Seu valor não é o de um simples meio. Seu valor reside no fato de ser uma expressão ou realização da atividade da qual é constituinte. Como afirma Ackrill, "Uma pessoa não dá tacada *para* jogar golfe... *Putting* é jogar golfe (embora jogar golfe não se resuma a isso)."[49]

Outro ponto crucial para apreciarmos o que significa para o florescimento humano ser um fim "inclusivo" é a ideia de que (c) algumas coisas podem ser feitas *por causa* delas mesmas e também em nome de alguma outra coisa. A noção (c) é possível, uma vez que o florescimento não é resultado de esforços de toda uma vida; não é algo que se espera vir a usufruir no futuro. Em vez disso, é um processo contínuo de viver bem. Portanto, os constituintes de tal viver são mais que simples meios para ocasionar o que está por se seguir; têm valor em si mesmos.

---

[49] Ackrill, "Aristotle on Eudaimonia", 19. Como Ackril conclui, as relações de subordinação são ainda mais complicadas do que descrevemos. Ver MacDonald, "Ultimate Ends in Practil Reasoning", 31-66, para uma discussão dessas complicações e uma defesa mais completa da ideia de que o bem humano é um fim inclusivo. Todavia, MacDonald argumenta que o exemplo dado por Ackrill, em relação a colocar as bolas nos buracos, não é bom para ilustrar a inclusividade, pois é logicamente possível jogar uma partida de golfe sem acertar o buraco. Para ilustrar a inclusividade, MacDonald prefere o exemplo de corrida de 10 quilômetros como parte constituinte do triatlon. Mas, ainda parece que o exemplo de Ackrill da relação de colocar as bolas no buraco com o golfe pode ser defendida como parte constitutiva, se observarmos que o fim é jogar golfe bem, ou ter uma pontuação mínima, e não apenas acertando bolas a esmo.

É perfeitamente possível que algo seja buscado por sua própria causa e ainda assim ser um constituinte do florescimento humano. De fato, como afirma Aristóteles:

> "O que é sempre escolhido como um fim em si, e nunca como meio para outra coisa, chama-se final em um sentido completo. Essa descrição parece se aplicar preeminentemente a *eudaimonia*; pois sempre escolhemos a *eudaimonia* como um fim em si mesma e nunca com vistas a alguma outra coisa. Honra, prazer, inteligência, e todas as virtudes são por nós escolhidas em parte por elas mesmas – pois escolheríamos cada uma delas mesmo que nenhuma vantagem adicional propiciassem – mas também as escolhemos em parte em nome da *eudaimonia*." (Ética a Nicômano, 1097b ff)

Esta visão de florescimento humano está aberta à possibilidade de que talvez *não* haja um padrão preexistente para ponderar e avaliar as virtudes e bens básicos ou genéricos que o constituem. Mesmo que todos os bens e virtudes acima mencionados sejam necessários ao florescimento, uma análise abstrata da natureza humana pode não nos mostrar que posição devem ocupar no ranqueamento. Essa análise pode não nos dizer quanto tempo e esforço devem ser gastos na busca de um bem ou virtude necessária por oposição a outros. Como veremos, essa possibilidade cria uma base para uma concepção de florescimento humano que é diferente, sob muitos aspectos, daquela normalmente associada às teorias perfeccionistas tradicionais.

Ademais, a teoria da obrigação gerada por essa visão inclusiva do florescimento humano não torna necessário calcular que consequências de cada curso proposto de conduta poderiam ser esperadas para se determinar o que é o bem, e o que deve ser feito. Tampouco é sempre necessário estar aberto à possibilidade desse cálculo. Embora o cálculo possa ser apropriado para lidar com questões inteiramente instrumentais ao florescimento humano, esse não é o caso quando estão em questão os componentes do próprio florescimento humano. O primeiro princípio da razão prática é, como observou São Tomás de Aquino, fazer o bem e evitar o mal. Portanto, a maior preocupação é determinar o que, no reino do particular e contingente é realmente bom ou virtuoso. Uma vez que se distingua o que é bom ou virtuoso, sabe-se o que deve ser feito. É com relação a isso que uma ética do florescimento humano não é consequencialista, pois algumas virtudes e bens são vistos como atividades que caracterizam nosso florescimento humano enquanto tal e não apenas como meios externos.

Isso não quer dizer, contudo, que não possam existir outros sentidos (por exemplo, um sentido pessoal ou não-maximizador) à luz dos quais essa visão possa ser qualificada de "consequencialista."[50] O problema com o consequencialismo é que é visto como fundacionalista na determinação de obrigações, e não que consequências não tenham um papel a desempenhar na moralidade. Em outras palavras, uma vez que as virtudes e bens constituintes do florescimento humano que devem ser buscados e praticados estão determinados, a forma com que a conduta que expressa esses bens e virtudes integra-se em uma vida florescente para o indivíduo envolve uma reflexão sobre consequências. Um indivíduo precisa considerar, por exemplo, se os efeitos e consequências da busca de um bem são compatíveis com a busca de um outro. Definir como incorporar tal conduta em um todo integrado é a tarefa central enfrentada pela sabedoria prática. Portanto, é o consequencialismo como teoria dedicada a determinar a natureza das obrigações morais e seu caráter fundacional que o perfeccionismo individualista rejeita e não a noção de que as consequências não desempenham qualquer papel – embora derivado e limitado – quando um indivíduo define que ações realizar. Exploraremos melhor essa questão quando considerarmos o papel da sabedoria prática (*phronesis*) no perfeccionismo individualista.

---

[50] Ver Foot, *Natural Goodness*, 48-50.

3. Individualizado

O florescimento humano é individualizado e diversificado. Depende tanto *de quem* se é e do *que* se é. Considerado de forma abstrata, podemos falar de florescimento humano e de virtudes e bens básicos ou genéricos que ajudam a defini-lo. Entretanto, isso não torna o florescimento humano, na realidade, abstrato ou universal. Falando concretamente, não há dois casos de florescimento humano iguais, e eles não são intercambiáveis. Assim como a realização das potencialidades de Maria não é a mesma que a realização das de José, o resultado obtido por Maria não é igual o de José. Existem potencialidades individuativas assim como genéricas e isso torna o desempenho humano sempre algo único.

As virtudes e os bens genéricos que constituem o florescimento humano apenas se tornam reais, determinados e valiosos quando adquirem uma forma particular dada pelas escolhas de pessoas de carne e osso. A importância ou valor desses bens e virtudes está enraizado em fatores que são exclusivos a cada pessoa, pois não é o universal como tal que é valioso. Em consequência, as circunstâncias, talentos, dons, interesses, crenças e histórias que caracterizam descritivamente cada indivíduo — o que denominamos "nexo" de um indivíduo — determinam, tanto quanto possível, a avaliação ou ponderação apropriada dessas virtudes e bens genéricos para cada indivíduo. O florescimento humano não é apenas alcançado e desfrutado por indivíduos, mas é ele mesmo individualizado.

Como observamos no capítulo 4, devemos evitar a tentação de imaginar que os bens e virtudes que constituem o florescimento humano existem ou têm um valor separadamente dos indivíduos para os quais são bens e virtudes. Ademais, não devemos imaginar os indivíduos como "neros marcadores de lugar" ou *loci* nos quais esses valores e bens são instanciados. Indivíduos não são almofadas metafísicas nas quais esses bens e virtudes são "espetados". Indivíduos fazem mais do que localizar esses bens e virtudes no espaço. Repetimos, é apenas por meio das escolhas práticas de um indivíduo que essas virtudes e bens genéricos tornam-se determinados, reais e valiosos.

Outra forma de se compreenderem os pontos precedentes é se dar conta de que as virtudes e bens genéricos do florescimento humano não são como doses diárias de vitaminas e sais minerais. Sua ponderação, balanceamento e porção não podem ser tirados da natureza humana como se faz com os componentes listados no anverso de uma caixa de cereal e aplicados uniformemente a todos os indivíduos como se estes fossem meros repositórios para eles.[51] Em vez disso, apenas quando os talentos, potencialidades, e circunstâncias particulares do indivíduo são associados é que os bens e virtudes tornam-se reais ou adquirem determinação. O florescimento humano não existe à parte as escolhas e ações de seres individuais e nem independentemente da combinação particular de bens que seres humanos individuais precisam definir como apropriado às suas circunstâncias.

Não que florescimento ocorra simplesmente na vida de uma pessoa como se ela fosse simplesmente um marcador de lugar para esse valor último. A relação entre florescimento e a vida de uma pessoa é muito mais íntima. O status do florescimento humano como o *valor último* surge *no interior da* vida de uma pessoa e só prevalece *em relação com* ela. Ademais, seu valor é encontrado e exaurido nas atividades de uma pessoa que constituem o florescimento dessa pessoa. O florescimento humano, portanto, não é nem um valor "em geral" e nem um *tertium quid*. Em outras palavras, envolve uma referência essencial à pessoa para quem é bom como parte de sua descrição.

Essa visão de florescimento humano é, portanto, uma versão do pluralismo moral.[52] Há muitos *summa bona*, pois o florescimento de

---

[51] Den Uyl, *The Virtue of Prudence*, 37-38.
[52] Não queremos dizer que há mais de um padrão último para o bem; afirmamos apenas que, embora o florescimento humano seja o bem último, sempre e necessariamente é expresso de forma individual.

cada indivíduo é seu *summum bonum* e porque não há nenhum *summum bonum* sem forma única ou separado das vidas dos seres humanos individuais. No entanto, isso não requer que o florescimento seja subjetivo. O florescimento humano não consiste meramente em ter sentimentos favoráveis e nem em conferir-lhe valor por simples preferência pessoal. Essa concepção individualizada de florescimento humano oferece diversidade sem subjetivismo.[53]

4. Relativo ao agente

O florescimento humano é relativo ao agente. Abstratamente formulado, o florescimento humano (F), para uma pessoa (P), é relativo ao agente se e apenas se sua presença distintiva em um mundo M1 é a base para que P avalie M1 de forma superior a M2, mesmo que F possa não ser a base para que *quaisquer outras* pessoas avaliem M1 como melhor que M2. Não há florescimento humano, *isso é tudo*. O florescimento humano é sempre e necessariamente bom *para* esta ou aquela pessoa. Talvez a melhor forma de se compreender o que é ser relativo ao agente seja contrastar essa condição com sua oposta, a visão de que valores e reações básicos são neutros em relação ao agente e a ética é impessoal. As duas afirmações a seguir, a primeira de Henry Sidgwick e a segunda de John Stuart Mill expressam bem o ponto de vista impessoal.

"Assumo o princípio auto-evidente de que o bem de um indivíduo não tem maior importância, do ponto de vista (se posso dizer assim) do Universo, que o bem de qualquer outro; a não ser que haja razões especiais para se acreditar que um bem maior pode provavelmente ser alcançado mais em um caso que em outro. E é evidente que como ser

---

[53] Não há incompatibilidade entre um florescimento humano ser objetivo e ao mesmo tempo diversificado ou individualizado. Isso será discutido no capítulo 7.

racional devo ter por alvo o bem em geral – na medida em que possa ser alcançado por meus esforços –, e não meramente uma parte particular dele."[54]

A felicidade que forma o padrão utilitário do que é certo na conduta não é a própria felicidade do agente, mas de tudo o que está envolvido. Entre sua felicidade e a de outros, o utilitarismo requer que ele seja tão estritamente imparcial quanto um espectador benevolente e desinteressado."[55]

Segundo a visão impessoal, devemos assumir o ponto de vista do universo e tornamo-nos imparciais ao determinarmos nossa conduta. Com efeito, devemos adotar a perspectiva de um agente abstrato, racional, desprendido e separado de quaisquer condições individualizantes – naturais, sociais, culturais – eevitar todos os valores, ranqueamentos e motivações que não possam ser adotadas por esse sujeito racional.

Em uma teoria ética impessoalista, o fato de que o curso de ação C resulta em ajuda aos projetos pessoal de alguém, da família, dos amigos ou do país, o que não-C não faz, não fornece uma razão ética para que se tenha preferência por C em detrimento de não-C. Tais fatores talvez expliquem como uma pessoa se sentiria em relação à situação. Mas quando uma pessoa age a partir de uma perspectiva impessoalista, as considerações de natureza pessoal são irrelevantes e não devem ter peso maior. Para o agente racional impessoal, quem ele é não conta como razão para dar peso ou importância maior a um valor quando se opta pelo curso apropriado de ação. O indivíduo enquanto indivíduo não tem importância em uma teoria moral impessoal.[56] O indivíduo

---

[54] Sidgwick, *The Methods of Ethics*, 382.
[55] John Stuart Mill, *Utilitarianism*, ed. George Sher (Indianápolis: Hackett Publishing, 2001), 17.
[56] Claro, muito depende do que se considera por "indivíduo." Para Kant, seres humanos em particular são de fato centros de valor, mas essencialmente porque somos seres numênicos, e não por algum motivo relacionado à nossa individualidade.

representa apenas um *locus* no qual o bem é alcançado ou a conduta certa executada.

Portanto, podemos dizer que uma teoria ética é impessoal quando todos os valores, razões e ordenamento que são moralmente salientes se mostram "neutros em relação ao agente;" e são neutros em relação ao agente quando *não* envolvem, como parte de sua descrição, uma referência essencial à pessoa para quem o valor ou razão existe ou para quem ordenamento é correto. Uma pessoa pode ser substituída por qualquer outra. O indivíduo é apenas um Marcador de lugar em torno do qual regras e princípios abstratos giram. Como afirmamos em outro trabalho, "para qualquer valor, razão ou ranqueamento V, se uma pessoa P1 tem justificativa para defender V, então também têm P2-Pn sob condições apropriadamente similares... Em uma concepção neutra em relação ao agente, é impossível dar mais peso, ou qualquer peso, a V, simplesmente porque é seu próprio valor."[57] Assim, quando se trata de descrever um valor, razão ou ordenamento, não importa eticamente de quem é o valor, a razão ou o ordenamento.

De acordo com a visão neoaristotélica de florescimento humano que desenvolvemos aqui, uma ética impessoal e uma concepção de valores e razões básicos neutra em relação ao agente são falhas. Não há linha divisória relevante na natureza das coisas entre os fatos que

---

Portanto, para Kant, nossas preocupações individuais são excluídas por essa antropologia filosófica. Mas se os humanos são de fato seres individuais – e não meramente pontos no espaço e no tempo, mas realidades de carne e osso com uma natureza constituída por potencialidades genéricas e individuais – então estas preocupações são importantes. De fato, W. D. Ross aponta algumas dificuldades de se aplicar o princípio de universalidade quando confrontado com uma concepção de natureza humana que leva a individualidade a sério. Ver Ross, *Kant's Ethical Theory: a Commentary on the Grundlegung Zur Metaphysik der Sitten* (New York: Oxford University Press, 1954), 34.

[57] Den Uyl, *The Virtue of Prudence*, 27. Ver especialmente Eric mack, "Moral Individualism: Agent Relativity and Deontic Restraints," *Social Philosophy & Policy* 7, (outono 1989): 81-111.

podem e os que não podem ser eticamente relevantes. Fatos particulares e contingentes podem ser eticamente importantes. É claro que alguns podem ser mais importantes para se alcançar o florescimento humano, mas isso não pode ser determinado a partir apenas da ótica de alguém. Certamente não existe, de acordo com nossa visão, base para se sustentar que diferenças individuais, sociais e culturais entre as pessoas são eticamente irrelevantes. Ao contrário, são altamente significativas. Ademais, carece de fundamento a alegação do impessoalismo moral de que valores centrais à concepção que alguém tem de si mesmo podem não ter maior peso do que valores não tão centrais. O fato de um valor ser crucial para o projeto pessoal de alguém, e para os de ninguém mais, não o torna moralmente irrelevante. De fato, o oposto é o caso. Tal valor merece consideração ainda maior precisamente por causa de sua relação com a pessoa. Discutiremos esses pontos adiante, quando considerarmos o papel da sabedoria prática em nossa concepção de florescimento humano.

Restam, contudo, três confusões possíveis sobre a relatividade ao agente que devem ser consideradas aqui. A primeira diz respeito à relação entre a objetividade do florescimento humano e sua relatividade ao agente. Embora aspectos desse problema venham a ser discutidos no capítulo 7, cumpre notar agora que o fato de algo só ser valioso para uma pessoa não necessariamente torna seu valor uma mera questão da atitude dessa pessoa frente a ele ou, mesmo, apenas algo desejado, pretendido ou escolhido. Tampouco é apenas uma questão de ponto de vista pessoal. A velha questão relativo a quê? é importante aqui. O florescimento humano é relativo ao agente no sentido de estar essencialmente relacionado a uma pessoa ou outra, mas isso não significa que está essencialmente relacionado ao que uma pessoa meramente deseja, pretende ou escolhe. Essa teoria neoaristotélica supõe que um ser humano é mais do que um feixe de paixões e desejos e que existem potencialidades, necessidades e circunstâncias reais que caracterizam o que e quem é uma pessoa. Que alguém se interesse por algo ou o deseje, não necessariamente significa que esse algo seja bom *para* ele. O caráter relativo ao agente, e individualizado, do florescimento humano não é incompatível com ter uma natureza objetiva.

A segunda confusão é mais sutil e está ligada à questão de se algo pode ou não ser valioso por si mesmo (ou seja, como um fim em si, ou um fim derradeiro), e ainda assim ser relativo ao agente. O problema parece ser o de que se algo é um valor relativo a um agente, então seu valor reside não em si mesmo, mas em alguma outra coisa. Portanto, algo não pode ser valioso por si mesmo e também ser relativo ao agente. Este argumento, todavia, confunde valor instrumental com valor relativo ao agente. Embora todos os valores devam estar relacionados a uma ou outra pessoa, isso não quer dizer, e nem mostra, que seu valor reside no fato de serem meros meios ou instrumentos. Como observamos em nossa discussão anterior sobre a inclusividade, os bens e virtudes constituintes do florescimento humano são, por exemplo, valiosos por si mesmos mas, apesar disso, estão essencialmente relacionados às vidas de seres humanos individuais. Seu valor não depende de serem meros meios para o florescimento humano, mas liga-se ao fato de serem expressões ou realizações do florescimento. Assim, não há incompatibilidade em algo ser valioso por si próprio e ser relativo ao agente.

E o mais importante é que não há incompatibilidade entre o florescimento humano ser o valor objetivo último e ser também relativo ao agente.[58] Como já observamos, não há florescimento "em geral". Nenhum florescimento que não seja essencialmente florescimento-para-alguma-pessoa. O *telos* humano é por isso o florescimento de cada indivíduo. Seu valor reside nas atividades imanentes que constituem a realização dos seres humanos individuais. Essas atividades são essencialmente uma parte das

---

[58] Como afirma Ackrill, o "fim mais derradeiro... porque inclui todos os fins derradeiros". Ackrill, "Aristotle on Eudaimonia," 23.

vidas, e estão a elas relacionadas, de seres humanos individuais. Como tal, o florescimento humano não é algo que entre em competição com o bem de seres humanos individuais, mas é o próprio florescimento de suas vidas. Portanto, é perfeitamente consistente que o florescimento de seres humanos individuais seja valioso por si próprio *e* essencialmente relacionado a pessoas individuais. Um comprometimento com o valor inerente do florescimento humano não implica, assim, que ele seja neutro em relação ao agente. O florescimento humano não é algo que possa ser trocado ou promovido independentemente de quem é o titular do florescimento. A neutralidade em relação ao agente não é necessária para se defender a objetividade valorativa ou o mérito da escolha (uma questão que será discutida em maiores detalhes no capítulo 7).

Finalmente, a relatividade ao agente não deve ser confundida com egoísmo. Dizer que o florescimento humano é relativo ao agente não quer dizer e nem implica que o florescimento humano não pode envolver preocupação com o bem estar dos outros ou que o agir para o bem de outrem não possa ser valor ou razão para a conduta de alguém.[59] Agir em prol do outro pode ser apenas bom-para-você e não necessariamente para qualquer outra pessoa. Pais que fazem sacrifícios pelos filhos ou amigos que se ajudam e se apoiam mutuamente são alguns dentre os tantos exemplos de como o florescimento pode ser relativo ao agente e mesmo assim envolver preocupação autêntica com os outros. Ademais, mesmo em situações que não são consideradas instâncias do florescimento pessoal, verificamos que a relatividade ao agente é compatível com a preocupação com o outro, como no caso de soldados que arriscam suas vidas por seus camaradas durante uma batalha. Portanto, deve se fazer uma distinção entre relatividade ao agente e egoísmo.[60]

---

[59] Ver a nossa discussão da amizade de caráter de afinidade em *Liberty and Nature*, 66-68, assim como a discussão sobre sociabilidade a seguir.

[60] Ademais, ainda vamos discutir os muitos sentidos de "justiça" e sua relação com o florescimento humano.

5. Autodirigido

Na parte final de *De Anima* (II, 5), quando Aristóteles discute as diferenças entre apreensão sensorial e intelectual, ele observa o papel da autodireção no conhecimento humano:

> "A sensação real corresponde ao estágio do exercício do conhecimento. Mas entre os dois casos comparados há uma diferença; os objetos que excitam os poderes sensoriais à atividade, o visto, o ouvido & c., são externos. A base dessa diferença é que o que a sensação real apreende são indivíduos enquanto o conhecimento apreende universais e estes, em certo sentido, encontram-se na alma. É por isso que *um homem pode exercitar seu conhecimento quando deseja*, mas sua sensação não depende dele – um objeto sensível precisa estar lá". (*De Anima* 417b18-26, grifo nosso)[61]

A apreensão intelectual necessária ao conhecimento humano depende de o ser humano individual fazer o esforço necessário para iniciá-la e mantê-la.

Assim sendo, o florescimento humano – exigindo, como faz, apreensão intelectual – pareceria para Aristóteles ser uma atividade autodirigida. De fato, ele observa a importância da autodireção ao traçar a diferença entre boa sorte e eudaimonia para deus. "[Ele] é *eudaimôn* e abençoado mas não em razão de qualquer bem externo, *mas por causa dele mesmo*, e porque ele é, por natureza, de determinado tipo – o que mostra que ter sorte deve ser diferente de florescer. Isto porque os bens externos à alma vêm por acaso, mas ninguém é justo ou temperante por acaso"

---

[61] Fred D. Miller Jr. primeiro nos indicou essa passagem, e nos ensinou que "deseja" nessa passagem se refere a desejo racional, e não a mero capricho. Também Débora K. W. Modrak observa que a faculdade do pensamento é, para Aristóteles, "auto-iniciadora". *Aristotle's Theory of Languge and Meaning* (Cambridge: Cambridge University Press, 2001), 246 n.2.

(*Política*, 1323b24-29, grifo nosso). O florescimento não consiste na mera posse e uso de bens necessitados.[62] Ao contrário, o florescimento humano consiste em uma pessoa manter as virtudes pelas quais somente ela é responsável e que na maioria dos casos lhe permitirão alcançar os bens que sua vida requer.[63]

Aristóteles também observa que para que nosso conhecimento e ações nos capacitem a *ser* bons (ou virtuosos), em contraste com apenas conhecermos ou fazermos o bem (ou virtude), três condições devem ser satisfeitas. (1) O agente deve agir com plena consciência do que está fazendo; (2) deve "querer" a ação, e querê-la por si própria; (3) o ato deve promanar de uma disposição fixa e imutável" (*Ética a Nicômano*, 1105ª31-32). Apenas iniciando e mantendo o esforço para adquirir conhecimento, para cultivar os hábitos apropriados ao caráter, para exercitar as escolhas corretas e para realizar as ações certas, pode alguém alcançar a excelência moral.

Tais afirmações, juntamente com outras,[64] sugerem que Aristóteles considera o florescimento humano como uma atividade fundamentalmente autodirigida. Se essa é ou não sua posição última, o florescimento de fato é, de acordo com as concepções neoaristotélicas que estamos desenvolvendo, essencialmente autodirigido. A autodireção não é apenas uma das muitas condições necessárias para a existência do florescimento; em vez disso, é necessária para a própria natureza do florescimento humano.[65]

---

[62] John Cooper observa que "para Aristóteles, *eudaimonia* é necessariamente o resultado dos próprios esforços de uma pessoa; o sucesso, de qualquer tipo, pode ser visto como *eudaimonia* apenas se fruto dos esforços da própria pessoa." Cooper, *Reason and Human Good in Aristotle* (Cambridge, Mass.: Harvard University Press, 1975), 124.

[63] Nada disso, claro, é uma negação de que questões além do controle da pessoa não possam fazer uma diferença vital quanto a se a pessoa vai florescer ou não. Quer dizer apenas que se um indivíduo floresce, deve ser algo pelo qual é responsável.

[64] Ver a *Ética a Nicômano*, 1099b18 e 116868b34-1169a3.

[65] Se os seres humanos fossem conectados a máquinas que satisfizessem todas as suas necessidades, tornando desnecessário que fizessem qualquer coisa, ou seja, se tudo

Assim como o coração que bate com a ajuda de um marcapasso, exemplo dado por Jennifer Whiting, que ao deixar de funcionar por conta não cumpre mais em termos estritos sua função natural (ver capítulo 4), o mesmo ocorre com os seres humanos que não estão fundamentalmente dirigindo suas próprias vidas para o desempenho de sua função natural. O florescimento humano consiste em exercitar a organização racional. De fato, o que foi dito no capítulo 4 vale a pena ser repetido: se a autodireção não estivesse envolvida, o florescimento humano não *seria* florescimento humano. A autodireção é o constituinte ou ingrediente central e necessário ao florescimento humano. Sem tal característica do florescimento humano nenhuma outra poderia ser um constituinte. É tanto necessária quanto condição operante para a busca e conquista do florescimento humano. Independentemente do nível de realização ou especificidade, a autodireção é uma característica de todos os atos de consecução humana.

Para apreciar plenamente esse *insight*, precisamos discutir o papel da sabedoria prática como a virtude central integradora do florescimento humano. Isso será feito na próxima seção. Por ora, basta perceber que o funcionamento da razão ou inteligência de uma pessoa, independentemente da capacidade de aprendizado ou do grau de habilidade, não acontece automaticamente. É algo que o indivíduo inicia e mantém, que exige esforço ou empenho. O esforço é necessário para se descobrirem os bens e virtudes do florescimento humano assim como para alcançá-los e implementá-los. Como já observamos, e o faremos novamente mais adiante, o ato de se usar a capacidade intelectual é um exercício de autodireção, e o ato de autodireção é um exercício da razão.[66] Não

---

fosse feito para eles de forma que fossem essencialmente passivos, suas vidas não teriam valor. Não haveria autodireção, razão ou individualização. Fundamentalmente, suas vidas não seriam de fato deles. Não haveria essa coisa chamada de florescimento humano.
[66] Ver Den Uyl, *The Virtue of Prudence*, 183-86.

são atos separados de duas capacidades isoladas, mas aspectos distintos do mesmo ato consciente.⁶⁷ O uso da razão prática é algo que cada um deve fazer por si.⁶⁸ Embora as conclusões possam ser partilhadas, o ato de raciocinar que é um exercício de autodireção não pode.

Em um sentido ontológico, a pessoa é uma unidade buscando ulterior realização do eu. Mas, uma vez que a realização ulterior depende de escolha refletida na ação, o grau em que a ação e a escolha são consistentes afeta o grau de sucesso que o indivíduo terá. A pessoa eudaimônica aristotélica não se caracteriza por uma agregação de intenções, desejos ou ações. Em vez disso, são as intenções, desejos e ações de alguém que acabam sendo uma manifestação do núcleo de um eu único que avança em direção à sua ulterior realização.⁶⁹ Portanto, se falamos de "florescimento humano" como a "perfeição" do ser humano, então seria fundamentalmente um processo de *auto*perfeição em que o ser humano individual é ao mesmo tempo agente e objeto do processo.

---

⁶⁷ Como observado no capítulo 4, São Tomás de Aquino afirma que "o homem é senhor de suas ações através de sua razão e vontade; daí, também, o livre-arbítrio ser definido como 'a faculdade e a vontade da razão'." *Summa Theologiae* Ia Iiae I.I. Ver Scott MacDonald, "Egoistic Rationalism: Aquina's Basis for Christian Morality," publicado em *Christian Theism and the Problem of Philosophy*, organizado por Michael D. Beaty, 327-54 (Notre Dame, Individuais.: University of Notre Dame Press, 1990).

⁶⁸ Henry B. Veatch frisa bem esse ponto: "Pois não é evidente que não apenas um ser humano não atinge seu fim natural por um processo automático de desenvolvimento e maturidade, como os animais? Além disso, nenhum ser humano alcança seu fim natural ou perfeição a não ser por seu esforço e empenho próprios. Ninguém mais a não ser o indivíduo humano – nenhuma agência da sociedade, da família, dos amigos, ou do que quer que seja, pode levar, determinar ou programar, um indivíduo a ser um bom homem, ou viver a vida que um ser humano tem de viver. Alcançar o fim natural como pessoa humana não é nada senão um trabalho do tipo 'faça-você-mesmo'" Veatch, *Human Rights: Fact or Fancy?* (Baton Rouge: Louisiana State University Press, 1985), 84.

⁶⁹ Também levantamos essa questão em *Liberty and Nature*, 40.

6. Social

Ao contrário de Hobbes, defendemos que o florescimento humano não é atomista. Somos animais sociais naturalmente, especificamente das seguintes formas:

1) Nosso amadurecimento ou florescimento requer uma vida com os outros. Não florescemos independentemente e à margem dos relacionamentos com outros. Temos potencialidades que são orientadas para o outro, e não podemos alcançar realização sem que se tornem realidade. O florescimento humano não exige que se ganhe os bens da vida exclusivamente para si e que nunca se aja em prol do outro.[70]
2) De fato, ter preocupação com o outro é crucial para nosso amadurecimento. Como Aristóteles deixa claro, a *philia* (amizade) é um dos constituintes do florescimento humano.[71] Uma ética do florescimento humano, não é um egoísmo ético, independentemente da amplitude com que é concebido, uma vez que preocupar-se com os outros por causa deles mesmos é mais do que apenas um meio para se alcançar o próprio florescimento.
3) Nossas origens são quase sempre sociais. Nascemos numa sociedade ou comunidade e crescemos e nos desenvolvemos em algum contexto social. Nossa criação e o ambiente são cruciais à formação das concepções que temos de nós mesmo dos valores fundamentais e nossas vidas estão entrelaçadas com as de outros.

---

[70] Ver Kelly Rogers, "Aristotle on Loving Another for His Own Sake", *Phronesis* 39, n. 3 (1994): 291-302. McDonald observa que "a alegação de que cada um procura o bem do outro como parte de seu próprio bem não significa que não se possa buscar o bem dos outros de forma desinteressada sem almejar o próprio bem. Pode alguém buscar as partes constituintes do próprio bem pelo que são, e também por causa do bem dos quais são constituintes." Mc Donald, "Egoistic Rationalism," 352 n. 35.
[71] Ver John Cooper, "Aristotle on Friendship", in *Essays on Aristotle's Ethics*, ed. Amélie O. Rorty, 301-40 (Berkeley e Los Angeles: University of California Press, 1980).

Portanto, não somos indivíduos abstratos. É um erro fundamental conceber que os seres humanos atingem o amadurecimento ou florescimento e isolados uns dos outros para só numa espera posterior se juntarem à sociedade e mostrarem preocupação social. O florescimento humano é quase sempre alcançado com os outros e em interação com eles. Como observa Aristóteles, "somente uma besta ou um deus viveria fora da polis" (*Política*, 1253ª27-29).

Contudo, no capítulo 4 observamos que nossa sociabilidade é ainda mais profunda do que parece ter defendido a concepção aristotélica tradicional. Salientamos que:

> 4) A sociabilidade humana pode, se necessário, se estender para além da *polis* e ser cosmopolita. Nossa sociabilidade não está necessariamente confinada a um grupo seleto de seres humanos. Está aberta a relações com qualquer humano. Embora as relações com os outros se fundem em valores partilhados que formam a base para uma variedade de relações — que podem variar da amizade estreita até a que se desenvolve entre membros da mesma cultura ou comunidade — a sociabilidade humana é aberta. Podem existir, claro, razões éticas importantes para que não se tenha relação com alguém, mas esta limitação vem de outras características do florescimento humano, não da própria sociabilidade humana. Para os humanos, enquanto animais sociais, não existem limitações estribadas em princípios quanto a com quem se pode tentar estabelecer uma relação. Portanto, é uma limitação injustificada da sociabilidade humana decretar que as pessoas não podem contrair relações com pessoas com as quais não possuem valores em comum.

Embora devamos florescer em uma comunidade ou outra,[72] isso não quer dizer que os valores de determinada comunidade serão sempre

---

[72] Há também diferentes níveis e tipos de vida em comunidade, cada uma com níveis e tipos de comunhão exigida de seus membros, nas quais os indivíduos podem participar simultaneamente.

apropriados para um indivíduo. Portanto, não estamos moralmente obrigados a aceitar – e talvez sejamos obrigados a rejeitar – o *status quo*. Em tais circunstâncias, pode alguém precisar remodelar os valores da comunidade ou buscar outra comunidade. É aqui que o caráter aberto da sociabilidade humana se torna crucialmente importante, pois, como notamos no capítulo 4, o caráter aberto da sociabilidade humana expõe a necessidade de uma perspectiva ampla o suficiente para explicar como as relações possíveis entre as pessoas que ainda não partilham valores e ainda são estranhas umas às outras podem, apesar disso, ser eticamente compossíveis. Em outras palavras, é preciso atentar para a questão de como é possível estabelecer um contexto social em que diferentes indivíduos possam florescer e de formas diferentes (em comunidades e culturas diferentes), sem criar conflito moral inerente na estrutura desse contexto. Portanto, o caráter aberto da sociabilidade humana demanda uma ética neoaristotélica, para se considerar uma perspectiva que se estenda para além da *polis* até questões de arcabouços políticos no sentido moderno. Se a visão de florescimento humano exposta acima é acurada, o que se requer especificamente é encontrar uma base ética para um arcabouço político que seja consistente com o perfeccionismo individualista e também baseado em algo que possa ser cosmopolita.

De acordo com essa concepção neoaristotélica de florescimento humano – ou seja, de acordo com o que chamamos de "perfeccionismo individualista" – podemos, então, afirmar o seguinte: o bem-estar moral de uma pessoa não pode ser substituído pelo de outra. O bom-para-mim não é, e não pode ser, o bom-para-você. Contudo, isso não quer dizer que qualquer escolha que se faça é tão boa quanto a próxima. O que estamos, ao contrário, afirmando é que a escolha deve ser da própria pessoa e deve envolver considerações que são exclusivas a ela. O bem humano, então, é algo objetivo, autodirigido, alcançado socialmente e, ainda assim, altamente pessoal. Não é abstrato, determinado coletivamente, atomista ou impessoal.

O papel da sabedoria prática

Independentemente de o esboço do florescimento humano acima apresentado harmonizar-se ou não com a concepção de Aristóteles, está claro que o florescimento humano é, para nossa teoria do perfeccionismo individualista, algo plural e complexo, e não monista e simples. Como já apontamos, essa concepção de florescimento humano é equivalente a uma versão do pluralismo moral porque há muitos bens que ajudam a definir o florescimento humano. Ademais, não há um único bem ou virtude que domine todos os outros reduzindo-os a meros valores instrumentais. Tais bens como, por exemplo, saúde, realização criativa, amizade, beleza, prazer e conhecimento e virtudes como, por exemplo, integridade, coragem, temperança e justiça parecem candidatos a ingredientes ou constituintes necessários ao florescimento humano. São valiosos em si mesmos, e não como meros meios.

Todavia, cada um deles é apenas um dos componentes. E cada um, como todos os outros componentes necessários ao florescimento humano, deve ser alcançado, mantido e desfrutado de forma que permita a ele estar coerentemente integrado com tudo o mais que constitui o florescimento humano. Ademais, como o florescimento humano é individualizado, esses bens e virtudes devem ser alcançados à luz de uma consideração sobre o conjunto das circunstâncias, talentos, dons, interesses, crenças e histórias que caracterizam descritivamente o indivíduo – seu nexo – assim como o da comunidade e cultura do indivíduo. Portanto, um exame da natureza humana pode revelar virtudes e bens básicos ou genéricos, mas não revela que ponderação ou balanceamento esses bens e virtudes devem ter para o indivíduo.[73]

---

[73] Esse parágrafo foi tirado, com ligeiras alterações, de Douglas B. Rasmussen, "Perfeccionism," publicado na *Encyclopedia of Applied Ethics*, vol. 3 (San Diego: Academic Press, 1997), 473-80.

Em outras palavras, a que o florescimento humano corresponde, em termos de atividades concretas para um indivíduo em particular, não é algo que possa simplesmente ser lido da natureza humana como se fosse uma receita. É fundamentalmente errado supor que princípios éticos abstratos *sozinhos* podem determinar o curso apropriado de conduta para qualquer indivíduo particular. Tal racionalismo ético não consegue apreender que a ética é prática e ocupa-se de fatos particulares e contingentes – fatos que princípios éticos abstratos não logram explicitamente capturar. Tais fatos são cruciais para se determinar o que deve ser feito. Portanto, ao contrário do que defende grande parte da ética moderna e contemporânea, nem toda conduta moralmente adequada precisa ser algo que todos tenham de fazer.[74]

Pode parecer, contudo, que essa rejeição ao racionalismo ético está indo longe demais.[75] Se saber em que consiste genericamente o florescimento humano não resolve a questão de como os indivíduos devem conduzir suas vidas, essa concepção inclusivista do florescimento humano pode ser acusada de subdeterminação. À luz de tal concepção, a teoria ética parece não ser muito útil. Em outras palavras, os críticos alegam que essa visão do florescimento humano coloca limites à habilidade da razão prática de determinar o que deve ser feito, no que diz respeito a

---

[74] O princípio de universalizabilidade não precisa ser interpretado, como veremos no capítulo 7, como exigindo uma abordagem impessoalista ou neutra em relação ao agente da obrigação ética. A respeito da questão de como interpretar o princípio de universalizabilidade, ver Henry B. Veatch, "On the Use and the Abuse of the Principle of Universalizability," *Proceedings of the American Catholic Philosophical Association* 51 (1977): 162-70.

[75] O racionalismo ético é compreendido aqui como uma posição que sustenta (1) que os princípios éticos abstratos *sozinhos* podem determinar o curso adequado de conduta para qualquer indivíduo em particular; e (2) que fatos particulares e contingentes não são relevantes *moralmente* quando se trata de determinar o curso apropriado de conduta para um indivíduo.

assuntos substantivos.⁷⁶ Além do mais, eles alegam que uma visão do florescimento humano que permite uma pluralidade de bens inerentes cria conflitos insolúveis quando se tenta alcançá-los.⁷⁷ Na tentativa que fazem de evitar as dificuldades de uma concepção que postule no florescimento humano um fim-dominante e o dogmatismo do racionalismo ético, fazem a queixa geral de que essa visão neo-aristotélica abdicou da responsabilidade de fornecer orientação ética.

Nossa resposta a essas críticas pode ser assim resumida:

(1) A subdeterminação é uma falha apenas se supomos que o objetivo da teoria moral é estatuir um conjunto de regras de conduta específicas e igualmente adequadas para cada pessoa, independentemente de seu nexo.⁷⁸ Mas isso não é necessário, dado que o bem humano não é abstrato e nem neutro em relação ao agente. A sabedoria prática lida com o contingente e o particular e pode prover orientação em relação a assuntos substantivos, se não a confundimos com a razão teórica ou com seus traços. (2) Uma pluralidade de bens inerentes não necessariamente os torna incompatíveis, se não confundimos considerações concretas com abstratas, e se reconhecemos que é pelo

---

⁷⁶ "Admitir uma pluralidade de fins irredutível é admitir um limite à razão prática, e é admitir que decisões substantivas não devem ser explicadas e nem justificadas por cálculo racional. Essa possibilidade não pode ser conceitualmente excluída, mesmo que torne impossível uma reconstrução teórica satisfatória dos diferentes usos de 'bem' como um termo que determina os objetivos." Stuart Hampshire, *Freedom of Mind and Other Essays* (Princeton: Princeton University Press, 1971), 79.

⁷⁷ Loren Lomasky, *Persons, Rights, and the Moral Community* (New York: Oxford University Press, 1987), 51.

⁷⁸ "Subdeterminação" aqui significa que o caráter específico e determinado de virtudes e bens genéricos não pode ser conhecido apenas através de consideração abstrata. Contudo, se a "subdeterminação" é compreendida como a incapacidade de abstratamente determinar o alcance e profundidade plenos dos bens e virtudes, portanto, não conseguimos nem saber que tais bens e virtudes genéricos existem, e nem dar-lhes determinação através de sabedoria prática. E está é certamente uma falha. Mas achamos que "subdeterminação" nesse último sentido é falsa.

uso da sabedoria prática, e não de regras, que os conflitos potenciais se reconciliam.

Desenvolvemos cada uma das respostas. Também explicaremos no processo o papel central da sabedoria prática para a nossa concepção de florescimento humano.

(I) Se for mesmo o caso de que o florescimento humano é uma atividade altamente individualizada e relativa ao agente, então uma larga dose de individualismo deve se fazer presente no processo em que se define o que uma pessoa deve fazer. Mas, sendo assim, pode haver uma forma de virar o jogo contra os que acusam essa concepção neoaristotélica de indeterminação. O que parece ser uma falha pode não ser uma, realmente. De fato, pode ser uma das principais vantagens da visão que estamos desenvolvendo porque representa uma abertura teórica para a diversidade. Essa visão não supõe que a racionalidade ética abstrata por si e sozinha possa fornecer orientação moral ou que o contingente e o particular devam de alguma forma ser eliminados das deliberações morais. Ademais não supõe, como o ponto de vista kantiano (e utilitarista) parece fazer, que o *sine qua non* da racionalidade ética é fornecer prescrições impessoais. Fundamentalmente, tal suposição é sem sentido. A tentativa de proporcionar um conjunto de regras de conduta específicas e igualmente adequadas por todas as pessoas, independentemente de seus nexos, que caracterizou boa parte da ética do século XX, confunde uma neutralidade em relação ao agente com objetividade, e lei com ética, esquecendo que a ética é aberta.[79] Além disso, ela tende a confundir pronunciamentos impessoais com a difícil tarefa de determinar qual é o curso de ação

---

[79] A lei deve se ocupar de regras universais e necessárias, pois se preocupa com a questão de estabelecer condições sociais que deve se aplicara todos igualmente. Ética, por outro lado, não precisa ser assim entendida. Princípios éticos precisam estar abertos a circunstâncias particulares e contingentes das vidas de diferentes indivíduos.

apropriado para o indivíduo em uma situação concreta. E o mais importante é que a busca de prescrições impessoais ignora a significância moral do que o indivíduo *qua* indivíduo tem a contribuir para as considerações morais.

A busca de prescrições impessoais também ignora o papel central da virtude *phronesis* ou sabedoria prática em uma ética do florescimento humano. A razão prática é a faculdade intelectual empregada na orientação da conduta. Essa faculdade pode ser usada de forma apropriada ou não apropriada. Quando ela é utilizada de forma apropriada ou excelente, nós temos a virtude da sabedoria prática. A sabedoria prática é *a* virtude intelectual para a nossa concepção neoaristotélica da ética, pois ela é central para o exercício da virtude moral. Como diz Aristóteles, "a virtude ou excelência é um estado de caráter que envolve escolha, e consiste em observar o nosso significado o qual é determinado, por um princípio racional, próprio do *homem dotado de sabedoria prática*" (*Ética a Nicômano*, 1107a1-3, grifo nosso). É extremamente difícil exagerar a importância da sabedoria prática por esse ponto de vista.

A sabedoria prática não é apenas esperteza ou racionalidade objetivando aos fins.[80] É, ao contrário, a habilidade do indivíduo, no momento da ação, de discernir, sob circunstâncias particulares e contingentes, o que é moralmente exigido.[81] Como não há, para essa concepção, regras universais a priori que ditem a ponderação apropriada dos bens e virtudes do florescimento humano, essa ponderação apropriada só é alcançada por indivíduos usando a sabedoria prática no momento da ação para descobrir *por eles mesmos* o balanceamento apropriado. Os elementos desejáveis e dignos de escolha do florescimento devem ser alcançados, mantidos e fruídos de forma coerente, o que envolve con-

---

[80] Ver Norman O. Dahl, *Practical Reason, Aristotle and Weakness of the Will* (Minneapolis: University of Minnesota Press, 1984), 111.
[81] Fred D. Miller Jr., "Aristotle on Rationality and Action", *The Review of Metaphysics* 38 (1984): 499-520.

siderar os fatores genéricos, individuais e circunstanciais. Essa tarefa não é pequena, e a habilidade de bem realizá-la caracteriza a pessoa que vive em excelência, uma pessoa sábia praticamente: "agora, pensa-se ser sinal de um homem de sabedoria prática conseguir deliberar bem sobre o que é bom e conveniente para ele, não sob um aspecto particular... mas sobre que tipo de coisas conduzem à vida boa em geral" (*Ética a Nicômano*, 1140a25-28).

Tampouco, é o uso apropriado do raciocínio prático apenas um processo de maximização. O principal apelo da maximização é que, dado que algo é desejável, parece irracional não escolher um curso de conduta que mais permita alcançá-lo. Contudo, se for o caso de objetivos desejáveis que nunca são perseguidos isoladamente de outros objetivos, então o raciocínio prático deve envolver mais do que apenas maximizar um bem. Deve determinar como ponderar a busca de um bem ou virtude necessário para certa pessoa, em comparação com o outro, de forma que a conquista de um deles não elimine a conquista de outro. *De fato, a razão prática usada adequadamente, que é a virtude da sabedoria prática, é o governo inteligente da própria vida, de tal forma que todos os bens e virtudes necessários sejam coerentemente alcançados, mantidos e usufruídos de modo que se mostre apropriado para o ser humano individual.*

A figura 2 a seguir, ilustra como o papel da sabedoria prática para esta concepção inclusiva, individualizada e relativa ao agente do florescimento humano pode ser colocada.[82] As linhas que dividem cada diagrama representam atos de sabedoria prática. HF1, HF2, e HF3 representam 3 formas diferentes de florescimento, mas podem existir tantas formas de florescimento quanto existem indivíduos. A proporção com que cada diagrama aloca cada bem reflete a sua valoração ou ponderação (em última instância, expressa pelo tempo e esforço desprendidos pelo indivíduo) apropriado para três hipo-

---

[82] Estes diagramas foram tirados de Den Uyl, *The Virtue of Prudence*, 192-93.

téticas pessoas diferentes.⁸³ Não há um modelo único, neutro em relação ao agente ao qual deve se adequar o padrão ou ponderação desses bens adotado por cada pessoa. Nenhuma dessas formas de florescimento é inerentemente superior às outras. Cada uma possui os bens genéricos necessários, mas há uma variação na proporção e na ponderação deles. A proporção apropriada deve ser descoberta pela sabedoria prática, à luz do nexo, da comunidade e da cultura de cada indivíduo.⁸⁴

---

⁸³ A lista de bens consistente com cada "torta" foi retirada da *Retórica*, de Aristóteles, 1362b10-28. Devemos observar que saúde inclui ação e vida e habilidade intelectual envolve fala.

⁸⁴ Se nós identificarmos HF1 com a vida de uma pessoa de negócios, HF2 com a vida de um atleta, e HF3 com a vida de um filósofo, percebemos que uma vida filosófica é apenas uma das possibilidades legítimas de florescimento. HF3 não é uma forma inerentemente superior de florescimento. Os diagramas de torta ilustram bem a visão inclusiva, relacionada ao agente do florescimento humano, e o papel central da sabedoria prática. Eles também revelam claramente o quanto essa visão aristotélica, que nós estamos elucidando, difere do modelo de florescimento humano contemplativo, de fim dominante.

Figura 2 – Três formas de florescimento humano

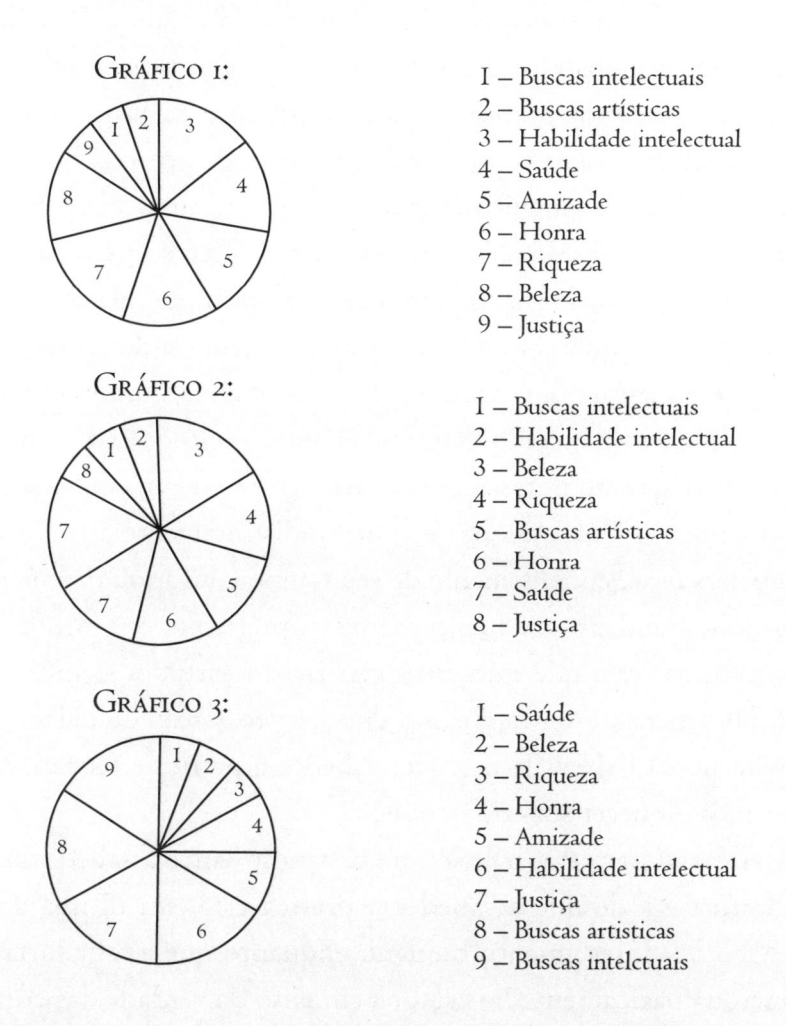

Gráfico 1:

1 – Buscas intelectuais
2 – Buscas artísticas
3 – Habilidade intelectual
4 – Saúde
5 – Amizade
6 – Honra
7 – Riqueza
8 – Beleza
9 – Justiça

Gráfico 2:

1 – Buscas intelectuais
2 – Habilidade intelectual
3 – Beleza
4 – Riqueza
5 – Buscas artísticas
6 – Honra
7 – Saúde
8 – Justiça

Gráfico 3:

1 – Saúde
2 – Beleza
3 – Riqueza
4 – Honra
5 – Amizade
6 – Habilidade intelectual
7 – Justiça
8 – Buscas artísticas
9 – Buscas intelctuais

A sabedoria prática é crucial ao processo que determina o curso de conduta apropriado de um indivíduo, mas ela não substitui ou torna desnecessária a visão especulativa ou teórica a respeito do caráter do florescimento humano. Na verdade, depende da existência desse conhecimento abstrato. Mas a sabedoria prática guia a conduta pois lida com o contingente, o particular. E não tem, portanto, as características do raciocínio teórico. Não é impessoal, universal, ou atemporal (ponto desenvolvido no capítulo 7). É diferente, e se o que afirmamos sobre o caráter do florescimento humano é verdadeiro, essa diferença não torna a teoria ética menos útil para orientar a conduta. Precisamos de conhecimento abstrato das virtudes e bens genéricos assim como do *insight*, da sabedoria prática sobre o particular e o contingente.

Em outras palavras, o viver ético não pode ser uma questão de se ter apenas conhecimento teórico, ou apenas conhecimento prático. *Ambos são necessários*. Precisamos ter *insight* teórico sobre o caráter geral do florescimento humano. Tivemos, por exemplo, necessidade desse conhecimento quando tentamos provê-lo delineando os seis aspectos do florescimento humano. Ou dele necessitamos, como os teóricos da ética o fornecem quando desenvolvem uma concepção de bens e virtudes genéricos e do florescimento humano. Esse é um conhecimento do florescimento humano que se aplica indistintamente a todos os seres humanos independentemente de seu tempo e lugar ou de quem sejam. Contudo, também precisamos de *insight* prático no momento da ação. Precisamos ver o que esses bens genéricos e virtudes significam na situação concreta e ver também o que sua proporção ou balanceamento é para nós. O viver ético requer sabedoria prática e teórica, mas não devemos esquecer suas diferenças.

A razão para traçarmos uma distinção entre a sabedoria prática e teórica é a de que a sabedoria prática está, em última análise, a serviço do florescimento humano enquanto que a sabedoria teórica funciona basicamente no estabelecimento da verdade das coisas, não relacionada com o florescimento humano. Ademais, o florescimento humano sempre envolve considerações sobre o contingente e o particular. Elas são podem ser eliminadas. Portanto, em vez de tentar depurar o raciocínio ético por meio de dispositivos como "véus da ignorância", "observadores imparciais ideais", ou concepções neutras em relação ao agente da razão prática, a sabedoria prática deve permanecer ocupada com o temporal e do individual. É a virtude intelectual central da ética porque o florescimento humano é, *a um só tempo*, individualizado e relativo ao agente e ainda assim requer princípios e normas de conduta.[85]

(2) A existência de uma pluralidade de fins compondo o florescimento humano, abstratamente falando, não implica logicamente que tais fins sejam incompatíveis. Concretamente falando, a tarefa central do indivíduo é impedir que eles se tornem incompatíveis descobrindo seu peso adequado. Ainda assim, essa dificuldade só se torna insuperável se presumirmos que os bens e virtudes que compõem o florescimento humano são uniformes entre si, e idênticos para os indivíduos. A concepção de florescimento humano aqui apresentada aceita que a ponderação desigual das virtudes e bens que compõem o florescimento é central para o caráter do florescimento.[86] Portanto, os conflitos entre bens e virtudes não devem ser tão prováveis, de acordo com o nosso ponto de vista, pois alguns deles não precisam ser tão enfatizados ou ter o mesmo peso elevado que outros, dadas as circunstâncias e o nexo de cada um.

Para melhor apreciar este ponto de vista, vale a pena conceitualizar as características genéricas da nossa natureza, como um conjunto de capacidades cuja concretização é necessária para a autoperfeição, mas cuja forma é individualizada pelos atributos, circunstâncias e interesses de cada pessoa. Essas capacidades genéricas, assim, formam o esqueleto da estrutura da vida do indivíduo, mas não oferecem a essa vida o conteúdo específico, ou orientação. É precisamente o caráter geral dessas capacidades que frequentemente as deixam impotentes como guias específicos de conduta ou desenvolvimento de caráter. Pois, embora enraizadas na realidade, elas são abstrações generalizadas de necessidades e capacidades comuns, e não realidades independentes por si só. Como tais, a não ser que a situação em questão refira-se a pessoas abstratas, não há razão para supormos identidade de expressão entre

---

[85] Ver Den Uyl, *The Virtue of Prudence*, 161-223.
[86] Ibid., 213.

os indivíduos. Em consequência, como componentes desse esqueleto básico, essas capacidades genéricas servem para canalizar ou propiciar expressões individuais da realização de si, mas não são em si suficientes para identificar formas particulares da expressão. E por causa da sua característica genérica, elas não estão em conflito, uma vez que ainda não estão suficientemente substanciais para identificar a base de conflito. O indivíduo ou a sociedade podem dar conteúdo a essas capacidades de forma que esses conflitos se desenvolvam.[87] Resta ao indivíduo usar sua sabedoria prática para evitar o conflito no momento em que virtudes e bens genéricos tomarem uma forma concreta. Apenas seguir as regras, ou mesmo princípios abstratos, não basta. A sabedoria prática faz-se necessária, mas dar realidade a esse traço não é automático. Deve ser iniciado, e mantido: deve ser autodirigido.

Contudo, essa tarefa significa mais do que evitar o conflito, pois se esses bens genéricos e virtudes devem ser determinados, eles devem também ser apropriadamente individualizados. Como observamos anteriormente, o indivíduo faz mais do que apenas materializar bens e virtudes "abstratas." O indivíduo deve incorporá-los a seu nexo através de um ato de razão ou percepção, e não através de mera aplicação de princípios universais a casos concretos. Não que o perfeccionismo individualista aponte apenas para uma variedade mais ampla de "diferenças relevantes" entre os agentes do que o fazem as teorias deontológicas e consequencialistas típicas. *Mas a própria "agencialidade" é "a diferença relevante"*. Em consequência, o abstrato e o universal são um tanto artificiais em ética, e mais apropriados ou à ciência ou à teoria jurídica.[88] Para essa

---

[87] Ibid., 167-68. Para uma visão similar, ver Kathleen Wilkes, "The Good Man and the Good for Man in Arsitotle's Ethics", *Mind* 87 (outubro 1978): 570.
[88] O caráter legislativo da ética moderna é, para nós, uma patologia da ética moderna. Nós observamos o fato sob formas diversas e em muitos lugares, aqui e em outros trabalhos. Não é uma percepção particularmente original, mas assume ênfase especial quando comparado à ética clássica, que possui similaridade ao que fazemos aqui.

concepção fortemente individualista do florescimento humano, o particular carrega um peso maior do que o universal. Como um comentador disse a respeito da ética de Aristóteles:

> "Os universais que formam a matéria de trabalho da ciência teórica não são vistos como imprecisos; ao contrário, são o particular e o individual que *são* indeterminados e imprecisos. Se há discrepâncias entre os universais e os particulares que neles se enquadram, o problema vem de parte dos particulares. No caso do conhecimento prático, ocorre o inverso: são os universais que são imprecisos e indeterminados, enquanto os juízos sobre atos particulares em circunstâncias particulares são precisos e determinados. Se há discrepância entre o juízo particular da pessoa com sabedoria prática e uma regra universal que se aplica à situação, o problema está do lado do universal; o juízo particular *é* que possui autoridade."[89]

A única coisa que falta nesse enunciado é que não é simplesmente a particularidade dos atos ou circunstâncias que aqui importa, mas os agentes em si.

De fato, bens e virtudes constitutivos do florescimento humano, se abstratamente concebidos, não têm valor sem a virtude da sabedoria prática. Eles não são como o maná dos céus que de alguma forma se encaixam nas necessidades e circunstâncias de cada indivíduo. Só se tornam valiosos — ou seja, sua ponderação, combinação e padrão apropriados são alcançados — apenas em relação a, e por causa dos esforços de seres humanos individuais. Quando indivíduos escolhem e agem, eles se posicionam ao seu ambiente, o que possui propriedades reforçadoras

---

E o caráter legislativo da ética moderna pode ser função do esforço moderno de teorizar tudo, tornando assim todos os enunciados éticos "abstratos" em natureza, ou seja, universalizados.

[89] Daniel T. Devereux, "Particular and Universal in Aristotle's Conception of Practical Knowledge," *The Review of Metaphysics* 39 (1986): 497.

à escolha em si, e também ao nexo de escolhas em que qualquer escolha se encaixe. Portanto, o bem que os indivíduos buscam, ou deveriam buscar, não são bens se isolados desses indivíduos e suas escolhas.

Embora não exista incompatibilidade abstrata entre os bens e virtudes do florescimento, uma existência compatível não fica automaticamente garantida. Na verdade, pode haver situações em que, apesar da clareza dos princípios, a conquista dos bens necessários é frustrada pela própria situação. Tragédias são possíveis, mas ainda assim, o florescimento humano permanece como um ideal realista. Devemos ter cuidado para não transformá-lo em uma utopia. Os seres humanos não são onipotentes, e nem oniscientes. Portanto, devemos compreender a ética de forma que ela se ocupe apenas com o que, em princípio, está no domínio da atuação humana. Além do mais, a ética pode apenas lidar com o que realmente importa. Vidas humanas não são números que possam se encaixar precisamente em uma equação matemática. Não há uma fórmula única, ou um caminho único. Apesar das pregações de teólogos, políticos, filósofos e amigos – e, às vezes, elas podem ser benéficas – apenas indivíduos exercendo sua própria sabedoria prática podem se tornar completos.

Estas observações não implicam podermos ignorar, e permanecermos moralmente impunes, qualquer dos bens necessários, ou virtudes, ao florescimento humano. Tampouco elas mostram que um curso de ação na situação concreta é tão bom como o seguinte. Nem o convencionalismo e nem o subjetivismo estão implicados.[90] Existem verdades morais. Estas observações apenas mostram que se a nossa concepção neoaristotélica do florescimento humano é verdadeira, então o raciona-

---

[90] Se deixarmos P referir-se a afirmação "fazer X é correto e deve ser feito" (ou "X é errado e não deve ser feito"), então o convencionalismo pode ser definido como a posição que defende que "P é verdade" é semanticamente equivalente a "achamos ou acreditamos P seja verdadeiro." Em ambos os casos, a verdade de um princípio moral não existe sem que se pense ou acredite nela.

lismo ético é falso, e há ao menos uma forma de pluralismo moralmente apropriado.

No capítulo 8 examinaremos como a nossa visão do perfeccionismo individualista difere tanto das concepções tradicionais quanto das "novas" de direito natural; e como essa diferença afeta a concepção que se tem do bem comum da comunidade política. Consideraremos que essas diferenças dizem respeito tanto à ética normativa como ao bem comum para a ordem política. Antes de avançarmos com essas preocupações, devemos responder a algumas objeções possíveis à nossa visão do florescimento humano, e ao perfeccionismo em geral. É o que faremos no próximo capítulo.

Capítulo 7

UMA DEFESA DO PERFECCIONISMO INDIVIDUALISTA

> [O] gênero significa alguma forma, embora não determinadamente esta ou aquela [forma] que a diferença expressa determinadamente, que não é senão a [forma] que é significada indeterminadamente através do gênero.
> ~ São Tomás de Aquino, *On Being and Essence.*

Com muitas objeções e dificuldades se defronta o perfeccionismo aristotélico; a maioria delas é gerada pela concepção impessoal, ou neutra em relação ao agente, de florescimento humano.[91] Não buscamos defender tal concepção por mais que para algumas pessoas desponte como familiar ou tradicional. Nossa preocupação é com uma visão pessoal, ou relativa-ao-agente, de florescimento humano. Essa visão consegue, como veremos quando considerarmos a rejeição de John Gray ao perfeccionismo ao final do presente capítulo, evitar muitas das críticas importantes dirigidas à visão neutra em relação ao agente. No momento, contudo, precisamos considerar as objeções e dificuldades que parecem se aplicar à nossa concepção pessoal ou relativa ao agente de florescimento humano. Enunciaremos cada objeção oferecendo uma resposta.

---

[91] Por exemplo, ver Thomas Hurka, *Perfeccionism* (New York: Oxford University Press, 1993). 55-68.

Universalidade e relatividade ao agente[92]

Argumento:
Podemos falar de florescimento humano ou de bem humano "como tal" e ainda assim descrever esse bem como relativo ao agente? Em outras palavras, não há conflito entre a capacidade de saber o que universalmente é o florescimento humano – ou seja, nossa capacidade de considerar os ingredientes ou constituintes genéricos do florescimento humano de forma abstrata – e a alegação de que é relativo ao agente? Afinal de contas, não deveríamos adotar uma concepção de florescimento humano neutra em relação ao agente?

Réplica:
Muito depende do que se entende por abstração, o que, para nós, é uma questão fundamental. Pensar no bem humano sem dar atenção a de quem é o bem, é perfeitamente possível, mas isso implica defender que o bem humano *não* é necessariamente o bem para uma ou outra pessoa? Ou considerar o bem humano "como tal" significa apenas que se pode pensar no bem humano sem pensar de quem é o bem? Prevalecendo a segunda alternativa, então ainda pode ser o caso de que o bem é sempre e necessariamente o bem para uma pessoa ou outra. Não precisa existir conflito. As questões nesta objeção presumem que o modo de se pensar algo assim e assim deve determinar seu modo de *ser* assim e assim. Mas não há razão para se aceitar esta visão da abstração. Como observou Anthony Kenny:

> "Pensar em uma coisa como *sendo* diferente do que é, é decerto pensá-la falsamente. Mas se tudo o que se quer dizer com 'pensar

---

[92] Partes deste capítulo foram adaptadas de Douglas B. Rasmussen, "Human Flourishing and the Appeal to Human Nature," *Social Philosophy & Policy*, 16, n. 01 (inverno 1999): 1-43.

uma coisa diferentemente do que é' é que o o modo com que se apresenta em nosso pensamento é diferente da forma de ela ser como coisa em que estamos pensando, em sua existência real, então não precisa haver falsidade envolvida. Pensar que Henrique VIII não tinha peso é ter um pensamento falso. Mas não há falsidade em pensar em Henrique VIII sem pensar em seu peso. Henrique VIII não teria como existir sem um ou outro peso, mas um pensamento sobre Henrique VIII certamente pode existir sem que se pense em seu peso".[93]

---

[93] Anthony Kenny, *The Metaphysics of Mind* (Oxford: Clarendon Press, 1989), 134. Teorias da abstração são uma questão complicada. E não podemos explorá-las em detalhe aqui. Mas, tendo em vista nossos objetivos, devemos simplesmente observar que existem dois tipos básicos de abstração: abstração não-precisa (ou seja, abstração sem precisão) e abstração precisa. A abstração não-precisa, em contraste com a abstração precisiva, ocorre quando nos concentramos na forma de um existente de modo a não deixar de levar em consideração suas diferenças individuais, mas apenas não as expressamos – ou seja, as diferenças individuais são tratadas como implícitas. Tal consideração se torna possível ao concentrarmo-nos na forma toda de uma maneira indeterminada, de tal modo que suas diferenças individuais não são especificadas, mas apesar disso, são consideradas exigindo determinação específica. A forma *deve* – em certo âmbito – ser especificada ou determinada. Portanto, quando consideramos o florescimento humano abstratamente, mas sem precisão, nos concentramos em sua forma, sem nos determos em sua especificação ou determinação (ou maneira de existir). Portanto, podemos predicar florescimento humano de vários indivíduos – ou seja, podemos dizer "Sócrates floresce" ou "Aristóteles floresce" – mas o que é predicado de cada um é apenas a forma, abstrata, mas não-precisamente considerada, e não universal. Em outras palavras, o que é predicado de Sócrates e Aristóteles não são bens e virtudes genéricos como *universais*, mas seus bens e virtudes que requerem alguma determinação específica e uma maneira de existir única. A significação cognitiva de "florescimento humano" inclui diferenças individuais, no sentido de que abstrações não-precisivas permitem que sejam diferentes em cada instância em que são explicitadas. É a forma do florescimento humano como um "todo" (que inclui potencialmente todas suas manifestações nas vidas de indivíduos únicos) que determina a significação de "florescimento humano", e não como é mentalmente considerado. Ver São Tomás de Aquino, *On Being and Essence*, 2ª ed rev. ed. trans. Armand Mauer, C. B. S (Toronto: The pontificial Institute of Mediaeval Studies, 1968), 42-43 e 47. Ver também a nota do tradutor, 39 n.15.

Pensar em florescimento humano sem especificar de quem é o florescimento ou sem considerar a miríade de aspectos do nexo de uma pessoa — circunstâncias, talentos, dons, interesses, crenças e histórias que descritivamente caracterizam uma pessoa — que lhe confere determinação, não é negar sua relação com a pessoa e nem a existência de traços individualizadores.[94] E nem essa consideração abstrata requer que o florescimento humano seja abstrato, universal ou neutro em relação ao agente.

É importante compreender que uma consideração abstrata do florescimento humano "como tal" implica que o florescimento humano tem determinada forma para este ou aquele ser humano, embora essa consideração não forneça, por si só, as especificações. De nosso ponto de observação, só conhecemos os parâmetros gerais do florescimento humano; e tais parâmetros devem ser tornar determinados por meio da autodireção humana. Portanto, o princípio por trás de uma formulação abstrata do florescimento humano pode ser assim enunciado: o florescimento humano deve existir de uma ou outra forma determinada para algum ser humano individual, mas pode assim existir em qualquer um. Isso quer dizer que as características do florescimento consideradas em geral são todas aplicáveis ao agente atuante, mas não de forma especi-

---

[94] Poder-se-ia objetar que não se trata de uma questão de se podemos pensar em Henrique VIII sem pensar em seu peso, mas se podemos pensar em Henrique VIII sem pensar em sua humanidade. Mas é simplesmente falso alegar, sem a devida qualificação, que podemos pensar em X sem pensarmos no que a natureza de X é essencialmente; pois podemos, por exemplo, concentrar nossa atenção explícita em Henrique VIII de forma a positivamente excluir qualquer consideração da humanidade que ele manifesta. Mesmo se garantirmos que existe um sentido no qual não pode haver um pensamento sobre Henrique VIII sem pensarmos na humanidade *dele*, então também há um sentido no qual não podemos ter um pensamento sobre o florescimento humano sem pensarmos nele como bem *para* uma pessoa ou outra. O florescimento humano não pode existir e ser o que é sem ser o bem específico, concreto para um ou outro indivíduo, da mesma forma que Henrique VIII não pode existir e ser o que é sem ser humano. Ver nota anterior.

ficada. Além do mais, a forma especificada de uma característica geral não é necessariamente — e no caso do florescimento humano nunca é — apenas uma instância das características gerais, ou seja, a mesma de um caso para outro. A amizade, por exemplo, pode se aplicar a todas as formas especificadas de florescimento, mas não apenas os amigos são diferentes de um caso para outro, mas também é diferente o peso relativo e os modos de ligação da amizade com outras características do florescimento humano.

Pode parecer, ainda, que se falamos do florescimento humano como o fim último da conduta humana, então estamos comprometidos com algo que é universalizável e, assim, neutro em relação ao agente, e não relativo ao agente. Contudo, não é verdade que a universalizabilidade requer uma visão neutra em relação ao agente pois é possível defender uma teoria moral que alega que o bem de uma pessoa é relativo ao agente e ainda assim universalizar as máximas das ações baseadas nela. Digamos que o florescimento humano FI para uma pessoa PI é relativo ao agente se e apenas se sua presença distintiva no mundo MI constitui uma base para que PI prefira MI a M2, mesmo que FI possa não ser a base para que *qualquer outra pessoa* possa preferir MI a M2. Ademais, digamos que o mesmo é verdadeiro, respectivamente, dos bens F2—Fn para as pessoas P2—Pn. A conduta baseada em tais bens relativos ao agente pode ser assim universalizada: assim como a produção do bem de PI é a razão para que PI aja, assim também a produção do bem de P2 é razão para que P2 aja. PI não pode alegar que FI lhe dá uma razão legítima para agir sem reconhecer que F2 fornece a P2 uma razão legítima para agir. Em outras palavras, se alguém sabe que alcançar seu bem lhe dá uma razão legítima para agir, *porque é seu bem*, então também sabe que outra pessoa alcançar seu bem também dá a ela uma razão legítima para agir. A frase em itálico representa o conhecimento de que o fato de uma pessoa alcançar seu bem dá a ela uma razão legítima para agir; essa alegação é o que é universalizado. O fato de ser universalizado, contudo, não significa ou implica que o florescimento humano não está sempre essencialmente relacionado a uma pessoa ou outra. Portanto, valores relativos ao agente podem ser universalizados. Ser neutro em relação ao agente não é necessário para a universalização.[95]

Objetividade e individualidade

Argumento:
Talvez o ponto importante da objeção anterior tenha relação com a universalizabilidade e o que ela envolve. Talvez a universalizabilidade crie dificuldades para nossa concepção de florescimento humano, independentemente de se essa concepção implica ou não neutralidade em relação ao agente. Há dois argumentos a favor dessa alegação: (a) se o bem humano é universalizável, então o bem humano *é* algo universal, não individualizado; (b) se o bem humano é objetivo, então deve ser universalizável e, portanto, universal, e não individualizado. Em outras palavras, poder-se-ia objetar que há, de acordo com (a), um conflito entre o bem humano ser universalizável e seu caráter individualizado; e,

---

[95] Também devemos notar que a capacidade que um valor apresenta para ser a base para a conduta universalizável não é suficiente para se estabelecerem valores ou razões comuns para a conduta que, em processos de interação, concerne ao outro. Isso é assim porque a universalização de bens que são relativos ao agente não mostra que o bem de P1 é o bem de P2, e vice-versa, e nem que a produção do bem de P2 fornece à P1 uma razão para ação, ou vice-versa. Portanto, se o bem de P1 entra em conflito com o de P2, a universalidade não conseguiria mostrar uma saída para este conflito. Os trabalhos seguintes nos direcionaram para esta compreensão: Henry B. Veatch, "Ethical Egoism, New Style: Should its Trademark be Aristotelian or Libertarian?" in *Swimming Against the Current in Contemporary Philosophy* (Washington, D. C. Catholic University Press, 1990), 194; Veatch, "Modern Ethics, Teleology and Love of Self,! *Monist* 75 (janeiro 1992): 52-70; Veatch, *Rational Man: a Moderna Interpretation of Aristotelian Ethics* (Indianapolis: Liberty Fund, 2003); e Eric Mack, "Moral Individualism: Agent Relativity and Deontic Restraints," *Social Philosophy & Policy* 7 (outono, 1989): 81-111.

de acordo com (b), um conflito entre o bem humano ser individualizado e ser objetivo. Portanto, há uma falta de coerência em nossa concepção de perfeccionismo individualista.

Réplica:

Ambos os argumentos (a) e (b) defendem que, se um bem é a base para a conduta universalizável, então esse bem *é* universal, e não individualizado. Essa suposição presume que o que é necessário para que algo seja *reconhecido* como um bem e um objeto de conduta é também necessário para sua *existência* como um bem e um objeto de conduta. Essa suposição não é verdadeira, pois como São Tomás de Aquino observa, "embora seja necessário para a verdade da cognição que a cognição corresponda à coisa conhecida, não é necessário que o modo da coisa conhecida seja o mesmo que o modo de sua cognição."[96] Dizer, por exemplo, que o conhecimento é bom e deve ser buscado por cada ser humano não mostra que o conhecimento de fato exista como um bem universal e não individualizado. Pensar que o conhecimento é bom para todos sem pensar nas várias formas individuais em que ele é um bem não mostra que o conhecimento não existe como um bem individualizado para algum ser humano. Alegar tal coisa é apenas outra forma de supor que o modo da nossa cognição de algo deve determinar seu modo de existência.

Ademais, no que diz respeito a (b), Veatch escreveu:

> "Se o bem de X nada mais é de fato que a realização das potencialidades de X, então esse é um fato que não apenas X precisa reconhecer, mas também toda e qualquer pessoa. Mas dado o mero fato de que certo bem precisa ser reconhecido, e universalmente reconhecido, para que seja o bem de X, de forma alguma se segue que o bem de X deve ser também considerado o bem de Y, não

---

[96] São Tomás de Aquino, *Summa contra gentiles*, II, 75.

mais do que a satisfação, perfeição ou realização das necessidades de X devem ser reconhecidas como a concretização ou perfeição de Y também."⁹⁷

Pode ser verdade que uma coisa ou atividade seja boa para alguém, mesmo não sendo boa para todos. De uma forma mais geral, uma verdade sobre certos bens pode ser universalizável, mesmo que os bens em si não o sejam. Ademais, é falso que alguma coisa ou atividade não possa ser realmente boa para alguém a não ser que o seja para todos.⁹⁸ E de modo mais geral, é falso que a universalidade do bem é uma condição necessária para a objetividade do bem. A universalidade refere-se ao escopo, enquanto que a objetividade refere-se à aplicabilidade. Obviamente, essas considerações não são do mesmo tipo.

Outra forma de salientar esses pontos é simplesmente observar que a universalizabilidade não é a mesma coisa que universalidade. Se algo é cognoscível pode ser universalizado, mas isso não significa que seja universal.⁹⁹ O florescimento humano é objetivo e cognoscível e, portanto, universalizável, mas isso não o torna algo universal e não-individualizado.

NEUTRALIDADE EM RELAÇÃO AO AGENTE E RAZÃO PRÁTICA

Argumento:
De acordo com nossa concepção de florescimento humano, é um erro tratar o raciocínio prático como simplesmente um processo para se

---

⁹⁷ Veatch, "Ethical Egoism, New Style", 194.
⁹⁸ Para uma discussão recente sobre essa suposição, ver Joseph L. Lombardi, "James Rachels on Kant's Basic Idea", *American Catholic Philosophical Quarterly* 71 (inverno 1997): 53-58. Ver também Veatch, "Modern Ethics Teleology, and Love of Self," 52-70.
⁹⁹ Para uma ilustração dessa confusão entre universalizabilidade de uma razão e a universalidade da razão, ver Mark C. Murphy, *Natural Law and Practical Rationality* (Cambridge: Cambridge University Press, 2001), 179.

determinar que atos ou regras propostas produzem "o maior" florescimento humano para alguém. Uma visão meramente maximizadora do raciocínio prático confunde abstrações com realidades; e trata a versão de florescimento humano de uma pessoa como se fosse comparável à de outra. Contudo, essas comparações não são possíveis. Na realidade, não existe florescimento em geral, nenhum melhor fim que desponte como neutro em relação ao agente, à luz do qual se possam fazer comparações. Não podemos pensar o florescimento humano como o fornecedor de base para uma raça unificada, com um único padrão de rapidez, em que todos competem pelo mesmo prêmio. Versões de florescimento humano só são valiosas para algum indivíduo. Portanto, a tentativa de agregar "*outputs* totais" de ações ou regras em termos de alguma concepção de florescimento humano neutra em relação ao agente não é um empreendimento no qual a razão prática possa se engajar.

Pode, todavia, essa posição ser defendida de forma consistente sem que se resvale para o subjetivismo ou convencionalismo? Certamente, devemos fazer comparações com outros postulando um padrão ideal para o florescimento. Do contrário, como saber se estamos vivendo à altura de nossos potenciais? Ademais, para alguém manter boas relações de qualquer tipo, como as de amizade, deve ter a capacidade de olhar para o mundo a partir da perspectiva do outro. A despeito de tudo o que dissemos, pode-se objetar que para florescer as pessoas devem ser capazes de transcender suas próprias perspectivas ou pontos de vista. Portanto, pareceria que o florescimento requer que as razões práticas e os valores sejam tratados de uma forma neutra em relação ao agente. A relatividade em relação ao agente não basta.

Réplica:
É certamente verdade que a realização do florescimento humano requer que os indivíduos se engajem em perspectivas diferentes das suas. Adotar uma perspectiva diferente da própria – seja a de um ideal, a de um

amigo ou a de *qualquer* ser humano — é um valioso instrumento para a razão prática em uma visão de florescimento humano que é relativa ao agente. O crescimento moral de um indivíduo, tanto em sua dimensão pessoal como interpessoal, requer que esse procedimento seja usado, pois o florescimento exige que se aprenda sobre as próprias potencialidades e que se compreendam os outros.

Não obstante, quando nos *distanciamos criticamente* ou quando nos colocamos fora de nossa situação comum para considerarmos de forma abstrata o melhor possível para os seres humanos, ou para nos relacionarmos com os outros, não necessariamente adotamos uma concepção de florescimento humano neutra em relação ao agente. É um equívoco igualar o valor de se assumir essas perspectivas com a ideia de que os valores e razões para a conduta devem ser neutros em relação ao agente. De fato, abstração, imaginação, empatia, perspectivas interpessoais — razão especulativa em geral — são ferramentas para a razão prática; mas precisam ser usadas de forma apropriada. Precisamos saber quando nossa preocupação é com o conhecer o que é verdadeiro e bom e quando é com o alcançar o que é bom. Não devemos confundir a razão especulativa com a prática. Precisamos distinguir a atividade especulativa que especifica quais são as características genéricas dos bens e virtudes do florescimento humano, na medida em que podem ser ordenadas à parte sua relação com qualquer pessoa particular, da atividade prática que envolve determinar seu peso e balanceamento adequados; ou seja, seu valor com relação a algum indivíduo. Em outras palavras, precisamos distinguir uma consideração abstrata do florescimento humano "como tal" — e o que isso pode revelar, se é que revela algo, com relação ao balanceamento ou peso das virtudes e bens básicos — da atividade de se alcançar esse bem em sua forma concreta apropriada para algum indivíduo. A análise abstrata anterior é necessária para uma compreensão geral do florescimento humano; mas depois de termos feito essas considerações abstratas precisamos retornar aos nossos próprios casos para determinar na prática o que deve ser feito. Precisamos ainda determinar como alcançar esse nível de excelência no que diz respeito às nossas várias potencialidades de modo compatível com o mais completo usufruto das outras virtudes e bens necessários. O florescimento humano permanece uma atividade individualizada e relativa ao agente se não confundimos uma consideração abstrata do florescimento humano com sua corporificação e especificações no mundo real .[100]

Justiça e florescimento humano

Argumento:
Intimamente relacionada ao ponto anterior, temos a questão de se todos os bens e virtudes que o florescimento humano envolve podem ter peso diferente para cada indivíduo. Não seria o caso de a importância de alguns deles não ser relativa às outras virtudes e bens e de não caber, portanto, tratá-los de uma maneira individualizada e relativa ao agente? Por exemplo, não é a justiça demasiado fundamental para que diferentes pessoas lhe atribuam pesos diferentes? De fato, o exemplo da justiça ilustra perfeitamente o que se diz estar errado com a concepção de florescimento humano aqui defendida. De acordo com esse argumento, uma pessoa é justa ou não é. Não uma questão de peso, balanceamento ou ênfase: é "tudo ou nada."

Réplica:
Essa objeção é muito importante; e não é possível dar aqui para todas as dimensões, especificamente a política, uma resposta completa. No entanto, um maior detalhamento será oferecido no capítulo 12. Mas podemos começar notando que há pelo menos dois sentidos de "justiça". Primeiro, podemos falar de justiça em sentido platônico, ou seja, como

---
[100] Ver nota 93.

condição ou estado geral da pessoa. É a ideia da "alma corretamente ordenada", que é outra forma de se falar de florescimento humano. Certamente não parece que a justiça com essa acepção seja o objeto da presente objeção. Segundo, podemos falar de justiça ocupando-se do social, do interpessoal. Este é o sentido do termo com o qual a objeção acima se preocupa. Mas precisamos identificar dois sentidos em que a justiça é interpessoal ou social.

Como já observamos, o florescimento humano é alcançado com — em meio a — outras pessoas. Buscar, alcançar e manter relacionamentos com os outros são atividades centrais do florescimento humano. Ademais, a sociabilidade humana, como todos os outros bens básicos, não é algo abstrato; é sempre expressa de forma específica, ou seja, em alguma relação específica. Esses relacionamentos cobrem um *continuum* de interações e envolvem um princípio de seletividade da parte dos participantes no relacionamento. Algumas pessoas são incluídas e outras excluídas por causa do(s) valor(es) que os participantes têm em comum. Esses relacionamentos abarcam tudo, desde a amizade íntima e confidente, passando pelas relações de trabalho e negócios, até os contatos circunstanciais e superficiais. É através desses relacionamentos específicos que vários tipos de grupos, comunidades e até culturas se formam. A sociabilidade humana, contudo, não fica confinada ou presa a um conjunto de relações específicas. Ela permite, como quase sempre é necessário, a exploração de relacionamentos com pessoas novas e diferentes e também de formas variadas de viver, trabalhar e pensar. Este é o caráter aberto da sociabilidade humana.

Quando consideramos essa abertura, nenhum princípio de seletividade está envolvido, pois observamos que a sociabilidade humana, anterior a qualquer escolha ou seleção, de uma pessoa, não impõe restrições com relação a com quem e em que circunstâncias pode alguém estabelecer relacionamentos. Essa abertura a relacionamentos diferentes, novos e variados frequentemente fornece o contexto mais amplo no qual relacionamentos específicos se formam. Muitos relacionamentos específicos, se não a maioria, ocorrem apenas porque em primeiro lugar havia essa abertura geral a relacionamentos com qualquer pessoa.[101] Frequentemente, quando os indivíduos precisam se adaptar a um conjunto específico de relacionamentos, mudá-los ou abandoná-los, é muito importante que avaliem seu potencial natural para estabelecerem relações sociais novas. A existência dessa possibilidade é crucial para que alcancem o florescimento pessoal.

Contudo, o reconhecimento do caráter aberto da sociabilidade humana revela dois sentidos de justiça interpessoal ou social que precisam ser distinguidos. Chamemos a um (a) de justiça "metanormativa" e ao outro (b) de justiça "normativa".

(a) Como uma metanorma, a justiça lida com a vida social entendida como é aberta, sem pressupor um conjunto de valores ou compromissos partilhados. Assim, o contexto é tão universal quanto possível: em uma palavra, é cosmopolita. Em tal contexto, a justiça se ocupa *não* da orientação da conduta individual na atividade moral, mas da regulação da conduta de tal forma que condições possam ser obtidas onde a ação moralmente significativa pode ocorrer. Isso quer dizer que se ocupa apenas de proporcionar as condições estruturais que propiciarão um contexto social no qual os relacionamentos possíveis entre os humanos – cada um com sua forma única de florescimento – são eticamente compossíveis.[102] O tipo de exigência moral imposto para se estabelecer tal contexto deve ser algo requerido pela forma de

---

[101] Douglas B. Rasmussen e Douglas J. Den Uyl, *Liberty and Nature: An Aristotelian Defense of Liberal Order* (LaSalle, Ill.: Open Court, 1991), 173-219.

[102] Como observamos nos capítulos 4 e 6, o caráter aberto de nossa sociabilidade cria a necessidade de se encontrarem princípios que permitam a possibilidade de indivíduos florescerem de formas diferentes (em culturas e comunidades diferentes) sem que isso exija que uma forma de florescimento mereça preferência estrutural sobre outras.

florescimento de todos e algo que todos possam, em princípio, alcançar. A justiça, quando compreendida dessa forma, não é diretamente uma questão de florescimento pessoal, mas uma questão de se criar, manter, avaliar e justificar as condições político-jurídicas para a ordem civil. *Não* é um dos constituintes do florescimento humano e não pode por isso ser pesado. Ao contrário, a justiça é a condição político-jurídica de *possibilidade* para se buscar o florescimento humano em meio a outras pessoas. É de importância fundamental porque se baseia em duas exigências basilares do florescimento humano: a preservação do caráter aberto ou cosmopolita da sociabilidade humana e o respeito à natureza individualizada, relativa ao agente, autodirigida do bem humano. Como dissemos, retomaremos esse sentido de justiça interpessoal ou social mais detalhadamente no capítulo 12.

(b) Quando a vida social ou interpessoal é compreendida em termos de relacionamentos específicos, a justiça se ocupa de direcionar a conduta pessoal para a conquista do florescimento humano. Compreendida dessa forma, a justiça é o princípio normativo de "dar a cada um o que lhe é proporcionalmente devido,"[103] e é uma das virtudes centrais do florescimento humano. Contudo, a aplicação adequada da virtude da justiça não se dá por essa virtude apenas, mas, como todas as outras virtudes normativas, requer sabedoria prática. O curso adequado de conduta não é prescrito por alguma receita ética. É preciso o conhecimento das circunstâncias, do caráter do outro, e também de como um curso possível de ação se integra às outras ações que o florescimento de alguém requer. Determinar que conduta a virtude da justiça requer envolve, portanto, saber mais do que apenas o fato de que se está na presença de outra pessoa. A virtude da justiça não pode ser aplicada cegamente,

---

[103] Aristóteles não faz uma distinção clara entre os sentidos específico e aberto de nossa sociabilidade natural. E nem ao usar o termo *polis* distinguia claramente sociedade de Estado. Portanto, deve-se registrar que a presente concepção da virtude da justiça difere da dele.

e nem de forma impessoal. Portanto, o que a virtude da justiça requer concretamente variará. Diferentes cursos de conduta serão exigidos para diferentes pessoas em circunstâncias e situações diferentes.

Cabe lembrar que a justiça, com esse sentido, não é equivalente ao estado ou condição geral da alma de uma pessoa – é apenas uma "parte" e não o "todo" do florescimento humano. Como dissemos, não apenas cada um tem de determinar que ação, dada uma situação particular e contingente, é justa, mas também tem de integrar as ações exigidas por essa virtude com aquelas exigidas por outras virtudes e bens que constituem o florescimento de alguém. Consequentemente, uma pessoa pode adequadamente decidir não adotar um curso justo de ação porque, embora digno de escolha quando considerado de forma isolada, tal conduta não se encaixa bem com todos os outros aspectos de seu florescimento pessoal que receberam maior ênfase.[104] Em outras palavras, decidir-se por determinado curso de ação justa poderia não ser a coisa prática a fazer . Poderia não ser prático não apenas no sentido de haver meios insuficientes para se alcançar a justiça – por exemplo, tempo e dinheiro insuficientes – mas também em um sentido mais profundo, qual seja o que envolve o exercício da sabedoria prática e o ordenamento apropriado dos bens básicos que constituem os fins últimos do florescimento de alguém. Independentemente do valor que determinado curso de conduta possui se analisado separadamente, deve ser um curso apropriado de conduta *para alguém*. Dar aos outros o que lhes é apropriadamente devido é uma virtude básica, mas a conduta que essa virtude requer deve ser compatível com outros bens e virtudes básicos do florescimento humano. Não é simplesmente verdade que se tenha a obrigação absoluta e inespecífica de corrigir todo erro ou de lutar contra todo mal. Como já observamos anteriormente sobre essa mesma questão, "não apenas é aceitável que alguém não participe, mas

---

[104] Ver Douglas J. Den Uyl, *The Virtue of Prudence*, 194-97.

correto que não o faça."¹⁰⁵ A justiça, aplicada a relações específicas *não é*, portanto, uma questão de "tudo ou nada."

Desejos e autodireção

Argumento:
Alegamos que a autodireção é crucial ao caráter do florescimento humano e que um ato de autodireção é um exercício da razão. No entanto, o que é ser autodirigido? E quando alguém não é autodirigido? Certamente, pode-se objetar que as pessoas não são autodirigidas quando não usam suas faculdades racionais. Isso ocorre, é claro, quando alguém literalmente nada faz; mas também ocorre quando seus desejos e paixões controlam suas ações. A essência da autodireção é o exercício da razão; e se somente as paixões de alguém são responsáveis por sua conduta, então não é autodirigido.

Se o que dissemos acima é verdade, isso cria um problema para a alegação de que "o florescimento humano é um objeto de desejo." Se o bem humano é um objeto de desejo, então como pode ser autodirigido? Se são nossos apetites que nos movem em direção ao florescimento humano, então perdemos o controle da situação. Nesse caso, nossa autodireção não é senão uma impostura. Pareceria que a única forma de manter o controle e preservar a autodireção seria confinar a razão prática a procedimentos que não deixam os desejos pessoais desempenharem um papel na determinação da conduta.¹⁰⁶ Em outras palavras, parece

---

¹⁰⁵ Ibid., 194-95. A questão é bem diferente quando se trata de "justiça metanormativa", pois nesse contexto a preocupação não é com o florescimento de alguém, mas com uma solução para o problema do liberalismo, e com o que é fundamental para toda e qualquer forma de florescimento humano. O conceito ético relevante aqui é "direitos naturais", que são não apenas básicos e negativos, mas também irredutíveis. Ver nossa discussão da irredutibilidade no capítulo 3.

¹⁰⁶ Loren Lomasky resume bem esse ponto de vista quando observa que os contratantes de Rawls são "espécimes perfeitamente puros de autonomia. Nenhum pode ser desviado da reflexão racional por força de qualquer inclinação contrária,

que a razão prática deve, a despeito de tudo que já foi dito, considerar apenas as razões e os bens universais são neutros em relação ao agente. Assim, mais uma vez estamos diante de uma questão sobre a consistência interna da concepção de florescimento humano que tem sido proposta. Pode o caráter autodirigido do florescimento humano ser conciliado com o seu caráter individualizado e relativo ao agente?

Réplica:
Antes de responder, alguns esclarecimentos se fazem necessários, pois há ambiguidades na formulação dessa objeção. A autodireção é o exercício de nossa capacidade racional; e embora essa atividade seja o que o escolásticos teriam chamado de essência formal do florescimento humano, ainda não é o florescimento humano em si. O florescimento humano não é apenas o exercício da razão, mas também o exercício da razão *correta* — ou seja, envolve julgar, escolher e se conduzir de forma apropriada. A autodireção deve, portanto, ser distinguida do florescimento humano ou da autoperfeição.[107]

Por consequência, precisamos tomar cuidado quando dizemos que alguém não é autodirigido. Embora seja verdade que as pessoas não são autodirigidas quando literalmente nada fazem ou quando, em situações extremas, suas paixões ou desejos são tão fortes que acabam por se sobrepor a *qualquer* uso de sua faculdade racional, isso não significa que as pessoas não sejam autodirigidas quando fazem escolhas inadequadas. Quando as pessoas escolhem meios impróprios para atingir seus objetivos ou quando apenas se concentram nos meios para atingir seus objetivos sem conseguir

---

pois, por trás do véu ninguém sabe quais são suas inclinações." *Persons, Rights and the Moral Community* (New York: Oxford University Press, 1987), 43.

[107] Portanto, se tomarmos literalmente a questão que imediatamente precede este parágrafo, trata-se de perguntar se o ato ou exercício da razão de alguém é compatível com a autoperfeição ser individualizada e relativa ao agente. Para isso a resposta deve ser "sim." Afinal de contas, é o ato ou exercício da razão *de alguém*. Não existem mentes coletivas; há apenas mentes individuais.

refletir se esses objetivos são realmente apropriados para elas, suas paixões ou desejos são frequentemente responsáveis por desviar seus juízos e escolhas daquilo que deveriam ser. Mas não eliminam completamente o uso de sua faculdade racional. As pessoas que agem dessa forma estão, apesar disso, julgando e escolhendo. Elas são autodirigidas. Por certo, essas são instâncias dos seres humanos que não conseguem realizar ou concretizar sua humanidade, e assim falham em se auto-aperfeiçoar, mas não são instâncias de simples comportamento. Ao contrário, permanecem apenas instâncias de *conduta*. A autodireção está presente nesses casos.

À luz desse esclarecimento a questão anterior pode ser assim reformulada: pode o caráter individualizado e relativo ao agente do florescimento humano, que permite que os desejos pessoais tenham um papel central na determinação da conduta, ser conciliado com a ideia de que o florescimento humano é o exercício autodirigido da razão *correta*?

A resposta a esta pergunta depende de nossa compreensão do que é ser humano. Se os seres humanos são *animais* racionais, e não apenas *seres* racionais, então o florescimento humano não é exclusivamente o florescimento de uma mente. O florescimento é obviamente uma *forma* de viver e, portanto, mais do que autopreservação ou sobrevivência. No entanto, é uma forma de *viver* e por isso não é inteligível se destacado de um contexto biocêntrico. Desejo e apetite fazem necessariamente parte do processo de viver. Contudo, a relação do desejo e do apetite com o florescimento humano é mais fundamental do que isso. Não são apenas necessários para se alcançar o florescimento. Ao contrário, são necessários ao próprio caráter do florescimento humano. O florescimento humano é a realização do desejo correto. Dar o valor correto a alguma coisa não é distinto do desejo; *é* o desejo correto. Portanto, apenas uma concepção excessivamente racionalista dos seres humanos tentaria conceber o florescimento sem desejo.

Desejos e apetites não são nem nosso padrão e nem nosso fim. Eles existem pelo florescimento. Isso quer dizer que são julgados de acordo com sua capacidade de conduzir ou não à realização dele. Portanto, não se trata de eliminá-los ou de diminuir sua influência. Ao contrário, trata-se de usar e controlar o desejo e o apetite em nome do florescimento humano. Não há incompatibilidade necessária entre eles e a razão. Como observou Kathleen V. Wilkes:

> "O homem de Aristóteles é ativo, um agente. Seu bem mais elevado (*eudaimonia*, o que pode ser grosseiramente traduzido como 'florescimento') é definido como atividade: viver bem, fazer bem. 'Um homem parece ser uma fonte de ações' (*Ética a Nicômano*,iii.3.1112b31-32); consideremos o seguinte: 'escolha ou é razão desiderativa ou desejo raciocinativo; e *tal fonte de ação é o homem*' (*Ética a Nicômano*, vi.2.1139b4-5). Tornamo-nos o que somos escolhendo, decidindo, agindo; temos a responsabilidade de nos moldar, de formar nosso caráter e construir nossas vidas. A ênfase na agência e na atividade, o homem *no* mundo e não apenas um observador dele, é um dos traços mais atraentes de sua teoria geral."[108]

Desejos ou disposições racionais são possíveis; e quando o caráter de alguém os exibe pode-se dizer que está florescendo.

Se é possível que os desejos podem corporificar o exercício autodirigido da razão correta, então não há base para se supor que o florescimento humano não pode ser objeto da razão e do desejo.[109] Não é necessário adotar procedimentos que impeçam que os desejos ou interesses pessoais cumpram um papel na determinação da conduta de um indivíduo. A razão prática não precisa ficar confinada a considerações impermeáveis a desejos e neutras em relação ao agente. Não precisa haver inconsistência entre encarar o florescimento humano como

---

[108] Kathleen V. Wilkes, *Real People: Personal Identity Without Thought Experiments* (Oxford: Clarendon Press, 1988), 213.
[109] Ver Norman Dahl, *Practical Reason, Aristotle and Weakness of the Will* (Minneapolis: University of Minnesota Press, 1984), 93-99.

exercício autodirigido da razão correta, por um lado, *e* atribuir-lhe caráter individualizado e relativo ao agente, por outro.

Se quisermos enxergar claramente a possibilidade de o desejo corporificar o exercício autodirigido da razão correta, devemos despertar de nosso sono cartesiano. Precisamos considerar questões de antropologia filosófica e de metafísica. Especificamente, precisamos considerar como os seres humanos são teleológicos por natureza e como a teleologia natural fornece um meio-termo entre a compulsão e a liberdade radical para a autodireção ocupar (ver capítulo 6 para nossa discussão da teleologia natural). A autodireção não é redutível a uma cadeia de causas eficientes – o mero resultado de fatores socioculturais ou antecedentes genéticos – e nem é algum tipo de ato primitivo, inexplicável, incondicional que cria seu próprio contexto. Concepções reducionistas e existencialistas também não se aplicam aí.[110] De acordo com uma visão neoaristotélica de natureza humana, a autodireção é causalmente primária e capaz de ser avaliada em termos de alguma outra coisa que não ela mesma. A autodireção é, portanto, crucial para a descoberta, implementação, integração e usufruto dos bens que constituem seu fim – ou seja, a concretização do florescimento humano – mas a autodireção não cria sua potencialidade para esse fim. O caráter orientado para um fim da autodireção não é ele mesmo uma questão de autodireção.

O ARGUMENTO DA FUNÇÃO

Argumento:
A alegação de que o florescimento humano é um *telos* está intimamente relacionada à ideia de que existe uma natureza humana distinta; e é em termos da natureza de alguém que a atividade de florescimento ou o

---

[110] Ver Edward Pols, "Rational Action and the Complexity of Causality", *Journal of Theoretical and Philosophical Psychology* 20, n. 1 (primavera 2002), e também, do mesmo autor, *Mind Regained* (Ithaca: Cornell University Press, 1998).

processo de "perfeição" é medido. Como observamos no capítulo 6, aperfeiçoar-se ou realizar-se não equivale a se tornar semelhante a Deus, imune à degeneração, insuscetível de sofrer danos, mas sim tornar realidade as potencialidades e capacidades que tornam humano cada um de nós. Isso quer dizer que assim se está alguém alcançando seu fim natural ou desempenhando sua função natural. Existem, entretanto, objeções importantes a essa linha de pensamento. E são as seguintes:

(a) Mesmo que saibamos qual a função de um ser humano, isso não nos autoriza a definir legitimamente o que é um bom ser humano, pois tal inferência requer que seres humanos tenham funções e propósitos instrumentais em termos dos quais são julgados bons ou úteis. Contudo, seres humanos não são ferramentas que possuem propósitos ou funções instrumentais.[111]

(b) Do fato de que alguma capacidade é peculiar ou única a um ser humano não se segue que um bom ser humano é aquele que exercita essa capacidade. E nem se segue que é bom para os seres humanos exercitarem essa capacidade.[112]

(c) Mesmo que alguém desempenhar sua função natural determine o que o torna um bom ser humano disso não se segue que seja bom para qualquer ser humano individual exercitar essas capacidades. Há uma diferença entre o que é um bom ser humano e o que é bom para um ser humano.[113]

---

[111] W. F. R. Hardie, *Aristotle's Ethical Theory* (Oxford: Clarendon Press, 1980), 23-24.

[112] Robert Nozick, "On the Randian Argument" *Personalist* 52 (1971): 282-304. Ver também Thomas Nagel, "Aristotle on Eudaimonia", in *Essays on Aristotle's Ethics*, ed. Amélie O. Rorty, 7-14 (Berkeley e Los Angeles: University of California Press, 1980).

[113] P. Glassen: "A Fallacy in Aristotle's Function Argument About the Good," *Philosophical Quarterly* 7 (1957): 319-22. Para um exemplo mais recente dessa objeção, ver Valerie Gray Hardcastle, "On the Normativity of Functions," in *Functions: New Essays in the Philosophy of Psychology and biology*, ed. André Ariew, Roberto Cummins e Mark Perlman, 154 (Oxford: Oxford University Press, 2002).

Réplica:
Com relação a (a), não é necessário presumir que os seres humanos tenham funções instrumentais como ferramentas com base nas quais sua conduta pode ser avaliada como funcionando bem ou mal. De fato, não apenas é desnecessário encarar as pessoas de modo instrumental; é necessário que *não* sejam vistas de forma instrumental. Seres humanos têm uma função por causa do que são. Sua função é determinada "internamente", e não "externamente." São organismos vivos, e o desempenho que têm de sua função é para seu próprio bem e benefício, e não para algum outro fim ou para o benefício de outra pessoa. A inferência que vai da especificação de qual é a função de um ser humano para o que é ser um bom ser humano está confinada a coisas vivas individuais que são membros de uma espécie natural e cujo benefício é, ao menos em parte, determinado pelas características em virtude das quais cada um é membro dessa espécie. As atividades que compõem a função, que discutiremos brevemente, não servem a outros fins e propósitos, mas são inerentes às características que fazem com que algo se torne membro dessa espécie. Devemos, entretanto, enfatizar que, para essa visão neoaristotélica, não se pode identificar a função de certo tipo de organismo vivo sem introduzir a noção de benefício para os membros dessa espécie. Portanto, as causas finais e formais coincidem.[114] Como explicamos no capítulo 6, quando se trata da natureza das coisas vivas, uma descrição da função de um organismo não é apenas uma visão descritiva usada para de algum modo se avançar em direção a uma visão avaliativa. Em vez disso, a visão descritiva também é uma visão do que é naturalmente bom para uma coisa viva. Portanto, existem, por assim dizer, valores "cobrem todo o espectro."[115]

---

[114] Isso equivale a dizer que o que um ser humano é (causa formal) e para que um ser humano é (causa final) entram em sincronia na ideia de benefício para membros de uma espécie.
[115] Jennifer Whiting, "Aristotle's Function Argument: a Defense", *Ancient Philosophy* 8 (1988): 39.

Com relação a (b), a função de um ser humano não é determinada apenas pelo que é peculiar ou único a um ser humano,[116] mas pelo que lhe é "próprio" ou "essencial." É a natureza humana como um todo, não como parte, que está sendo considerada.[117] Em outras palavras, se os seres humanos são definidos como animais racionais, então qualquer descrição da função de um ser humano deve considerar não apenas o referente da diferença, mas também o referente do gênero. Para os seres humanos, isso envolve animalidade e tudo que a acompanha; em particular, o fato de que um ser humano é um ser vivo. Além disso, é preciso perceber que qualquer enunciado definicional da natureza de uma entidade é uma condensação de um vasto número de fatos, e está incumbida de fornecer os meios através dos quais ela pode ser conceitualmente extraída de outras coisas. Portanto, implica a presença de muitas outras qualidades e traços além dos explicitamente registrados pela definição.[118] O *ergon* humano não é estabelecido em termos apenas do que é distintivo.

Para a teoria neoaristotélica que temos descrito, então, preencher nossa função humana é "a vida prática do homem de posse da razão." Não é um raciocínio sem corpo. Preencher nossa função inclui exercitar capacidades partilhadas com outros animais, como as do prazer e saúde, assim como muitas outras coisas. O que a característica distintiva faz é caracterizar a *modalidade* através da qual o desenvolvimento dessas outras faculdades terá sucesso. "O *ergon* do homem é de fato 'atividade da *psuche* em acordo com um princípio racional, e o 'princípio racional' em questão é, de uma forma ampla, inteligência em geral: inteligência

---

[116] T. H. Irwin, "The Metaphysical and Psychological Basis of Aristotle's Ethics," in *Essays on Aristotle's Ethics*, ed. Amélie O. Rorty (Berkeley e Los Angeles: University of California Press, 1980), 49.
[117] Ver nota 93.
[118] Ver Douglas B. Rasmussen, "Quine and Aristotelian Essentialism," *The New Scholasticism* 58 (verão 1984): 328-29.

que pode ser aplicada à arte, manufatura, ciência, filosofia, política, ou a qualquer outro domínio."[119]

Quanto a (c), a distinção entre o que é um bom ser humano e o que é bom para um humano não requer uma separação ontológica. Não há um fosso na realidade entre as duas coisas que precise ser negociado caso *se* reconheça o sentido benéfico de "função", ao qual nos reportamos em resposta à objeção (a). Não se pode determinar a função ou excelência de um ser humano à parte uma consideração das necessidades e exigências específicas que o indivíduo tem em virtude do tipo de coisa viva que ele é. Tal determinação não pode ser divorciada do contexto biocêntrico. Ademais, se a função humana fizer necessário o uso da razão prática,[120] não necessariamente da contemplação, e se o caráter inclusivo, individualizado e relativo ao agente do florescimento humano é reconhecido, então evita-se o fosso entre o que a perfeição requer (o que é um ser humano bom) e o que é benéfico (o que é bom para um ser humano).[121] Para o que quer que exista a base remanescente, existir um fosso não será questão de princípio, mas de situação e circunstância.

Pluralismo e florescimento humano

Argumento:
Isaiah Berlin argumentou contra a utilidade de qualquer apelo à natureza humana quando se trata de proporcionar conhecimento ético. Para

---

[119] Kathleen V. Wilkes, "The Good Man and the Good for Man" *Mind* 87 (outubro 1978): 586.
[120] Veatch, em seu trabalho clássico, *Rational Man*, caracteriza a função humana como "viver racional ou inteligente". Julia Annas indica a conexão estreita entre a moral e o conhecimento prático em "Moral Knowlesge as Practical Knowledge," *Social Philosophy & Policy* 18, n. 2 (verão 2001): 236-56.
[121] L. W. Sumner discute esse fosso em *Welfare, Hapiness and Ethics* (Oxford: Clarendon Press, 1996), 78-79. Ele não considera, contudo, uma visão do florescimento humano que seja inclusiva, individualizada e relativa ao agente.

Berlin, o fato ético dominante é a diversidade de valores morais — o que ele chama "pluralismo valorativo." Contudo, com isso não pretende que o relativismo ético, em sua forma subjetivista ou convencionalista, seja verdadeiro. Ao contrário, o que ele quer dizer é que existem muitos valores objetivos inerentemente meritórios; só que eles não são compatíveis. Portanto, a tentativa de encontrar algum padrão ético capaz de prover orientação universal mostra-se fútil. Não nos preocupamos aqui com o fato de se Berlin logra mostrar que tais valores objetivos são *inerentemente* incompatíveis,[122] embora venhamos a retomar esta questão na seção final deste capítulo. Nossa preocupação agora é com duas observações breves que Berlin faz de passagem. Ele observa que "formas de vida diferem. Fins e princípios morais são muitos. Mas não existem em número infinito; devem se localizar no horizonte humano."[123] Ele também afirma que os fins objetivos últimos, embora incompatíveis, "não podem ser ilimitados, pois a natureza dos homens, ainda que variada e sujeita à mudanças, deve possuir um caráter genérico para que possa ser chamada de humana."[124] Como nossa concepção de florescimento humano se harmoniza com essas observações de Berlin?

Réplica:
Nossa concepção de perfeccionismo individualista apela para o que Berlin chama de "caráter genérico" dos seres humanos. Os parâmetros gerais do florescimento humano são fornecidos pela natureza humana. Mas não sua forma concreta. Como deve estar claro, nossa concepção de florescimento humano não presume que o padrão ou o peso dos bens

---

[122] Ver Steven Lukes, "The Singular and the Plural: on the Distinctive Liberalism of Isaiah Berlin," *Social Research* 61, n. 3 (outono 1994): 687-717.
[123] Isaiah Berlin, "The Pursuit of the Ideal" in *The Crooked Timber of Humanity: Chapters in the History of Ideas* (New York: Alfred A. Knopf, 1991), 11.
[124] Berlin, "Alleged Relativismo in Eighteen Century European Thought," in *The Crooked Timber of Humanity: Chapters in the History of Ideas*, 80.

e virtudes que constituem o florescimento humano possa ser determinado apelando-se simplesmente para a natureza humana. Portanto, sem endossar a caracterização que Berlin faz do pluralismo valorativo, nossa concepção de florescimento humano aceita a ideia de que existem muitos bens objetivos valiosos por si mesmos. Mas a forma de pluralismo valorativo conectada à nossa concepção de florescimento não supõe que esses bens devem ser incompatíveis. Como notamos no capítulo 6, a existência de uma pluralidade de bens não implica, por si só, qualquer incompatibilidade. Em vez disso, a questão de sua compatibilidade deve ser resolvida à luz do nexo de cada indivíduo; e, portanto, não pode ser resolvida a priori. Ademais, uma vez que uma concepção de florescimento humano neutra em relação ao agente tem sido rejeitada, não existe um modelo único ao qual o padrão ou o peso dado a esses bens por cada pessoa deve se conformar. Este tipo de racionalismo ético tem sido rejeitado.

A reflexão sobre a natureza humana permite que se faça uma lista plausível de bens genéricos, embora tal lista não se proponha a ser exaustiva. Esses bens formam um conceito-agrupamento aberto e sujeito à revisão.[125] Não é essa lista particularmente nova. E de fato, nem se propõe a sê-lo. Ela inclui conhecimento, justiça, amizade, trabalho criativo, lazer, prazer, saúde, apreciação estética, honra, auto-estima e virtude moral. Estes parecem ser bens que ninguém, como indica Aristóteles, preferiria não ter. Contudo, são abstrações amplas que ajudam a esboçar o caráter geral do florescimento humano; adquirem atualidade e valor apenas em relação aos esforços — e por causa deles — de seres humanos individuais. É, portanto, um erro supor que podem ser alcançados no caso de serem desvinculados de considerações individualizantes e relativas ao agente. Tais bens manifestam-se em

---

[125] Ver a discussão em Fred D. Miller Jr., sobre como Aristóteles trata a felicidade como um "agrupamento de conceitos" em *Nature, Justice and Rights in Aristotle's "Politics"* (Oxford: Clarendon Press, 1995), 313-15.

várias atividades nas vidas individuais e assumem formas diversas em diferentes culturas.[126]

O papel da virtude moral

Argumento:
Qual é o lugar da virtude moral nessa descrição de florescimento humano? Como os seres humanos não são puramente mentes, o papel da virtude moral na assistência à sabedoria prática não deve ser explicado?

Réplica:
O papel da virtude moral é essencial em nossa concepção de florescimento humano. Temos sentimentos e emoções que nos movem em direção a objetos – que nos trazem aparente benefício e nos afastam de objetos que nos podem aparentemente causar danos. Somos ávidos pelos primeiros e tememos os segundos. Contudo, aquilo que desejamos como valioso e o que tememos como danoso podem não ser realmente assim. O problema não se encontra propriamente em nossos sentimentos e emoções. Ser ávido ou temeroso, contente ou triste, animado ou entediado, satisfeito ou desanimado – ou seja, toda a gama de respostas emocionais – são forças de nosso próprio ser. Não podemos florescer sem essas forças. A questão é se os objetos dessas emoções e sentimentos merecem as respostas e reações que lhes damos. O juízo de valor implícito em nossas respostas emocionais é acurado? É importante ter a habilidade de usar e controlar nossas emoções e sentimentos de forma tal que suas respostas se mostrem mais adequadas ao que a situação requer.

Se não usamos de modo apropriado nossas emoções e se não as controlamos, não há de causar surpresa o fato de poderem ser fonte de

---

[126] Contudo, estes bens podem não estar todos no mesmo nível; alguns podem ser mais fundamentais que outros. Mas esta questão deve ser investigada em outro momento.

conflito. Podemos chegar a ter desejos racionais por algumas coisas e meros apetites por outras. Podemos emocionalmente ser puxados e empurrados, ficar cindidos e desarmoniosos. Portanto, nosso desenvolvimento das virtudes morais – ou seja, das disposições racionais que formam nosso caráter moral – é extremamente importante. Nossos apetites e desejos podem ser reformados ou remodelados por nossa inteligência tornando-se disposições racionais, de tal forma que o que devemos desejar e o que de fato desejamos possam estar em harmonia.[127] É nesse caso que disposições racionais como integridade, coragem, temperança e honestidade dão assistência à sabedoria prática e refletem seu exercício. Quando considerada como um todo, a virtude moral é necessária à realização e uso coerentes dos múltiplos bens humanos básicos e, juntamente com a sabedoria prática, permeia a atividade de florescer como um todo.[128] De fato, a virtude moral e a sabedoria prática são mutuamente interdependentes, pois a compossibilidade que buscam é entre pensamento e sentimento, e não meros bens abstratos.[129] A virtude moral nesse sentido é apenas o exercício da sabedoria prática e como tal constitui a conduta apropriada; ou seja, constitui o que Aristóteles chama de "meio."

---

[127] Temos simpatia pela noção clássica de que alguém pode precisar fazer uma grande reforma de seus desejos, e até de sua concepção de felicidade, para poder florescer. Para uma discussão disso, ver Julia Annas, "Virtue and Eudaimonism," *Social Philosophy & Policy* 15, n. 01 (inverno 1998), em especial 5off.

[128] O problema da assim chamada unidade das virtudes para Aristóteles, e não só para ele, é algo diferente de nosso ponto aqui, que diz respeito à integração entre sentimento, pensamento e ação. Para uma discussão do problema da unidade, ver John M. Cooper, "The Unity of Virtue" *Social Philosophy & Policy* 15 (1998): 233-74. Para os objetivos de nossa argumentação neste livro, não nos parece ser necessário adotarmos a tese da unidade, exceto no que diz respeito aos seguintes elementos: (1) as virtudes possuem suas próprias naturezas que precisam ser levadas em conta quando alguém as integra; (2) as virtudes podem se tornar compatíveis (não estão em conflito inerente); e (3) a integridade – ou seja, a integração e a harmonização de bens e virtudes – é o objeto central da sabedoria prática.

[129] Veatch, *Rational Man*, 86ff.

Mas quando considerada não como um todo, mas como um bem entre muitos outros, uma virtude moral pode receber mais ou menos ênfase – por exemplo, uma pessoa com uma carreira militar pode precisar de maior ênfase na virtude da coragem do que seria o caso para um civil. É preciso, portanto, dar o peso ou o balanceamento apropriado às virtudes morais ou disposições racionais que definem o caráter do indivíduo.

Obviamente, qualquer descrição completa dessa concepção neoaristotélica de florescimento humano terá que considerar em detalhe a relação das virtudes morais com a sabedoria prática.[130] Além do mais, uma investigação completa de todos esses bens e virtudes propostos faz-se necessária, em especial no tocante a bens como nobreza, honra e auto-estima. No entanto, o traço crucial dessa concepção de florescimento humano permanece: um indivíduo deve exercitar a sabedoria prática se quiser levar uma vida digna de valor. Essa é a tarefa que nos é dada pela natureza, mas que ela não a realiza por nós.

Considerações sobre a rejeição de John Gray ao perfeccionismo

Embora alegue não ser um relativista ético, mas sim um defensor do pluralismo valorativo, John Gray, que parece seguir a liderança de Isaiah Berlin,[131] argumenta que "há uma diversidade irredutível de

---

[130] Ver Douglas J. Den Uyl, *The Virtue of Prudence*, 200-213.

[131] Em seu ensaio "What is Dead and What is Living in Liberalism?" Gray afirma que "a diversidade dos valores últimos, embora grande, não é infinita; é circunscrita pelos limites da natureza humana." Gray, *Post-liberalism: Studies in Political Thought* (New York: Routledge, 1993), 291. Ele cita, de forma aprovadora, a alegação de Berlin de que "tais fins podem ser incompatíveis; mas sua variedade não pode ser ilimitada, pois a natureza do homem, embora variada e sujeita a mudanças, deve possuir algum caráter genérico, para que possa ser chamada de humana." Berlin, "Alleged relativism in Eighteen Century European Thought," in *The Crooked Timber of Humanity: Chapters in the History of Humanity*, 80.

valores últimos (bens, excelências, opções, razões para a ação, e assim por diante); e que quando esses valores entram em conflito ou competição não existe um padrão ou princípio superior, nenhuma medida ou parâmetro comum, que possa ser usado para arbitrar ou resolver tais conflitos."[132] Gray sustenta que o pluralismo valorativo é destrutivo para a ideia de perfeição. Ele "desfecha um golpe mortal no alicerce clássico de nossa cultura – expresso não apenas em Platão e Aristóteles, mas também na ideia estoica de *logos* e na concepção de São Tomás de Aquino de uma ordem mundial que é racional e moral em essência mesmo sendo a criação da Divindidade, a qual tem como um de seus atributos centrais a perfeição."[133] Para Gray, não se trata apenas de os seres humanos não lograrem chegar à perfeição; é a própria ideia de perfeição que não faz sentido.

Portanto, para Gray, duas crenças éticas clássicas devem ser rejeitadas: (1) que o bem humano é uma forma única, comum, um todo monístico, sem constituintes intrínsecos irredutíveis e que são valiosos em si mesmos; e (2) que todos os bens e virtudes que constituem o bem humano estão, em princípio, em harmonia, sendo que apenas o conhecimento insuficiente ou a ausência de compromisso moral impede sua unificação. Em sua concepção, ao contrário, os bens e virtudes que constituem o florescimento humano são muitas vezes incompatíveis, não havendo um padrão superior que possa resolver conflitos entre esses bens ou entre as combinações desses bens – ou seja, esses bens (ou suas combinações) são incomparáveis e incomensuráveis. São incomparáveis porque não há aspecto relevante com base no qual um possa ser julgado em comparação com um outro; e são incomensuráveis porque não há escala de referência de acordo com a qual um pode ser julgado superior ou inferior a um outro. Portanto,

---

[132] John Gray, "Agonistic Liberalism," *Social Philosophy & Policy* 12, n. 01 (inverno 1995): 16.

[133] Gray, "What is Dead and What is Living in Liberalism?", 291.

há muitos valores irredutíveis, valiosos em si mesmos, que são incompatíveis, incomparáveis e incomensuráveis.

Contudo, o florescimento humano permanece funcional para Gray porque é reconceituado. O florescimento humano continua consistindo em mais do que meras preferências ou desejos subjetivos e incluindo o uso das capacidades humanas que são reflexivamente julgadas como dignas de valor; só que se torna, para Gray, não-hierárquico. A incomensurabilidade impede as classificações ou as pesagens objetivas dos valores últimos. Nenhuma forma de vida — por exemplo, a vida voltada para a reflexão racional, a contemplação, a criação de riquezas, as orações, a dedicação solidária a outros — é a melhor para a espécie humana. As virtudes não são necessariamente unificadas; e os conflitos entre bens ou excelências, muitos dos quais não são comparáveis ou comensuráveis, revelam que não há apenas uma combinação racional entre eles. De fato, a variedade de formas incomensuráveis de florescimento humano é tão radicalmente subdeterminada pelos poderes e capacidades genéricos dos seres humanos que cabe abertamente reconhecer que os seres humanos parcialmente criam a si mesmos no tempo e na história.

Podemos identificar muitos aspectos do pluralismo valorativo de Gray que coincidem com nossa visão de florescimento humano. São os seguintes: o florescimento humano não é um bem ou excelência única dominante — um todo monístico — mas sim um composto de muitos bens e excelências que são valiosos em si mesmos; não há uma combinação ou pesagem única dos valores e excelências que possa ser "lida" como uma descrição abstrata do florescimento humano e considerada a melhor para todos os seres humanos (a primeira visão clássica acima mencionada); que é inadequado um racionalismo ético que tenta determinar a priori o que é bom para alguém e o que deve fazer em uma situação concreta; que o número e a variedade de bens e excelências que constituem o florescimento humano não são infinitos; que há um conteúdo genérico na noção de florescimento humano que, embora ganhe substância em associação com considerações individuais e culturais, não é meramente uma forma vazia cujo conteúdo é determinado inteiramente por práticas e tradições comunitárias; e, por conseguinte, que o relativismo ético – seja ele subjetivismo ou convencionalismo – não é verdadeiro.

A diferença principal entre o pluralismo valorativo de Gray e nossa concepção de florescimento humano diz respeito às implicações de se defender que o florescimento humano é, como descrito no capítulo 6, relativo ao agente. Gray acredita que se se defende uma concepção de valor básico ou último relativa ao agente, então tal valor não pode ser nem objetivo e nem inerente. Ele alega que a relatividade ao agente requer que se negue a existência de valor objetivo ou inerente (que ele iguala a valor neutro em relação ao agente) às várias formas de florescimento humano, endossando assim o relativismo ético.[134] Portanto, para ele, a perfeição não pode ser, como é para nós, individualizada, relativa ao agente e autodirigida. Ela deve, ao contrário, ser universal, neutra em relação ao agente e cósmica. Defendemos, por razões já apresentadas no capítulo 6, que a relatividade ao agente não requer que se negue nem o valor inerente e nem a objetividade das versões de florescimento humano. E tampouco implica relativismo ético. Esta diferença é crucial, pois atinge o cerne da alegação de Gray de que a ideia de perfeição é incoerente.

Se a perfeição é relativa ao agente e individualizada (o caráter autodirigido da perfeição será discutido posteriormente), então a alegação de Gray de que as versões de florescimento humano (ou seja, combinações, padrões, pesagens das virtudes e bens genéricos) são incomparáveis e incomensuráveis não tem sentido ou não é o problema que ele supõe ser para a ética – ao menos, para o perfeccionismo individualista que temos desenvolvido. Portanto, o ataque de Gray ao conceito de perfeição é rechaçado. A questão requer um exame mais detalhado.

---

[134] Ibid., 309.

Versões de florescimento humano são incomensuráveis quando não são racionalmente comparáveis. De acordo com Gray, a incomensurabilidade existe quando há uma falha de transitividade no raciocínio prático. Isso ocorre com versões de florescimento humano quando existem, por exemplo, duas versões de florescimento humano e nenhuma delas é melhor que a outra; *e* quando uma terceira versão do florescimento humano existe e é melhor do que uma das duas outras formas de florescimento, mas não que a outra.[135] Ocorre aí uma quebra de transitividade no raciocínio prático e é a base para a alegação de Gray de que o pluralismo valorativo destrói a própria ideia de perfeição. "Incomensurabilidade... é a negação radical do próprio significado de perfeição."[136] Contudo, se devemos falar de versões de florescimento caracterizáveis como mais ou menos valiosas, devemos considerar a questão: valiosas para quem? Não podemos avaliar o significado da afirmação de Gray a não ser que respondamos primeiro a essa questão.

Se presumimos primeiramente que o florescimento humano não envolve referência essencial ao indivíduo para o qual ele é valioso como parte de sua descrição e se, em segundo lugar, supomos que os indivíduos não são mais do que *loci* para as instanciações do florescimento humano, então faz sentido assinalar que há versões de florescimento humano que são incomparáveis e incomensuráveis. Isso mostra o erro de se acreditar que o raciocínio prático requer que todos estejam na mesma situação para defenderem a mesma valoração, razão e classificação no que diz respeito a determinada versão de florescimento humano. Também mostra o erro do generalismo – ou seja, o erro de se presumir que todos os processos de desenvolvimento se equivalem em todos os indivíduos, de tal forma que os indivíduos acabam sendo pouco mais que repositórios de dons genéricos.

---

[135] Gray, "Agonistic Liberalism," 117.
[136] Ibid.

A incomparabilidade cria um problema; e a incomensurabilidade só afeta as versões de florescimento quando se se presume que o indivíduo é eticamente irrelevante na determinação do valor e caráter de uma dada forma de florescimento. Há uma quebra de transitividade no raciocínio prático primariamente porque se presume que o fim da ética é fornecer um conjunto de regras de conduta específicas, impessoais e adequadas, aplicáveis a todos, e não o de prover orientação individual. A incomparabilidade e a incomensurabilidade de fato destroem a ideia de perfeição para aqueles que vêem o florescimento como manifestação de uma ordem universal ou *logos* cósmico.

Mas se a perfeição se realizar de uma forma relativa ao agente, individualizada, autodirigida, então a destruição que Gray considera que se segue à existência de versões incomparáveis e incomensuráveis de florescimento humano não é tão evidente. De fato, se o florescimento humano envolve uma referência essencial à pessoa para quem é valioso como parte de sua descrição, e se o indivíduo fornece conteúdo relevante ao caráter do florescimento humano, então mostrar que existem versões incomparáveis de florescimento humano não cria problema. Isso é acarretado pela alegação de que o florescimento humano é a um só tempo relativo ao agente e individualizado. Como argumentamos, não há versão de florescimento que seja abstratamente melhor ou mais valiosa do que alguma outra versão, *ponto final*; as versões só são valiosas *relativamente* a alguma pessoa. Portanto, se tivermos cuidado de não confundir abstrações com realidades, veremos que a versão de florescimento humano de uma pessoa não é estritamente comparável à de outra.

Poderia uma pessoa descobrir, depois de considerar o conjunto de circunstâncias, talentos, dons, interesses, crenças e histórias que descritivamente a caracterizam, e que necessariamente serão levados por ela para qualquer situação nova, que há mais de uma combinação, padrão ou pesagem dos bens e virtudes genéricos que são igualmente valiosos para ela? É possível. Ainda assim, disso não se conclui que não existem parâmetros ou limites de escolha. A razão prática não é destruída. Simplesmente calcular a probabilidade de sucesso de várias estratégias pode acabar dando mais peso a um pacote de bens que a outro. Contudo, uma consideração das virtudes e bens genéricos impõe algumas limitações. Poderia, por exemplo, alguém de forma razoável alegar ser capaz de florescer mesmo não possuindo ou procurando amigos? Mesmo sem ter integridade, coragem ou justiça? Mesmo deixando suas paixões ficarem de modo selvagem à solta ou reprimindo todas as emoções? Mesmo sem se importar com o conhecimento, a razão, a consistência ou a verdade? Tal tipo de posição é questionável.

Também existem limites impostos pelo nexo de cada um. Por exemplo, alguém pode desejar ter uma carreira de ousado empreendedor capitalista, mas os componentes solidificados de seu nexo o identificam estruturalmente como um acadêmico. É claro que pode ser possível estruturar as duas coisas, mas uma vida assim seria difícil de administrar, já que requereria mais do que a quantidade comum de sabedoria prática. De qualquer modo, o simples fato de que há mais de uma versão de florescimento humano, que é certa para aquela pessoa em determinado momento, não significa que isso será o caso em outro momento. As possibilidades abertas para quem tem 20 anos não necessariamente existem para uma de 60; e isso é assim não apenas por causa do envelhecimento, mas também porque as escolhas que um indivíduo faz hoje tendem a afetá-lo amanhã e os recursos que lhe estarão disponíveis.

Ainda assim, não poderia Gray argumentar que se existem versões de florescimento humano individualizadas e relativas ao agente incomparáveis, então também poderia haver versões incomensuráveis? Na medida em que o florescimento humano é visto de uma forma neutra em relação ao agente e o *input* do indivíduo ignorado, essa afirmação adquire plausibilidade. Contudo, se for considerada como uma alegação concernente a versões de florescimento humano relativas ao agente e individualizadas, é questionável. Novamente, devemos ter clareza a respeito do que significa, nesse contexto, a designação incomparável associada com incomensurável. Significa que há duas versões de florescimento humano igualmente valiosas para uma pessoa e que há uma outra versão que é mais valiosa do que uma das outras duas para essa pessoa, mas não mais valiosa do que a outra para essa pessoa. Mas qual seria a base para se defender tal incomensurabilidade? Como o florescimento humano é relativo ao agente e individualizado, não fica claro como partimos da diversidade, ou mesmo da incomparabilidade, das formas de florescimento humano, que é algo a ser considerado quando pensamos nos vários indivíduos, para chegarmos à sua incomensurabilidade, que é um problema que se situa no nível genérico.

Enunciado de outra forma: se A e B são duas formas de florescimento humano igualmente valiosas para um indivíduo, e se C é uma forma de florescimento mais valiosa para esse indivíduo que A, que base existe para se afirmar que C também não é mais valioso para essa pessoa do que B? Gray quer dizer que o mundo é tal que o raciocínio prático de uma pessoa pode ser intransitivo, mas não devido a alguma falha de conhecimento ou de comprometimento moral. Em que se baseia, então, a alegação de incomensurabilidade entre as versões de florescimento humano individualizadas e relativas ao agente? Uma vez que Gray nunca considera os efeitos de tal visão de florescimento humano sobre sua alegação de que existem versões de florescimento que são incomensuráveis, ele não dá resposta a esta questão.

Pode ainda ser que o problema real para a concepção de florescimento humano que temos desenvolvido neste livro não seja nem a incomparabilidade e nem a incomensurabilidade, mas a incompatibilidade. Se o florescimento humano é um fim inclusivo, e se é individualizado e relativo ao agente, o que *nos* leva a acreditar que todos os componentes necessários possíveis para uma vida de auto-aperfeiçoamento podem se tornar compossíveis? Gray aponta muitas formas que podem apresentar conflito entre os componentes do florescimento humano – conflito ocasionado, segundo ele, não por contingências, mas pelas próprias naturezas dos bens e virtudes que fornecem o conteúdo genérico para o florescimento humano. Ele observa, por exemplo, que "uma pessoa com as virtudes da coragem, determinação, desembaraço, intrepidez e indomabilidade provavelmente não vai possuir as virtudes da modéstia e da humildade... [e] se Van Gogh tivesse feito uma terapia psicanalítica bem sucedida, teria sido uma alma mais calma, mas é difícil ver como dessa forma ele poderia ter pintado como o fez... alguns poderes humanos podem depender, para seu exercício, de fraquezas, carências ou deficiências."[137] Estas observações podem ser as armas mais devastadoras do arsenal de objeções de Gray à ética da virtude autoperfeccionista.

Há muito a dizer em resposta a esse desafio, mas existem dois níveis básicos de resposta: o abstrato e o concreto. No nível abstrato, não há conexão lógica entre a existência de uma pluralidade de fins que compõem o florescimento humano e o fato de esses fins serem incompatíveis. Em outras palavras, não está claro se Gray demonstrou que as naturezas das virtudes e bens genéricos devem ser a fonte de incompatibilidade. Parece, ao contrário, que a incompatibilidade só provavelmente surgiria se presumíssemos o generalismo, ou seja, se presumíssemos que esses bens e virtudes são iguais entre si e idênticos para todos os indivíduos.

Quando a ênfase e a ponderação desiguais são afastadas de uma concepção de florescimento humano é que passa a existir uma alta probabilidade de conflito. Nossa visão de florescimento humano, ao contrário, aceita a desigualdade de ênfase e pesagem como elementos centrais para sua própria identidade. Portanto, conflitos não são tão prováveis porque alguns bens e virtudes não precisam, dado o nexo de uma pessoa e as circunstâncias, receber tanta ênfase e peso quanto outros bens e virtudes. Determinar a ênfase ou pesagem apropriada a

---

[137] Gray, "What is Dead and What is Living in Liberalism?", 301-2.

ser dada aos bens e virtudes é tarefa da sabedoria prática, e isto é feito no nível concreto.

E é no nível concreto, em outras palavras, que a coerência entre as virtudes e bens genéricos de uma pessoa é alcançada ou não. É precisamente o papel da virtude da sabedoria prática impedir que os fins de alguém se tornem radicalmente incompatíveis e discrepantes, embora algumas tensões locais possam na verdade servir à integração geral como ocorre, por exemplo, quando alguém abre mão de passar um tempo com os amigos para fazer ginástica, o que contribui para uma saúde melhor e para se obter mais sucesso com outros bens. A tarefa central da sabedoria prática consiste em alcançar, manter, usufruir e coerentemente integrar esses fins. Isto envolve um monitoramento contínuo do "encaixe" entre capacidades, bens genéricos e o nexo de alguém; e, portanto, um exame daquelas verdades pessoais que servem para estabelecer padrões para o que é apropriado para si. A sabedoria prática envolve um manejo eficiente desses três níveis ao mesmo tempo. É através desse processo que alguém encontra uma versão de florescimento humano que lhe é apropriada.

De que modo os bens e virtudes que constituem o florescimento humano podem se tornar compatíveis para alguém não é algo determinável a priori. Ao revés, é algo alcançado apenas pelo indivíduo, no momento da ação, confrontando suas verdades pessoais e examinando as circunstâncias contingentes. Assim, não é possível para Gray sustentar a alegação de que a natureza dos bens e virtudes que compõem o florescimento humano leva ao conflito. Isto deve ser examinado em cada caso pessoal. Contudo, nada disso quer dizer que não podem existir tragédias humanas, ou seja, situações que tornam impossível, sem que a pessoa atingida cometa erro, que bens e virtudes cruciais se integrem ou que males terríveis sejam evitados.

A tragédia e a doença não parecem ser, a despeito das afirmações de Gray em contrário, o contexto normal para o funcionamento da sabedoria prática. Tampouco parece necessário endossar uma concepção providencial de natureza para se afirmar isso. Por exemplo, pode-se simplesmente apontar o sucesso das companhias de seguros quando apostam contra o desastre e a doença. E mesmo que o mundo fosse repleto de conflito e decepção, isto poderia indicar apenas ausência de sabedoria prática e não a presença de incompatibilidade.

Pode até ser que não tenhamos apresentado a objeção de Gray de forma acurada. Pode ser que ele não afirme que virtudes e bens genéricos do florescimento humano levam ao conflito, mas sim que existem muitos bens que, em sua forma concreta, são constitutivamente incompatíveis, e que esses bens não podem ser todos coerentemente combinados em uma forma única de florescimento humano. Gray observa a incompatibilidade entre a vocação de um padre e as virtudes de um soldado ou entre as virtudes de uma freira e as excelências de uma cortesã.

Mas há aqui uma confusão entre o concreto e o abstrato. Certas formas específicas e concretas de virtude – a caridade do padre e a coragem do soldado, a castidade da freira e a sensibilidade sexual da cortesã – podem de fato não ser combináveis em uma mesma forma de florescimento porque os elementos de cada prática, quando integrados com outros aspectos do nexo de tal indivíduo, impedem uma combinação. É isso o que significa dizer que o florescimento humano é individualizado e não intercambiável. Contudo, disso não se conclui que as virtudes genéricas da coragem e caridade ou da castidade e sensibilidade sexual não podem ser combinadas coerentemente no tempo em alguma outra versão de florescimento humano apropriada a alguma pessoa.

A vacilação entre considerações genéricas e versões concretas do florescimento humano nos leva a um aspecto mais curioso do argumento de Gray – qual seja, sua aceitação da visão iluminista do raciocínio ético. Em que pesem suas críticas à tendência iluminista de priorizar a razão teórica (cuja preocupação é com o universal e necessário) em detrimento da razão prática (cuja preocupação é com o particular e contingente), ele continua a aceitar essa priorização quando se trata de avaliar teorias éticas. Gray considera que a inabilidade de uma teoria ética em prover regras universais e impessoais para a condução da vida social é prova da limitação da razão na ética e do primado da escolha radical. Ele corretamente observa que o florescimento humano é individualizado e que o racionalismo ético não basta, mas aceita rapidamente o conselho do desespero e os limites da razão. Ele não considera as seguintes possibilidades: que uma ética da virtude centrada na autoperfeição não se preocupa, por definição, em suprir tais regras; que o princípio da universalizabilidade não é o *sine qua non* do raciocínio prático e que, como novamente será examinado no capítulo 10, os padrões éticos empregados pela ética normativa não são os mesmos que os empregados pela filosofia política.[138]

A visão de Gray da autodireção ainda precisa ser examinada. Nessa questão ele concorda com Joseph Raz ao entender que a ausência de escolha ou autodireção não diminui o valor das relações humanas e nem as manifestações de excelência. Ele cita Raz de forma aprovadora: "Não vejo que a ausência de escolha diminui o valor das relações humanas ou as manifestações de excelência nas habilidades técnicas, na capacidade física, no entusiasmo e empreendimento, na liderança, erudição, criatividade ou imaginatividade."[139]

Gray e Raz defendem que todas essas excelências podem estar abarcadas por vidas em que as buscas e opções das pessoas não este-

---

[138] Como veremos, uma vez que o raciocínio prático individualiza princípios genéricos de acordo com as exigências do nexo de um indivíduo, ela não tem por objetivo diretivas uniformes que se aplicam a todo e a qualquer um. Regras políticas, em contraste, devem ser formuladas e promulgadas genericamente e, não se deve esperar que o raciocínio prático do tipo normativo estabeleça padrões que podem ser empregados direta e positivamente na filosofia política. Os tipos de princípio empregados pela ética normativa e pela filosofia política não são, como supõe Gray, os mesmos.

[139] Joseph Raz, "Facing-up: a Reply", *University of Southern Califórnia Law Review* 62 (1989):1227. Gray cita Raz em "What is Dead and What is Living in Liberalism?", 308.

jam sujeitas à escolha individual. A autodireção não é, portanto, um ingrediente essencial de cada forma de florescimento humano. Em vez disso, o valor da autodireção é "assunto local." Gray sustenta que "é uma questão em aberto se uma forma de vida em que a autonomia é mínima ou está ausente – a forma de vida da cristandade medieval, ou o Japão feudal no período Edo – pode ser melhor do ponto de vista do florescimento ou ser apenas incomensuravelmente diferente em comparação com a forma de vida de indivíduos autônomo."[140] Mas o que significa para os seres humanos *exibir* excelência em habilidade técnica, capacidade física, entusiasmo e empreendimento, liderança, erudição, criatividade ou imaginatividade? São essas excelências abstratas, uniformes e desvinculadas da pessoa individual? São excelências apenas de uma forma genérica? O indivíduo faz mais do que apenas instanciar uma excelência "abstrata"?

Apesar de Gray insistir quando fala de excelências dissociadas da autodireção, que existem versões de florescimento humano, as afirmações acima mostram que ele trata essas excelências como se fossem *concretamente* as mesmas para todos e o indivíduo nada acrescentasse a elas e nada fizesse para concretizá-las e para terem valor. Contudo, isto é falso. É apenas através da autodireção que a individualização ocorre e que uma excelência "abstrata" se torna concreta e real. A autodireção não torna excelências mais excelentes ou mais valiosas; mas ela as torna concretamente excelentes e valiosas. Excelências são inerentemente autodirigidas ou escolhidas. Mas é bastante interessante observar que falar de excelências separadas da autodireção também deixa em dúvida o que significa falar de versões de florescimento *humano*, o que nos leva ao nosso segundo ponto. O que torna, se é que algo torna, as excelências listadas nos parágrafos anteriores excelências *humanas*? Elas são diversas e podem ser parte de formas de vida radicalmente diferentes,

---

[140] Ibid., 308.

como Gray frequentemente observa, mas por que tais excelências são chamadas "humanas"? Uma vez que o conjunto de excelências que são qualificadas de humanas não é infinito, existe alguma base para nossa decisão de incluir ou excluir uma excelência?

Este ponto é amplo e profundo e toca em questões relativas a se existem ou não versões defensáveis de essencialismo, o que significa exatamente falar em "semelhanças de família", e se é de fato necessário que tenhamos uma base para essas decisões.[141] Mas não parece que Gray acredita não haver base para tal decisão dada sua aceitação do que Berlin chama de "caráter genérico" dos seres humanos.[142] Pode parecer que podemos pelo menos dizer o que se entende por *excluir* uma excelência do conjunto de excelências humanas; e a base mais plausível para se sugerir que um ato seja excluído é que ele não envolve nenhum ato da razão prática, nenhuma autodireção. O monge medieval deve ao menos perceber o valor de sua existência confinada para que seja classificada como florescente. É pouco provável que precisemos assinalar que se o monge está apenas "fazendo movimentos" de um monge não faz sentido qualificar sua vida de florescente. Parece, então, incoerente falar em excelências *humanas* desvinculadamente de alguma medida de escolha ou autodireção.

Finalmente, apontar para exemplos de pessoas que florescem em sociedades que não fornecem proteção moral à liberdade delas, não mostra que a autodireção não seja um ingrediente essencial a todas as formas de florescimento humano. E nem mostra que o valor da autodireção pode ser determinado apenas por um exame da forma de vida particular à qual as pessoas nessas sociedades e culturas pertencem. Em sociedades como a cristã medieval ou como o Japão feudal do período Edo ou mesmo no Gulag da União Soviética, podem existir áreas da vida nas

---

[141] Gray oferece pouca definição, e nenhum argumento em favor do antifundacionalismo, ou primazia da prática.
[142] Ver nota 131.

quais algumas pessoas conseguem integrar suas circunstâncias em uma forma de florescimento. Mas, como argumentamos no capítulo 4, este argumento fala mais a favor da diversidade de formas de florescimento do que da ausência de autodireção no florescimento humano. A questão, de todo modo, deve ser a natureza do florescimento humano em si e não os muitos fatores que podem ser necessários para a existência do florescimento humano; ou as formas com que pessoas em várias e diferentes situações podem optar por vidas de auto-aperfeiçoamento. O florescimento humano poderia existir como tal se a autodireção fosse impossível? Acreditamos já ter amplamente mostrado por que isso não pode ser verdade. Claramente, exemplos empíricos que não conseguem distinguir entre os fatores que constituem a essência do florescimento humano e os fatores necessários para a existência do florescimento humano não vão resolver a questão,[143] pois esta questão diz respeito ao caráter fundamental do bem humano e da natureza humana.

---

[143] A história da filosofia documenta o uso exagerado, por parte dos filósofos, de métodos conceituais para resolver questões que exigem investigação empírica; mas no último século passamos a sofrer do erro inverso – qual seja, a relutância dos filósofos em permitir que *insights* conceituais em torno da natureza de alguma coisa façam parte do método de responder a questões fundamentais.

Capítulo 8

DIREITO NATURAL E O BEM COMUM

"A base de nossa discordância [com Aristóteles] é simplesmente nossa inabalável convicção de que não se vive *para se* saber, mas sim para o viver inteligente que todos nossos poderes e capacidades estão essencialmente direcionados, inclusive nossos poderes de conhecimento; e que é o homem que conta, mais do que todo seu conhecimento independentemente da grandeza que este alcance."

HENRY B. VEATCH, *Rational Man*

"É apenas com princípios abstratos que um sistema social pode *apropriadamente* se preocupar. Um sistema social não pode impor um bem específico a um homem e nem forçá-lo a buscar esse bem: pode apenas manter as condições de existência que o deixam livre para buscá-lo. Um governo não pode viver a vida de um homem, pode apenas proteger sua liberdade. Não pode prescrever nada de concreto, não pode dizer a um homem como trabalhar, o que produzir, o que comprar, o que dizer, o que escrever, que valores buscar, que forma de felicidade perseguir – pode apenas garantir o princípio de seu direito de fazer tais escolhas... É nesse sentido que o 'bem comum'... reside não no *que* os homens fazem quando são livres, mas no fato de que *são* livres."

AYN RAND, "From my 'Future File'", *The Ayn Rand Letter* (grifo do autor).

Nossa teoria do individualismo perfeccionista é uma teoria do direito natural, se compreendermos por esta expressão uma teoria ética para a qual a natureza dos seres humanos é crucial para um entendimento do bem humano e da obrigação moral. Além do mais, nossa teoria é uma ética do fim natural, por considerarmos que o aperfeiçoamento ou realização da natureza humana é o *telos* da conduta humana. Como observamos no capítulo 6, endossamos uma teleologia natural quando se trata de compreender a natureza das coisas vivas; contudo, não acreditamos ser necessário estender a teleologia nem a todos os seres e nem ao universo como um todo. Além do mais, não acreditamos que o comprometimento com a teleologia exige uma dimensão supernatural. E embora nossa visão de teleologia possa nos diferenciar de alguns teóricos do direito natural quando se trata de metaética, é nossa visão de florescimento humano que nos diferencia da maioria dos teóricos do direito natural. A diferença fundamental na ética normativa, entre nós e a maior parte dos seguidores da ética do direito natural, é nossa alegação de que o florescimento humano é uma atividade essencialmente individualizada, relativa ao agente e autodirigida (ou escolhida). Explicamos e defendemos essa concepção nos dois capítulos anteriores. No presente capítulo, examinaremos e criticaremos dois grupos de teóricos do direito natural que não compartilham de nossa visão de florescimento humano.

A NOVA E A TRADICIONAL TEORIA DO DIREITO NATURAL

Por "novos teóricos do direito natural",[144] entendemos aqueles pensadores que encaram a ética como independente da antropologia filosófica, da filosofia natural e da metafísica.[145] Por "teóricos tradicionais do direito natural" entendemos aqueles pensadores que consideram a antropologia filosófica, filosofia natural e metafísica necessárias para

---

[144] Esta posição é defendida por teóricos como John Finnis, *Natural Law and Natural Right* (Oxford: Clarendon Press, 1980); Germain Grisez, *Christian Moral Principles*, vol. I de The Way of the Lord Jesus (Chicago: Franciscan Herald Press, 1983); e Robert P. George, *Making Men Moral: Civil Liberties and Public Morality* (Oxford: Clarendon Press, 1993).

[145] A antropologia filosófica, a filosofia natural, e a metafísica tradicionalmente formulam respectivamente as seguintes questões: o que é ser humano? Quais são os princípios fundamentais da natureza? O que é ser?

a justificação, explicação ou caracterização da ética e do bem humano.[146] Fazemos a avaliação de que os dois grupos de teóricos não conseguem apreciar suficientemente o caráter individualizado, relativo ao agente e autodirigido do bem humano. Em consequência, não logram perceber algumas das principais bases para o "problema do liberalismo" e a necessidade de um conceito irredutível de direitos naturais (ver capítulos 4 e 2 para nossa discussão do problema do liberalismo e o capítulo 3 para nossa discussão da abordagem da tradição do direito natural aos direitos naturais). Aqui, vamos examinar ambas as abordagens ao direito natural.

Os novos teóricos do direito natural rejeitam qualquer tentativa de basear um "deve" em um "é." Sustentam que existe uma lacuna lógica entre uma verdade (o que é o caso) e sua força motivadora na produção da conduta (o que se deve fazer). À luz desta concepção, nenhuma verdade teórica pode, por si, ser a base de uma verdade prática. Por isso o primeiro princípio da razão prática enunciado por São Tomás de Aquino, segundo o qual o bem deve ser feito e buscado e o mal evitado,[147] não depende de forma alguma de qualquer teoria metafísica, filosófica

---

[146] Este ponto de vista é defendido por teóricos contemporâneos como Russel Hittinger, *A Critique of the New Natural Law Theory* (Notre Dame, Ind.: University of Notre Dame Press, 1987); Benedict M. Ashley, O. P., "What Is The End of Human Person? The Vision of God and Integral Human Fulfillment," in *Moral Truth and Moral Tradition: Essays in Honor of Peter Geach ans Elizabeth Anscombe*, ed. Luke Gormally, 68-96 (Dublin: Four coourts press, 1994); e Ralph McInerney, *Ethica Thomöstica: the moral philosophy of Thomas Aquina* (Notre Dame, Ind.: University of Notre Dame Press, 1982). Quando se trata de entender a importância da teleologia, o papel da natureza humana para a ética e o bem comum da comunidade política, os seguintes trabalhos de Henry B. Veatch também pertencem a esse grupo: *Rationa Man: a modern interpretation of aristotelian ethics* (Indianápolis: Liberty Fund, 2003); *For an ontology of morals: a critique of contemporary ethical theory* (Evanston, Ill.: Northwestern University Press, 1971); e *Human rights: fact or fancy?* (Baton Rouge: Louisiana State University Press, 1985). Contudo, quando se trata do caráter exato do florescimento humano, as visões de Veatch são mais próximas das nossas.
[147] *Summa theologiae*, I-II, 94, 2.

ou antropológica. Este princípio, assim como os princípios primários da razão prática que expressam várias possibilidades de florescimento humano (ou seja, bens humanos básicos), é auto-evidente.[148] Não há necessidade de premissa(s) mediadora(s) para se alcançar a verdade dele(s); não são deduzidos ou inferidos de qualquer está-dito. Os novos teóricos do direito natural também argumentam que o florescimento humano não é um fim único dominante que transforma todos os outros bens em bens meramente instrumentais. Ao contrário, ele abarca bens básicos que são valiosos em si mesmos. Esses bens básicos são igualmente fundamentais e não podem ser reduzidos a mero aspecto dos outros bens. Portanto, são, como tais, incomensuráveis,[149] pois cada um ajuda a definir o que é para um ser humano florescer.[150]

Embora não afirmem que sua lista de bens básicos é exaustiva, os novos teóricos do direito natural enumeram sete: vida, conhecimento, divertimento, experiência estética, sociabilidade, razoabilidade prática e religião.[151] Estes bens não são extrínsecos às pessoas; não são apenas

---

[148] Argumenta-se que no caso de um bem básico como o conhecimento, qualquer tentativa de se questionar seriamente sua desejabilidade acaba por se mostrar operacionalmente autorrefutadora. Que o conhecimento é um bem a ser buscado é algo pressuposto por todas as asserções sérias, incluindo a asserção de que o conhecimento não é um bem. Ver Finnis, *Natural Law*, 73-75.

[149] Ibid, 112.

[150] Como afirma Robert George, "portanto, o bem humano completo – bem-estar humano integral – é intrinsecamente diversificado. Há muitos bens humanos que são irredutíveis, incomensuráveis e, portanto, básicos. Esses bens básicos são aspectos fundamentais do bem estar e da realização de seres humanos de carne e osso. Não são formas platônicas que de alguma forma transcendem, ou são extrínsecas, as pessoas nas quais são instanciados. E nem são meios para o florescimento humano considerado como um modo de ser psicológico, ou outro qualquer, independente dos bens humanos básicos que suprem as razões para a ação. Ao contrário, são aspectos constitutivos das pessoas às quais proporcionam realização." George, *Making Men Moral*, 13-14.

[151] Muito do que será dito no presente capítulo é uma adaptação de Douglas J. Den Uyl e Douglas B. Rasmussen, "Ethical Individualism, Natural Law, and the Primacy

coisas que as pessoas possuem.[152] São o meio pelo qual as pessoas florescem. Juntos, esses bens últimos constituem aspectos do florescimento humano de um indivíduo ou o que os novos teóricos do direito natural às vezes chamam de "realização completa, integral."

Esses teóricos formulam seu princípio primeiro da moralidade da seguinte forma: "ao agir voluntariamente em busca dos bens humanos, evitando o que a eles se opõe, o indivíduo deve escolher e de fato querer aquelas e apenas aquelas possibilidades que se mostrem compatíveis com a completa realização humana."[153] Entretanto, por considerarem este princípio abstrato muito geral para guiar escolhas moralmente significativas desenvolvem "exigências de raciocínio prático" ou "modos de responsabilidade" que oferecem orientação de forma mais específica. Esses princípios de razoabilidade prática devem ser um guia mais específico para a conduta humana do que a doutrina do meio-termo de Aristóteles. Eles são uma resposta às várias formas com que as paixões e sentimentos podem desviar alguém de escolher em consonância com o princípio primeiro da moralidade.

Não é necessário, para nossos objetivos, examinar todos os princípios da razoabilidade prática desenvolvidos pelos novos teóricos do direito natural.[154] Podemos apenas nos concentrar na sua alegação de que a razoabilidade prática requer: (1) que não existam preferências arbitrárias entre as formas básicas do bem; (2) que não existam preferências arbitrárias entre as pessoas; e (3) que se mantenha certo distanciamento de todos os projetos específicos e limitados que se decida desenvolver. Examinaremos cada uma dessas afirmações.

---

of Natural Rights", *Social Philosophy & policy* 18, n. 01 (invernos 2001): 34-69. Com relação à lista de sete bens, Finnis acrescenta realidade versus aparência em *The Fundamentals of Ethics* (Washington, D. C., Georgetown University Press, 1983), 75.
[152] Grisez, *Christian Moral Principles*, 121.
[153] Ibid., 184.
[154] Ver Finnis, *Natural Law*, 100-133.

(I) É claro que aceitamos a tese de que o florescimento humano é algo objetivo, e não simplesmente uma questão de opinião. Sendo assim, não se deve ignorar nenhum dos bens básicos e nem subestimar ou exagerar arbitrariamente nenhum deles. Isso quer dizer que não se deve dar valor ou peso a qualquer um dos bens básicos numa intensidade tal que implique tratar os outros bens como se não tivessem importância. Ademais, não se deve tratar qualquer bem derivado ou instrumental como se fosse básico. Devemos encontrar uma forma de participar, em alguma extensão, de cada um dos bens básicos sem confundir um meio para esses fins com os próprios fins.[155] Proscrever a valoração arbitrária de bens básicos é certamente uma exigência da razoabilidade prática.

O que não está claro, contudo, é o papel do indivíduo nesse processo. Os novos teóricos do direito natural descrevem, por exemplo, a proscrição das valorações arbitrárias como uma questão de se considerarem os bens básicos ou os planos de vida de forma "imparcial".[156] Mas se aceitamos esta descrição ignoramos o que os indivíduos submetem a considerações morais e confundimos um insight teórico com um prático.

A razoabilidade prática não requer que as pessoas sejam imparciais em suas valorações dos bens básicos. A questão é que o uso ótimo da razão prática requer que os indivíduos descubram como um bem básico, juntamente com outros, pode ser alcançado no contexto da vida de um indivíduo. Este processo exige que os bens básicos não sejam igualmente valorados, mas que recebam diferentes valorações e pesos. O valor ou peso que se dá a um bem básico na vida de um indivíduo depende crucialmente das circunstâncias, talentos, dons, interesses, crenças e histórias que caracterizam descritivamente o indivíduo – ou seja, do nexo do indivíduo.

---

[155] Ibid., 106.
[156] Ibid., 107-8. Ver também Grisez, *Christian Moral Principles*, 189.

Certamente, cada um dos bens básicos, quando considerados como tais e separadamente de indivíduos específicos de quem são bens, não possui maior importância que os demais. Cada um é igualmente necessário para definir o próprio caráter do florescimento humano.[157] Este é um importante ponto teórico. Mas esses bens apenas são reais, determinados e valiosos quando uma forma particular lhes é dada pelas escolhas feitas por pessoas de carne e osso. Na realidade, a importância ou valor desses bens depende do nexo único de cada pessoa. E este é um ponto prático importante. Mas se o teórico for confundido com o prático, então a prática será moldada para se encaixar na teoria, e não será a razão, numa perspectiva aristotélica, a iluminar a prática.

Os novos teóricos do direito natural concordam que ao se escolher um plano de vida coerente ou harmonioso deverá ocorrer um grau de concentração em um ou outro dos bens básicos em detrimento de outros. Ademais, eles admitem que o grau de concentração baseia-se em exame dos fatores pertinentes ao indivíduo. Como afirma John Finnis: "cada um de nós possui uma ordem subjetiva de prioridade para os valores básicos; essa classificação, sem dúvida, é em parte cambiante e em parte estável. Mas de todo modo é essencial para que se atue visando a algum propósito. Mas as razões de alguém para escolher determinada classifi-

---

[157] Agir para ter e manter saúde, por exemplo, é certamente necessário para o florescimento humano, mas também o é a atividade virtuosa e a busca por conhecimento e amizade. Finnis observa que cada um dos bens básicos é fundamental, e nenhum é mais fundamental do que os outros, "pois cada um pode razoavelmente receber uma maior atenção, e cada um, ao receber essa atenção, alega prioridade de valor. Portanto, não há prioridade objetiva de valor entre eles." Finni, *Natural Law*, 93. A partir do que dissemos nos capítulos 6 e 7, deve ser óbvio que concordamos com os novos teóricos do direito natural neste ponto. Ao menos concordamos enquanto sustentam: (1) que, para cada vida humana ser florescente, deve existir, em algum grau ou sob alguma forma, esses bens básicos; e (2) que o ônus da prova recai sobre aquele que tiver de demonstrar que uma análise da natureza humana sozinha pode oferecer uma classificação desses bens básicos, comparando-os entre si, e que se aplica a todo e qualquer ser humano.

cação são razões apropriadamente relacionadas a seu temperamento, a como foi criada, a capacidades e oportunidades, e não a diferenças na classificação do valor intrínseco entre os valores básicos."[158] Mas como devemos encarar a descrição de Finnis da ordem de prioridade como "subjetiva"? Por acaso ele quer dizer que essa ordenação pertence ao nexo de um indivíduo? Ou que é apenas uma questão de escolha pessoal? Como devemos entender sua referência a "diferenças na classificação do valor intrínseco dos valores básicos"? Está ele se referindo a uma classificação de bens básicos que constituem o florescimento humano ou à classificação que um apelo aos princípios da razoabilidade prática requer? Independentemente da intenção de Finnis, defendemos que não se deve tomar seu uso do termo "subjetivo" como significando que qualquer ordenação de bens básicos — resultante de exame do nexo de alguém — é tão moralmente válida quanto uma outra. Tampouco se deve presumir que bens básicos são de algum modo reais, determinados ou valiosos independentemente de sua relação com as vidas, escolhas e condutas de seres humanos individuais.[159]

Os novos teóricos do direito natural rejeitam uma visão platônica do bem humano e admitem que o florescimento humano está sempre relacionado a indivíduos, só que não consideram explicitamente se essa relação é ou não essencial para o florescimento humano. Como observamos, eles até reconhecem que os bens básicos não estão extrinsecamente relacionados a indivíduos. Todavia, não desenvolvem as implicações desse insight. É o florescimento humano algo inerentemente relacionado ou não relacionado a seres humanos individuais? É relativo ao agente ou neutro em relação a ele? Que conteúdo o indivíduo introduz para

---

[158] Finni, *Natural Law*, 93-94.

[159] Quando indivíduos escolhem e agem, eles investem em seu próprio ambiente, e isso tem propriedades que reforçam a escolha feita, assim como o nexo de escolhas em que qualquer escolha se encaixe. Portanto, os bens que os indivíduos buscam ou deveriam buscar não são bens separados dos indivíduos e de suas escolhas.

nosso entendimento do florescimento humano? Estas questões nunca são explicitamente formuladas pelos novos teóricos do direito natural e, consequentemente, nunca enfrentam as implicações do perfeccionismo individualista para a ética.

Finnis declara: "Todo ser humano é um *locus* para o florescimento humano."[160] Robert George descreve os indivíduos como "*loci* dos bens humanos."[161] Tais observações não capturam o caráter individualizado e relativo ao agente do bem humano. De fato, elas mostram uma profunda incapacidade de compreender seu caráter essencial. Não devemos supor que os bens básicos que compõem o florescimento humano existem ou possuem valor separados dos indivíduos para os quais são bens. Ademais, não devemos encarar os indivíduos como meros "marcadores de lugar" ou *loci* para esses bens básicos. *O florescimento não é simplesmente alcançado e usufruído por indivíduos; ele é individualizado.*[162] Existem potencialidades individulizadas e genéricas e isso torna o florescimento humano sempre único.

Este é um ponto é fundamental, e o que dissemos antes merece ser repetido. O florescimento não é algo que meramente ocorre na vida de um indivíduo, como se um indivíduo em nada contribuísse para ele. Ao contrário, a relação entre o florescimento e a vida de um indivíduo é muito mais íntima. O status do florescimento humano como o *valor*

---

[160] Finnis, *Natural Law*, 221.
[161] George, *Making Men Moral*, 39.
[162] Em sua maioria, os novos teóricos do direito natural, assim como tradicionais, reconhecem que o florescimento humano não existe separadamente dos indivíduos que dele participam. Ademais, tem havido um reconhecimento da importância de se ajustar a busca do bem e a evitação do mal às circunstâncias nas quais os indivíduos se encontram. Mas poucos teóricos – dos dois tipos – também reconheceram que o florescimento tal qual existe na realidade é individualizado e relativo ao agente – em outras palavras, que *quem* o indivíduo é ajuda a caracterizar o florescimento humano, e que o florescimento humano é sempre e necessariamente *para* o ser humano individual, e nunca o contrário.

último se forma e se mantém apenas em *relação à vida* de algum indivíduo. Além do mais, o valor do florescimento é encontrado e expendido nas atividades de um indivíduo que constituem seu florescimento. Portanto, o florescimento humano não é nem um valor em geral e nem um *tertium quid*. Em outras palavras, o florescimento envolve uma referência essencial ao indivíduo para quem é bem como parte de sua descrição. Falando estritamente, não deveríamos dizer que um ser humano é um *locus* do florescimento humano ou que o florescimento humano ocorre em um indivíduo. Deveríamos, ao contrário, dizer que um ser humano é um florescedor ou que um indivíduo está florescendo. Se concebida de forma apropriada, uma ética do florescimento humano é uma versão do pluralismo moral.[163] Embora possamos falar abstratamente de um *summum bonum*, na realidade existem apenas vários *summa bonna*.

Os novos teóricos do direito natural tendem a confundir a objetividade do florescimento humano com a imparcialidade ou a neutralidade do agente por pensarem que se o florescimento humano é algo objetivo *não pode* fazer uma referência essencial à pessoa para quem é bem como parte de sua descrição. Ademais, eles tendem a ver os indivíduos como nada mais do que receptáculos do florescimento humano. Os indivíduos simplesmente exemplificam o florescimento humano, nada fornecem de essencial ao caráter do florescimento.

Contudo, é bastante possível ao florescimento humano ser ao mesmo tempo relativo ao agente e individualizado, e ainda assim objetivo. Como argumentamos no capítulo 6, o fato de uma coisa ser valiosa apenas para algum indivíduo (ou simplesmente porque é individualizada) não transforma necessariamente seu valor apenas numa questão da atitude que esse indivíduo assume diante dela, ou apenas algo desejado, almejado ou escolhido. Um ser humano individual não é apenas um ente particular

---

[163] Como notamos no capítulo 6, não estamos defendendo que há mais de um padrão último de bem; sustentamos que o florescimento humano é *o* bem último e que é sempre e necessariamente expresso de forma individualizada.

despojado e nem um feixe de paixões e desejos. Existem potencialidades, necessidades e circunstâncias reais que caracterizam o que o indivíduo é e quem ele é; e essas são as bases para se determinar o que é bom para um indivíduo. Embora alguém possa ter interesse ou desejo por algo, ainda assim pode não ser o caso de que o objeto dos interesses ou desejos seja bom para ele. A natureza individualizada e relativa ao agente do florescimento humano não é incompatível com sua objetividade.

(2) Não é controverso afirmar que não se deve ser egoísta, aplicar princípios morais de forma tendenciosa ou postular várias formas de tratamento privilegiado. Contudo, é duvidoso dizer se tais proscrições são melhor caracterizadas como imparciais em relação a todos os sujeitos humanos. Finnis argumenta que é preciso ser imparcial em relação a todos os seres humanos que são ou podem ser partícipes dos bens básicos porque "inteligência e razoabilidade não logram encontrar base no simples fato de que A é A e não é B (que eu sou eu, e não você) para avaliar seu (nosso) bem-estar de forma diferente."[164] Ademais, a única razão que tenho para preferir meu próprio bem estar (que inclui o bem estar de meus amigos e família) é que "é através de *minha* participação autodeterminada e autorrealizadora que posso fazer o que a razoabilidade sugere e exige, a saber, favorecer e realizar as formas de bem humano indicadas nos princípios primeiros da razão prática." Finalmente, Finnis endossa a afirmação de que a base para tal imparcialidade é o princípio da universalizabilidade.[165]

Os pontos aqui ressaltados por Finnis são problemáticos. Se o florescimento humano está sempre essencialmente relacionado a pessoas, como indivíduos específicos, então, em oposição ao primeiro ponto de Finnis, cabe ressaltar que o uso excelente da razão prática exige que quando se está decidindo como agir deve-se considerar de quem é o

---

[164] Finnis, *Natural Law*, 107.
[165] Ibid., 107-8.

bem envolvido. Indivíduos não são apenas meros receptáculos substituíveis por outros, já que *é* eticamente relevante determinar de quem é o bem envolvido. Por exemplo, que uma atividade pode ser boa para os filhos dos outros, mas não para os nossos, não é algo ao qual se deva ficar indiferente. Ademais, se o bem humano é relativo ao agente, então Finnis se equivoca quando alega que a única razão para se preferir o próprio bem estar é que é um meio para se alcançarem bens básicos. *Bens básicos existem para realizar seres humanos individuais; indivíduos não existem para alcançar bens básicos.*

Finalmente, não é necessário adotar uma concepção de florescimento humano neutra em relação ao agente ou diminuir seu caráter individualizado para se evitarem o egoísmo e as várias formas de tratamento privilegiado. E isso também não é exigido pelo princípio da universalizabilidade.[166] São duas as razões para isso. Primeiro, dizer que o florescimento humano é relativo ao agente não quer dizer e nem implica que o florescimento não possa envolver preocupação com os outros; ou que agir pelo bem-estar do outro não pode ser um valor ou uma razão para a conduta de alguém. Como observamos no capítulo 6, agir em prol de determinada pessoa pode ser bom para você, mesmo que outras pessoas não considerem bom realizar os mesmos atos em prol dela. Amigos que se apoiam e ajudam uns aos outros e pais que se sacrificam pelos filhos estão entre os muitos exemplos de como o florescimento pode ser relativo ao agente e ainda assim envolver preocupação autêntica com os outros. Segundo, dizer que o florescimento humano é relativo ao agente não o impede de ser universalizado. A universalizabilidade não requer uma concepção neutra em relação ao

---

[166] Finnis também defende que a neutralidade em relação ao agente se faz necessária se se devem seguir as demandas da justiça. Mas esta afirmação confunde a virtude da justiça, que não necessariamente requer imparcialidade, com a justiça que é provida pela ordem política e jurídica, que o exige. Ver nossa discussão a respeito dessa questão nos capítulos 7 e 12.

agente.[167] Como demonstramos no capítulo 7, é possível sustentar uma teoria da moral que defenda que o bem de alguém é relativo ao agente e ainda assim universalizar as máximas de ação baseadas nela.

Devemos também observar, neste caso, que "universalização" é um conceito ambíguo, pois abrange muitas formas e níveis. Pode ocorrer, por exemplo, que em um certo nível de abstração possamos universalizar a proposição "o conhecimento é bom para os seres humanos." Esta proposição ignora muito a respeito de indivíduos e suas circunstâncias específicas, mas, *ceteris paribus*, é algo que pode ser dito a respeito de todos nós.[168] Não nos opomos à universalização desta forma, contanto que suas limitações sejam apontadas, como o foram acima. Mas, para nós, a universalização não possui status especial no núcleo do que significa qualificar as ações como morais. Se o fim último da ética fosse *essencialmente* prescritivo ou legislativo – ou seja, o de sempre e necessariamente prover regras de conduta para todos – então, a universalização poderia adquirir um *status* central. Mas a ambiguidade no nível da abstração, a partir do qual a universalização é feita, aponta para o fato de que o valor da universalização pode ser limitado e instrumental. A essência da conduta moral não é ação de acordo com alguma regra universalizada. Na melhor das hipóteses, essas ações são um meio, uma ajuda para o florescimento. *Para nós, o que se situa no coração da ética não é o universalizável, mas o melhorável.*

(3) Finnis afirma que "não há uma boa razão para se assumir uma atitude diante de um dos objetivos particulares que se tenha de tal

---

[167] Como observamos no capítulo 7, a capacidade de um valor ser a base para conduta universalizável não é suficiente para estabelecer valores comuns ou uma razão para a conduta voltada para o outro. Isto ocorre porque a universalização de bens relativos ao agente não mostra que o bem de P1 é o bem de P2 e nem que a produção do bem de P2 oferece a P1 uma razão para agir, ou vice versa. Portanto, se o bem de P1 entra em conflito com o de P2, a universalizabilidade não seria capaz de resolver o conflito.

[168] O ponto também se aplica, é claro, aos outros bens e virtudes básicos do florescimento humano.

forma que se o projeto de alguém falha e o objetivo dele se frustra, ele poderia considerar sua vida esvaziada de sentido."[169] Portanto, se alguém não consegue obter sucesso, não deve desistir de tentar. É preciso que mantenha um certo distanciamento em relação a seus projetos. Decerto, este é um bom conselho. Seria irracional supor que a vida de alguém *tem de* se mostrar desprovida de sentido caso seu projeto fracasse; mesmo porque, em geral existem outras formas de se alcançar os bens básicos requeridos pelo florescimento humano. Além do mais, as pessoas não são estáticas. Um projeto que desponte como crucial para se alcançar bens básicos em dado momento pode não o ser em outra época. Contudo, nada disso exclui a possibilidade de que alguns projetos tenham tamanha importância que sem eles a pessoa acaba perdendo toda a chance de florescer. Podem existir pessoas constituídas de uma tal maneira que apenas um número muito limitado de projetos lhes permitirá conquistar os bens básicos. Pode ser também que existam projetos que não podem de forma alguma ser satisfatoriamente substituídos; e momentos e situações que, cruciais para o florescimento, só acontecem uma vez.

Finnis está certo em rejeitar o fanatismo, mas a verdade é simplesmente que aquilo que é fanático para uma pessoa, para outra pode nada mais ser que um comprometimento, escorado em princípios, com um plano de vida determinado.[170] O que os novos teóricos do direito natural deixam consistentemente de considerar é que os pesos *apropriados* dados pelos diferentes indivíduos aos bens básicos em seus planos de vida podem variar bastante. Há várias formas de florescimento humano e, consequentemente, várias formas de falhas e tragédias morais. Alguns projetos podem ser cruciais para algumas pessoas e outros se mostrar desimportantes para outras. Somente ignorando o caráter individua-

---

[169] Finnis, *Natural Law*, 110.
[170] A questão central para o indivíduo é, claro, se ele desenvolveu um plano de vida apropriado para si.

lizado e relativo ao agente do florescimento humano é possível pensar de outro modo.

Depois de considerar estes três pontos apresentados pelos novos teóricos do direito natural concernentes à razoabilidade prática, deve ficar claro que eles não conseguem apreciar suficientemente o papel do indivíduo em qualquer concepção de florescimento humano. Se investigamos mais profundamente seus pontos de vista, isto se tornará ainda mais evidente. Como notamos acima, esses teóricos frequentemente descrevem o florescimento humano como "realização humana integral." Alegam que ele não é uma realização individualista e nem a realização de um bem maior separado dos bens básicos. É, ao contrário, a realização completa, em termos de conquista de bens básicos, de todas as pessoas e comunidades.[171] Como Germain Grisez, por exemplo, afirma, "o ideal da realização humana integral é o de um sistema único no qual todos os bens das pessoas humanas contribuiriam para a realização de toda a comunidade de pessoas."[172] A compreensão dessa concepção de florescimento humano requer, assim, que consideremos como os novos teóricos do direito natural caracterizam o bem comum da comunidade política. É o que faremos na próxima seção. Agora, nos voltaremos para o exame dos teóricos tradicionais do direito natural.

Os teóricos tradicionais do direito natural argumentam, contrariamente aos novos teóricos do direito natural, que qualquer descrição do florescimento humano e da obrigação moral não pode ser adequadamente defendida ou explicada sem uma antropologia filosófica antropológica que a sustente, uma posição com a qual concordamos. A alegação dos novos teóricos do direito natural de que os bens básicos que constituem o florescimento humano são auto-evidentes não mostra que não se baseiam na natureza humana, uma vez que a auto-evidência

---

[171] George, *Making Men Moral*, 15-16.
[172] Grisez, *Christian Moral Principles*, 185.

não precisa ser mera analiticidade; pode ser reflexo da realidade.[173] A questão não é se esses bens são ou não deduzidos ou inferidos da natureza humana; a questão é se esses bens são reconhecidos como bens *para* seres humanos individuais. Se o florescimento humano é relativo ao agente, então, é pelo que os seres humanos individuais *são* que esses bens são conhecidos como bons. Ao não reconhecer que esses bens básicos estão estribados na natureza dos seres humanos individuais, os novos teóricos do direito natural acabam, apesar dos protestos em contrário, tratando esses bens como se possuíssem valor e realidade independentes e apartados das escolhas de seres humanos individuais.

Os teóricos tradicionais do direito natural deixam claro, quase sempre, que os bens básicos são bens para seres humanos individuais. Portanto, aceitamos seu insight inicial. Contudo, não aceitamos a alegação subsequente de que uma análise exclusiva da natureza humana revela uma valoração ou pesagem particular dos bens básicos que seja apropriada para todo e qualquer indivíduo.[174]

Há três problemas nessa alegação. Primeiro, uma análise da natureza humana não revela valorações ou pesagens relativas dos bens básicos, muito menos uma que seja apropriada a todos os indivíduos. A análise da natureza humana provê, no máximo, um conceito-conglomerado que lista bens básicos; e isso dá sustentação à alegação de que ninguém pode florescer sem ter, de alguma forma, esses bens básicos. No entanto, uma análise da natureza humana não mostra, por exemplo, como a amizade deve ser valorada em relação ao conhecimento; a natureza humana como tal não fornece essa informação. Assim, não há uma receita para o florescimento que a natureza humana possa dar ao indivíduo.

---

[173] Ver Henry B. Veatch, *Two Logics: The Conflict Between Classical and Neo-Analytic Philosophy* (Evanston, Ill.: Northwestern University Press, 1969), 102-5.

[174] Ver Hittinger, *Critique of the New Natural Law Theory*; e Ashley, "What is The End of the Human Person?"

Em segundo lugar, mesmo que seja o caso de alguns bens básicos serem ontologicamente mais fundamentais que outros, isso não significa que a valoração ou peso que um indivíduo particular dá aos bens básicos deve se basear apenas nessa dependência. Por exemplo, pode ser que alguém não consiga usufruir qualquer outro bem básico a não ser que também possua o bem do conhecimento. Mas isso não significa que a vida de um filósofo ou cientista seja a melhor vida para todos. Ou mesmo que tal tipo de vida seja, sem maiores discussões, de alguma forma em si mesma "melhor". E nem quer isso dizer que alguém deveria gastar mais tempo e esforço buscando conhecimento em vez de buscar lazer ou desenvolvendo relacionamentos com a família e amigos.[175] A importância ou o valor de um bem básico para uma pessoa não pode ser determinado sem que se examine o nexo dessa pessoa.

Certamente, um indivíduo não deve desvalorizar ou deixar de dar peso a um bem básico, em especial se é um daqueles que são ontologicamente mais fundamentais que outros bens básicos. Embora a fundamentalidade ontológica geral possa chamar de forma mais compelente nossa atenção para um bem básico, o lugar de um bem básico ontologicamente fundamental numa hierarquia de valores não é determinado *ipso facto* apenas por sua fundamentalidade no que diz respeito a seu conteúdo ou lugar na hierarquia valorativa de um indivíduo. Neste último caso, não significa que o bem ontologicamente mais fundamental deve, para todos os indivíduos, receber mais valor ou peso que os outros bens básicos. Por exemplo, o fato de uma casa precisar de fundações não implica que se deva valorar mais a vista que se tem estando no solo que a que se tem da varanda. Isto significa que o conteúdo preciso de um bem é aberto à determinação individualizada, pois o tipo de conhecimento que se precisa ter é função de sua relação com outros valores na hierarquia, sem falar das circunstâncias.

---

[175] A alternativa não precisa ser amizade ou lazer, pode ser qualquer outro bem.

Terceiro, uma compreensão do florescimento humano como tal não especifica as formas individuais de florescimento. Mas não especificar essas formas não é negar sua existência. De fato, tal exame abstrato do florescimento humano requer que o florescimento exista sob alguma forma particular.[176] Requer que na realidade existam muitas formas individualizadas de florescimento humano. E é o nexo de um indivíduo que determina que forma, que modo ou maneira, de florescimento é apropriado para esse indivíduo. Não existe o florescimento humano "como tal" ou com uma única forma. Como observamos mais de uma vez, o florescimento humano não é um *tertium quid* e nem algum valor em geral.

Reiteramos que o conhecimento da forma específica de florescimento apropriada para alguém não pode ser alcançado apenas por uma explicação teórica ou especulativa da natureza humana. O que se precisa é do conhecimento das particularidades da vida de um indivíduo, as quais são essenciais para dar realidade, determinação e valor aos constituintes do florescimento humano; e apenas a sabedoria prática pode fornecer esse tipo de conhecimento.

É obviamente importante ser capaz de examinar as coisas de forma abstrata. É necessário ter conhecimento teórico ou especulativo das virtudes e bens básicos do florescimento humano, pois são eles que fornecem os objetivos amplos, gerais para a conduta de um indivíduo. No entanto, isso não significa que o conhecimento teórico deve substituir o papel da sabedoria prática como guia da conduta humana – ou seja, quando está em questão descobrir, alcançar, manter, valorar e apreciar os bens básicos para o indivíduo nas situações particulares e contingentes. Os teóricos tradicionais do direito natural esperam demais do conhecimento teórico ou especulativo e não o suficiente da sabedoria

---

[176] São Tomás de Aquino chamava a esse tipo de abstração de "abstração sem precisão." Ver nossa discussão sobre a respeito de abstração no capítulo 7, nota 93.

prática. Com isso, não conseguem apreciar suficientemente o caráter individualizado e relativo ao agente do florescimento humano.[177]

Tanto os novos teóricos do direito natural quanto os tradicionais não conseguem capturar a importância do caráter individualizado e relativo ao agente do bem humano. Como veremos, isso leva a concepções problemáticas do bem comum da comunidade política, assim como à incapacidade de se enxergar a importância real dos direitos naturais ou individuais.

O DIREITO NATURAL E O BEM COMUM DA COMUNIDADE POLÍTICA

Uma das formas de se encarar o bem comum é como o faz John Finnis. Finnis considera que o bem comum é a obtenção das condições que estimularão os indivíduos a alcançar "uma combinação integrada de condições materiais e outras que tendem a favorecer a realização, por cada indivíduo da comunidade, de seu desenvolvimento pessoal."[178] A definição de Finnis logicamente admite a possibilidade de que assegurar essas condições não requererá que pessoas específicas sejam supridas com coisas particulares ou com qualquer coisa que seja. É concebível que o bem comum possa ser obtido assegurando-se a existência de condições que, embora permitam que os indivíduos atuem em prol de seu próprio desenvolvimento, não fornecem benefícios a indivíduos particulares e nem atendem às demandas dos indivíduos por bens ou serviços específicos. Portanto, sustentar uma crença no bem comum

---

[177] Os teóricos tradicionais do direito natural tradicional podem fazer isso por causa da abordagem tradicional do fim dominante à ética teleológica com base na qual se confere à vida contemplativa posição suprema. Mas essa questão é complicada, pois envolve questões como: o que é a vida contemplativa? Em que sentido é ela o valor supremo? Como ela é similar à visão beatífica e diferente dela? Qual é a natureza da relação entre o assim chamado fim "sobrenatural" do homem e o fim natural? Ver Ashley, "What is The End of a Human Person?"

[178] Finnis, *Natural Law*, 154.

não obriga ninguém a assumir uma posição que *necessariamente* requer que o Estado, ou outra instituição centralizada, seja ativa o suficiente para assegurar bens e serviços a seus cidadãos. É possível supor que um Estado minimamente ativo faria tudo que é necessário para prover o bem comum; ou seja, asseguraria as condições necessárias para ajudar os indivíduos a alcançarem os bens de que precisam para florescer.

Mas ainda se supusermos que aderir a uma noção de bem comum não compromete ninguém com uma ideologia política específica que defenda a intervenção do Estado, subsiste a questão de por que a noção de bem comum implica alguma coisa a respeito da ação política? Pode-se responder que o território da política é o território daquilo que é comum a todos nós; acreditamos, contudo, que esta resposta faz algumas suposições discutíveis. O fato de uma coisa ser comum a todos nós não necessariamente implica necessidade de preocupação ou ação política envolvendo essa coisa. Isto é especialmente verdade se o que está em questão, como aqui é o caso, é apenas definir qual deve ser o papel da política. Por exemplo, argumentaríamos que o plano político apropriadamente se ocupa apenas de assegurar condições que tornam *possível* aos indivíduos *buscarem* sua própria autoperfeição em meio aos outros, em oposição a assegurar as condições que tendem a incentivar o desenvolvimento da autoperfeição ou assegurar diretamente autoperfeição para os indivíduos. Caso se assuma esta posição, disso não se segue de forma alguma que a política se ocupa necessariamente de tudo o que se pode qualificar de "bem comum" (ou seja, daquelas coisas que são boas para todos os indivíduos). Em outras palavras, a política pode se ocupar do que é comum, mas o que é comum não é necessariamente se localiza no território da política.[179]

---

[179] Por "território da política" entendemos ao território do Estado ou da ordem político-jurídica. Não negamos que possam existir sentidos para o termo "político" que se referem as relações entre pessoas em busca de algum bem comum, que não envolve o Estado ou a ordem político-jurídica. Assim, admitimos que pode haver um

Se o político e o comum fossem idênticos, não lograríamos discernir uma diferença e nem distinguir realmente, para propósitos políticos, as condições de possibilidade da busca da autoperfeição, em meio a outros, das condições necessárias à realização da autoperfeição. Mas certamente podemos fazer tal distinção. Pode até ser, como acreditamos, que as condições que tornam possível a busca de qualquer tipo de florescimento sejam menos robustas, em caráter, que as condições que tendem a promover diretamente o florescimento humano. Talvez o florescimento de qualquer indivíduo possa ser otimamente encorajado se lhe concedermos uma renda maior do que a média nacional. Mas uma ordem social que redistribui para dar a todos uma renda acima daquele nível é certamente diferente de uma que simplesmente permite que qualquer um que alcance aquele nível de renda o mantenha. Cabe observar aqui que somos, de uma forma geral, céticos a respeito da existência de "bens comuns", exceto no sentido mais genérico – e a forma genérica é enganosa em seu próprio modo; este problema será discutido alhures.[180] Aqui, em prol da argumentação, ignoraremos essa questão e concederemos que a as condições gerais que promovem o florescimento podem ser discutidas de forma significativa. Se podem, a questão em pauta não é tanto a relativa à natureza do bem comum, mas sim a relativa à natureza da política e à sua ligação com o bem comum. Nosso ponto é que mesmo se concedemos que X contribuirá para as perspectivas gerais de florescimento entre os membros de uma sociedade, não se pode presumir que X deve ser provido como uma questão de ação política ou que a atividade política faz-se necessária se ~ X prevalece.

---

sentido de "político" no qual cada preocupação política envolve um bem comum. Mas este não é o sentido com que é aqui usado e nem é essa a questão que nos preocupa.
[180] Ver Rasmussen e Den Uyl, "Liberty and the Common Good", (cap. 4), in *Liberty and Nature: an Aristotelian Defense of the Liberal Order* (LaSalle, Ill.: Open Court, 1991), 131-71.

Isso nos leva à questão de que se proteger ou não as condições de possibilidade da busca do florescimento em meio às outras pessoas deve ter precedência sobre prover as condições que tendem a promover o florescimento mais diretamente.[181] Não ofereceremos uma resposta cabal para esta questão no presente momento, mas o fato de que é possível formular a questão indica sensivelmente que não podemos simplesmente presumir que alegações a respeito do que encorajaria o florescimento possuem alguma prioridade política. A questão do papel apropriado para a atividade política, no que diz respeito a bens que sustentam o florescimento, nos leva a outra questão: é o florescimento que os indivíduos exibem uma função das condições que tendem a encorajá-lo? Ou são essas condições em si mesmas o resultado de ações individuais buscando ou mantendo atividades de florescimento? Formulando a questão de outra forma: os indivíduos, por meio de suas ações e relações com outros, meramente localizam no tempo e espaço os bens que precedem essas ações e relações ou será que os bens — qualquer que seja sua natureza e dimensão comunitária — surgem e permanecem como resultado de ações individuais, levadas a cabo individualmente ou em coordenação com outras pessoas? À primeira e à segunda alternativa, expressas nessas questões, chamamos respectivamente de "tese condicionalista" e de "tese da agência individual".

Antes de se tentar responder às questões precedentes dizendo que há um pouco de verdade em cada lado, deve-se observar que estamos formulando o problema subjacente a essas questões dando-lhe um sentido fundamental. Dizer que ambos os lados têm razão talvez seja correto em algum sentido, mas não em um sentido fundamental, pois não se especifica para que direção devemos orientar nossos esforços enquanto

---

[181] Em nossos momentos mais otimistas, tendemos a pensar que assegurar de fato as condições para a possibilidade de buscar o florescimento de uma forma geral, teria como efeito criar condições que mais diretamente encorajam o florescimento, mas o nosso argumento não se prende a essa conexão.

tentamos provocar o florescimento. Se as ações dos indivíduos asseguram, mantêm ou até dão forma aos bens conectados ao florescimento, então são essas *ações* que devem se tornar o foco de nossos esforços; com base nessa concepção, colocar o foco nos bens em si mesmos seria um equívoco, uma vez que são apenas *derivações* dessas ações. Se ações forem o foco de nossos esforços, e admitirmos uma pluralidade de fins e uma diversidade de modos de abordá-los, então tenderemos a nos concentrar na concessão de liberdade de ação. Contudo, se o florescimento significa ter as condições disponíveis para que os indivíduos possam usufruir os bens que ele requer, então devemos concentrar nossos esforços no estabelecimento das condições corretas e não nas ações em si mesmas. À luz dessa concepção, as ações são vistas como o produto de condições anteriores, em contraponto às que são vistas como produto da ação individual.

Finnis pode objetar que alguns bens, como a amizade, são essencialmente ações (ou ações em um relacionamento de certo tipo) e que, portanto, a distinção feita acima não é boa. Finnis fala de como bens como a amizade não se exaurem pelo modo com que são usufruídos por alguém, sugerindo que esses bens de algum modo preexistem às ações que os caracterizam, embora encontrem expressão apenas através de ações individuais.[182] É difícil imaginar, contudo, que bem, concreta e determinadamente e não apenas potencialmente, preexiste a ações ou relacionamentos produzidos em algo como uma amizade, sem falar no que a *política* poderia fazer para mover as pessoas na direção do usufruto desse bem. Parece provável que quanto mais um bem se define em termos não-materiais da ação individual, menos se ajusta a objetivos políticos. Em contraste, condições materiais (ter dinheiro, por exemplo) são mais promissoras como objetos de ação política, por podermos identificá-las e medir até que ponto os indivíduos as possuem. Mas se procuramos por

---

[182] Finnis, *Natural Law*, 141-56.

fins não-materiais da ação política, a liberdade de associação parece ser a base política mais provável para bens como comunidade e amizade.

Em alguns desses casos, como o da liberdade de associação, a "condição" obtida poderia facilmente se harmonizar com nossa sugestão de que à política incumbe assegurar e manter as condições de *possibilidade* para se buscar o florescimento em meio a outros indivíduos. Uma vez que a liberdade de associação não garante a amizade e nem mesmo a comunidade – se por "comunidade" entendemos algo mais que a coexistência não-violenta – a liberdade de associação passa a ter como missão apenas assegurar a possibilidade de florescimento. Contudo, não é tão fácil imaginar o que mais pode ser dito se da liberdade de associação se espera que fomente mais diretamente a tendência para a amizade. O que esperaríamos que resultasse dessas tentativas é que certos tipos e modos de amizade pudessem ser incrementados, mas apenas às custas de outros tipos ou modos. Mais especificamente, se aqueles que criam as condições que formentam as amizades não pudessem imaginar um tipo específico de amizade, ou pensassem que seria difícil encorajar um tipo específico de amizade, então esse tipo de amizade mais provavelmente seria frustrado por quaisquer condições que fossem implementadas.

Nossa intenção não é, contudo, de sermos ambíguos com relação ao que mais provavelmente promove determinado fim, mas levantar a questão da orientação em direção ao bem comum. Parece-nos que se alguém admite a possibilidade de uma pluralidade de modos de florescimento, relatividade do valor ao agente e caráter derivativo das condições materiais, então é mais provável que adote abordagens procedurais ao bem comum em vez de voltar-se para uma noção de bem comum que busque realizar certos estados de coisas ou determinadas condições materiais. Nosso segundo ponto é que, aceitando-se a tese do livre arbítrio, podemos falar de forma significativa tanto das condições quanto da ação individual. Em contraste, a tese condicionalista, na medida em que é levada a sério, parece fazer com que a individualidade desapareça. Quanto mais diretamente as condições C produzirem estados de florescimento F, menos o indivíduo I terá importância para a conexão entre C e F. Em um extremo, podemos imaginar que C invariavelmente produz F para I^n,[183] enquanto no outro extremo podemos imaginar C sendo necessário para, mas não diretamente produzindo-o, F para I. A última posição estaria, é claro, em termos práticos, próxima da nossa, pois no extremo do espectro parece difícil falar de qualquer coisa sendo "produzida" ou "encorajada" entre C e F para I.

A maioria dos que defendem o condicionalismo, e que ainda assim pretendem admitir algum grau de individualidade, não assume nenhuma dessas posições extremas; eles se colocam em algum lugar no meio. Mas esse meio-termo suscita um contencioso interminável, já que não há critérios claros nem para se produzir F com sucesso e nem para se definir em que extensão C pode ser alterado. Qualquer programa político que tente se apoiar nesse meio-termo terá de ser sistematicamente intervencionista, pois não há garantia de que determinado nível de C encorajará F da mesma forma o tempo inteiro. Em consequência, os indivíduos contam muito pouco por uma das duas seguintes razões: ou porque se está na invariabilidade do extremo inferior do espectro ou por causa da inevitável disputa em torno de como assegurar as condições apropriadas. Eles não contam ou porque as condições certas produzem os efeitos certos para eles, quer queiram ou não, ou porque a falta de confiança na conexão causal entre C e F torna forçoso pensar em termos de agregados e a raciocinar que isso se aplica a "maior parte". Em ambos os casos, a ação "coletiva" suplantará a individual.

Se aceita, contudo, a tese do livre arbítrio individual, então tanto C como F – e a relação entre eles – são uma função de I. Portanto, à luz da tese do arbítrio individual, não precisamos sacrificar a discussão das

---

[183] Uma vez que a questão é política, devemos expressa-la I^n, e não I, pois podemos imaginar C sendo invariável para I^1, mas não para I^2.

condições que encorajam o florescimento e nem desistir de discutir ações individuais. Isto porque é possível, em um programa *político* que procura assegurar apenas as condições de possibilidade da busca do florescimento, que as pessoas em conjunto aspirem (ou mesmo conspirem) a produzir as condições favoráveis ao florescimento. Como essas condições são vistas como o produto da ação individual, não há contradição ou tensão entre a ação individual, por outro lado, e o estabelecimento de condições comuns, por outro. Além disso, não se pode argumentar que a tese do livre arbítrio elimina o papel das condições da mesma forma que a tese condicionalista elimina o papel do indivíduo. As condições não desaparecem progressivamente à medida que nos voltamos mais e mais para os indivíduos porque os bens em questão, que constituem as condições preferidas, são justamente aspirações e conquistas dos indivíduos. O que *poderia* estar ameaçado por essa abordagem seriam os bens que são a aspiração de alguma entidade coletiva e não de algum indivíduo. Mas não conhecemos teóricos do direito natural que desejem ser vistos como coletivistas.

A abordagem ao bem comum dos teóricos tradicionais do direito natural não é tão diferente da visão de Finnis. Veatch, por exemplo, define o bem comum como "um sistema social, organização social ou ordem social criada e projetada para tornar vários dos bens da vida disponíveis aos indivíduos que compõem a comunidade."[184] Parece que isto tem menos a ver com a visão de Finnis, mas a discussão mais completa de Veatch não deixa dúvida de que o florescimento é a força motriz de sua teoria. Sua definição de bem comum mostra que ele, como Finnis, é um condicionalista quando se trata de bem comum; ele crê que os bens devem ser providos de forma a promover o florescimento entre indivíduos. Mas Veatch preocupa-se menos em discorrer sobre o caráter das condições que devem prevalecer e mais com a natureza do bem comum

---

[184] Veatch, *Human Rights: Fact or Fancy?*, 127.

em face do que ele chama de posição "hiper-individualista". Veatch quer mostrar duas coisas: que existe um bem que não é o bem de um indivíduo, mas o bem de todos e de cada um; e que esse bem é um traço necessário de qualquer comunidade ou organização política e pode ter precedência sobre o bem de um indivíduo em casos de conflito.

Veatch quer que imaginemos uma situação em que acabamos por reconhecer que para termos uma comunidade precisamos de regras e procedimentos aos quais os indivíduos devem aderir mesmo se assim procedendo não aumentam seu próprio bem. Essas regras e procedimentos são bons para todos coletivamente, uma vez que permitem que todos colham os frutos de viver em comunidade. É claro que essas regras e procedimentos coletivamente benéficos também são bons para cada indivíduo. O que Veatch defende é que esse bem comum é, de alguma forma, diferente daquele que se refere apenas ao indivíduo. Uma vez que se aceite que pode haver um bem que não se define em termos apenas dos indivíduos, então abre-se espaço para dar ao bem comum um *status* que não tem como ser retirado invocando-se indivíduos isolada ou coletivamente. De fato, parece justo dizer que ambas as vertentes do direito natural consideram o bem comum politicamente fundamental e os direitos naturais apenas secundários.[185] Por outro lado, para a tradição dos direitos naturais, os direitos são fundamentais e o bem comum é secundário; o que quer dizer que o bem comum é de alguma forma função de se assegurarem direitos naturais.

Não se pode deixar de indagar se às vezes alguns dos argumentos apresentados pelos teóricos do direito natural na defesa do conceito de bem comum misturam o bem geral de uma pessoa com seu interesse mais imediato. Descrições da natureza do bem comum são dadas com frequência em exemplos que envolvem clubes, empresas, organizações

---

[185] Ver a discussão do lugar dos direitos naturais na teoria da lei natural, em especial o debate entre Brian Tierney e John Finnis em *The Review of Politics*, 64, n. 03 (verão de 2002): 389-420.

e similares; e tais exemplos se prestam a gerar esse obscurecimento. Em todo tipo de empreendimento comum, o interesse mais imediato de alguém pode ter claramente de se subordinar ao "bem" do todo. Quando somos parte de um grupo, não é difícil reconhecer os momentos em que nossas preferências devem ser colocadas de lado ou negociadas para que o grupo possa florescer. De fato, em um nível abstrato, poder-se-ia dizer — e certamente isso é aceito por aqueles que acreditam em bem objetivo — que o que é bom para alguém não é necessariamente o mesmo que o que poderia ser de seu interesse em determinado momento. De fato, um aspecto positivo da tradição ética clássica é que ela parece alinhar estes itens aparentemente distintos. Talvez o desejo dos teóricos clássicos de unificar os dois explique a mistura. Mas isso não remove a distinção. Mesmo que a distinção não seja mal feita, não se segue do fato de que X é bom para alguém que necessariamente supera o interesse que pode tem em ~X na arena política onde a força pode ser usada para se assegurar ações e resultados. O valor de alguns bens, por exemplo, pode depender integralmente da autorrealização de alguém do valor desses bens. Se alguém não aceita o valor de alguma coisa, forçá-lo a fazer isso pode não aproximá-lo mais do valor; pode até, de fato, produzir reação oposta, impedindo assim o tipo de autorrealização necessária para se valorar de forma apropriada o bem em questão.[186]

Se Veatch examinasse nossa posição, poderia argumentar que as condições de possibilidade da busca do florescimento de um indivíduo em meio a outros seriam o equivalente ao "bem comum" defendido por nossa teoria — o bem que se sobrepõe a qualquer bem individual que lhe seja contrário e que é distinto do bem de qualquer indivíduo. Presumivelmente, seu ponto seria o de que em algum nível de qualquer

---

[186] Estamos bem conscientes das questões relativas à habituação e similares. Nosso ponto aqui é simplesmente dizer que não se pode passar diretamente da proposição de que X é bom para P para a que diz que o interesse de P em ~X deve ser afastado de alguma forma.

teoria os direitos individuais podem ser sobrepujados por apelos ao bem comum, pois esses direitos são eles próprios atribuídos com base no estabelecimento das condições que tornam possível seu exercício. Supõe-se que isso mostre que direitos individuais são conceitualmente derivados do bem comum. Além do mais, significa que em qualquer caso de conflito entre direitos individuais e a ordem comum que dá origem a eles e os mantêm, a ordem comum deve prevalecer. Não se pode presumivelmente responder afirmando que o bem comum é apenas o estado de coisas em que os direitos individuais são protegidos, pois esse estado de coisas é ele mesmo uma condição que suplanta os direitos individuais que conjuntamente o compõem.

Contudo, o argumento precedente se desenrola rápido demais. Condições de todo o tipo, incluindo nossas condições que possibilitam a busca do florescimento em meio a outras pessoas não se mantêm por si mesmas. A ação individual deve sustentá-las. Mas novamente Veatch apontaria uma diferença. A ação individual que importa quando se sustentam essas condições é uma ação voltada para a ordem *comum*, e não para o próprio indivíduo. Em consequência, conquanto indivíduos tenham de agir para sustentar os valores de uma ordem comum, essa ordem é distinta das ações direcionadas para o alcance de seus próprios valores pessoais. Contudo, nosso ponto, já destacado quando nos reportamos a Finnis, é que qualquer que seja o bem que se esteja considerando — seja o bem comum ou o bem de cada um — ele é um bem efetivo apenas por causa dos atos de escolha que o tornam bem para indivíduos que pretendem realizá-lo. Se alguém alega que essas escolhas são produtos das condições que as geram, podemos repetir o que dissemos em nossa discussão da posição de Finnis: as condições são elas mesmas produtos da ação e escolha individuais e, portanto, derivadas dessas escolhas e ações.

Além do mais, o bem do todo apenas fica inerentemente nos antípodas do bem do indivíduo se nos esquecemos que os indivíduos se preocupam com as condições nas quais vivem com os outros. Quanto a isso, concordamos com a tradição do direito natural quando advoga que somos seres sociais cuja realização deve se dar na companhia com os outros. Dada esta posição, somos bastante céticos a respeito dos modos de análise que se baseiam em um "estado de natureza" associal. Mas dizer isso de forma alguma altera o fato de, independentemente de um bem [good] ser comum ou não, seu bem [goodness] só se torna real, determinado e valioso através da escolha individual. Por causa disso, nossa visão é a de que apenas uma posição que defenda a segurança das condições de *possibilidade* da busca do florescimento de alguém em meio a outras pessoas pode respeitar igualmente bens comuns e individuais, pois apenas esse tipo de posição respeita o que é realmente comum entre eles – ou seja, a escolha individual. A "condição" a que nos referimos neste contexto não é uma condição que tende a promover o bem da escolha individual. Ao contrário, *é* aquele bem socialmente considerado. Uma vez que a escolha individual não necessariamente produz os outros bens do florescimento, não se pode afirmar que ela supra uma condição para o florescimento no mesmo sentido que a tradição do direito natural gostaria que o bem comum fizesse. Com relação a isso, ela se alinha com a tradição dos direitos naturais ao tornar fundamentais os diretos. A tradição dos direitos naturais não apenas se concentra no indivíduo, mas também diminui as expectativas sobre o que a política pode realizar no que diz respeito à promoção do florescimento. As "condições" que ela busca são amplamente de tipo negativo, de não-interferência, já que são as mais afinadas com a centralidade da escolha individual. O principal defeito da tradição dos direitos naturais reside, como já foi observado, em seu esquecimento de que temos direitos porque somos seres sociais, e não porque estamos atomizados em um estado de natureza.

Além disso, a condição aqui referida não é um bem *além* das escolhas que os indivíduos podem fazer por si mesmos. Como já foi assinalado, são as próprias escolhas que constituem o bem comum ao mesmo tempo em que constituem o bem individual. Mas ainda há uma ambiguidade. Veatch tinha razão em suspeitar que o bem comum é algo que não pode ser reduzido ao bem individual, seja singular ou agregado; mesmo por que isso pareceria implicar que o bem comum pode ser separado do bem individual e até contraposto a ele. Temos resistido a aceitar isso. Mas nossa abordagem, de que as próprias condições são uma função das ações e escolhas individuais, também poderia, no fim, acabar se mostrando enganosa. Ela poderia sugerir que a condição em questão é um produto de escolhas individuais. Na maioria dos casos, especialmente quando nos referimos à maioria dos bens que conduzem ao florescimento humano, isso é verdade. Mas aqui, quando falamos do bem comum como livre escolha compossível, também temos de reconhecer que a condição em questão não é um produto de alguma coisa. Ela é a condição exibida pelas próprias escolhas, e que se manifesta através delas, embora não se esgote nessas escolhas e nem se reduza a elas. Nesse sentido, o "bem comum" é "diferente" das escolhas dos indivíduos.

Resumindo, a perspectiva segundo a qual a sociedade é essencialmente similar a outros empreendimentos comuns, com um bem que pode se sobrepor aos bens dos indivíduos no caso de conflitarem, é essencialmente defeituosa. Ela não consegue apreciar a conexão entre o bem e a escolha individual no nível mais fundamental e deixa de apreender o papel da escolha individual na obtenção e preservação dos bens que ela define como necessários para o florescimento. A concepção condicionalista do bem comum também pode incorrer em petição de princípio na discussão do papel da política, incluindo a do propósito da política. Finalmente, a tradição do direito natural parece largamente unida em torno da colocação do "bem comum" no centro de suas teorias. A superioridade da tradição dos direitos naturais reside, em nossa visão, em sua compatibilidade inerente com o que é central à natureza do próprio bem sua fundamentação na escolha.

Capítulo 9

AUTOPROPRIEDADE[187]

Todo homem tem uma propriedade em sua própria pessoa. A esta ninguém tem qualquer direito senão ele mesmo. O trabalho de seu corpo e a obra de suas mãos, pode-se dizer, são propriamente dele.

∾ JOHN LOCKE, *Segundo Tratado*

Cada indivíduo, como um fato natural, é proprietário de si, o governante de sua própria pessoa. Os direitos "humanos" da pessoa defendidos em uma sociedade puramente de livre mercado são, com efeito, o direito de propriedade de cada homem sobre seu próprio ser. É desse direito de propriedade que deriva seu direito aos bens materiais que ele produziu.

∾ MURRAY ROTHBARD, *Power and the Market*.

Cada pessoa tem propriedade exclusiva sobre si e ninguém tem direitos de propriedade sobre outra pessoa. Decisões sobre o uso de habilidades pessoais são da alçada exclusiva da pessoa, contanto que seu exercício da autopropriedade não viole os direitos iguais dos outros.

∾ JOHN CUNLIFFE, *Origins of Left-liberalism*

A transição do direito natural para os direitos naturais na era moderna pode ter se completado com a ideia de "propriedade de si", ou "autopropriedade" – o que chamamos de tese da autopropriedade.[188] Muitas

---

[187] Este capítulo foi feito a partir de Douglas B. Rasmussen e Douglas J. Den Uyl, "Seflf-ownership" *The Good Society* 12, n. 3 (2003): 50-57, com algumas poucas mas importantes modificações.

[188] Reconhecemos que existem vários fatores que contribuíram para a substituição do direito natural pela lei natural, remontando talvez a eras pré-modernas. Mas só

das sensibilidades dos direitos naturais modernos são transmitidas pela ideia de autopropriedade – individualismo, igualdade, valor inerente e esferas de soberania pessoal, para citar apenas algumas. A ideia de uma esfera de soberania individual autônoma, tão especialmente característica dos direitos naturais modernos, está no cerne do significado de um conceito como o de "autopropriedade" – um conceito que na verdade é anterior ao de "autonomia" – porque a tese da "autopropriedade" concede o lugar mais privilegiado ao indivíduo. Além do mais, é um conceito que não é inconsistente com a ideia de que existe algo de importância moral que possuímos *por natureza*. Que existe uma ordem moral independente tanto da convenção como do poder político é um tema comum à teoria do direito natural e à teoria dos direitos naturais.

Mas mesmo que a tese da autopropriedade fosse o meio de expressar a transformação do direito natural em direitos naturais, disso não se seguiria que esta posição teria um conteúdo substantivo próprio. A autopropriedade pode juntar (ou sugerir à mente), por exemplo, conceitos capazes de fazerem o trabalho real e que ganham certa acessibilidade por serem unidos por um termo ou conceito. A seguir exploraremos esta ideia, não no sentido histórico, mas no conceitual. O que a tese da autopropriedade significa? Cumpre ela algum papel real? Ou o termo é uma abreviação para conceitos ou perspectivas políticas mais complicadas que se encarregam de fato de cumprir a missão? Ou dependem de estruturas ou princípios fornecidos de fora? Embora não possamos explorar essas questões minuciosamente, pretendemos investigar alguns significados e implicações possíveis do conceito e, portanto, determinar em que medida a autopropriedade é um princípio primário ou derivado.

---

queremos defender aqui que como veículo para as suscetibilidades modernas, a tese da autopropriedade serviu como a expressão maior através da qual as suscetibilidades dos direitos naturais modernos foram transmitidos. Ver a nossa discussão da relação entre o direito natural e os direitos naturais no capítulo 3.

As epígrafes de Locke e Rothbard que abrem este capítulo são versões típicas da tese da autopropriedade. A tese é vista, tanto por quem a defende como por quem a critica, como o princípio fundamental para o liberalismo clássico dos direitos naturais e para o libertarianismo político contemporâneo.[189] No entanto, ela não é encontrada apenas na direita. Pensadores liberais que tendem para a esquerda também usam o conceito, como indica a terceira epígrafe. Como as citações de Locke e Rothbard aproximam-se mais de nossa posição sobre política e direitos naturais, nos concentraremos em interpretações ligadas a essa perspectiva política. O que querem dizer os enunciados de Locke e Rothbard? São defensáveis? E, mais importante para nós, é a tese da autopropriedade a base para se afirmar que os seres humanos têm direitos individuais ou é apenas a reafirmação da alegação de que os seres humanos possuem direitos individuais?

Comecemos nossa resposta a estas questões com as seguintes afirmações:

> "Este é o meu corpo."
> "Estas são as minhas faculdades, talentos e energias. Eu os possuo."
> "Este corpo, estas faculdades, talentos e energias são meus, não seus."

É evidente que o indivíduo tem posse *de facto* e, até certo ponto, controle sobre o próprio corpo, suas faculdades, talentos e energias

---

[189] Entre os críticos estão, por exemplo, G. A. Cohen, *Self-Ownership, Freedom and Equality* (Cambridge: Cambridge University Press, 1995); Will Kymlicka, *Contemporary Political Philosophy: an Introduction* (New York: Oxford University Press, 1990), 95-125; e Richard Arneson, "Lockean Self-ownership: towards a demolition", *Political Studies* 39 (1991): 36-54. Ver também a resposta de Eric Mack a alguns destes críticos: "Self-Ownership, Marxism, and Egalitarianism Part I. Challenges to Historical Entitlement", *Politics, Philosophy and Economics* 1, n. 1 (fevereiro 2002): 119-46; e "Self Ownership, Marxism and egalitarianism. Part II. Challenges to the Self-Ownership Thesis," *Politics, Philosophy and Economics* 1, n. 2 (junho 2002): 237-76.

— ou seja, "suas propriedades ontológicas constitutivas" — e que tais fatos são pressupostos por qualquer visão a respeito do que o indivíduo deve ou não fazer. Mas afirmar tal coisa é bem diferente de dizer que se deve ter controle exclusivo sobre o que se faz com essas propriedades; ou de dizer que se tem direito a um tipo de controle que se sobrepõe a todos os outros princípios morais que definem o uso e emprego dessas propriedades.[190] Cabe ainda mostrar que o indivíduo exercita esse controle exclusivo de forma *legítima* e *apropriada* sobre essas propriedades ontológicas constitutivas e que tal controle supera e *sobrepuja* todos as outras alegações morais. Em outras palavras, cumpre ainda mostrar que são legitimamente da pessoa e que o são por direito — e que ela tem o direito exclusivo de controlar essas propriedades ontológicas constitutivas.

Talvez seja melhor encarar o termo "auto" que ocorre em autopropriedade como puramente reflexivo. O que é possuído e o que cria a posse são uma e mesma coisa. Portanto, a ideia básica de autopropriedade é que se tem direitos sobre si próprio e que não se pertence a outrem — não se é um escravo. Mesmo assim, qual é a base dessa alegação? E como ela mostra que cada um tem direito sobre o que resulta do exercício que faz sobre as próprias propriedades ontológicas constitutivas?[191]

Robert Nozick observou que os indivíduos são invioláveis, que possuem direitos individuais. Não podem ser sacrificados ou utilizados para a obtenção de fins que não são de sua escolha, pois tal uso de um

---

[190] A posse de tal direito deve, é claro, ser consistente com o fato de todos os outros terem o mesmo direito relativamente a suas propriedades ontológicas constitutivas.

[191] Formulamos essa segunda questão em descrição do direito natural à propriedade privada no capítulo 5, mas nossa resposta a esta questão depende de se encarar o direito natural à propriedade privada basicamente como expressão do direito natural à liberdade. Assim, a questão que nos preocupa aqui é se a tese da autopropriedade funciona da mesma forma fundamental e crucial para se estabelecer o direito natural à liberdade e, portanto, à propriedade.

indivíduo "não respeita suficientemente e nem leva em conta o fato de que ele é uma pessoa separada, que sua vida é a única que possui... [e] que existem indivíduos diferentes com vidas separadas."[192] Usar um indivíduo desse modo é, parafraseando Isaiah Berlin, pecar contra a verdade de que um indivíduo é um ser humano, um ser com uma vida própria para ser por ele vivida.[193] Mas a inviolabilidade do indivíduo não pode se basear simplesmente na diferença ontológica entre os indivíduos ou no fato de serem suas vidas separadas. Certamente, os marxistas consideram estes fatos inadequados para justificar tal alegação, já que os encaram como algo que pode e deve ser alterado. Além do mais, a ideia de "ser da espécie" sugere que a individualidade nesse sentido é algo inferior a um estado plenamente humano. Alguns comunitaristas também podem argumentar que muitos dos talentos ou capacidades das pessoas são o produto da educação ou da criação social; sendo, portanto, comunitários por natureza e sujeitos a alguns tipos de controle comunitário.

Contudo, não é necessário subscrever o marxismo ou o comunitarismo para perceber que a separabilidade ontológica que existe entre indivíduos não consegue, por si só, dar sustentação ética aos direitos individuais. Rawls, por exemplo, não tem problema em sugerir que a justiça social requer que as propriedades ontológicas constitutivas sejam encaradas como um ativo coletivo, e não como uma coisa que um indivíduo possui, pois ninguém pode alegar merecer tais propriedades e nem as recompensas desiguais que advêm do exercício delas.[194] Portanto, assinalar que esta é *minha* vida, que este é *meu* corpo ou que estas são *minhas* faculdades, talentos e energias não é suficiente para justificar a alegação de Nozick de que os indivíduos são invioláveis.

---

[192] Robert Nozick, *Anarchy, State and Utopia* (New York: Basic Books, 1974), 33.
[193] Isaiah Berlin, *Four Essays on Liberty* (London: Oxford University Press, 1969), 137.
[194] John Rawls, *A Theory of Justice* (Cambridge, Mass.: Harvard University Press, 1971), 101.

Um forte argumento a favor dos direitos individuais deve fazer mais do que apontar os fatos observados da individualidade, posse e controle. Deve estabelecer um fundamento moral[195] — razões para se acreditar que é eticamente desejável para as pessoas, utilizando sua separabilidade e singularidade de seres individuais, para moldar uma vida própria. Eric Mack observou que "alguém só poder pecar contra uma pessoa ser um ser com vida própria para ser por ela vivida se o fato de ter e viver sua própria vida é o que *deve* ser."[196] Portanto, se a tese da autopropriedade equivale à mera posse *de facto* e ao controle das propriedades ontológicas constitutivas únicas, mas não à "propriedade" propriamente – com todos seus atributos éticos auxiliares – então ela é, na melhor das hipóteses, apenas uma premissa necessária do argumento pelos direitos individuais. Alternativamente, talvez a tese da autopropriedade seja apenas outra forma de dizer que indivíduos possuem direitos negativos básicos, e nada mais. Mas se este é o caso, então essa posição não cumpre função real no argumento em prol dos direitos individuais. Precisamos examinar mais profundamente o que pode estar por trás da tese da autopropriedade.

Nozick defende que a obrigação moral imposta pelos direitos individuais à conduta humana reflete "o princípio kantiano subjacente de que os indivíduos são fins, e não apenas meios; de que não podem ser sacrificados ou usados para se alcançarem outros fins sem seu con-

---

[195] Nozick nunca alegou que estava apresentando uma fundamentação moral para a visão de direitos apresentada em *Anarchy, State and Utopia*. Além do mais, nunca alegou que seu trabalho sobre a fundamentação da ética estaria ligado a uma noção lockeana de direitos ou que levaria a uma visão completamente diferente. Ver sua obra, *Philosophical Explanations* (Cambridge: Cambridge University Press, 1981), 498-99. Ver também uma discussão em A. R. Lacy sobre a relação entre as visões de ética posteriores de Novick, e sua teoria dos direitos em *Robert Nozick* (Princeton: Princeton University Press, 2001).

[196] Eric Mack, "How to Derive Libertarian Rights" in *Reading Nozick: Essays on Anarchy, State and Utopia*, ed. Jeffrey Paul (Totowa, N. J.: Rowman & Littlefield, 1981), 288.

sentimento."[197] Portanto, pode ser que a ideia básica por trás da tese da autopropriedade seja a de que seres humanos individuais são fins em si mesmos e não devem ser tratados como ferramentas para se alcançarem fins que eles próprios não escolheram. No entanto, ainda precisamos examinar o que significa as pessoas serem *fins em si mesmos*.

Certamente, dizer que as pessoas são fins em si mesmas envolve dizer que são seres morais. Não são meros objetos ou coisas. São seres para os quais a injunção moral tem ressonância, ou seja, a prescrição de que "X deve ser feito" ou "X não deve ser feito" pode lhes dar razão e motivo para sua conduta. Ademais, as pessoas são seres racionais e podem, portanto, compreender uma injunção moral como instância de um princípio que se aplica a todos *na mesma situação*. Como seres racionais, as pessoas podem agir de acordo com princípios morais que não são meramente dependentes daquilo que querem ou desejam, mas que também são universalizáveis. Estes fatos são importantes e fazem parte de nossa compreensão das pessoas como fins em si mesmos.

Contudo, dizer que as pessoas são fins em si mesmos é ainda mais complexo que isso. Primeiro, significa que seres humanos são *inerentemente* valiosos. Seu valor, importância ou bem não resulta de alguma fonte extrínseca, mas baseia-se em seu próprio ser ou natureza. Segundo, significa que promover o que é inerentemente valioso em si mesmo, de tal forma que o florescimento ou a autoperfeição do ser humano não precisa servir a nenhum outro objetivo.[198] Terceiro, significa *no mínimo* que cada ser humano *individual* é um fim em si mesmo. Se existem outros fins em si mesmos, como a "humanidade", a "espécie humana" ou "Deus", esses fins não podem ser destacados a ponto de diminuir o valor do indivíduo. Quarto, significa que nenhuma busca e realização individual da autoperfeição possui maior importância ou valor que a

---

[197] Nozick, *Anarchy, State and Utopia*, 30-31.
[198] Destacamos esse ponto em termos aristotélicos, mas seria aplicável também aos kantianos em uma linguagem um tanto diferente.

busca e realização da autoperfeição de qualquer outro indivíduo. Não há uma escala de ser ou valor que forneça uma base para se afirmar que determinada forma de florescimento humano ou autoperfeição é melhor que qualquer outra. Há apenas o melhor (ou melhor) *para* este ou aquele ser humano. Quinto, significa que indivíduos não podem ser substituídos ou trocados uns pelos outros nas tentativas de determinar o curso apropriado de conduta, quando está em questão a aplicação de princípios morais. Universalizabilidade não é um atalho para se determinar o que é ou não é conduta apropriada; por isso a compreensão clara do particular e contingente permanece absolutamente necessária. Como Sir David Ross observou, "a única forma segura de se aplicar o teste da universalizabilidade de Kant é analisar o ato em toda sua particularidade concreta."[199] A individualidade encerra importância moral, e a habilidade de agir com base em princípios morais universais não requer impessoalismo e uma abordagem do raciocínio moral neutra em relação ao agente. De fato, adotar tal abordagem do raciocínio moral é, em nosso ponto de vista, negar que seres humanos individuais são fins em si mesmos.

Em termos de nossa perspectiva neoaristotélica, o valor inerente deve ser concebido como parte de uma concepção teleológica da natureza humana. Nós, como seres humanos individuais, não somos simplesmente fatias estáticas da substância ontológica, mas seres em processo em busca de fins. Agimos e buscamos; e realizamos e fracassamos. Tudo considerado, dizer que nós como seres humanos individuais somos fins em nós mesmos é dizer que somos *tanto agentes quanto objetos da autoperfeição*. Entretanto, isso também requer elucidação.

Primeiro, cumpre mostrar que seres humanos individuais são a causa *eficiente* da atividade por meio da qual tanto suas potencialidades genéricas quanto as individualizantes se concretizam. A autoperfeição se consti-

---

[199] William David Ross, *Kant's Ethical Theory: a Commentary on the Grundlegung zur Metaphysik der Sitter* (new York: Oxford University Press), 34.

tui e se realiza por meio da apreensão racional, mas o funcionamento desta — seja ela apreensão do universal e necessário ou do contingente e particular — é algo que não ocorre de forma automática. É algo que o ser humano individual deve iniciar e manter. Como observamos nos capítulos 4 e 6 e alhures, a autoperfeição é, em essência, uma atividade autodirigida.

Segundo, cabe dizer que a realização das potencialidades genéricas e individualizantes dos seres humanos individuais é a causa *formal* e *material* de serem fins em si mesmos. O valor último deles, embora se materialize através da autodireção, envolve terem um certo tipo de realidade. A autoperfeição não é meramente conferida ou criada pela autodireção a partir do nada. Ao contrário, é a natureza dos seres humanos individuais e o nexo de suas atividades, circunstâncias, histórias, interesses e habilidades no mundo circundante que fornece a estrutura para se compreender como ser um fim em si mesmo assume forma concreta em qualquer caso individual.

Finalmente é preciso dizer que o florescimento ou autoperfeição de uma pessoa é a causa *final* dessa pessoa — aquilo para o qual ela existe e funciona. Sua natureza como ser humano traça os contornos de sua autoperfeição, seu nexo estabelece sua corporificação particularizada e ambos, como forma e matéria unidos, são concretizados pela autodireção. Contudo, o mais importante é o fato de que toda essa atividade é o que constitui as *vidas* individuais dos seres humanos. Por tudo isso a atividade de autoaperfeiçoamento equivale a uma forma de *viver* que a torna o *telos* deles. O *telos* deles consiste, como Veatch tão cuidadosamente enfatizou, "em *viver* de forma inteligente."[200]

Ontologicamente falando, os seres humanos *são* fins em si em si mesmos. Somos a causa eficiente, material, formal e final de sermos

---

[200] Henry B. Veatch, *Rational Man: a Modern Interpretation of Aristotelian Ethics* (Indianápolis: Liberty Fund, 2003), 40.

um fim em nós mesmos. Alcançar a autoperfeição e ser um fim em si mesmo são equivalentes. O único lugar em que reside nosso *telos* é, por assim dizer, em nós mesmos.[201] Não reside em nenhum outro lugar.

Todavia, a ética tradicional do direito natural raramente, ou nunca, chegou a esta compreensão. De fato, muitos defensores do direito natural tendem a reificar o conceito de "fim natural" de forma tal que acaba competindo com o bem dos seres humanos individuais. Mas, como assinalamos em *Liberty and Nature* e enfatizamos nos capítulos anteriores:

> "Tornar o indivíduo o centro moral do universo não exige que se aceitem o nominalismo, o mecanicismo ou o hedonismo; e nem que se aceitem o essencialismo, a teleologia e o eudemonismo, ao menos como os temos descrito (...) exige que se rejeite o individualismo. Pode haver um ego, ou um "eu", que não seja nem hobbesiano e nem supramundano, mas sim aristotélico. Ademais, a realização do fim natural de alguém não precisa ser interpretada de acordo com uma perspectiva platônica. Não há exatamente uma coisa como o florescimento do "homem." Só há florescimento de homens individuais. O bem humano não existe à parte as escolhas e ações de seres humanos individuais e nem independentemente da "mistura" particular de bens que seres humanos individuais devem reputar apropriada para suas circunstâncias."[202]

Reiterando os pontos anteriores: a ética do direito natural geralmente não tem conseguido consistentemente ver, primeiro, que o florescimento humano não existe de uma forma neutra em relação ao agente; e, segundo, que o florescimento humano é alcançado e concre-

---

[201] Deixaremos para outra ocasião a discussão das implicações religiosas ou teológicas que esta afirmação pode envolver.

[202] Douglas B. Rasmussen e Douglas J. Den Uyl, *Liberty and Nature: an Aristotelian Defense of Liberal Order* (LaSalle, Ill.: Open Court, 19991), 92-93.

tizado – o que também significa individualizado e transformado em bem *para* um ser humano individual – apenas através da autodireção de um indivíduo. Como resultado, a teoria do direito natural não tem geralmente conseguido ver que o florescimento humano é sempre, tanto como atividade como concretização, algo que pertence a um ou outro indivíduo. O florescimento humano não vem ao mundo desvinculado. Ele é, no sentido metafísico do termo, uma "propriedade" do indivíduo. É o que é de cada indivíduo.

Portanto, que a perfeição moral do indivíduo deve *qua perfeição moral* ser algo que lhe pertence, e a ninguém mais, parece uma das ideias que motivam um movimento que vai das considerações do direito natural para as dos direitos naturais; estes conferem um espaço moral protegido aos indivíduos – ou seja, fornecem a ligação legítima, em nossa teoria, entre ética e política. Parece ser também a verdade básica que se encontra por trás da tese da autopropriedade. E finalmente parece ser uma premissa crucial no argumento em prol de tais direitos. No entanto, isso ainda não mostra que o indivíduo tem um *direito* ao controle exclusivo sobre suas propriedades ontológicas constitutivas; ou que esse controle seja o estado moral/legal da autopropriedade.[203] É preciso mais do que isso para se estabelecer a legitimidade da tese da autopropriedade.[204]

Se o que foi dito acima é verdade, então não se coloca a questão da *desejabilidade* de as pessoas serem fins em si mesmos ou de alcançarem sua

---

[203] No nível político-jurídico fundamental, "direitos" são necessários para se explicar "propriedade", mas não vice-versa.

[204] Embora venhamos a discutir muito do que é necessário para se estabelecer esse direito neste capítulo, não apresentaremos um argumento em seu favor. De fato, mostraremos que as tentativas-padrão não funcionam. Contudo, no capítulo 4, elaboramos o esboço de um argumento em prol de tudo que acreditamos ser necessário para se estabelecer a tese da autopropriedade – ou seja, o direito básico, negativo e natural à liberdade. Para uma completa elaboração desse argumento ver capítulo 2.

autoperfeição. Nossa concepção de autoperfeição individualista fornece a base para se mostrar por que uma pessoa "tendo e vivendo sua própria vida é o que deve ser." Ademais, nossa concepção mostra não apenas que nossas propriedades ontológicas constitutivas existem para nossa autoperfeição e, portanto, não devem ser usadas com qualquer outra finalidade, mas também que devemos ser aqueles que as usam ou empregam. De fato, como Mack observou de forma sucinta há mais de 20 anos:

> "É a função (apropriada) das atividades, capacidades, etc. de uma pessoa serem empregadas *por essa pessoa* para (com o objetivo de) seu bem viver. A função das atividades, etc. de uma pessoa é individualizada não apenas no que diz respeito a de quem é o bem-estar que é o fim da atividade (capacidade, etc.), mas também no que diz respeito a quem deve empregar a atividade (capacidade, etc.) para que realize sua função. A atividade (capacidades, etc.) de A deve ser empregada por A para que ela realize sua função de contribuir para o processo ativo e contínuo de A viver bem (e as capacidades, atividades etc. de A não possuem um fim "mais elevado".)".[205]

A partir dessas observações, e da proposição de que o fato de uma pessoa ter e viver sua própria vida é o que deve ser, o que podemos concluir?

Para começar, podemos dizer (1) que se os indivíduos não conseguem desenvolver a integridade, se se recusam a cultivar amizades, se abdicam de sua responsabilidade de controlar e usar seus desejos, se deixam de se engajar em trabalho criativo, se desconsideram a razão, o conhecimento ou a verdade, e se, finalmente, se mostram inteiramente passivos e nada fazem, então estão fazendo mau uso de si mesmos, agindo em sentido contrário ao de seu fim natural e não conseguem tratar a si mesmos como fins em si mesmos. Ademais, podemos dizer (2) que se outras

---

[205] Mack, "How to Derive Libertarian Rights", 290.

pessoas usam ou empregam as propriedades ontológicas constitutivas dos indivíduos sem seu consentimento, então, *independentemente dos objetivos a serem alcançados por esse uso ou emprego*, esses indivíduos estão sendo mal usados, seu fim natural está sendo contrariado, e eles não estão sendo tratados como fins em si mesmos. Cabe, portanto, observar que apenas certas ações específicas dos indivíduos constituem um mau uso deles mesmos e um fracasso em se tratarem como fins em si mesmos, mas *qualquer* uso por parte de outras pessoas das propriedades constitutivas dos indivíduos sem seu consentimento é um mau uso deles e representa o fracasso em tratá-los como fins em si mesmos.[206]

Contudo, devemos examinar a alegação (2) mais minuciosamente, pois, embora possa ter um grande apelo intuitivo, devemos apreender o que ela de fato implica e não implica para a conduta humana. Inicialmente, há a obrigação ética de se buscar o bem e evitar o mal. Os indivíduos devem buscar e alcançar sua própria forma de florescimento humano; e não devem agir de modos contrários à sua própria forma de florescimento. Ademais, se é verdade que a busca da própria forma de florescimento justifica a conduta de alguém, então também será verdade que a busca por outras pessoas de suas formas de florescimento humano justifica a conduta delas. A noção de que cada um busca seu florescimento é universalizável. Além disso, como o florescimento humano é profundamente social, isso significa que cada um de nós busca sua própria forma em meio a outras pessoas que estão fazendo o mesmo. Portanto, se compreendemos o que o florescimento envolve, então também compreendemos que há outras pessoas buscando suas próprias formas de florescimento humano. Em outras palavras, compreendemos que somos fins em nós mesmos e que os outros também o são. Compreendemos que objetivo moral deles não é o de servir nossa forma de florescimento, mas a deles mesmos, e o contrário também é verdade.

---

[206] Ibid., 291.

Já que compreendemos que indivíduos possuem a obrigação ética de perseguir e alcançar suas próprias formas de florescimento humano, não se pode jamais alegar, de forma justificável, que seres humanos devem se conduzir como se seu objetivo moral último fosse diferente da busca e realização de sua própria forma de florescimento. Contudo, isso *não* é a mesma coisa que dizer que jamais deve alguém se comportar de modo que possa entrar em conflito com a busca e a realização das formas de florescimento alheio. O florescimento humano é único; e, especialmente em um mundo de recursos escassos, é possível que a busca de diferentes formas gere tensão entre elas. [207] Assim como o florescimento é relativo ao agente, também o é o status de cada indivíduo como um fim em si mesmo. Há uma diferença entre ser um fim em si para si mesmo, e ser um fim em si mesmo e *ponto final*. O primeiro pode ser encontrado em qualquer lugar; o segundo, em lugar nenhum. Isso quer dizer, como já observamos várias vezes, que há muitos *summa bona*, pois o florescimento de cada indivíduo é o *summum bonum* para ele. Mas não existe um único *summum bonum* sem uma forma singular ou separadamente das vidas dos seres humanos individuais.

É indubitável que o florescimento humano de qualquer pessoa deve envolver conduta direcionada para o bem dos outros — a *philia* está, por exemplo, entre os bens constituintes finais do florescimento humano. Além disso, como deixamos claro no capítulo 6 e alhures,[208] uma ética da autoperfeição individualista não é um mero egoísmo, e nosso florescimento, em muitos aspectos e em certos casos, se entrelaça ao

---

[207] Está claro que rejeitamos a ideia, presente em boa partal da filosofia clássica, de que virtudes são imateriais e, portanto, não podem entrar em conflito; e que as coisas da ordem "material" podem entrar em conflito, mas possuem valor moral menor, se é que possuem algum valor moral. As virtudes, para nós, são realizações em um mundo material e, desse modo, sujeitas a suas leis e limitações. Ver a nossa discussão destas questões nos capítulos 6, 7 e 8.

[208] Douglas J. Den Uyl e Douglas B. Rasmussen, *Liberty and Nature*, 66-68.

florescimento de outros e até se define por ele. Ainda assim, a conduta que é direcionada para o bem de outrem não se aplica a todos os indivíduos indistintamente sem atenção à autoperfeição de cada indivíduo na medida em que pode estar relacionada com nossa autoperfeição. Há *alguns* indivíduos cuja autoperfeição se imbrica à nossa, mas isso não é o caso com relação a *todo* indivíduo.

Portanto, *não* foi mostrado (a) que ser um fim em si mesmo *para você* também requer (b) que você seja um fim em si mesmo *para mim* (ou vice versa). A solução kantiana para esta dificuldade é simplesmente tratar os seres humanos como eus numênicos e colocar as considerações individualizantes fora das deliberações da razão prática. A universalidade só é suficiente para determinar o raciocínio prático precisamente porque considerações individualizantes são banidas da deliberação moral. Entretanto, não existem boas razões para se aceitar essa antropologia filosófica irrealista. Ademais, apenas uma análise formal e lógica não nos permite dizer que (a) implica (b), pois não há contradição em negar (b).

Pode-se alegar que a única razão para se recusar a aceitar (b) é por se estar preso a uma compreensão consequencialista de obrigação moral; e que essa visão de obrigação moral é muito estreita. Assim sendo, é possível que se tenha uma razão para respeitar o status dos outros como fins em si mesmos que não se mostre dependente das consequências benéficas que resultem desse respeito. De fato, parece ser um enorme fracasso cognitivo para os seres humanos como animais sociais não conseguirem enxergar que os outros humanos são fins em si mesmos. Portanto, podem existir considerações em torno da obrigação e do certo, especificamente como expressos por direitos individuais, que localizam as obrigações no plano da busca de alguém da autoperfeição e que não estão, contudo, associadas a essa busca.

Concordamos que o consequencialismo é uma teoria da obrigação moral muito estreita. De fato, endossamos e desenvolvemos uma teoria da obrigação de base perfeccionista (ou baseada nos bens finais) e não-consequencialista.[209] Não se tem de projetar o que as consequências racionalmente esperadas de se seguir uma virtude ou buscar um bem constituinte final do florescimento humano (ou se evitar um mal básico) podem ser para se saber que se deve (ou não) buscá-lo. Sem ter que apelar para consequências de tal conduta, o indivíduo sabe, por exemplo, que ele deve procurar ter amigos, e dar aos outros o que merecem. Tais atividades obrigatórias estão entre os bens finais do florescimento humano de cada um, e estão implicadas pela injunção da lei natural que coloca, "devemos fazer o bem e evitar o mal."

Mas essa abordagem baseada no perfeccionismo (ou bens finais) à obrigação moral *não* significa, como observamos nos capítulos 6 e 7, que todos são (e devem ser) amigos, e que tudo que é necessário para que os outros alcancem seu florescimento e sejam fins em si, é algo que se deva a eles como um dever. Todas estas determinações são feitas através de um exercício de sabedoria prática à luz de uma situação particular e contingente, e em relação a realização coerente de todos os outras virtudes e bens finais que constituem a forma singular de florescimento de cada um. Portanto, além de notar que bens genéricos e virtudes tendem a ser buscados e praticados por todos, há muito pouco, em uma teoria da obrigação moral baseada no perfeccionismo (ou nos bens finais) que dê suporte às prescrições ou proscrições universalistas no nível concreto da conduta humana real.[210] De fato, não há sustentação para

---

[209] Ver o capítulo 6 para uma discussão de como esta concepção de florescimento humano rejeita a dicotomia consequencialista-deontologica quando se trata de determinar obrigações morais *básicas*, e coloca a sabedoria prática no centro da vida moral. Ver também *Liberty and Nature*, 58-62; Douglas J. Den Uyl, *The Virtue of Prudence* (New York: Peter Lang, 1991); e Douglas J. Den Uyl e Tibor R. Machan, "Recent work on happiness." *American Philosophical Quartely* 20.2 (Abril, 1983): 115-34.

[210] Pode-se objetar que a virtude da justiça para uma ética perfeccionista requer que se dê aos outros o que lhes é devido, e se esta virtude é compreendida apenas em termos de *não* tratar as pessoas de determinadas formas, por exemplo, não assassinar

tais obrigações se elas forem compreendidas de uma forma impessoal ou neutra, que é exatamente o tipo de obrigações que a maior parte dos teóricos dos direitos buscam.

Além do mais, acreditamos que há um sentido da obrigação e do direito, especificamente associado com a noção de "direitos individuais", que não é contemplada apenas em termos de realizar, incentivar ou mesmo tornar possível o florescimento humano.[211] Ele resulta da teoria de que os direitos são metanormas cuja função não é encorajar a virtude, mas fornecer um arcabouço sociopolítico para a possibilidade de busca da virtude.[212] Assim, a questão permanece: mesmo não sendo consequencialistas na forma com que determinamos obrigações morais, que influência a percepção de outros como um fim em si e para eles mesmo tem em nossa determinação do que é razoável fazer?

O problema em se ir de (a) para (b) não se baseia em que razões práticas sejam determinadas meramente por reflexões consequencialistas. Ele é mais fundamental. Se devemos falar de uma conduta racional, nós devemos falar dela como ação com um propósito. É ação causada pela concepção do agente do propósito a ser alcançado, e as razões práticas têm relação com os propósitos para conduta. Então a questão é, que propósito pode ser dado para que alguém restringe a conduta deles quando ser fins em se mesmos, quando essa busca entra em conflito com a busca de um outro alguém para ser também um fim mesmo? Restringir a conduta de alguém em tal situação pode ser racional, mesmo sem haver um propósito a ser alcançado por tal restrição? Com efeito,

---

ou não roubar, então ela fornece algo universalmente aplicável a todas as formas de conduta humana. Ver a nossa resposta a essa objeção, "O conceito 'princípios metanormativos' é realmente necessário?", no capítulo 12.

[211] Como já argumentamos ao longo do livro, o relacionamento entre direitos individuais e o florescimento humano é mais sutil.

[212] Como observamos em capítulos anteriores e iremos discutir em maiores detalhes no capítulo 2, os direitos fornecem uma solução para o problema do liberalismo.

pode ser razoável restringir a conduta do outro sem haver uma resposta à pergunta: por que devo restringir a minha conduta?

Falar em ser obrigado a restringir a conduta de alguém, embora sem identificar um objetivo para a restrição, não faz sentido. De fato, como Veatch observou: "de que outra forma pode qualquer outra pergunta do tipo 'por que', a respeito a um 'deve', ser respondida, a não ser apelando-se a algum propósito ou finalidade que se deseja conseguir através dela, e em termos do que o 'deve' se torna inteligível como o que é necessário fazer parta se conseguir estes ou aquele objetivo, ou realizar este ou aquele propósito?"[213] Se vamos falar da existência de um curso de conduta prescrito ou proscrito, precisamos explicar o propósito a ser alcançado, pois sem ele não há racionalidade prática.

Se alegarmos que é razoável para os indivíduos restringir sua conduta na situação descrita simplesmente porque é obrigatório ou certo, e fazer a coisa certa é o nosso propósito,[214] ainda não avançamos muito na nossa compreensão. Ainda precisamos saber que apelo o "certo" tem em nossa conduta. O direito (ou a atividade apropriada) é, como já vimos, constitutivo das finalidades últimas que o florescimento humano abrange, mas tal direito (ou atividade apropriada), embora mais do que um simples meio, é ainda assim uma expressão do florescimento humano. Portanto, o direito (ou atividade apropriada) deve ser compreendido em relação ao florescimento humano e não desligado deste, e portanto esse bem supremo permanece sendo o objetivo em termos dos quais a conduta ética é, em última instância, explicada. Se assim for, então o problema de se ir de (a) para (b) não está resolvido. Ainda não sabemos porque o bem supremo de uma pessoa também deve ser o de outra.

---

[213] Henry B. Veatch, *Human Rights: Fact or Fancy?* (Baton Rouge: Louisiana State University Press, 1985), 98.

[214] Ou seja, na situação em que a conduta necessária para que um indivíduo seja um fim em si entra em conflito com a conduta necessária para que outro indivíduo seja um fim em si.

Se, contudo, nos é dito que as reflexões em torno da obrigação ou do direito podem estar separadas das reflexões em torno do florescimento humano, então devemos investigar as implicações disso.

Uma vez que não somos seres numênicos, não há justificativa para se tratar o princípio da universabilidade como um princípio impessoalista que recusa a permitir que o caráter relativo ao agente e individualizado do florescimento humano entre no quadro da determinação da conduta apropriada. E se o princípio da universabilidade não for tratado como princípio impessoal, então ele não vai fornecer uma forma privilegiada para se determinar a conduta apropriada. Apelar para o princípio da universabilidade não justifica o movimento de (a) para (b). Assim, ainda devemos perguntar, qual o propósito a ser alcançado ao se restringir a busca do indivíduo pelo autoaperfeiçoamento, quando isso pode entrar em conflito direto, ou ter potencial conflitivo, com a busca dos outros?

Pode-se alegar que chegamos às mais profundas fundações da conduta com o nosso questionamento, e simplesmente *intuímos* a obrigação moral que restringe a nossa conduta. Mas, embora tal ideia tenha um forte apelo em certos casos, é duvidoso pressupor que ocorra em todos os casos. Ademais, não podemos esquecer que estamos buscando bases para uma defesa dos direitos – defesa que deve triunfar ou subjugar *todas* as outras considerações morais. A razão pela qual as nossas intuições não funcionam em todos os casos é que elas nos dão *duas* sustentações morais igualmente firmes: uma intuição a respeito de haver um comportamento devido (deôntico), por um lado, e intuições que refletem a adequação moral da busca pelos fins, por outro. Nenhum desses dois é, a priori, irresistível, ao menos, não em todos os casos.[215] Em consequ-

---

[215] Embora tenhamos aprendido muito com o trabalho de Eric Mack, e partilhemos considerações similares no que diz respeito à importância dos direitos, achamos que esta última reflexão é um problema em sua argumentação em favor dos direitos negativos em seu ensaio mais reflexivo e profundo, "In defense of the jurisdiction theory of rights", *The Journal of Ethics*, 4, n.1-2 (2000): 71-98.

ência, a não ser que mostremos que as propriedades deônticas da tese da autopropriedade não enfrentam competição com nossas intuições sobre finalidade, não podemos, a priori, confiar nessa tese. Pois o fato é que as nossas intuições sobre posse ou propriedade não parecem incluir as qualidades absolutistas de posse que esta posição deseja, e que a teoria dos direito parece necessitar. Ou seja, quando pensamos em posse ou propriedade, raramente pensamos nela como posse ou controle desqualificados. Podemos defendê-la, mas não seria uma intuição servindo de partida. Portanto, a tese da autopropriedade pareceria ter menor conflito potencial com outras intuições que nós temos.

Além do problema de conflitar pontos iniciais a priori, há outro problema com o intuitivismo neste contexto: o problema da circularidade. É verdade, para todas as criaturas vivas, por exemplo, que o valor da sua vida é a sua essência. Mas, certamente, não veríamos o valor dado pelo homem comum à sua própria vida, e respeitar esta essencialidade da forma que (b) acima sugere. E por que não? Por que não respeitar o valor essencial da vida de Fido, para o próprio Fido, da forma que é requisitado de nós em relação ao valor da sua vida para você? Presumimos que a resposta é, à la Kant, que a presença da razão *autorreflexiva* é crucial, e não apenas a vida em si. Na ordem numênica transcendental haveria uma contradição entre a o fato de eu considerar primordial a razão autorrefexiva para as minhas ações, e nem sempre colocar tal consideração em prática, porque, ao *refletir* sobre si como um valor supremo, o indivíduo trata a si, através do ato refletivo, como exemplo de um princípio. Mas isso pressupõe uma bagagem metafísica muito grande, e uma que nós não desejamos carregar. E, mais importante, pressupõe que podemos falar, de forma significativa, de uma racionalidade da qual as associações com a busca dos fins foram retiradas, e que este tipo de racionalidade é uma base superior de valor para os atos de esforço extremo que constituem a vida de um organismo vivo. Kant sabia que ele precisava da ordem numênica para limpar o terreno destas ações de procura, de forma a deixar apenas um certo tipo de racionalidade como a base de valor. Além do mais, fazê-lo removeria todas as complicações que se manifestam na busca de fins na vida real (por exemplo, o conflito possível entre os objetivos).

Mas por que haveríamos de querer abandonar a vida real? É essa uma intuição plausível? Além disso, a abordagem kantiana não pressupõe o que na verdade quer demonstrar — ou seja, que a racionalidade reflexiva é a fundamentação única ou primária do valor? E se alegamos que precisamos chegar aos princípios deônticos explícitos para chegarmos à ética, não estamos usando a intuição deôntica para justificar a primazia da intuição deôntica? Se este é um argumento circular, e ele de fato é, então estamos de volta às duas sustentações morais básicas, e o processo começa de novo. A tese da autopropriedade pode ter força deôntica, mas apenas porque ela a deriva de um outro lugar. Ou nós a garantimos sem discussão (por exemplo, pela racionalidade usual dos termos), ou uma estrutura metaética foi 'importada' para dar-lhe sustentação. Portanto, ou a tese da autopropriedade deriva a sua força de uma estrutura metaética mais básica, ou vai em direção à circularidade ao admitir como verdadeiro algo que ainda precisa ser provado. De uma forma ou de outra, não é uma intuição 'que chega às fundamentações mais profundas.'

Finalmente, mesmo que ignoremos o problema da circularidade, ainda há necessidade para um argumento em torno de por que um comportamento que respeita os direitos se segue à garantir que o indivíduo pode se mover para ser um fim em si, para mim (b) a partir de ser um fim em si, para si (a). Em outras palavras, por que o comportamento respeitador dos direitos R é a resposta correta à suposição de que o indivíduo, de alguma forma, é um fim supremo para mim, em vez de qualquer outro tipo de comportamento Q? Pois não há intuição que necessariamente forneça o valor para R, de forma que possamos definir e distinguir Q. Presumivelmente, devemos ir diretamente de como tratamos a nós mesmos, até como devemos tratar os outros. Ainda que sem autodestrutividade, fazemos de tudo a nós mesmos, e coisas inclusive que possam ser polêmicas se consideradas de *direito* fazer com os outros. Priorizamos fins (por que não tornar você e seus fins secundários em relação a maioria dos meus fins?), nos expomos a vários graus de risco (por que não fazer de você parte do "eu" que suporta a maioria dos riscos?), e pagamos o preço das nossas decisões (por que não tornar você aquele que paga o preço?). Kant também viu esse problema, e o resolveu, como observamos, removendo todas as nossas buscas e finalidades, deixando-nos apenas como unidades de racionalidade. Desta forma, dar valor a si equivale a dar valor a outro, pois não há ponto de diferenciação remanescente entre um e outro. Mas, uma vez que adicionamos estes pontos de diferenciação, nossas intuições sobre R se diluem totalmente. E, sem uma forma evidente de alimentar um valor para R, Q também permanece em aberto.

Claramente, afirmar que temos a posse de nós mesmos não nos levará muito longe na direção da solução dos referidos problemas do intuitivismo moral — pelo menos não sem levantar as questões que acabamos de levantar. E, se levantamos tais questões, fica claro que a autopropriedade não é o que se deve usar quando se quer solucioná-las. Confiar na "intuição" em relação a autopropriedade, então, nos dará a força deôntica esperada apenas se a ligação deôntica já estiver garantida ou pressuposta. Isto sugere que a tese da autopropriedade tem um papel pequeno, mas suscita intuições já desenvolvidas e que acabam possivelmente incidindo em círculo vicioso.

Assim, ainda não foi demonstrado que nós temos uma obrigação de restringir nossa busca por sermos um fim em nós mesmos quando tal busca conflitar com a dos outros. A nossa abordagem a essa questão não é negar nenhum dos *insight* morais usuais aqui colocados, em especial a percepção de que um indivíduo é um fim em si que vive entre outros indivíduos, que também são um fim em si *para eles mesmos*. Mas não pensamos que (a) implica em (b), ou que exista uma razão deôntica ou neutra em relação ao agente para restringir a nossa conduta na situação que descrevemos. De fato, consideramos que tais abordagens já atingiram um beco sem saída, e que a justificação para os direitos individuais não pode ser compreendida em termos apenas de uma ética normativa.

Já apresentamos os contornos da nossa teoria alternativa nos capítulos 4 e 5.[216] Nosso objetivo neste capítulo foi indicar que o papel que a tese de autopropriedade teria desempenhado na tradição lockeana é ilusório. Ou ela não funciona, ou o seu papel pressupõe teorias e arcabouços primários e mais substantivos. Contudo, não negamos a utilidade da terminologia da autopropriedade. Como sugerido de início, é uma forma útil de confrontar várias ideias úteis e importantes sob um único título. Mas, na tradição lockeana, aqueles que acreditam que se direcionam para uma teoria de direitos lockeanos ao basear a teoria na tese da autopropriedade não deveriam se sentir tão confiantes na firmeza e claridade das suas fundações.

---

[216] O capítulo 2 apresenta a estrutura do nosso argumento em prol dos direitos individuais de uma forma passo a passo, e também mais técnica, e o capítulo 12 responderá à objeções ao nosso argumento.

Parte 3

EM DEFESA DO LIBERALISMO

> As instituições devem ser criadas pelo movimento espontâneo dos sentimentos. Para que sejam poderosas, mas não tirânicas, sua origem deve se perder na noite do tempo. Para que sua cabeça alcance os céus e nos cubra com sua sombra, suas raízes devem estar enterradas no seio da Terra. São úteis como herança e simplesmente opressivas quando impostas como leis.
>
> ও BENJAMIN CONSTANT, *The Principles of Politics Applied to All Governments*

Na Parte I discutimos que o liberalismo não é uma doutrina ética dedicada a guiar a conduta humana em sua busca da conquista do bem ou na execução da atividade correta, mas sim uma filosofia política de metanormas. Além disso, argumentamos que o liberalismo precisa de uma nova estrutura profunda, e que essa estrutura profunda é uma ética de inspiração aristotélica.

Na Parte II desenvolvemos uma concepção dessa nova estrutura profunda por nós chamada de "perfeccionismo individualista." Defendemos essa concepção contra as críticas e a usamos para criticar as visões de perfeccionismo e de bem comum político sustentadas pelos teóricos — tanto os tradicionais quanto os atuais — do direito natural. Finalmente, usamos essa concepção para examinar e avaliar a tese da autopropriedade. Argumentamos que essa tese não se presta a sustentar o direito negativo básico à liberdade e que as tentativas de defender esse direito em bases deônticas não têm se mostrado suficientes.

Na Parte III, final, buscaremos defender o liberalismo das seguintes formas: (1) como uma filosofia política de metanormas, não como uma ética normativa; (2) como uma filosofia política cujos princípios básicos dos direitos individuais são metanormas; (3) como uma filosofia política cuja estrutura profunda é o perfeccionismo individualista.

No capítulo 10, começaremos a defender o liberalismo analisando as críticas à alegação de que a liberdade deve ser o valor central e primário da ordem político-jurídica — o valor a ser alcançado e mantido antes de qualquer outro. A isso chamamos de "princípio básico do liberalismo." Este capítulo avalia as críticas ao princípio do liberalismo feitas à luz das visões comunitarista, conservadora e até da teoria política aristotélica.

No capítulo 2 apresentamos nosso argumento em prol dos direitos individuais como princípios metanormativos. Isso será feito de uma forma gradualista, mostrando como essa concepção e a defesa do direito básico negativo à liberdade empregam *insights* cruciais da nova estrutura profunda do liberalismo baseada no perfeccionismo individualista. Este capítulo tenta tornar tão clara quanto possível nossa concepção geral dos direitos individuais e o modo com que os defendemos.

O capítulo 12 responde às objeções a nosso argumento. Tais objeções refletem primariamente as perspectivas de filósofos políticos que empregam as técnicas conceituais da filosofia analítica contemporânea. Neste capítulo procuramos não apenas lidar com as objeções a nosso argumento, mas também mostrar que o liberalismo não só é desejável, mas também moralmente necessário, quando seus princípios básicos dos direitos individuais são compreendidos como princípios metanormativos. De forma geral, na Parte III acreditamos ter encontrado não apenas uma forma nova e superior de defender o liberalismo, mas também uma forma nova e melhor maneira de conceber a filosofia política.

Capítulo 10

CRÍTICOS COMUNITARISTAS E CONSERVADORES

> Quando digo que o conservador carece de princípios não tenho a intenção de sugerir que não possui convicção moral. O conservador típico, de fato, é costumeiramente um homem de convicções morais muito fortes. O que quero dizer é que não possui princípios políticos que o habilitem a trabalhar com pessoas cujos valores morais diferem dos seus em prol de uma ordem política na qual ambos possam seguir suas convicções. É o reconhecimento de tais princípios que permite a coexistência de diferentes grupos de valores, que torna possível construir uma sociedade pacífica com o uso mínimo da força.
>
> ～ F. A. HAYEK, *The Constitution of Liberty*

Independentemente de se o objetivo é buscar "tornar moral o homem" ou criar condições para a "justiça social", Hayek aponta na epígrafe acima, de forma sucinta, tanto o que está errado com todas as tentativas de transformar a política em ética praticada em grande escala como o que é crucial para a filosofia política liberal. O objetivo da política deve ser a paz e a liberdade, e não a conquista da vida moralmente digna de valor quer em sua dimensão social ou pessoal. Como afirmamos no capítulo 4, o princípio fundamental do liberalismo é o de que a liberdade tem de ser o valor central e primário da ordem político-jurídica – o valor a ser alcançado e mantido antes de qualquer outro.

Apontamos as razões que sustentam o princípio fundamental do liberalismo (compreendido em termos de direitos individuais negativos básicos). E embora tenhamos defendido nossa concepção de perfeccionismo individualista em ética, ainda temos pela frente a tarefa de considerar as críticas ao princípio do liberalismo em geral. É o que faremos no presente capítulo. Primeiramente, nos concentraremos nas críticas de natureza conservadora ou comunitarista, pois representam, a nosso ver, a maior ameaça ao liberalismo como filosofia política. Também daremos atenção especial a uma abordagem da política que partilha de quase todas as nossas posições éticas eudemônicas, mas que apesar disso rejeita o princípio do liberalismo.

O DESAFIO DO COMUNITARISMO

Embora Alasdair MacIntyre tenha afirmado que suas posições a respeito da importância da "biologia metafísica" para a ética tenham mudado, e apesar de suas afirmações em contrário,[217] talvez os escritos de nenhum

---

[217] Ver o capítulo I para uma explicação acerca do comunitarismo.
"Em '*After Virtue*' tentei dar uma explicação do lugar das virtudes, como Aristóteles as compreendia, no interior das práticas sociais, das vidas dos indivíduos e das comunidades, embora tornando essa explicação como independente do que eu chamei a 'biologia metafísica' de Aristóteles. Embora exista de fato boa razão para repudiarmos elementos importantes da biologia aristotélica, atualmente considero ter incorrido em erro ao supor possível uma ética independente da biologia... Nenhuma compreensão dos bens, virtudes e regras que são definitivos em nossa vida moral pode ser adequada se não explica – ou se, pelo menos, não aponta para uma explicação – como essa forma de vida é possível para seres biologicamente constituídos como nós, se não proporciona uma explicação sobre nosso desenvolvimento em direção àquela forma de vida." Alasdair MacIntyre, *Dependent Rational Animals: Why Human Beings Need the Virtue* (Chicago: Open Court, 1999), x.
Em uma resposta a Philip Petit, Alasdair MacIntyre afirma que sempre que teve a oportunidade procurou se dissociar de forma marcante dos comunitaristas contemporâneos que "apresentam suas propostas como uma contribuição à política do estado-nação... Para os aristotélicos, como eu mesmo... o estado-nação não é, e não pode ser, locus da comunidade." *After MacIntyre: Critical Perspectives on the Work of Alasdair MacIntyre*, organizado por John Horton e Susan Mendus (Notre Dame, Ind.: University of Notre Dame Press, 1994), 302-3. Apesar disso, frequentemente MacIntyre é visto como um teórico comunitarista; ver, por exemplo, Markate Daly, org. d. *Comminitarianism: a New Public Ethics* (Belmont, Calif.: Wadsworth, 1994); Stephen Mulhall e Adam Swift, eds. *Liberals and Communitarians* (Oxford, Blackwell, 1992); e C. F. Delaney, ed. *The Liberalism-Communitarianism Debate: Liberty and Community*

outro teórico sejam mais associados a uma crítica comunitarista ao liberalismo do que os de MacIntyre. Seja em seus primeiros trabalhos, nos quais a teleologia social domina sua concepção de virtude, ou em seus últimos trabalhos nos quais a importância de um *telos* humano e de uma base mais ou menos naturalista para o florescimento humano são reconhecidas,[218] encontramos em seu pensamento uma forma de comunitarismo na qual há uma crença manifesta no papel da política na promoção da virtude e uma vigorosa rejeição do princípio fundamental do liberalismo.

De fato, a forma de comunitarismo adotada por MacIntyre difere das formas comuns tanto do conservadorismo como do comunitaris-

---

values (lanham, Md: Rowman & Littlefield, 1994). Além do mais, acreditamos que Stephen Mulhall e Adam Swift conseguiram determinar porque MacIntyre é mais plausivelmente visto como um comunitarista. Eles observam que, para MacIntyre, "a própria possibilidade de se sustentar a objetividade e a racionalidade na arena da avaliação política e moral depende de se localizarem os indivíduos e suas discussões com outros indivíduos no interior de matrizes inerentemente sociais abrangentes e enraizadas... Na visão de MacIntyre, não conseguir reconhecer a forma com que os seres humanos podem ser e são constitutivamente vinculados às suas comunidades indica uma inabilidade em fornecer uma explicação coerente das circunstâncias necessárias para se alcançar *qualquer* tipo de bem humano (comunitário em conteúdo ou não), pois na ausência de estruturas comunais constitutivas, a própria ideia de moralidade como um empreendimento racional inteligível desaparece." Mulhall e Swift, *Liberal and Communitarians*, 93. No que se segue apresentaremos suporte para essa observação na discussão das posições de Alasdair MacIntyre em seus primeiros trabalhos e, quando discutirmos seus últimos trabalhos, veremos como mudou, se é que mudou (ver nota abaixo).

[218] Primeiros trabalhos: Alasdair MacIntyre, *After Virtue, a Study in Moral Theory*, 2ª ed, ed (Notre Dame, Ind.: University of Notre Dame Press, 1984); *Whose justice? Which rationality?* University of Notre Dame Press, 1988); *Three Rival Versions of Moral Enquiry: Encyclopedia, Genealogy, and Tradition* (University of Notre Dame Press, 1990); *First Principles, Final Ends and Contemporary Philosophycal Issues: the Aquinas Lecture, 1990* (Milwaukee: Marquette University Press, 1990). Últimos trabalhos: "Plainpersons and Moral Philosophy: rules, virtues and goods", *American Catholic Philosophical Quarterly* 66 (inverno, 1992): 3-19; e *Dependent Rational Animals*. Ver especialmente *Dependent Rational Animals* para a discussão de Alasdair MacIntyre a respeito da importância de um *telos* humano e de uma base mais ou menos naturalista para o florescimento humano.

mo contemporâneos, em sua antipatia por qualquer coisa ligada ao liberalismo, como mercados ou direitos individuais. Nesse sentido, o comunitarismo de MacIntyre, embora um tanto mais reacionário, também é palatável para aqueles que sempre mostram simpatias pela esquerda. De fato, como MacIntyre observou em uma entrevista, "a compreensão marxista do liberalismo como uma ideologia, como uma máscara que esconde até de si mesma determinados interesses sociais, permanece poderosa".[219]

Embora o liberalismo tenha tido sempre seus críticos, a crítica de MacIntyre tem uma importância especial para nós por alegar que sua posição deriva de uma perspectiva aristotélica. Isso sugere não apenas que um arcabouço aristotélico pode ser usado para sustentar o tipo de comunitarismo que MacIntyre desenvolve, mas também, e o que é mais importante, que não pode ser usado para dar sustentação ao liberalismo. Obviamente, nossas observações sobre esse ponto ao longo do livro podem ser vistas como uma refutação da alegação de que há incompatibilidade entre um arcabouço aristotélico e o liberalismo. Gastar algum tempo analisando os argumentos diretamente desenvolvidos por MacIntyre contra o liberalismo, tanto em seus trabalhos mais antigos como nos últimos, também ajudará a esclarecer a natureza do liberalismo e a justificação que propomos para ele. Começaremos analisando os primeiros trabalhos de MacIntyre.

MacIntyre faz muitas restrições ao liberalismo. Acusa-o de estar vinculado ao emotivismo, subjetivismo, relativismo, e atomismo.[220] Ademais, ele questiona a primazia que a maioria das teorias liberais confere

---

[219] Alasdair MacIntyre, "An Interview with Giovanna Borradori", in *The MacIntyre Reader*, ed. Kelvin Knight (Notre Dame, Ind.: University of Notre Dame Press, 1998), 258. Originalmente em Giovanna Borradori, *The American Philosopher: Conversations with Quine, Davidson, Putnam, Nozick, Danto, Rorty, Cavell, MacIntyre, and Kuhn*, trad. de. Rosanna Crocitto (Chicago: University of Chicago Press, 1994), 143.

[220] MacIntyre, *After Virtue*, chaps. 2-7 e 17.

aos direitos encarando-a como mais uma tentativa fútil de priorizar o direito sobre o bem na ética. Contudo, quase todas essas queixas contra o liberalismo estão ligadas a posições éticas e antropológicas às quais a teoria política liberal tem estado tradicionalmente ligada. Permanece em aberto a possibilidade de a teoria política liberal poder se ligar a uma teoria ética e a uma concepção de natureza humana que não estejam tão vinculadas. Certamente, a versão da ética da virtude autoperfeccionista que apresentamos nos capítulos anteriores não pode ser acusada de emotivismo, subjetivismo, relativismo, atomismo, ou de priorizar o direito em detrimento do bem. Mas como endossamos uma noção de direitos individuais, nos concentraremos na objeção básica de MacIntyre aos direitos como princípios políticos primários.

MacIntyre faz duas objeções básicas à primazia que o liberalismo concede aos direitos. Sua primeira restrição é filosófica e a segunda sociológica e cultural. A objeção filosófica possui três aspectos: (1) direitos dependem de conceitos éticos mais profundos; e não são, portanto, eticamente primários,[221] e assim (2) para lidarmos adequadamente com as complexidades da vida moral precisamos de ferramentas conceituais mais apuradas que os direitos. Os direitos possuem um caráter do tipo tudo-ou-nada para que possam ter grande serventia no tratamento que se deve dispensar a sutilezas morais; e, portanto, não têm a precisão requerida. O que leva a (3), que um regime político baseado no direito à liberdade é, na verdade, inimigo da autoperfeição da maioria das pessoas, já que destrói as variadas formas tradicionais da vida comunitária nas quais se enraízam as buscas das pessoas de seu bem.[222]

A objeção de ordem cultural-sociológica, que MacIntyre partilha com Charles Taylor,[223] sustenta que o liberalismo e os regimes liberais

---

[221] Ibid., caps. 6 e 9.
[222] MacIntyre, *Whose Justice? Which Rationality?*, 335-45.
[223] Charles Taylor, *Philosophy and the Human Sciences: Philosophical Papers 2* (Cambridge: Cambridge University Press, 1985); Taylor, "Cross purposes: the liberal-

não conseguem tornar os direitos últimos ou primários e nem preservá-los por muito tempo. As coisas que tornaram a civilização liberal possível – os pré-requisitos morais, científicos, culturais, intelectuais – não podem ser mantidos se a mensagem moral essencial de um regime se resume à liberdade. Algo mais se faz necessário.[224]

De fato, existem sinais de derrocada das ordens liberais. A atual inflação de reivindicação de direitos – ou seja, a tendência a se pensar que tudo de que se precisa, ou que se quer, de alguma forma cria um direito – está fazendo encolher as formas tradicionais de vida social e empobrecendo o contribuinte. Ademais, mesmo que se consiga traçar uma distinção nítida entre direitos positivos e direitos negativos, ainda assim parece que a sociedade liberal, em especial a norte-americana contemporânea, está perdendo as tradições e instituições que, em última instância, mantêm as sociedades vivas e funcionando. O tema dos direitos tem invadido de tal forma nosso discurso ético e nossas vidas que muitos de nós recorrem imediatamente a advogados diante do primeiro sinal de conflito. Costumes, modos e outras civilidades que não espaço nos discursos obcecados com direitos parecem não ter papel algum a desempenhar mais.

Dado o caráter da argumentação que apresentamos, temos simpatia, como indicamos no capítulo I, por algumas dessas objeções. Elas fazem, contudo, uma confusão fundamental com relação a direitos. E exageram o papel das tradições sociais na descoberta e conquista do bem. Também há uma questão ainda mais profunda, que receberá aqui um comentário limitado, relativa a como compreendemos a natureza humana.

A queixa filosófica de MacIntyre contra a defesa que o liberalismo faz da primazia dos direitos deixa de considerar que os direitos precisam ser o conceito ético último apenas no que diz respeito a criar, interpretar,

---

commmunitarian debate", in *Liberalism and the Moral Life*, ed. Nancy L. Rosenblum, 159-82 (Cambridge, Mass.: Harvard University Press, 1989).

[224] MacIntyre, *After Virtue*, cap. 9.

avaliar e justificar as ordens político-jurídicas que regulam a estrutura global de contextos sóciopolíticos nos quais atividades normativas podem ocorrer. Eles são a solução para o problema do liberalismo. Este é um problema crucial, impossível de ignorar. Só que é apenas um dos vários problemas éticos que os seres humanos enfrentam. Os direitos não substituem as virtudes, inclusive as interpessoais como caridade e justiça. Tampouco podem substituir o papel dos modos e da etiqueta na vida social. Direitos não podem substituir todas as outras atividades morais necessárias para que a vida humana seja mais do que mera sobrevivência. Contudo, o liberalismo não tem sido sempre claro a respeito do papel ou função dos direitos. Por isso essa queixa não pode ser considerada totalmente injustificada. Uma vez que se aprecie o caráter matanormativo dos direitos, os primeiros dois aspectos da queixa filosófica perdem força.

O terceiro aspecto da objeção filosófica de MacIntyre é bastante sério. Ele assinala que:

> "O liberalismo impõe, em nome da liberdade, um certo tipo de dominação não-reconhecida que a longo prazo tende a dissolver laços humanos tradicionais e a empobrecer relações sociais e culturais. O liberalismo, impondo por meio do poder do Estado regimes que declaram que todos são livres para buscar o que quer que considerem seu próprio bem, retira das maioria das pessoas a possibilidade de compreenderem suas vidas como uma procura pela descoberta e conquista do bem; em especial pela forma com que o liberalismo tenta desacreditar as formas tradicionais de comunidade humana nas quais este projeto precisa estar enraízado."[225]

Em outras palavras, o regime liberal, ao reforçar o direito básico à liberdade, destrói formas tradicionais de vida comunitária que acolhem

---
[225] MacIntyre, "Interview with Giovanna Borradori", 258.

os esforços das pessoas na busca de seu florescimento. Um regime liberal age em detrimento das vidas das pessoas ao permitir que suas instituições básicas sejam destruídas. O liberalismo, de acordo com MacIntyre, faz isso ao instrumentalizar tudo, inclusive suas próprias instituições e princípios. Todavia, para sobreviver uma sociedade deve encarar alguns bens como sendo internos às práticas e não como objetos a serem manipulados a serviço de algum interesse individual ou grupal. A política liberal, portanto, se concentra em servir a interesses ou em resolver conflitos e não em ser uma prática que assegura algum bem àqueles que nela se engajam.

É claro que há uma diferença entre o que um regime liberal permite e o que encoraja ou desencoraja. Certamente é verdade que um regime liberal, ao reforçar o direito à liberdade, permite que cada um decida por si mesmo se quer continuar seguindo as formas tradicionais de vida comunitária ou se quer tentar formas novas. Não há, contudo, nenhum compromisso, baseado em princípio, de desencorajar as formas tradicionais de vida comunitária ou embasado novas. Portanto, é difícil ver como um regime liberal do tipo que temos defendido poderia ser acusado de destruir formas tradicionais de vida comunitária.[226]

Todavia, pode-se argumentar que ao permitir que as pessoas decidam por si mesmas que formas de vida comunitária buscar, o regime liberal

---

[226] Não se pode alegar que o liberalismo destrói as comunidades tradicionais ao deixar de dar a elas o mesmo valor que elas dão a si mesmas, pois envolve incorrer em petição de princípio procurar determinar se os valores de uma "comunidade" liberal são ou não a antítese daqueles presentes nas comunidades tradicionais. E essa é a questão com a qual estamos lidando. Além do mais, os valores da comunidade são internos a ela. O liberalismo tem pouco a dizer a respeito disso. Assim, toda a questão se refere a se as comunidades podem existir no interior de comunidades sem que percam o que as caracteriza como tais. Dizer que não podem existir é análogo a dizer que indivíduos não podem ser nada mais que "liberais" em um regime liberal. Alguém realmente quer afirmar que judeus ortodoxos em uma ordem liberal não são "realmente" ortodoxos?

acaba desacreditando as formas tradicionais de vida comunitária porque permite que formas alternativas entrem em competição com elas. Dois pontos merecem ser aqui assinalados. (1) Permitir que formas alternativas de vida comunitária entrem em competição com as formas mais tradicionais não quer dizer e nem implica, por si, que as formas alternativas de vida comunitária são tão boas para as pessoas quanto as mais tradicionais. Proteger a liberdade das pessoas de escolher que forma de vida comunitária adotarão não implica que qualquer escolha que façam seja tão boa quanto qualquer outra. Esta alegação só pode ser defendida de forma plausível caso se confunda um princípio metanormativo com um normativo. (2) A necessidade de vida comunitária não é algo abstrato ou impessoal. É, como todos os outros bens que compõem o florescimento humano, um bem individualizado e relativo ao agente. Portanto, não é possível saber, a partir de nossos pressupostos, se uma forma tradicional de vida comunitária é ou não melhor para uma pessoa do que uma alternativa.

De fato, MacIntyre comete o erro de supor que a conformidade com práticas que produzem bens internos a elas (como "marcar um gol" é interno ao futebol e ajoelhar numa igreja é interno à adoração) é o mesmo que produzir um bem. Ou isso é um convencionalismo grosseiro ou é falso, pois ou se definem os bens em termos de conformidade *simpliciter* à prática existente (convencionalismo) ou permanece em aberto a questão de se essa conformidade é boa ou não. Na tradição aristotélica, o bem moral nunca é determinado apenas por convenção. O liberalismo concorda. Assim, pareceria que a característica dos direitos naturais do liberalismo clássico que MacIntyre poderia estar, em última análise, questionando, é seu naturalismo — ou seja, seu apelo à natureza humana, e não às práticas como o padrão último.

A sabedoria poderia sugerir que apenas com muito cuidado e reflexão deve-se rejeitar uma forma tradicional de vida comunitária em prol de uma alternativa. Mas certamente é possível que essa rejeição possa ser moralmente apropriada a uma pessoa. Se o objetivo dos indivíduos é encontrar uma vida comunitária que realmente os apoiem na criação e moldagem de vidas que valham a pena, é importante que lhes seja permitido usar sua razão prática da melhor forma que puderem para decidir que forma de vida comunitária adotar.

Ao que parece, MacIntyre responderia que essas duas respostas supõem algo que jamais é o caso — qual seja, que as pessoas podem elaborar juízos a respeito de que forma de vida comunitária é melhor para elas sem também considerarem o papel crucial que as tradições e práticas de sua comunidade tem na formação de sua compreensão de quem são e do sentido de suas vidas. As compreensões das pessoas do que é melhor para elas são sempre aprendidas e cristalizadas por meio dos costumes, tradições, culturas, e histórias de suas comunidades. Os julgamentos morais humanos não funcionam de forma autônoma, separados das tradições e estruturas sociais nas quais os seres humanos vivem. Portanto, não há forma de as pessoas tentarem se distanciar da influência dessas estruturas e tradições sociais. Não existe simplesmente compreensão abstrata do que é bom para os seres humanos para além do que está cristalizado nas comunidades humanas. Como observa MacIntyre:

> "Pois jamais consigo buscar o bem ou exercer as virtudes apenas *qua* indivíduo. Em parte isto acontece porque o que é viver a vida boa varia concretamente de circunstância para circunstância mesmo quando uma e mesma concepção de vida boa e um e mesmo conjunto de virtudes estão sendo corporificados numa vida humana. O que a vida boa é para um general ateniense do século V a.c. não será o mesmo para uma freira medieval ou um fazendeiro do século XVII. Não se trata apenas de indivíduos diferentes viverem em circunstâncias sociais diferentes; mas também de abordarmos nossas próprias circunstâncias como se fossem portadoras de uma identidade social particular. Sou filho ou filha de alguém, primo ou

tio de outro alguém; sou natural deste ou daquele estado, e cidade, membro deste ou daquele sindicato; pertenço a este clã, àquela tribo, a esta nação. Assim, o que é bom para mim tem de ser bom para aqueles que desempenham esses papéis. Recebo como legado do passado de minha família, cidade, tribo ou nação uma variedade de dívidas, heranças, obrigações e justas expectativas. Constituem aquilo que é dado em minha vida, meu ponto de partida moral. Em parte, é isso que empresta à minha vida sua particularidade moral."[227]

Ao permitir que as pessoas tenham a liberdade de questionar o modo com que suas comunidades funcionam, o regime liberal, na opinião de MacIntyre, destrói a única base que as pessoas têm para descobrir e realizar seu bem.

Nossa resposta é simplesmente a de que para avaliar quão bem a comunidade promove o florescimento do indivíduo, não é necessário negar que a compreensão que as pessoas têm de si mesmas, do sentido de suas vidas e, portanto, do que é bom para elas, é enormemente influenciada pelas práticas e tradições de sua comunidade. Contudo, essa admissão não exclui a possibilidade de que alguns aspectos do que cada pessoa tem aprendido possam ser falsos e de que seja possível determinar que aspectos são esses. Embora altamente improvável, é possível que a comunidade de alguém faça as coisas de modo inteiramente errado.

Além do mais, pode-se ter uma compreensão abstrata do florescimento humano que tenha conteúdo. Como já observamos várias vezes, as virtudes e bens que constituem o florescimento humano existem apenas de forma individualizada; contudo, é verdade que podemos, por abstração, apreender os constituintes do florescimento humano enquanto tais. Podemos falar de virtudes e bens genéricos do florescimento humano tendo conhecimento de que, embora incompleto e sendo reflexo de

---

[227] MacIntyre, *After Virtue*, 204-5.

influências culturais, pode se nos mostrar bastante adequado para avaliarmos o que temos recebido de nossa comunidade. Esse entendimento abstrato não é inútil em virtude de as normas e valores que recebemos de uma comunidade serem amplamente formulados em termos universais. E se mostrarem assim bastante apropriados à compreensão abstrata.

Embora o florescimento humano sempre se corporifique em alguma forma de vida comunitária, não necessariamente se limita às formas com as quais a pessoa está familiarizada. Tampouco é o florescimento humano definido apenas por meio dos costumes e práticas da comunidade. MacIntyre aproxima-se perigosamente da suposição de que a moralidade costumeira de uma sociedade particular, a *Sittlichkeit*, e a teoria moral impessoal, a *Moralität*, exaurem todas as concepções possíveis de moralidade. Propusemos, no entanto, nos capítulos anteriores o esboço de uma ética da virtude autoperfeccionista que não é nem uma coisa nem outra. Tal ética não é simplesmente a moralidade costumeira.

Poderia parecer que está sendo levantada uma questão de reducionismo sociológico: a sociabilidade humana explica de forma exaustiva, no nível mais básico, o que é ser humano? Embora decerto não sejamos egos cartesianos e nem eus numênicos kantianos que operam isoladamente, fora da realidade natural e social, precisamos supor que quem e aquilo que somos (ou aquilo em que consiste nosso bem) é algo determinado inteira e exclusivamente por nossas relações sociais? As tradições e práticas de nossa comunidade determinam completa e exclusivamente nossa capacidade de raciocinar, de fazer considerações abstratas sobre natureza das coisas, de emitir juízos morais e de ter comportartamento apropriado? Não existiriam, ao contrário, características referentes a quem e ao quê cada um de nós é que existem da forma que existem independentemente de se as tradições e práticas de nossa comunidade as reconhecem ou não? MacIntyre não tem como aceitar que sua posição se reduza a um convencionalismo e, desse modo, a uma forma de não-cognitivismo ético. Se isso acontecesse, uma de suas razões básicas para rejeitar o liberalismo – baseada no não-cognitivismo ético – perderia sua força.

É muito reveladora a tendência do pensamento de MacIntyre a conceber "natureza" e "cultura" como alternativas mutuamente excludentes, a defender a tese de que qualquer concepção de natureza humana ou de florescimento humano não tem como deixar de optar por uma outra e a adotar o reducionismo sociológico. Isso mostra a incapacidade de distinguir entre: (I) pensar a natureza humana ou o florescimento humano sem pensar em sua corporificação social e cultural; e (2) pensar que a natureza humana ou o florescimento não possui uma corporificação social e cultural. O que propomos é que (I) não envolve uma falsidade, mas (2) sim. Mas não há boa razão para se supor que uma consideração abstrata da natureza humana ou do florescimento humano requer (2). Assim como o "alcance" da abstração não exclui quantidade, mas apenas não a especifica, as abstrações "natureza humana" ou "florescimento humano" não excluem as formas sociais e culturais por meio das quais passam a existir, mas apenas deixam de especificar que determinação podem assumir.[228]

Nosso ponto central aqui é apenas este: a natureza humana, incluindo o bem humano, deve ter uma materialização cultural e social particular mas, abstratamente falando, pode ter virtualmente qualquer

---

[228] Entretanto, não podemos, aqui entrar numa discussão sobre a natureza da abstração. Mas é importante observar que MacIntyre parece adotar uma visão de abstração tipicamente moderna, pois presume que o processo de abstração necessariamente exclui, ou deixa de fora, aspectos da natureza de alguma coisa, proporcionando assim apenas uma compreensão parcial. Essa suposição se opõe de forma fundamental àquela que São Tomás de Aquino abraça: a abstração não necessariamente exclui ou deixa de fora aspectos da natureza de alguma coisa. É irônico, para dizer o mínimo, que MacIntyre, que proclama a superioridade da tradição tomista de investigação, se aproveite de um dos princípios epistemológicos mais problemáticos da modernidade ignorando a abordagem tomista da abstração (para uma discussão da abstração, ver capítulo 7, nota 93).

uma. Portanto, a materialização cultural e social particular da natureza humana ou do bem humano nunca deveria ser tornada como capaz de definir ou constituir a natureza humana ou o bem humano. O liberalismo é a única forma política que leva a sério essa verdade central junto com suas implicações.

Neste momento precisamos refletir sobre as posições mais recentes de MacIntyre. Em *Dependent Rational Animals*, ele afirma que se compromete a "prover aquilo que é, em certo sentido, uma explicação naturalista do bem e do 'bem': na medida em que uma planta ou animal floresce, isso ocorre em virtude de um conjunto relevante de características naturais."[229] Ademais, ele observa que mesmo que uma investigação avaliatória e conceitual esteja envolvida, trata-se de uma questão factual definir "se determinado indivíduo ou grupo está ou não florescendo *qua* membro ou membros independentemente de qual seja a espécie vegetal ou animal à qual um deles ou todos deles pertencem".[230] Assim, parece que MacIntyre sustenta ser possível que uma compreensão abstrata do florescimento humano tenha um conteúdo baseado na natureza de alguém, como ser humano que é, independentemente de seu contexto social e cultural. Portanto, não parece mais haver a ameaça de reducionismo sociológico em seu pensamento.

Devemos, no entanto, avançar lentamente aqui, pois quando examinamos o naturalismo presente na concepção de florescimento humano adotada por MacIntyre, percebemos que grande ênfase é dada à vulnerabilidade que resulta do fato de sermos coisas vivas — especificamente, animais de um certo tipo com muitas necessidades. O que é central na visão de MacIntyre do florescimento humano é a tese de que somos dependentes da assistência dada por outras pessoas para alcançarmos os bens que permitirão que nos tornemos raciocinadores práticos independentes. Em especial, das outras pessoas precisamos:

---

[229] MacIntyre, *Dependent Rational Animals*, 78.
[230] Ibid., 64.

"dos relacionamentos indispensáveis ao fomento da habilidade de avaliar, modificar ou rejeitar nossos juízos práticos para nos perguntarmos se o que consideramos boas razões para ação de fato são suficientemente boas. E a habilidade de imaginar de forma realista futuros alternativos possíveis, para que possamos fazer escolhas racionais entre elas. E, por fim, a habilidade de contermos nossos desejos de modo a nos tornarmos capazes de inquirir racionalmente o que a busca de nosso bem aqui e agora requer, e como nossos desejos devem ser direcionados e, se necessário, reeducados, para que logremos alcançar o bem."[231]

Sem tais relacionamentos de ajuda – "relacionamentos de dar e receber"[232] – nunca podemos florescer. De fato, para MacIntyre são "meios constitutivos para o fim de nosso florescimento."[233]

Portanto, MacIntyre concebe o florescimento humano como algo a ser alcançado e constituído por redes de relacionamentos familiares, profissionais e entre vizinhos que envolvem dar e receber. Esses relacionamentos atingem um bem comum que é mais do que a soma de bens dos indivíduos envolvidos. Esse bem não é alcançado apenas por meio de atividades de cooperação e de uma compreensão partilhada de sua importância pelos participantes, mas é constituído de forma crucial pela atividade cooperativa e pela compreensão compartilhada. MacIntyre fala, por exemplo, de um bem comum que é encontrado na excelência das atividades cooperativas entre equipes de pesca, quartetos de cordas,

---

[231] Ibid., 83.

[232] Ibid. Ver também *Dependent Rational Animals*, cap. 8, para uma explicação completa desse tipo de relacionamento.

[233] Ibid., 102. MacIntyre também observa que esses relacionamentos "dão expressão a hierarquias estabelecidas de poder , e dos usos do poder, hierarquias e usos que, como instrumentos de dominação e privação, frequentemente nos frustram quando estamos em busca do que consideramos bem para cada um de nós" (103). Compreender como essas relações se tornam instrumentos de dominação é crucial para o tipo de objeção que MacIntyre faz ao liberalismo. Ver *Dependent Rational Animals*, cap. 2.

cooperativas agrícolas e equipes de pesquisa científica. Existe, de fato, uma ampla gama de práticas para as quais a excelência no tipo de atividade relevante é encontrada entre os bens internos a essas práticas.

Para participar dessa rede de relacionamentos, assim como determinar que lugar os bens de tais atividades possuem em nossas vidas, devemos empregar o raciocínio prático. Para MacIntyre, essa atividade não está apenas corporificada em uma rede de relacionamentos; é constituída pelas regras ou normas que caracterizam essas atividades. Devemos sempre estar engajados nessas atividades para sermos raciocinadores práticos independentes. Portanto, quando recorremos à nossa compreensão do *telos* humano para verificar, retrospectivamente, se nossa concepção de florescimento humano, e das virtudes que o acompanham, é acurada — e se o lugar que conferimos a certos bens em nossas vidas é apropriado — necessitamos do aprendizado prático requerido para que se possa ser um raciocinador prático. Mas tal aprendizado "é o mesmo aprendizado necessário para que cada um encontre seu lugar em uma rede de pessoas que dão e recebem, na qual a conquista do bem de um indivíduo é vista como inseparável da conquista do bem comum."[234] Assim, a pergunta: "que lugar devem os bens resultantes dessas práticas ter em minha vida?", deve, na visão de MacIntyre, ser assim reformulada: "que lugar devem ter em nossa vida *comum* os bens resultantes de cada uma dessas práticas nas quais nos engajamos? Qual é o melhor modo de vida para nossa comunidade?"[235]

Certamente MacIntyre está coberto de razão ao enfatizar que os seres humanos são animais de um certo tipo com muitas necessidades e vulnerabilidades. Além disso, também acerta ao enfatizar que somos seres profundamente sociais que precisam participar de redes de relacionamento nas quais ocorre o dar e receber e nas quais nosso próprio

---

[234] Ibid., 113.
[235] MacIntyre, "Politics, Philosophy and the Common Good", in *The MacIntyre Reader*, 240.

bem individual se liga intimamente ao bem comum da atividade em que tomamos parte. De fato, ao longo do presente trabalho enfatizamos o caráter social do florescimento humano. E em um trabalho anterior, Liberty and Nature,[236] apontamos a importância dos grupos humanos e dos empreendimentos comuns. Não há nada no princípio do liberalismo incompatível com essas alegações.[237] O problema para o princípio do liberalismo, deriva (I) da compreensão de MacIntyre do tipo de ordem político-social capaz de corporificar relações de dar e receber; (2) de sua extensão do dar e receber característicos de todas as relações no interior de uma sociedade; e (3) de sua tendência a compreender o florescimento humano e o raciocínio prático exclusivamente em termos de relações de dar e receber. Mais adiante consideraremos cada um destes pontos.

(I) Para começar, é preciso compreender que o entendimento de MacIntyre do termo "político" deriva do que ele entende por *polis*[238] em Aristóteles. Mesmo porque ele não se vê falando de uma ordem político-jurídica que se aplica a todas as várias comunidades e empreendimentos comuns encontrados em sociedade. Ele alega ocupar-se de

---

[236] Douglas B. Rasmussen e Douglas J. Den Uyl, *Liberty and Nature: an Aristotelian Defense of Liberal Order* (LaSalle, Ill.: Open Court, 1991), 134 e 152.

[237] Devemos recordar que George Gilder argumentou que a essência do capitalismo é a reciprocidade em um contexto social. Ver Gilder, *Wealth and Poverty* (New York: Bantam Books, 1982). À luz do que discutimos, a respeito da visão de MacIntyre da importância de "dar e receber", o insight de Gilder é ainda mais relevante.

[238] Para um exame das várias formas de compreender a 'polis' de Aristóteles, ver Fred D. Miller Jr., *Nature, Justice and Rights in Aristotle's 'Politics'* (Oxford: Clarendon Press, 1995). Deve ficar claro também que, em todo o presente trabalho, argumentamos em favor da necessidade prática e moral de *não* confinarmos a nossa compreensão de 'comunidade política' à concepção tradicional de polis. Além do mais, achamos que, uma vez que a natureza aberta e cosmopolita da sociabilidade humana é compreendida, então a importância dos mercados e da troca livre para a sociabilidade humana pode ser amplamente apreciada. Ver Paul Seabright, *The Company of Strangers: a Natural History of Economic life* (Princeton: Princeton University Press, 2004).

formas muito menores de sociabilidade. Em particular, ele se ocupa de alguma forma de comunidade local nas quais famílias, locais de trabalho, escolas, clínicas, clubes e organizações religiosas encontram lugar. Nesse tipo de comunidade, o raciocínio prático a respeito do lugar que os bens de determinadas atividades devem ter na vida de uma pessoa é parte de uma investigação racional da qual todos os membros de uma comunidade participam atentos à sua vida comunitária. A excelência no raciocínio prático envolve excelência na deliberação comunitária, já que não ocorre de modo isolado. O raciocínio prático é, nesse sentido, raciocínio "político."

Assim, se as pessoas têm a liberdade de tomar e seguir decisões a respeito de como conduzir suas vidas que não refletem essa deliberação comunitária, mas sim seus próprios modos de julgar suas necessidades e interesses pessoais (frequentemente expressos em termos econômicos), então tal liberdade seria inconsistente com as relações de dar e receber e com as pessoas serem raciocinadoras, práticas, independentes. MacIntyre afirma que para uma comunidade local, que é uma rede de dar e receber, sobreviva ou, de fato, viceje, "considerações econômicas terão de ser subordinadas a considerações sociais e morais... Talvez se faça necessário impor limites à mobilidade do trabalho para que haja continuidade e estabilidade nas famílias e outras instituições."[239] Assim, por exemplo, se alguns indivíduos em uma pequena cidade julgarem autonomamente que economicamente é melhor para eles não comprar ou trabalhar nas lojas da própria cidade, mas sim sair da cidade para procurar trabalho ou fazer compras, tal atividade poderia ter de ser limitada ou tutelada. É possível que esses indivíduos julgassem, ou devessem julgar, que tais decisões poderiam ser contrárias à vida comunitária que usufruem e que o que conseguiriam fora de suas cidades – economia nas compras ou melhoria salarial – não compensaria o possível risco de destruir a

---

[239] MacIntyre, *Dependent Rational Animals*, 145.

vida comunitária que é tão vital para eles. Mas este não é o ponto de MacIntyre, pois a "subordinação autoimposta" da qual ele fala, promana de um processo de deliberação comunitária. É o raciocínio e a ação individuais separados dos processos de deliberação comunitária que destroem a relação de dar e receber. Isto não pode ser aprovado.

O princípio do liberalismo entra em conflito com a concepção de MacIntyre de comunidade local porque a ordem político-jurídica que se baseia nesse princípio seria usada para proteger a liberdade de indivíduos em seus julgamentos e decisões a respeito de como ordenar os bens de várias atividades em suas vidas. Além disso, o liberalismo admite a possibilidade de o lugar e o papel das relações de dar e receber variarem legitimamente de indivíduo para indivíduo; e, portanto, poderia, e possivelmente deveria, haver uma falta de compreensão compartilhada ou cooperação entre os indivíduos. O princípio do liberalismo entra em conflito com a concepção de comunidade local de MacIntyre não porque negue ou ignore o caráter social do florescimento humano, mas porque permite que o raciocínio prático tenha um lugar que não é parte de um processo comunitário e porque deixa que as diferenças individuais desempenhem um papel na determinação do que é racionalmente apropriado.

É provável que MacIntyre respondesse a essa visão de raciocínio prático alegando que ela já supõe que algo que sua abordagem do florescimento humano rejeita, é operante – qual seja, a ideia de que o florescimento é algo que possui uma dimensão individualista e que pode ser concebido à parte as relações de uma pessoa com as demais, ou, ao menos, com o restante das pessoas em sua comunidade. O que nos leva ao próximo ponto.

(2) Por certo MacIntyre acerta ao dizer que as relações de dar e receber são vitais, e não apenas "externas", à nossa compreensão do florescimento humano. Compreender que o florescimento não é algo atomista demanda não apenas que algumas relações estejam incrustadas

em práticas sociais, mas que algumas dessas relações também sejam constitutivas do florescimento humano de alguém. Mas dizer isso não significa que todas as relações estão incrustadas em práticas sociais ou que *todas* são constitutivas do florescimento humano de alguém. Além do mais, não quer dizer que a forma com que essas relações se integram no florescimento humano de uma pessoa seja a mesma com que se integram no florescimento de uma outra. A questão que permanece é se o indivíduo terá ou não alguma pequena influência no que diz respeito a que padrões do dar e receber adotará ou se tais determinações serão impostas pela "comunidade". Indivíduos que podem escolher a que comunidades pertencer e definir o grau de envolvimento que terão em seu interior não é algo que constituim *ipso facto* uma negação da comunidade. É apenas uma negação das comunidades nas quais o papel do indivíduo, e da maioria de suas escolhas significativas, é decidido coletivamente e não pelo próprio indivíduo.[240]

Dessa forma, parece-nos que MacIntyre – e também outros comunitaristas – confunde o metafísico com o político e contrabandeia uma conclusão política ao fazer uma afirmação metafísica. Mesmo que se pudesse apresentar como uma verdade metafísica que as decisões de um indivíduo nada mais são que o reflexo de uma confluência de forças, todas derivadas da comunidade, isso não significaria que qualquer

---

[240] A esse respeito, faz pouca diferença para nós, embora não para MacIntyre, se as escolhas do indivíduo são impostas (por exemplo, "sua profissão será a de carpinteiro") ou encaradas à luz do "bem comum", consultando-se o indivíduo envolvido, já que em ambos os casos é a comunidade que, em última instância, decide (sendo que a pessoa é apenas consultada). A questão central é se, no fim das contas, é o indivíduo que decide ou se é a comunidade. MacIntyre simplesmente incorreria em petição de princípio se afirmasse que é a comunidade. E o mesmo faríamos nós se disséssemos que deve ser o indivíduo. Em ambos os casos, o argumento deve ser ajustado a muitas outras considerações em torno da natureza humana e do florescimento humano. Nosso ponto aqui é simplesmente que MacIntyre não pode *supor* que por comunidade queremos significar apenas aqueles entes cujos modos de operação são coletivistas e autoritários em oposição aos modos individualistas e voluntaristas.

forma de ação coletiva ou política está implicada ou se faz necessária. Não apenas é concebível que os indivíduos devem ter liberdade para "decidir" de modo autônomo seu pertencimento a uma comunidade e o grau de envolvimento que nela terá. Mas é necessário que *possam* assim fazê-lo pelo fato de que não haveria, pelos próprios princípios de MacIntyre, necessidade de orientar o indivíduo "apropriadamente", se ele não pudesse decidir sobre algo em sentido contrário àquele tomado pelo processo de ação coletiva para seu caso. Portanto, sendo ou não o indivíduo de fato capaz de escolha independente, deve ser tratado como se o fosse para que a ação coletiva faça sentido. Nesse sentido, o debate não se dá em torno da existência de espaço para a comunidade no liberalismo, mas se decisões que poderiam muito bem ficar nas mãos de um indivíduo devem ser tomadas pela "comunidade." O liberalismo reconhece que nem todas as relações devem ser compreendidos de acordo com a compreensão que MacIntyre tem da *polis*.

De fato, admitir que somos seres sociais não sugere a necessidade de uma teoria da ação coletiva. É precisamente porque somos seres sociais que a argumentação em prol de uma ação coletiva forte se enfraquece. O tipo de comunidade que MacIntyre vislumbra é, ironicamente, mais adequada a uma concepção atomista de indivíduo na qual a necessidade de contrariar as escolhas individuais para que se chegue a uma coordenação talvez seja maior. Contanto que se compreenda a diversidade do florescimento humano, a defesa de comunidades com livre entrada e saída parece mais forte onde a orientação social do indivíduo é pressuposta desde o princípio.[241] A concepção de florescimento humano de

---

[241] Embora consideremos as teorias do "estado da natureza" úteis como ferramenta de análise social e econômica, como uma proposição metafísica acerca da natureza humana tal abordagem não apenas se mostra um equívoco mas tem, por vezes, levado o liberalismo a pedir maior envolvimento do governo na vida social. Talvez não por acidente, porque com uma suposição atomista é mais fácil inferir uma necessidade de centralizar a solução para os problemas sociais do que presumir que as pessoas irão buscar os mecanismos sociais necessários por conta própria.

MacIntyre não reconhece tal fato. O que nos leva ao ponto final da presente discussão em torno das posições mais recentes de MacIntyre.

(3) A concepção de florescimento humano de MacIntyre é naturalista apenas por erigir em característica central e primária do florescimento humano a dependência natural que temos às outras pessoas. O caráter social do florescimento humano é visto como aquilo com base no qual se compreende tudo o mais a respeito do florescimento. O raciocínio prático, portanto, não é meramente um processo socialmente corporificado. Tampouco é apenas um processo que apela a normas e virtudes internas às práticas das relações sociais de dar e receber. O raciocínio prático é, *simpliciter*, um processo daquelas atividades que constituem as relações de dar e receber. O florescimento humano só pode ser entendido como parte de um processo deliberativo comunitário e à luz das normas que caracterizam esse processo.

Apesar de todas as invocações a São Tomás de Aquino, MacIntyre é de opinião que o florescimento possui pouca ou nenhuma dimensão pessoal.[242] Não é conceitualizado em termos de seres individuais que mantêm diferentes relações com os outros e para os quais essas relações podem assumir importância variada. As posições mais recentes de MacIntyre ainda assim apresentam sua concepção de racionalidade prática como algo primariamente comunitário por natureza. E assim, nossas objeções a suas posições anteriores atingem de modo relevante as mais recentes. Mas ele decerto mudou suas posições. Ou talvez devamos dizer que ele tornou explícito o que era implícito. Ele agora pode defender o caráter comunitário do raciocínio prático, oferecendo uma concepção de florescimento humano que claramente abriga uma visão subjacente de natureza humana. Contudo, de uma perspectiva aristotélica ou tomista,

---

[242] Mark C. Murphy observa que, para MacIntyre, "as imunidades ditadas pela lei natural não possuem base individualista." "MacIntyre's Political Theory" in *Alasdair MacIntyre*, ed. Mark C. Murphy (Cambridge: Cambridge University Press, 2003), 169.

trata-se de visão que incorre na falácia da reificação porque encara o ser humano como sendo em grande parte um "ser de espécie." Isso pode até ser adequado a uma concepção totalmente marxista,[243] mas é estranho a uma concepção aristotélica ou tomista de natureza humana – que é a tradição a partir da qual MacIntyre alega operar. Independentemente da importância que a dimensão social do florescimento humano possa ter, o raciocínio prático, na tradição aristotélico-tomista, é ainda algo que um indivíduo deve (e pode) fazer por si mesmo. Não há espaço para substituir o juízo individual por deliberação comunitária.[244] De fato, quanto mais examinamos a concepção de florescimento humano de MacIntyre, mais descobrimos um teórico marxista sob a vestimenta tomista.[245]

Contudo, pode-se responder que todo esse debate filosófico ainda não alcança o ponto que MacIntyre e outros comunitaristas têm des-

---

[243] Devemos observar que o fato de sermos seres sociais não basta para mostrar que somos seres de uma espécie. Este é um dos muitos problemas que uma visão marxista da natureza humana enfrenta. Para uma discussão de alguns dos muitos problemas que a visão marxista da natureza humana e a noção de alienação enfrentam, ver N. Scott Arnold, *Marx's critique of Capitalist Society: a Reconstruction and Critical Evaluation* (New York, Oxford University Press, 1990); e J. Roger Lee, "The Morality of Capitalism and of Market Institutions", in *The Main Debate: Communism Versus Capitalism*, ed. Tibor R. Machan, 84-110 (New York: Random House, 1987).

[244] Ver a discussão em Douglas J. Den Uyl, em torno da visão de Tomás de Aquino da razão prática em *The Virtue of Prudence* (New York: Peter Lang, 1991), 85-106. Ver também Henry B. Veatch, *Rational Man* (Indianápolis: Liberty Fund, 2003).

[245] Mark C. Murphy observa que "MacIntyre aceita que o marxismo está fundamentalmente correto" no que diz respeito à sua visão de alienação. É "um dos poucos pontos a respeito dos quais ele [MacIntyre] *não* mudou de posição ao longo da sua carreira" (grifo nosso). Ademais, Murphy explica que os trabalhos de MacIntyre podem ser vistos como uma busca pelo que é pressuposto pela "crítica marxista à sociedade capitalista" – qual seja, uma teoria moral e um conceito de natureza humana adequados. Isso quer dizer que "onde não há moralidade para seres racionais, como tal há apenas moralidade para seres humanos praticada em um tempo determinado, em alguma configuração social específica." Murphy, *Alasdair MacIntyre*, 3-6.

tacado. Admitindo-se que o regime liberal não requer a destruição de formas tradicionais de vida comunitária, não é isso, contudo, o que em geral acaba acontecendo em um regime liberal? Não é assim que a vida parece se desenrolar em um regime liberal? No mundo real, não ficam as pessoas em geral tão dominadas pela ênfase dada pelo liberalismo à liberdade que as instituições por meio das quais se empenham em descobrir e conquistar seu bem estar moral acabam destruídas?

Não podemos dar aqui uma resposta a essas questões. Mas tocamos antes em alguns de seus aspectos e observamos que elas envolvem mais do que considerações filosóficas. Estudos históricos, culturais e sociológicos são necessários.[246] Mas se esse é o nível de investigação no qual as inquietações dos comunitaristas com o liberalismo devem ser discutidas, então há questões a respeito das ordens sociais comunitárias que precisam ser formuladas: supondo que possamos alcançar uma compreensão clara do que significa "comunidade", com que se parece em geral, a vida real, nessas ordens sociais? São de fato ordens em que todos trabalham com solidariedade visando um único propósito comum, aprendendo uns com os outros, dando e recebendo com um espírito aberto voltado para a comunidade? Ou tais comunidades tendem a ser ambientes fechados, tacanhos e mesquinhos nos quais todas as chances que as pessoas têm para florescer, de modo único e diferenciado, são destruídas? Tem o caráter individualizado e relativo ao agente do florescimento humano uma recep-

---

[246] Estamos ignorando a possibilidade, que na verdade consideramos significativa, substancial e verdadeira, de que ações de governo atravancam as nossas instituições sociais intermediárias que mantêm vivas as tradições e solucionam problemas básicos. Agradecemos a Elaine Stenberg por nos recordar deste ponto tão importante. Citando apenas dois estudos sobre como as ações de governo atravancam as nossas instituições intermediárias, o primeiro no campo médico e o segundo em previdência: David G. Green, *Working-class and the Medical Establishment: Self Help in Britain From the Mid-19th Century to 1948* (New York: St. Martin's Press, 1985); e David T. Beito, *From Mutual aid to Welfare state: Fraternal Societies and Social Services* (Chapel Hill: University of North Carolina Press, 2000).

ção positiva ou acaba negado, ignorado? Sempre terão algumas pessoas que se sacrificar pelo bem comum da comunidade? De que forma, se é que de alguma, permite-se a existência do caráter aberto da sociabilidade humana? Há alguma evidência de que a diversidade é uma característica central de ordens não-liberais? Pode-se conceptualmente rejeitar o caráter aberto do liberalismo e plausivelmente abraçar a diversidade? Podem as pessoas escolher adotar um modo de vida (sozinhas ou com outras) que entra em conflito com os valores da comunidade? Como os conflitos entre formas diferentes de vida comunitária se resolvem? Há formas diferentes? Não é óbvio, para se dizer o mínimo, que as vidas reais, cotidianas, da maioria das pessoas em uma ordem política comunitarista são melhores do que as que se fazem presentes em uma ordem liberal.[247]

Chegamos, então, à objeção cultural-sociológica, qual seja, a de que regimes liberais não conseguem tornar últimos ou primários os direitos e perdurar por muito tempo. A crítica em si tem mérito. Um regime liberal não pode perdurar por muito tempo se a única mensagem ética encontrada na sociedade e na cultura que ele protege for simplesmente o direito à liberdade. De fato, muitas coisas precisam ser feitas para o regime liberal florescer.

Uma ordem político-jurídica liberal estipula os parâmetros para uma sociedade civil ao proteger e preservar o direito à liberdade, mas essa ordem também requer que seus membros assumam a tarefa de criar uma sociedade civil. As pessoas precisam se importar com a vida moral, o papel da virtude, a importância da responsabilidade pessoal e a conduta apropriada. Precisam se importar com as justificações éticas

---

[247] Comunitarismo "pode cegar, oferecer perigo e agir como desagregador em um mundo real no qual as comunidades não vêm prontas e onde as alianças na comunidade são tanto resultado de um ódio ancestral aos vizinhos assim como de tradições imemoriais da cultura." Jeremy Waldron, "The Cosmopolitan Alternative", in *Rights of Minority Cultures*, ed. Will Kymlicka (New York: Oxford University Press, 1995), 113.

de suas instituições sociais e políticas. Precisam compreender melhor a natureza dos argumentos que podem ser usados para se defender o regime liberal. Ademais, precisam criar instituições e tradições que eduquem, expliquem e ilustrem e importância de um sistema político-jurídico baseado no direito à liberdade. Como tais questões são muito importantes, o papel dos intelectuais está longe de ser insignificante.

De forma bastante interessante, isso não quer dizer que o regime liberal deve abandonar seu compromisso primário com o direito à liberdade. Ao contrário, a primeira e mais importante coisa que precisa ser feita para que o regime liberal permaneça ajustado à função adequada da ordem político-jurídica é proteger e preservar o direito à liberdade. O regime liberal deve, claro, fazer tudo que for necessário para a implementação justa e consistente de um sistema político-jurídico baseado nesse direito; mas não deve permitir que a limitação imposta por esse imperativo racional se torne difusa, de forma a fazer com que as pessoas acreditem ser tarefa da ordem político-jurídica promover direta e positivamente uma sociedade civil. Isso, ao contrário, deve ser entendido como estando na dependência das mãos e mentes de cada pessoa.

Permanecendo em conformidade com sua função adequada, a ordem político-jurídica será vista como limitada a uma questão de princípio ético. E sua racionalidade ética será discernida com maior clareza pelas pessoas. Serão mais rapidamente compreendidas tanto a importância dos direitos individuais quanto suas limitações. Não se suporá que os direitos exaurem a linguagem da ética e mais provavelmente se compreenderá que há outras preocupações eticamente importantes. Especificamente, se compreenderá que os cidadãos são positiva e diretamente responsáveis pela efetiva criação da vida social e cultural que conduz à existência de um regime liberal e também de uma sociedade civil.

Em nossa visão de liberalismo, a função apropriada da ordem político-jurídica tem sido clarificada, mas isso não tem sido feito em geral pela teoria liberal. Na medida em que os teóricos liberais não têm logrado reconhecer com clareza a diferença entre princípios normativos e metanormativos e na medida em que também têm pensado que os princípios políticos do liberalismo poderiam ser mantidos sem um comprometimento ético mais profundo, têm contribuído, como apontamos nos capítulos anteriores, para criar as forças que estão levando o liberalismo à derrocada.

Além do mais, a tendência apresentada pelo liberalismo norte-americano, como também já observamos, de transformar cada necessidade (ou mesmo uma carência) em um direito tem tornado quase ocioso o conceito de direito. Em lugar de direitos serem confinados às questões sobre as condições básicas de uma ordem político-jurídica, eles têm sido usados para substituir conceitos morais cruciais, como as virtudes, que estão primariamente voltados para a conquista de uma vida moral digna para as pessoas. Isso tem resultado em confusão e dano para as ambas as formas de linguagem ética. De fato, para algumas pessoas parece que o direito à liberdade é apenas uma licença para se fazer o que quer que se pretenda. E chamar algo de virtude moral é o mesmo que exigir uma lei que imponha submissão universal a ela. *A linguagem ética do liberalismo nos Estados Unidos de hoje tem sido virtualmente desconstruída.*

Contudo, a solução para este problema não é negar a importância do discurso centrado nos direitos como algo distinto de outra linguagem ética. Mas sim compreender claramente que racionalidade podem ter as instituições políticas quando se preocupam apenas com o direito à liberdade. Nosso propósito é proporcionar essa racionalidade e assim defender o liberalismo. O objetivo dessa racionalidade foi o de mostrar que existe uma necessidade de se solucionar o "problema do liberalismo". E, portanto, uma necessidade da linguagem ética da metanormatividade, não da normatividade. O direito natural à liberdade é o princípio metanormativo básico.

Há uma justificação ética para uma ordem político-jurídica qua ordem político-jurídica que não estende sua mensagem ética para além do respeito ao direito básico à liberdade. É moralmente necessário distinguir entre os princípios éticos que proporcionam a base para a estrutura político-jurídica da sociedade e aqueles que se aplicam à nossa conduta em sociedade. É eticamente necessário que tenhamos a compreensão de que nem tudo é, ou deve ser, político. E que esta limitação da ação política se aplica inclusive a muitas das atividades que são necessárias, cultural e socialmente, à manutenção de regimes liberais.[248] MacIntyre, assim como muitos outros críticos comunitaristas e conservadores, simplesmente incorre em petição de princípio quando supõe que o propósito da política é promover uma visão ética de algum tipo — um papel que esses teóricos podem querer atribuir à política, mas que o liberalismo corretamente rejeita.

Contudo, no fim das contas, nada há que uma ordem político-jurídica liberal, ou qualquer ordem político-jurídica, possa fazer para garantir sua própria existência ou a presença da virtude em seu interior. Em última instância, tudo depende do que os seres humanos fazem ou deixam de fazer. O melhor que teóricos político-jurídicos podem esperar é que os cidadãos tenham em mente a necessidade da "eterna vigilância". E se nossa concepção de moralidade e política é acurada, é assim que deve ser.

O DESAFIO DO COMUNITARISMO PLURALISTA

Como teórico político, John Gray possui muitas facetas. Suas recentes reflexões em antropologia filosófica constituem seu empreendimento

---

[248] Para uma discussão do que é necessário para se obter a submissão das pessoas aos princípios metanormativos básicos da ordem político-jurídica, ver o Capítulo 2, nota 78, e Douglas B. Rasmussen e Douglas J. Den Uyl, *Liberty and Nature*, 193-98, e 224-25.

intelectual mais novo.[249] Mas nem suas meditações sobre a natureza humana e nem sua rejeição do humanismo, e da própria possibilidade de progresso humano, surpreendem aqueles que têm acompanhado o seu pensamento. Gray é um eterno pessimista. Contudo, deixaremos tais questões metafísicas para um outro momento, pois nossa preocupação central aqui é com as razões que levam Gray a rejeitar o liberalismo. Elas representam um desafio importante para qualquer pessoa interessada em defender o princípio de liberalismo. Por isso nos concentraremos nesse aspecto de seu pensamento.

Gray é um pós-liberal que não mais acredita ser plausível postular a liberdade como um valor humano universal. Ele também é comunitarista na medida em que considera que a tentativa de se encontrar uma base *teórica* sobre a qual assentar a filosofia política liberal nasce fadada ao fracasso. De acordo com Gray, a forma liberal de sociedade civil apenas sobrevive e prospera por causa de nosso comprometimento com ela. Esse comprometimento se manifesta no terreno da prática, e não é totalmente teorizável. Portanto, quando se trata de determinar o significado, escopo e validade da liberdade, nem a teoria política e nem a jurisprudencial se mostram adequadas. Tais determinações são providas apenas por uma forma de raciocínio político que é essencialmente circunstancial. Em consequência, o político acaba tendo primazia sobre o teórico e o jurídico. Ademais, vimos no capítulo 7 que embora Gray tenha simpatia por aspectos da ética da virtude neoaristotélica, ele está certo de que essa ética não pode fazer uso de uma noção significativa de perfeição. Para ele, o perfeccionismo jamais pode servir para fundamentar a alegação do liberalismo de que a liberdade é um valor político universal.

A razão básica para Gray abandonar o liberalismo, adotando uma perspectiva comunitarista e rejeitando a ideia de perfeccionismo, pode

---

[249] John Gray, *Straw Dogs: Thoughts on Humans and Other Animals* (London: Granta Books, 2002).

ser resumida em duas palavras que examinamos no capítulo 7: pluralismo valorativo. De acordo com Gray, o "reconhecimento de um pluralismo de formas de florescimento humano, todas objetivas, dentre as quais apenas algumas podem existir em um regime liberal, destrói a autoridade do liberalismo como ideal universal, trans-histórico e intercultural."[250] Como resultado desse pluralismo, que às vezes Gray chama de "pluralismo objetivo", os direitos liberais não são os únicos legítimos para todos os seres humanos. Há seres humanos que têm florescido em regimes que não são liberais e há formas de florescimento humano que são excluídas por regimes liberais. De uma forma geral, não existe modo de vida único, determinado capaz de despontar como certo ou melhor para todos os seres humanos. O pluralismo impede que qualquer teoria ética, especialmente uma ética da virtude autoperfeccionista, de ser suficientemente determinado para proporcionar conteúdo ao direito à liberdade. Portanto, Gray conclui que o liberalismo não tem como usar a noção de perfeição para justificar sua pretensão de apresentar a liberdade como um valor político universal.

Por conseguinte, Gray encara os direitos como se situandos entre as alegações sobre que interessess humanos são vitais para o florescimento e as alegações sobre que obrigações podem ser com razoabilidade impostas aos outros respeitando esses interesses. Como as diferentes formas de florescimento dão origem a diferentes avaliações ou ponderações desses interesses humanos, não há uma forma racional única de determinar o significado e o escopo da liberdade e de assim impor um limite teórico e jurisprudencial ao processo político. Abundam casos complicados no que concerne ao que constitui restrição à liberdade. Eles são a regra, não a exceção. E apenas o próprio processo político pode determinar o significado, escopo e, mesmo a validade, do direito à liberdade.

---

[250] John Gray, "What is Dead and What is Living in Liberalism", in *Post liberalism: Studies in Political Thought* (New York e Londres: Routledge, 1993), 313.

Gray tem razão ao sustentar que não existe uma visão abrangente de florescimento humano, e sequer uma visão genérica, capaz de servir de padrão à luz do qual os vários bens, virtudes e excelências recebem sua combinação, configuração e ponderação adequadas. Se os direitos se vinculam a essas várias combinações, configurações e ponderações dos bens ou interesses básicos, então não há como defender teoricamente o significado, escopo e validade do direito à liberdade. Isso deve ter lugar no processo político concreto.

Gray também observa corretamente que o escopo e o conteúdo do conceito de "liberdade" não podem ser especificados sem que se assuma um compromisso ético. A liberdade não é apenas a ausência de impedimento externo ou a capacidade de se fazer o que quer que se queira. Se concebida dessa forma amoral, não se tem sequer como compreender o que significa promover a liberdade. Se as necessidades de diferentes indivíduos entram em conflito, e se as necessidades de um recebem proteção legal e as de outro são reprimidas, então a liberdade de um foi protegida e a de outro negada. Nesse caso, não podemos dizer que a liberdade foi promovida. Assim vista, a liberdade perde seu sentido de ideal *político*.

Todavia, Gray incorre em erro ao supor que nada se pode tirar de uma concepção de florescimento humano para proporcionar significado, escopo e validade ao direito à liberdade. Devemos aqui recordar os aspectos básicos de como nossa visão da ética da virtude autoperfeccionista proporciona uma base para esse direito, como já discutimos (ver também capítulo 11 para uma apresentação dos passos essenciais desse argumento). Dado que existem formas diversas de florescimento humano, e que nossa necessidade de sociabilidade é profunda e aberta, precisamos de um padrão político que torne possível uma vida interpessoal em seu sentido mais amplo e sem *estruturalmente* exigir, ao mesmo tempo, de qualquer pessoa ou grupo, que sacrifique sua vida e recursos em prol de qualquer outra. Apenas um padrão político que proteja a possibilidade de autodireção satisfaz a essa necessidade. E o direito à liberdade é esse padrão.

Devemos notar que a rejeição de Gray ao direito à liberdade se origina não apenas do fato de ele não conseguir enxergar que a autodireção é central e necessária à natureza do florescimento humano (como observamos no capítulo 7). Há outra fonte para seu pessimismo em relação à defesa de uma argumentação em prol do valor universal da liberdade, qual seja, sua concepção de filosofia política.

Quando cabe a Gray justificar sua rejeição da liberdade como um valor universalmente legítimo, ele observa que "seres humanos têm florescido em regimes que não abrigam uma sociedade civil liberal" e que "o pluralismo valorativo desse tipo radical impõe o pluralismo em regimes políticos minando a alegação fundamentalista liberal de que só regimes liberais são totalmente legítimos."[251] Gray acredita que não existem padrões universais ou limites teóricos ao processo político, já que as pessoas têm florescido sem liberdade e já que as formas pluralistas de florescimento requerem formas pluralistas de regimes políticos. Portanto, ele parece implicitamente acreditar que a essência do problema político é como assistir a todos no florescimento e que a filosofia política ou é idêntica à ética ou está diretamente vinculada a ela. Se tal fosse verdadeiramente o propósito e a natureza da política, então Gray teria razão em alegar que o pluralismo valorativo impede padrões universais ou limites teóricos ao processo político porque o florescimento humano é, de fato, pluralista. Temos, entretanto, demonstrado que, embora o florescimento humano sempre e necessariamente seja expresso de forma individual, ele fornece uma base para legitimar a liberdade como um valor universal para as ordens político-jurídicas se tais ordens são vistas *não* como direcionadas ao florescimento humano, ou a suas condições, mas como solução

---

[251] Gray, "What is Dead and What is Living in Liberalism", 284, 314.

metanormativa para o que nos capítulos anteriores chamamos de "problema do liberalismo."

A preocupação com a realidade do pluralismo que tanto motiva Gray não constitui uma ameaça ao direito básico à liberdade, se compreendido como um princípio metanormativo. Isso acontece porque, como vimos ao longo do livro, o direito à liberdade não dá às pessoas orientação em relação a como devem se conduzir. Ele não é uma afirmação do que é bom para as pessoas ou uma definição das obrigações que as pessoas têm umas para com as outras além do respeito mútuo aos direitos de cada uma. Tampouco é um princípio intermediário que expressa um meio termo razoável entre essas posições. Deve, portanto, ficar claro que é possível existirem versões de florescimento humano que podem ser amplamente excluídas de certas sociedades fundadas no direito à liberdade. Não há garantia de que todas as condições necessárias para se alcançar a interação apropriada entre virtudes, bens e excelências genéricos e o nexo de uma pessoa serão alcançadas ou que se possam manter as estruturas sociais necessárias para que uma forma de florescimento exista. Um sistema político baseado no direito à liberdade não determina ou garante que versões do florescimento humano existirão ou qual será o caráter geral da cultura de uma sociedade. Como vimos desde o início, é crucial que se compreenda que o liberalismo é uma filosofia política de metanormas, não uma ética normativa. Ele não usa o direito à liberdade como uma tentativa de tornar possível o florescimento de todos. Na medida em que os teóricos liberais deixam de fato de compreender esse ponto, as críticas de Gray ao liberalismo se tornam devastadoras.

Contudo, devemos considerar outra dimensão do pensamento de Gray que está envolvida em sua rejeição do princípio do liberalismo. Essa outra dimensão comunitária é a ideia de que os bens e virtudes se integram em totalidades sociais. Gray alega que quando bens e virtudes são elementos de modos de viver globais que dependem para sua gênese e desenvolvimento de estruturas sociais que não se combinam, ocorre a incomensurabilidade entre formas de viver e culturas. Ademais, a identidade de seres humanos é compreendida em termos de sua participação em formas comuns de viver e desse modo Gray se refere a práticas históricas concretas que constituem comunidades reais e não abstrações típico-ideais. Assim, parece que estruturas sociais incompatíveis limitam não apenas nossa capacidade de comparar e avaliar bens e virtudes de forma racional, mas nossa própria compreensão do que é ser humano. É o que Gray parece querer dizer quando descreve seu pluralismo como *radical*. E às vezes recorre a esse caráter radical do pluralismo ao rejeitar o valor universal da liberdade.

Há, entrementes, uma ambiguidade nessa dimensão do pensamento de Gray similar àquela presente no pensamento de MacIntyre. É fato que o florescimento humano se define e se constitui por meio de práticas históricas concretas que formam as comunidades, e que nada há que perpasse as culturas e atravesse o tempo de modo a nos permitir falar de florescimento *humano*?

Por vezes, Gray parece responder a essa questão de modo afirmativo. Mas devemos recordar que Gray insiste em que o pluralismo objetivo não deve ser interpretado como uma forma de relativismo ético ou de ceticismo moral: "se o pluralismo valorativo está correto, então essas são verdades, crenças morais corretas sobre mundo. A tese da incomensurabilidade dos valores não é, assim, uma versão do relativismo, subjetivismo ou ceticismo moral."[252] Portanto, para Gray, não é o caso de tradições sociais e culturais de uma dada comunidade constituírem ou definirem o florescimento humano. Elas podem ser condições necessárias, mas não são necessárias e suficientes. Da mesma forma, os seres humanos são inquestionavelmente animais sociais; vivem em

---

[252] John Gray, "Agonostic Liberalism", *Social Philosophy & Policy*, 12, n. 01 (inverno 1995), 118.

comunidades com outros e não podem ser compreendidos de forma apropriada se este aspecto de suas identidades for ignorado. Contudo, isso não quer dizer que a sociabilidade explique exaustivamente o que é ser humano. Ou que não haja sentido no termo "humano" que seja genérico e capaz de ser usado para localizar os seres humanos através das culturas e ao longo do tempo.

Gray aceita a ideia de que há um modo genérico de ser humano. Ele concorda, como vimos no capítulo 7, com a afirmação de Berlin de que "a natureza dos homens, apesar de variada e sujeita a mudanças, deve possuir algum caráter genérico para ser chamada de humana."[253] Consequentemente, seria um equívoco dizer, de acordo com essa alegação, que em virtude de o florescimento humano e a humanidade serem sempre cultural e socialmente definidos, são também cultural e socialmente determinados. Em outras palavras, seria errado defender que a validade de uma concepção genérica de florescimento ou a adequação de uma descrição genérica do ser humano se limitem a uma certa cultura ou sociedade, e não podem ser válidas ou adequadas para diferentes culturas e épocas.

No entanto, se o relativismo ético é rejeitado pelo pluralismo objetivo e os traços genéricos da natureza humana são reconhecidos, então é possível que tanto as comunidades quanto os indivíduos adotem concepções de florescimento humano não tão desenvolvidas quanto outras, ou até concepções que se mostrem simplesmente equivocadas. De fato pode alguém, de forma razoável, alegar florescer se sua sociedade não abriga práticas como a busca da amizade, integridade, coragem e justiça? E nem formas de reprovação para os casos em que se permite que as paixões saiam de controle, que se reprimam todas as emoções e que se desprezem o conhecimento, a razão, a consistência

---

[253] Isaiah Berlin, "Alleged relativism in eighteen century european thought", in *The Crooked Timber of Humanity: Chapters in the History of Ideas* (New York: Alfred A. Knopf, 1991), 80.

ou a verdade? Não é verdade para qualquer cultura e sociedade que, dada a noção de autoperfeição que esboçamos no capítulo 6, um Sócrates insatisfeito é melhor do que um bobo satisfeito? Os indivíduos e suas formas de viver podem, de fato, ser comparados e avaliados em termos gerais.

Entretanto, ainda é verdade que as concepções de virtudes e bens genéricos não nos levam muito longe. Elas não são suficientes para tornar o florescimento humano algo determinado ou valioso; e muito menos para fornecer algum tipo de orientação. David L. Norton observou de forma tão arguta que:

> "Quando Mill diz: 'é melhor ser um Sócrates insatisfeito do que um bobo satisfeito,' devemos mais uma vez perguntar: 'para quem?' E rejeitamos a resposta implícita em Mill: 'para todos.' Decerto é melhor para Sócrates ser Sócrates. Mas para Mill ser Sócrates (ou tentar ser, uma vez que a proposta constitui uma impossibilidade) é distintivamente pior do que para Mill ser Mill; e o mesmo vale para mim e para você.
> Os prazeres não são bens objetivos, intrínsecos, que podem ser distribuídos como cavalos que atrelamos a carroças. Concebidos abstratamente, são sem valor; só adquirem ou perdem valor à medida que os desejos que refletem são comensuráveis ou não com as pessoas para as quais são desejos."[254]

Da mesma forma, outros bens genéricos (o prazer é, afinal de contas, um bem genérico) e virtudes genéricas se tornam efetivos e valiosos — sua adequada combinação, padronização e ponderação — apenas em relação a seres humanos individuais e a suas situações culturais e sociais. Em consequência, a incomparabilidade entre essas combinações, padronizações ou ponderações — sejam suas origens

---

[254] David L. Norton, *Personal Destinies: a Philosophy of Ethical Individualism* (Princeton: Princeton University Press, 1976), 219.

devidas a diferenças culturais, sociais ou individuais – não necessariamente cria um problema de incomensurabilidade. A incomensurabilidade existiria apenas na suposição de que as diferenças de lugar e circunstância, assim como as de talentos e interesses, são eticamente irrelevantes; e que a determinação do valor e caráter de bens e virtudes genéricos deve estar em conformidade com algum padrão singular que é melhor para todos. Como observamos no capítulo 7, a incomensurabilidade que se faz presente em uma quebra de transitividade no raciocínio prático surge primariamente porque se supõe que o objetivo da ética é proporcionar um conjunto de regras de conduta específicas e uniformemente aplicáveis a todas as pessoas independentemente do nexo de cada indivíduo e da situação social/cultural. É claro que nossa concepção de perfeccionismo individualista rejeita essa forma de racionalismo ético.

Estamos agora em condições de perguntar: qual é a posição de Gray em relação ao pluralismo valorativo? A despeito do que ele diz sobre a rejeição do relativismo ético e sobre o endosso das características genéricas da natureza humana, ele parece, na prática, sustentar duas visões de pluralismo valorativo. Gray continuamente oscila entre um pluralismo valorativo que pode aceitar características genéricas do florescimento humano e um pluralismo valorativo que, em última análise, equivale a uma forma convencionalista de relativismo ético. Esta é uma tensão em seu pensamento que não fica confinada a suas observações sobre a viabilidade do liberalismo.

O DESAFIO DO CONSERVADORISMO DO DIREITO NATURAL

Robert George observou que "o que distingue as teorias políticas liberais de teorias não-liberais que também valorizam a liberdade e abraçam o pluralismo é a ideia liberal de que existem normas morais estritas (e não apenas limites prudenciais) que excluem, em princípio, o paternalismo moral e o uso da coerção para impedir danos morais."[255] Mas qual é a base para tal limitação, embasada em princípio, do uso da coerção? Certamente, "o proponente de qualquer direito moral putativo particular, a fazer algo moralmente errado precisará invocar alguma base para a alegação de que a lei não está moralmente autorizada a proibir o ato imoral ou abolir a instituição imoral em questão... não basta citar literalmente o direito moral de executar esse ato ou contar com a instituição como sustentáculo para definir o que não é moralmente permissível."[256]

George convida o filósofo político liberal a se tornar um moralista e a mostrar por que é moralmente melhor escolher o que é moralmente errado, ou ao menos não correto, e por que a ordem político-jurídica não deve se envolver em atividades que pelo menos desencorajarão o vício — se é que não encorajarão a virtude. Por que o direito básico de um indivíduo de não ter sua vida e seus recursos utilizados sem seu consentimento deve sempre prevalecer ou se sobrepor a todas as outras considerações morais? Na verdade, George pergunta: por que adotar visão tão extrema? Por que não considerar os resultados decorrentes de se protegerem os direitos de alguém de fazer algo errado antes de se definir que ele tem tal *status* privilegiado?

De modo típico, muitos filósofos políticos liberais respondem a esse tipo de desafio observando que há uma diferença na forma como a palavra "direito" está sendo usada. George usa o termo como adjetivo para descrever a conduta que se conforma às exigências de uma vida moralmente digna, enquanto os liberais o utilizam como um substantivo. Quando se usa "direito" como substantivo, ele se refere a uma intitulamento moral fundamental que é devido aos seres

---
[255] Robert P. George, *Making men Moral: Civil Liberties and Public Morality* (Oxford: Clarendon Press, 1993), 167.
[256] Ibid., 116.

humanos em virtude de algum fato sobre eles mesmos, independentemente de suas condutas expressarem ou produzirem o bem humano. Assim compreendidos, os direitos não dependem de consideração sobre bens humanos, virtudes, consequências, circunstâncias, valores, objetivos ou interesses para que tenham legitimidade. A partir dessas características dos direitos, normalmente se infere que os direitos expressam uma teoria moral impessoalista ou neutra em relação ao agente; e que não é necessário justificar direitos recorrendo-se, direta ou indiretamente, ao bem humano. Portanto, a resposta ao desafio de George é a de que direitos não são o tipo de princípios morais voltado para a realização ou expressão do bem humano. Esse tem sido um *insight* importante da filosofia política liberal. Contudo, existem problemas espinhosos que decorrem de se conceberem os direitos como o resultado da teoria moral impessoalista ou neutra em relação ao agente.

Há primeiramente uma dificuldade fundamental que se coloca no caminho de qualquer um que confia numa teoria moral impessoal. A dificuldade simplesmente reside no fato de nada se poder dizer em resposta àqueles que perguntam por que devem ser morais *em um sentido impessoal*. Não há, em outras palavras, contradição em perguntar por que uma pessoa "deve" adotar uma teoria moral impessoal (ou seja, por que seria bom, digno de valor ou apropriado *para mim fazer* isso). E uma vez que não existe, *por definição*, uma maneira de uma teoria moral impessoal poder fornecer uma razão que não seja neutra em relação ao agente, ela tampouco pode proporcionar uma razão relativa ao agente à pessoa que pergunta por que deve ser moral em um sentido impessoal. Portanto, qualquer teoria dos direitos que se baseia nessa visão impessoal de moralidade não consegue proporcionar uma razão relativa ao agente para que alguém respeite os direitos alheios. Esta é uma grande dificuldade, possivelmente insuperável, enfrentada por aqueles que baseiam os direitos em uma teoria moral impessoal.

Se, em reposta a essa dificuldade, alega-se que o raciocínio moral é apenas impessoal e neutro em relação ao agente e que não há necessidade de prover razões relativas ao agente, então para dizer o mínimo, é muito difícil enxergar que influência as injunções morais poderiam ter sobre nossa conduta. Assim, acabamos enfrentando outro problema: a moralidade se torna irrelevante para nossas vidas. De fato, se a moralidade se separa da antropologia filosófica, perdendo sua ligação com ela, deixando de ter qualquer preocupação com o que é realmente bom para seres humanos de carne e osso, então não há simplesmente resposta para a pergunta: por que ser moral? A resposta: "porque é seu dever", não sai do lugar.[257] Como observamos no capítulo 6, esta resposta simplesmente incorre em petição de princípio.

Em segundo lugar, mesmo que tal concepção impessoalista e neutra em relação ao agente funcionasse, em que isso ajudaria a defender o princípio do liberalismo? Como dizer que os direitos básicos são todos negativos em caráter ou que não existem deveres positivos legalmente obrigatórios? Por que a proteção da autodireção teria uma importância

---

[257] Não é suficiente alegar, de forma kantiana, que, como agentes racionais, veríamos o caráter impessoal e neutro em relação ao agente, da moralidade como implicado pela própria racionalidade. Isso pressupõe uma teoria da racionalidade que separa a racionalidade das particularidades que formam a vida de um individuo. Assim, não precisamos provar, a essa altura, que nossa perspectiva é superior — apenas que não se pode pressupor a validade da outra. Ademais, uma vez que a moralidade implica ação, motivação e outros fatores da ação concreta pareceriam mais plausivelmente uma parte da racionalidade. Portanto, o ônus da prova recai sobre a abordagem kantiana. Somos céticos quanto à possibilidade de que possa fazer mais que uma re-enunciação de suas premissas iniciais. Como Robert Paul Wolff observou: "a ação racional é ação que possui propósito. É comportamento causado pela concepção do agente do estado de coisas a ser conseguido através daquela ação... assim, um imperativo categórico não pode 'ordenar diretamente determinada conduta sem fazer de sua condição um objetivo a ser atingido através dela', pois isto corresponde a dizer que ele ordena um agente a se engajar numa ação proposital que não possui propósito." Wolff, *The Autonomy of Reason: a Commentary on Kant's Groundwork on the Metaphysics of Morals* (Gloucester, Mass.: Peter Smith, 1986), 131.

moral tão fundamental? Dado tudo o que sabemos a respeito da constituição dos seres humanos, por que não deveria haver leis de incentivo à educação, de proteção à família, de produção de oportunidades, de promoção da virtude e de desencorajamento do vício? Por que a proteção da autodireção deve receber prioridade sobre todas as outras coisas que constituem um ser humano? E se, para justificar tal importância à autodireção, um ser humano ter que simplesmente ser reduzido a um ser que raciocina e escolhe, então por que aceitar tal antropologia filosófica? De fato, as teorias políticas liberais não seriam mesmo culpadas por confiarem em uma visão incompleta da natureza humana – em um "eu desimpedido", uma "cidadela interior", um "ego numênico", ou uma "coisa pensante", em suma, em uma reificação filosófica?

Deve estar claro, a esta altura de nossa argumentação, que não é necessário aceitar tais visões de natureza humana ou de impersonalismo em ética para justificar direitos individuais ou para defender que os direitos são um tipo diferente de princípio moral. Além disso, nenhum desses comprometimentos é necessário para nos darmos conta de que o convite que George faz ao teórico liberal de tornar-se um moralista não passa de uma armadilha. Para perceber isso, devemos retomar alguns pontos enfatizados em capítulos anteriores.

Já foi observado que o conhecimento de que X deve ou não deve ser feito não mostra, por si mesmo, que fazer X deve ser uma preocupação político-jurídica. Contudo, George argumenta que o erro moral na conduta pode proporcionar uma razão (ou seja, um motivo racional) para se interferir na performance da conduta de determinada pessoa, mas que também podem existir razões concorrentes para não se interferir.[258] George então reflete sobre o que essas razões poderiam ser. E é analisando essas razões concorrentes que ele situa o debate entre os liberais e os não-liberais.

---

[258] George, *Making Men Moral*, 117.

Mas a descrição que George faz da situação incorre, de um ponto de vista liberal, em todas as importantes petições de princípio. Existem três questões interrelacionadas: qual é o fim da ordem político-jurídica? Qual é a natureza da conexão entre o ético e a ordem político-jurídica? Como legitimamos a ordem político-jurídica?

Primeiro, dizer que algo pode ser um possível motivo racional para a conduta equivale a dizer que pode ser meio, ou característica, para algum fim; e o "motivo racional" é explicado por referência ao fim. Mas este é o ponto em discussão entre George e os filósofos políticos liberais: qual é o fim da ordem político-jurídica? É possível que o fim da ordem político-jurídica não seja o "florescimento humano" ou "o moral", mas alguma outra coisa. Se for assim, o erro moral de uma ação não seria um possível motivo racional para a interferência.

Segundo, também é possível que a relação entre a ordem ética e a ordem político-jurídica não seja nem direta e nem isomórfica. O domínio da obrigação moral em geral pode ser mais amplo que aqueles que requerem ação político-jurídica; e, assim, é preciso saber o que justifica, se é que algo justifica, o movimento que vai de um a outro.

Terceiro, não devemos esquecer o repto anarquista lançado contra a legitimidade da ordem político-jurídica. A ordem moral pode estar em oposição fundamental à ordem político-jurídica. Portanto, não apenas pode não haver uma conexão direta ou isomórfica entre as duas ordens, como pode haver nenhuma! É preciso saber o que, se algo, legitima a ordem político-jurídica.

Como George sugere, o teórico liberal não pode supor que haja um domínio impessoal do direito que proíbe que a ordem político-jurídica desencoraje o vício; mas ele também não pode supor que saber que algo é vicioso fornece uma razão possível para ação político-jurídica. Para decidir o que é um possível motivo racional para a ação político-jurídica, é preciso responder às nossas três questões interrelacionadas. E, como já afirmamos, essas questões são justamente os pontos em discussão entre o teórico liberal e o não-liberal.

À luz das discussões anteriores, continua procedente nossa observação inicial de que o erro ou acerto ético de um ato é, em si mesmo, insuficiente para implicar que esse ato deve se constituir em preocupação político-jurídica. Portanto, mesmo se George conseguisse mostrar que os argumentos que buscam estabelecer a inadmissibilidade moral do uso da força coercitiva da lei para encorajar a virtude ou desencorajar o vício se mostrassem falhos, não serveria isso para demonstrar que a ordem político-jurídica tem por isso permissão para fazer uso da força. Tirar essa conclusão seria cometer a falácia *ad ignoratium*. O ônus da prova recai sobre aqueles que buscam passar da ordem ética para a ordem político-jurídica. A tarefa deles é determinar a natureza da conexão, se existir, entre as duas ordens.

Por isso, o filósofo político liberal argumenta (ou, ao menos, deveria) que não é tarefa da filosofia política determinar o que é ou não moralmente obrigatório *tout court*, mas sim determinar que assuntos da moralidade devem ser da alçada da ordem político-jurídica e, desse modo, o que legitima a ordem político-jurídica. É nesse ponto que o debate entre o filósofo político liberal e o não-liberal deveria ser situado e é a morada conceitual a partir da qual deve ser elaborada a argumentação em defesa dos direitos individuais.[259] Argumentar a favor dos direitos individuais fora dessa morada conceitual significa ignorar a peculiaridade da perspectiva liberal em filosofia política. É por essa razão que temos insistido que os direitos individuais são princípios

---

[259] Há uma distinção a ser feita entre afirmar que devemos estar abertos aos argumentos que defendem o uso da coerção para promover a virtude como finalidade e dizer que a relação entre ética e política deve ser considerada. Concordamos com a última afirmação, mas não com a primeira, mas George presume que se ele refutou o compromisso liberal com o direito, colocado acima do bem, então ele tem justificação para a primeira. Afirmamos que ele só tem justificativa para a última.

metanormativos e que sua função é proporcionar uma solução para o problema do liberalismo.

Mas ainda se poderia argumentar que, apesar de todas essas cuidadosas qualificações e distinções, o liberalismo enfrenta um dilema fundamental. Por um lado há a questão levantada por John Gray: se a liberdade deve ser algo determinado e identificável, deve representar mais do que a ausência de impedimento externo.[260] A liberdade não pode ser apenas a capacidade de se fazer o que se quer. Se a liberdade só ocorre quando alguém é capaz de fazer o que quer, então, de quem é a liberdade a ser protegida? Qual deve ser preferida: a liberdade de Maria de fazer o que quer, sem sofrer constrangimento de Guilherme, ou a liberdade de Guilherme de fazer o que quer, sem ser constrangido por Maria? Dado que as pessoas possuem necessidades conflitantes, como frequentemente se observa, o que significa promover a liberdade? A liberdade precisa de uma base normativa para que se determine seu escopo e conteúdo. Do contrário, não consegue proporcionar orientação para as situações adjudicantes nas quais há conflitos de necessidades e nem para a compreensão do que seria promover a liberdade. O liberalismo se torna, como John Gray argumentou, um ideal político sem significado.[261]

Por outro lado há a questão colocada por Robert George: se vincularmos a liberdade a um padrão ético — se ligarmos a liberdade à moralidade, à razão, à lei — como alguém pode ter o direito moral de fazer o que não é moralmente apropriado? Em outras palavras, se concordarmos com Lord Acton, para quem a liberdade não é "o poder de fazer o que se deseja, mas o direito de ser capaz de fazer o que se

---

[260] John Gray, "Liberalism and the Choice of Liberties", in *The Restraint of Liberty: Bowling Green State University Studies in Apllied Philosophy*, vol. 7, ed. Thomas W. Attig, David Callen e John Gray, 1-25 (Bowling Green, Ohio: Apllied Philosophy Program, Bowling Green State University, 1985).

[261] Ver Douglas B. Rasmussen, "Liberalism and Natural end Ethics", *American Philosophical Quartely* 27 (Abril 1990), 153.

deve",²⁶² parecerá que nada mais temos a oferecer além de argumentos pragmáticos contra reis-filósofos ou reis-teólogos que desejam legislar sobre quase todo assunto envolvendo moralidade. Em especial, não haveria limite baseado em direitos e definido com base em princípios com relação a que questões de moralidade deveriam estar sujeitos à imposição. Isso minaria nossa tentativa de mostrar que as pessoas têm um direito fundamental à liberdade, que se sobrepõe a todas as outras preocupações morais na determinação do caráter fundamental das instituições políticas e jurídicas de uma forma de governo. Ou a liberdade se vincula à moralidade ou é um ideal político sem significado. Mas se a liberdade se vincula à moralidade, então as pessoas não podem alegar que possuem um direito, regido em algum sentido por princípios, de escolher fazer aquilo que não é moralmente apropriado.

Mas há uma profunda ambiguidade nesse dilema.²⁶³ São o "direito" e o "deve" na máxima "a liberdade é o direito de ser capaz de fazer o que se deve" realmente melhor compreendidos como guias para o indivíduo se conduzir na vida? Ou são melhor compreendidos como direcionados mais para as exigências dos princípios básicos do sistema jurídico de uma forma de governo? Em outras palavras, independentemente das intenções de Lord Acton, "o direito de ser capaz de fazer o que se deve" não poderia significar que a liberdade se define primariamente em termos do que o sistema jurídico de uma forma de governo deve proteger e sancionar e, portanto, exigir de todos? Dessa forma, a lei não estaria em oposição à liberdade, mas proporcionaria o contexto institucional para sua própria existência. E os princípios utilizados para determinar o que o sistema jurídico de um governo deve proteger e sancionar não

---

[262] John Emerich Dalberg-Acton, *Selected Writings of Lord Acton*, vol. 3, *Essays in Religion, Politics, and Morality*, ed. J. Rufus Fears (Indianápolis: Liberty Classics, 1988), 613.
[263] Sob muitos aspectos, este dilema é apenas uma versão da objeção que denominamos de "dilema metanormativo" que será discutido no capítulo 12, e o que afirmaremos lá também é relevante para a presente discussão.

poderiam também ser princípios cujo propósito e função é fornecer a estrutura político-jurídica para um contexto sócio-político de vida interpessoal em seu sentido mais amplo – em vez daqueles que levam as pessoas à autoperfeição, por exemplo, as virtudes?

Em outras palavras, a concepção dos direitos como princípios meta-normativos poderia não ser a noção ética que dá escopo e determinação ao conceito de liberdade? Neste ponto de nossa argumentação, podemos dizer que a resposta a esta pergunta é claramente "sim". Tal conceito de direitos, ao proteger a possibilidade de autodireção em um contexto social, fornece a ligação entre – embora não uma identificação entre elas – ética e política,[264] permitindo, assim, escapar dos cornos do dilema.

O desafio do conservadorismo eudemônico

Leo Strauss observou que "com a mudança de ênfase dos deveres ou obrigações naturais para os direitos naturais, o indivíduo, o ego, tornou-se o centro e a origem do mundo moral, uma vez que o homem – distinto do fim que persegue – se tornou esse centro ou origem."[265] A concepção de individualidade que provê as fundações dos direitos naturais do liberalismo clássico vem sendo alvo de críticas há algum

---

[264] Em *Liberty and Nature*, argumentamos que essa concepção de direitos é justa em termos daquilo em que o bem comum da comunidade política consiste. Essa visão do bem comum pode estar, em última análise, mais próxima da visão de São Tomás de Aquino do que normalmente se supõe. Afinal, Aquino traça uma diferença entre questões de justiça moralmente obrigatórias e questões de justiça moral e legalmente obrigatórias. Ademais, ele observa que o bem comum da comunidade política não requer que todos os vícios sejam proibidos, já que a lei humana se aplica a todas as pessoas, mas apenas os vícios que ameaçam a própria vida social, como o roubo e o homicídio, devem ser proibidos. Além disso, tal visão do bem comum pode estar muito mais próxima da visão de Aristóteles do que em geral se pensa. Ver Miller, *Nature, Justice, and Rights in Aristotle's Politics*, cap. 6.

[265] Leo Strauss, *Natural Right and History* (Chicago: University of Chicago Press, 1953), 248.

tempo. Isso não é novo. O que é novo e o que vem se tornando mais manifesto àqueles que examinam a questão é que a alternativa apresentada por Stauss na citação acima não é mutuamente exclusiva. Como observamos em *Liberty and Nature*, "a dicotomia de Stauss revela uma tendência perturbadora, encontrada frequentemente entre proponentes dos direitos naturais e do direito natural, de reificar o conceito de 'fim natural,' tornando-o um bem que compete com o bem dos seres humanos individuais."[266] David L. Norton, em *Democracy and Moral Development*, também observou a não-exclusividade da alternativa de Stauss:

> "Condicionados que somos pela concepção moderna de indivíduo, a questão de se substituir a avareza como a motivação temática nas vidas das pessoas provavelmente nos deixa em situação desconfortável. O que mais poderia possivelmente servir? O objetivo deste livro é propor uma resposta eudemonista e essa resposta é amor no sentido de Eros. Assim compreendido, o amor não é exclusivamente ou primariamente interpessoal; é, antes de tudo, o relacionamento correto de cada pessoa consigo mesma. O eu ao qual o amor é em primeira instância dirigido é o eu ideal ao qual se aspira; e por seu intermédio a mudança aleatória se transforma no desenvolvimento dirigido a que chamamos de crescimento. Quando o ideal do indivíduo é escolhido corretamente, ocorre a realização de valores objetivos que subsistiam no indivíduo como potencialidades inatas, alcançando-se assim no indivíduo a auto-identidade que é denominada de 'integridade' e que constitui o fundamento de outras virtudes."[267]

Norton deseja reconceitualizar o individualismo historicamente associado com o liberalismo clássico de forma tal que ambos retenham

---

[266] Douglas J. Den Uyl e Douglas B. Rasmussen, *Liberty and Nature*, 92-93.
[267] David L. Norton, *Democracy and Moral Development* (Berkeley e Los Angeles: University of Califórnia Press, 1991), 40.

os ganhos do liberalismo clássico e ao mesmo tempo superem seu minimalismo moral.

De acordo com Norton, o problema crucial com a concepção de individualidade historicamente associada ao liberalismo clássico é que ela é "não-desenvolvimentista", no sentido de que promove o desenvolvimento em um único plano, qual seja, o da autopreservação. Nada mais faz. Não há padrão de auto-perfeição por meio do qual se possa distinguir satisfação de desejo de satisfação do desejo correto – nenhuma forma de distinguir a satisfação de Sócrates daquela de um idiota. Por isso Norton procura substituir a concepção não-desenvolvimentista da individualidade presente no liberalismo clássico por uma concepção eudemonista de indivíduo.

Ao fazê-lo, Norton busca tanto superar o divórcio entre política e virtude, típico da modernidade, quanto proporcionar ao liberalismo clássico aquilo que, de acordo com ele, ele mais notavelmente necessita – uma fundamentação normativa para os direitos individuais.

Compreendida a partir desse ponto de vista, a teoria moral e política eudemonista defende que as responsabilidades são logicamente primitivas; e assim concebe sua argumentação em prol dos direitos individuais como exigindo a mudança de uma concepção de indivíduo baseada em "direitos primitivos" para uma concepção baseada em "responsabilidades primitivas". Em outras palavras, os direitos devem ser derivados das responsabilidades. O argumento fundamental de Norton é construído da seguinte forma: se toda a pessoa possui a responsabilidade moral básica de descobrir e progressivamente tornar realidade seu valor potencial inato, então, pela lógica do "deve implica pode", as pessoas possuem um direito (um intitulamento moral) ao que é necessário para cumprir sua responsabilidade moral básica.[268] Norton afirma que esse

---

[268] A maior parte dos parágrafos nesta seção é uma adaptação de Douglas B. Rasmussen, "Reclaiming Liberalism", *The Thomist* 58 (janeiro 1994): 109-19. Este

argumento gera direitos que são (1) não inerentemente adversários ou competidores; (2) ambos positivos e negativos; (3) circunscritos por responsabilidades.

Norton sustenta que para a fim de o "deve" da autorrealização ser atribuível aos indivíduos, devem poder concretizar seu valor potencial. Mas "pode" tem tanto um sentido condicional quanto incondicional. O incondicional "pode" se refere ao que é possível para uma pessoa *qua* pessoa, enquanto o condicional "pode" se refere ao que é possível para uma pessoa em certas circunstâncias. Norton argumenta que o efeito dessa distinção é que, mesmo que uma pessoa possa ser impedida pelas circunstâncias de fazer o que sua autorrealização requer, subsiste uma obrigação moral abstrata que leva uma pessoa a lutar contra esses obstáculos. A propensão de uma pessoa a fracassar em cumprir sua responsabilidade moral básica pode ser proporcionalmente diminuída pelas circunstâncias, mas dessa responsabilidade moral básica ela não se exime. Portanto, quando se trata das coisas necessárias à auto-realização que não podem ser providas pela própria pessoa e que podem depender de outras pessoas, a responsabilidade moral dos outros de providenciar essas condições necessárias também permanece. Norton afirma: "Dada a ubiquidade do 'deve' incondicional e abstrato (...) é a primeira responsabilidade de qualquer sociedade proporcionar tais condições a todas as pessoas."[269]

Norton divide os direitos básicos em duas classes: (1) direitos que podem ser autoproporcionados, que são essencialmente referentes a coisas e não contra pessoas, e que requerem apenas um perímetro protetor de "direitos negativos;" e (2) direitos que não podem ser autoproporcionados, que são essencialmente cobranças feitas a outrem

---

argumento é, em alguns aspectos similar ao de Henry Veatch em *Human Rights: Fact or Fancy?* (Baton Rouge: Louisiana State University Press, 1985), 160-97.
[269] Norton, *Democracy and Moral Development*, 111.

de performances positivas e que são, portanto, "direitos positivos." De acordo com Norton, cada um tem o direito ao que necessita e ao que pode utilizar em seu trabalho moral primário de autorrealização de seu valor potencial inato.

Claramente, Norton parte de uma base ética muito semelhante à nossa, mas desenvolve uma concepção de direitos bem diferente da nossa. O que devemos fazer com seu argumento? Ele parece ter a seguinte estrutura. Suponha-se que para Guilherme tornar realidade seu valor potencial inato, ele deve realizar a ação M; isso leva à premissa:

(1) Guilherme deve fazer M.
   Esta é uma obrigação que Guilherme tem para consigo mesmo. De acordo com o princípio "deve implica pode",
(2) Se Guilherme deve fazer M, então Guilherme pode fazer M.
   Portanto, segue-se que
(3) Guilherme pode fazer M.
   Suponha-se, agora, que Maria (que tem a capacidade de fazer de modo diferente) interfere coercitivamente na tentativa de Guilherme de se autorrealizar impedindo que Guilherme faça M. Ou suponha-se que Maria (que possui os meios) não consegue proporcionar a Guilherme os meios pelos quais ele poderia superar os obstáculos que o impedem de fazer M em determinada situação. Então,
(4) Maria estabelece que não é o caso de Guilherme poder fazer M.
   Ignorando como poderia estar correto dizer que Maria pode, ao não conseguir fazer alguma coisa, causar a incapacidade de Guilherme de fazer alguma coisa, está claro que mesmo que o argumento de Norton tenha estabelecido (4), ele ainda precisa estabelecer que
(5) Ninguém deve fazer com que outra pessoa não possa executar as ações que promovem sua autorrealização.

É certamente verdade que Guilherme tem a obrigação ou de fazer M ou de empreender ações que levem à superação dos obstáculos que o impedem de fazer M, mas isso é muito diferente de fazer com que outras pessoas assumam como obrigação não impedirem Guilherme de fazer M, e muito mais diferente ainda de proporcionar a Guilherme os meios que lhe permitiriam fazer M. Que outras premissas existem para o argumento de Norton que possam fornecer uma justificação para (5)?

Norton alega que (6) a *eudaimonia* é um valor objetivo. Não é imputada, mas reconhecida. Como na resposta à pergunta de Sócrates a Eutífrone, é algo que é desejado porque é bom. Norton alega que, uma vez que a *eudaimonia* tem valor objetivo, é valiosa não apenas para o indivíduo que a alcança, mas para todos os que podem reconhecê-la. Portanto, é "com base na premissa do valor potencial inato presente em todas as pessoas, que é ao mesmo tempo responsabilidade para tornar realidade esse valor",[270] que imputamos responsabilidades às pessoas que nos são desconhecidas e afirmamos a dignidade básica de todas as pessoas. Os direitos de um indivíduo são derivados das responsabilidades. Norton parece alegar que como a *eudaimonia* tem valor objetivo, então a realização de Guilherme de seu valor potencial inato tem valor para Maria, e vice-versa. E se assim é, todos têm a responsabilidade de tornar realidade esse valor, independentemente de se saber a quem pertence esse valor.

Há por ora três problemas familiares com esse raciocínio. Mas vale a pena enunciar novamente esses problemas. Primeiro, pode ser verdade que a *eudaimonia* é um valor objetivo, mas disso não se segue que seu valor é o mesmo para todos os indivíduos. A *eudaimonia* pode ser um valor relativo ao agente de forma tal que o peso dado por uma pessoa P1 à sua conquista da *eudaimonia*, E1, é maior do que a que P1 dá à conquista da *eudaimonia* de P2, E2. Em outras palavras, é perfeitamente consistente que a *eudaimonia* seja um valor objetivo e ainda assim essencialmente relacionada às pessoas de modo que E1 dá a P1 a responsabilidade

---

[270] Ibid., 110.

moral primária de alcançar E1 sem implicar que P1 tenha qualquer responsabilidade de alcançar E2.

Segundo, que todos reconheçam o valor objetivo da *eudaimonia* não significa que uma pessoa alcançá-la seja a mesma coisa que ser alcançanda por outra. Devemos recordar um ponto básico, registrado no capítulo 7, que Henry B. Veatch apontou: "Do fato de que um certo bem precisa ser reconhecido, e universalmente reconhecido, como sendo o bem de X, de forma alguma se segue que o bem de X deve ser encarado como sendo também o bem de Y; do mesmo modo que a realização, perfeição ou conquista de X não precisa ser reconhecida como a realização, perfeição ou conquista de Y também".[271] A *eudaimonia* não é algo abstrato, mas é encontrada na execução de nossas potencialidades individuais.

Terceiro, a universalização do argumento "cada um deve realizar seu valor potencial inato" não justifica (5). Pode ser verdade que se realizar o valor potencial inato de P1 é base ou razão para que P1 execute determinada ação, então P2 realizar seu valor potencial inato também é razão para que P2 execute determinada ação. Mas isso não mostra nem que o valor potencial inato de P1 é o de P2, ou que P1 tem alguma razão para ajudar, ou mesmo para não interferir, P2 a alcançar seu valor potencial inato. Portanto, não nos parece que Norton possa encontrar uma justificação para (5) simplesmente apelando para o caráter objetivo da *eudaimonia*.

Há alguma outra premissa à qual Norton apela? Ele também defende que o eudemonismo rejeita a ideia de que o ser humano é uma entidade isolada. Além disso, endossa que (7) seres humanos são seres inerentemente sociais. Talvez esta premissa permita a Norton justificar (5). Depende da plausibilidade do que para Norton a sociabilidade

---

[271] Henry B. Veatch, "Ethical Egoism, New Style: Should its Trademark be Libertarian or Aristotelian?" in *Swimming Against the Current Contemporary Philosophy* (Washington, D.C.: Catholic University Press, 1990), 194.

inerente dos seres humanos significa ou implica. Dizer que nós, como seres humanos, somos inerentemente sociais certamente significa que nossa origem natural se encontra na sociedade, e não em algum estado da natureza. E que cada um de nós precisa se associar e cooperar com outros para que logre concretizar o próprio valor potencial inato. Mas dizer isto não é afirmar ou implicar (5). O fato de seres humanos serem naturalmente sociais não estabelece a existência de direitos individuais ou mesmo de deveres interpessoais. Ao contrário, cria a necessidade de se tentar determinar quais deveriam ser os princípios básicos da vida humana social, política e jurídica. Como pode o valor potencial inato de cada pessoa ser atingido de forma consistente com a sociabilidade inerente das pessoas? Precisamos de algo mais forte do que (7) para responder a esta questão.

Norton faz uma conexão entre (7) e uma alegação sobre o "bem comum" de uma sociedade. O eudemonismo sustenta (8) que "o bem comum nada mais é que os bens particulares dos indivíduos *em interrelações complementares*."[272] Norton alega que a interrelação complementar de bens:

> "está implícita no fato de que o bem que deve ser realizado, conservado e defendido – o bem que representa a identidade alcançada pelo indivíduo – é um bem objetivo, ou seja, tem valor para os outros tanto quanto tem para o indivíduo que o realiza. Por ser assim, não se pode falar de uma vida realizada se seu valor não é reconhecido ou utilizado por (algumas) outras pessoas em suas próprias buscas de autorrealização. De forma correspondente, toda vida bem vivida deve utilizar valores produzidos por (algumas) outras vidas bem vividas. E isso é o mesmo que dizer que em uma sociedade toda pessoa tem interesse legítimo na pessoalidade essencial de todos os outros."[273]

---

[272] Norton, *Democracy and Moral Development*, 124.
[273] Ibid., 124.

O movimento que vai de "algumas outras" a "todas as outras" na passagem acima é legitimado, segundo Norton, pelo fato de que aqueles que produzem os valores nos quais eu e você confiamos necessitam de valores que são produzidos por outros que, por sua vez, precisam de valores produzidos por outros, e assim sucessivamente. Assim se forma a base para uma comunidade de autênticos indivíduos.

Embora decerto seja verdade que a realização do valor potencial inato de uma pessoa encontra-se preso a vários tipos de relações com outras pessoas, ainda detectamos alguns problemas com esse argumento. O fato de um número significativo de potencialidades de uma pessoa ser, por natureza, orientado para os outros não demonstra nem (a) que a realização do potencial de P2 tem ou deveria ter o mesmo valor para P1 que a realização de seu próprio potencial, e nem (b) que a efetuação do potencial de P1 não pode ser alcançado sem a efetuação do potencial de todas as outras pessoas. Certamente, há *algumas* outras pessoas cujo bem-estar está intimamente ligado ao nosso. E talvez um estudo empírico possa ser feito mostrando como, em certas circunstâncias, o bem-estar de alguém e de todas as outras pessoas acabam sendo a mesma coisa. Mas isso não é algo que decorra da própria natureza da *eudaimonia*. Não é algo que se possa conhecer a priori. Usando as palavras do próprio Norton, "um dever para consigo mesmo pode ser um dever para com os outros."[274] Mas isso não basta para estabelecer que o bem-estar de cada pessoa requer que se mostre interesse e preocupação com o bem-estar de qualquer outra pessoa. E tampouco estabelece (5).

Antes de encerrarmos estes comentários, não podemos deixar de observar que o argumento de Norton – embora certamente poderoso e tocante – parece inconsistente. Norton afirma, logo no início de *Democracy and Moral Development* que a *eudaimonia* é um fim inclusivo. E que, de acordo com essa interpretação, é aberta. O que significa que

---

[274] Ibid., 119 (grifo nosso).

propicia "uma multiplicidade de tipos de vida passíveis de autorrealização e que se dirigem para uma multiplicidade de fins."[275] Mas se isso é verdade, então o eudemonismo, embora um bem objetivo, também é um bem individualizado, relativo ao agente e autodirigido. E é apenas em termos de princípios abstratos que podemos falar de *eudaimonia* como sendo a mesma coisa para diferentes pessoas. Concretamente, não é a mesma coisa para qualquer Guilherme e qualquer Maria.[276] Contudo, não parece que Norton reconhece as implicações dessa posição para sua avaliação das decisões econômicas das pessoas na sociedade liberal clássica. Norton fala de pessoas desviando-se da realização de seu valor potencial inato por causa de posses que os engolfam. E sustenta que ninguém tem direito a mais bens do que consegue utilizar. Por exemplo, ele fala de pessoas que possuem carros esportes que não podem usar ou cujo uso as afasta do seu curso de vida. Mas, considerando-se a visão que Norton tem do eudemonismo, pode tal crítica ser feita a partir de seu lugar de filósofo?

Conquanto o mau uso de bens por um indivíduo seja decerto uma possibilidade real, a que isso realmente equivale varia de indivíduo para indivíduo; não é algo que possa ser determinado a partir de um mero exame abstrato da *eudaimonia*. Quando se trata de determinar que conduta a *eudaimonia* concretamente exige ou não de um indivíduo, isso só pode ser determinado pela sabedoria prática. E a sabedoria prática só é exercitada quando indivíduos se deparam com os fatos contingentes e particulares das situações em que se encontram e decidem, no momento da ação, qual é verdadeiramente o curso apropriado de conduta para eles. Determinar concretamente o que deve ser feito para se atingir a eudamonia e o que concretamente deve ser feito para se

---

[275] Ibid., 6.
[276] Mostrar que a eudaimonia não é um *eidos* platônico ou forma genérica aristotélica é um dos pontos centrais do livro de Norton, *Personal Destinies: a Philosophy of Ethical Individualism*.

evitar a "desdaimonia" varia de indivíduo para indivíduo e não é algo que Governantes Platônicos, ou Norton, possam estatuir por recurso a um procedimento do tipo *inspecto mentis*.

O caráter individualizado da *eudaimonia*, quando combinado com suas outras características, possui implicações importantes para a conceitualização da relação entre ética e política. Portanto, quando se trata de rejeitar o divórcio moderno entre política e virtude, Norton deveria ter sido mais cauteloso. O eudemonismo exige que se rejeite *qualquer* cisão entre política e ética, mas não requer que ética e política sejam identificadas ou tenham a mesma função. Tampouco requer que "direitos" sejam redutíveis, sem mais, a outros conceitos morais como "responsabilidade", "dever" ou mesmo "justiça."[277] Em vez disso, direitos são um conceito ético não diretamente voltado para a conquista da autoperfeição dos indivíduos, mas sim para a provisão de orientação moral na criação, interpretação e justificação da estrutura geral da ordem político-jurídica que fornece o contexto sócio-político ou seja, para a solução do problema do liberalismo.

De fato, na aceitação de Norton de uma interpretação da *eudaimonia* como possuindo um fim inclusivo, e na rejeição da ideia de que a *eudaimonia* requer uma convergência em direção a uma única forma de vida, considerada objetivamente a melhor, encontra-se a base para o reconhecimento do significado ético profundo de uma forma liberal de governo cujo objetivo não é a criação da cidadania virtuosa, mas a proteção da liberdade. Temos procurado mostrar que essa forma de governo liberal é a expressão política apropriada de uma recuperação eudemonista do liberalismo. Embora tal forma de governo não garanta que seus cidadãos sejam autodirigidos e muito menos que conduzam suas vidas de modos que levem ao autoaperfeiçoamento, ela protege,

---

[277] E nem a eudaimonia requer que se suponha que os bens de todos os indivíduos existam idealmente em alguma interrelação complementar.

através de um sistema legal dedicado à proteção do direito básico à liberdade, a possibilidade de autodireção; e, dessa forma, proporciona uma conexão entre ética e política.[278]

---

[278] Norton discute o conceito de autodireção, mas parece confundi-lo com o de auto perfeição. Ver *Democracy and Moral Development*, 7.

Capítulo 11

A ESTRUTURA DO ARGUMENTO EM PROL DOS DIREITOS INDIVIDUAIS

> "Direitos" são... a ligação entre o código moral de um homem e o código legal de uma sociedade – entre ética e política.
> ~ AYN RAND, "Man's Rights"

Em filosofia política, a tentação de transformar expressões do perfeccionismo ético em alguma forma de perfeccionismo político é muito grande. De fato, a maior parte das concepções de florescimento humano realmente demanda um programa político perfeccionista. Reconhecidamente, tais programas em geral não envolvem a ordem político-jurídica em todos os aspectos da moralidade, mas independentemente dos limites impostos ao alcance e profundidade desse envolvimento, eles têm base apenas na prática. O perfeccionismo ético em geral não é considerado um terreno fértil para a introdução de limites, baseados em princípios, às atividades das ordens político-jurídicas. Contudo, propusemos uma concepção de florescimento humano que não apenas rejeita o perfeccionismo político como também requer a introdução de limitações – estritamente baseadas em princípios – às ordens político-jurídicas – qual seja, os direitos individuais.

Neste capítulo, apresentamos, passo-a-passo, a maneira pela qual desenvolvemos nosso argumento em prol dos direitos individuais. Estamos aqui preocupados com a lógica da nossa posição, ou seja, em organizar muito do que foi dissecado nos capítulos anteriores. Ao fazê-lo, esperamos que nossa posição em relação à natureza e justificação dos direitos individuais torne-se mais clara e melhor desenvolvida. Partiremos de nossa concepção de florescimento humano. Mas antes é imperioso explicar a natureza dos princípios que estamos tentando estabelecer.

Direitos individuais como princípios metanormativos

Como observamos em capítulos anteriores, não pensamos que os críticos ou os proponentes dos direitos individuais têm conseguido, de forma adequada, apreender seu caráter. Os direitos individuais certamente são princípios éticos, mas são diferentes dos princípios normativos comuns com os quais normalmente nos deparamos. Os direitos individuais não se voltam para a consecução da autoperfeição e nem para a reunião das condições que a tornam possível. Tampouco mostram preocupação em exigir ou tornar possível que as pessoas ajam de forma a dar aos outros "o que lhes é apropriadamente devido". Nem se preocupam com relação a essa questão, em estabelecer "a justiça entre as pessoas", ao menos não da forma com que esta frase costuma ser compreendida. De fato, a diferença entre direitos individuais e outros princípios éticos não é nem mesmo que os direitos são não-consequencialistas,[279] mas sim que são de

---

[279] Os direitos são certamente princípios éticos *não-consequencialistas*, mas apenas isso não explica sua natureza. Outros princípios éticos também o são. De fato, se, como argumentamos no capítulo 6 e também em *Liberty and Nature: an Aristotelian Defense of Liberal Order* (LaSalle, Ill.: Open Court, 1991), 58-62, o florescimento humano é, a um só tempo, o bem último (uma forma de ser) *e* o modo como o indivíduo deve se conduzir (tipo de atividade), então uma ética da virtude ou do fim natural, em geral, e especificamente um perfeccionismo individualista, transcende a abordagem tradicional deontológica/ consequencialista de como determinamos as obrigações morais. Obrigações morais não são determinadas separadas de reflexões acerca do florescimento humano e nem como mero meio para ele. Ademais, o papel da sabedoria prática se torna crucial ao processo de determinar o que se deve fazer. Mas, se esta abordagem da obrigação ética é a preferida, onde ficam os direitos? Por que precisamos de um conceito irredutível de direitos? Nós nos dirigimos explicitamente a esta questão em *Liberty and Nature*, 101-15. Nesse trabalho é nossa concepção do problema do liberalismo que explica por que precisamos de um conceito ético como "direitos".

um *tipo* diferente e pertencem a uma ordem ética diferente. Os direitos individuais são princípios que têm a ver com assegurar, manter e, principalmente, justificar a condição em sociedade necessária para se evitar a possibilidade de as várias formas de florescimento humano entrarem em conflito estrutural. Como tais, se preocupam em proporcionar a base ética (ou racionalidade) para a estrutura (ou base) necessária à possibilidade de vida social na qual toda e qualquer pessoa possa ser autodirigida e, portanto, possa buscar uma vida de autoaperfeiçoamento. Os direitos individuais, portanto, devem ser pensados como se ocupando da justificação e determinação do contexto necessário à possibilidade de uma vida social na qual pessoas e grupos podem se conduzir de acordo com princípios normativos. Os direitos individuais são princípios *metanormativos*.

Embora nossa justificativa para os direitos individuais derive da natureza e do caráter da autoperfeição humana, de forma alguma isso significa que o objetivo da ordem político-jurídica deve ser compreendido em termos de tal autoperfeição. Para que melhor se aprecie este ponto,[280] devemos refletir com cuidado sobre o nosso esquema argumentativo geral:

1. Suponha-se que a autoperfeição é o objetivo de todo e qualquer ser humano.
2. Em seguida, suponha-se que obter um conjunto de condições, passível de ser denominado de liberdade política, definido e moral-

---

[280] As distinções feitas nos próximos três parágrafos, assim como nossa visão do problema do liberalismo desenvolvida nos passos 13-20, também são oferecidas como resposta às preocupações que John Hasnas expressou em relação à conexão entre florescimento humano, autodireção, direitos individuais e liberdade política quando ele analisou nosso trabalho anterior, *Liberty and Nature*. Ver Hasnas, "Are there derivative natural rights?" *Public Affairs Quartely*, 9 n. 03 (julho, 1995): 215-32. Finalmente, elas também são pertinentes às objeções apresentadas por Richard Kraut, em sua resenha de *Liberty and Nature*, veiculada em "Aristotelian Libertarianism", *Critical Review* 11, n. 03 (verão, 1997), 359-72.

mente sancionado por direitos individuais, proíbe a coerção – o uso não-consensual de pessoas por outras pessoas.

3. E mais, suponha-se que a coerção é incompatível com a natureza da autodireção.
4. E, finalmente, suponha-se que a autodireção é necessária à possibilidade de autoperfeição.

Defender (2) e/ ou (3) *não* significa ou requer que se alguém sofre coerção, então a autoperfeição é impossível, pois podem existir outras áreas da vida do indivíduo nas quais ele possui autodireção, o que pode ser suficiente para permitir que forje uma vida autoaperfeiçoadora. Também defender (2) e/ ou (3) não é a mesma coisa que dizer que a liberdade política (ou a ausência de coerção) funciona para produzir autodireção ou que a liberdade política (ou ausência de coerção) deve funcionar para produzir a autodireção. Mesmo que esperemos que a liberdade política (ou ausência de coerção) produza, com alguma frequência, autodireção, isso não implica que ela funcione para produzir a autodireção como condição suficiente para autoperfeição. Obviamente, se a liberdade política (ou ausência de coerção) é condição necessária para a autodireção, então pode haver outras condições necessárias. E mesmo que ela fosse necessária e suficiente para a autodireção, isso não significaria que a liberdade política (ou ausência de coerção) funciona para produzir autoperfeição, já que a autodireção é apenas necessária para a autoperfeição, mas não suficiente.

Portanto, mesmo que as suposições de (1) a (4) sejam verdadeiras e sustentem uma ordem político-jurídica baseada em direitos individuais, isso não requer que o argumento em prol de tais direitos se baseie na existência de uma relação necessária entre perfeccionismo ético e perfeccionismo político. Pode-se defender o perfeccionismo ético sem defender o perfeccionismo político.

Como continuamente temos enfatizado, uma ordem fundada em direitos individuais básicos e negativos não necessariamente assegura a seus cidadãos florescimento ou as condições para tal. A necessidade de direitos individuais pressupõe uma concepção de florescimento humano, mas isso não significa que os direitos individuais são justificados por permitirem alcançar o fim último ou encorajarem sua conquista; ou mesmo, de uma forma geral, por o tornarem possível.[281] A conexão entre direitos individuais e florescimento humano não é nem direta e nem isomórfica.[282]

No capítulo 6 esboçamos nossa concepção de florescimento humano e no capítulo 7 defendemos essa concepção contra críticas recorrentes. No capítulo 8 diferenciamos nossa compreensão de florescimento humano daquelas que muitos teóricos do direto natural endossam. Também apresentamos críticas às concepções de bem comum da comunidade política sustentadas por teóricos do direito natural, tradicional e recente, e apresentamos nossa abordagem desse conceito. Depois, no capítulo 9, argumentamos que a tese da autopropriedade não basta para embasar a exigência de direitos individuais e no capítulo 10 respondemos aos críticos comunitaristas e conservadores. Agora nos voltamos para a estrutura e para alguns dos pontos sutis de nosso argumento em prol dos direitos individuais.

---

[281] O objetivo dos direitos individuais é assegurar a possibilidade de florescimento humano, mas apenas de uma forma bem específica: pela busca da proteção da possibilidade de autodireção em meio a outros indivíduos.

[282] Há uma sutileza aqui que merece atenção. Embora os direitos individuais não sejam justificado sem termos de conquista ou encorajamento da autoperfeição, ocorre que (a) os direitos individuais são justificados porque somos seres que se autoaperfeiçoam; e (b) o arcabouço ético que dá aos seres que se auto aperfeiçoam seus princípios normativos é o mesmo que justifica os direitos individuais. Mas isto não é política perfeccionista porque (a) política não está a serviço da autoperfeição em nenhuma forma direta, e de fato até propicia a autoperfeição; e (b) dizer que em virtude de o arcabouço teórico ser definido em termos de autoperfeição parte desse arcabouço (política) deve também ser assim definida é supor que, o que é verdade para o todo deve ser verdade para a parte. Mas isso é incorrer na falácia da divisão. Dizer que a teoria da autoperfeição fornece contexto e legitimidade à teoria política não é o mesmo que dizer que a própria teoria política é ela mesma uma teoria da autoperfeição – ou seja, uma teoria perfeccionista.

Do florescimento humano ao direito natural à liberdade

Na primeira seção, apresentada a seguir, esquematizamos nossa concepção de florescimento humano. Na seção II, fazemos o mesmo em relação ao que denominamos "problema do liberalismo." Deverá ficar evidente, no decorrer da discussão, se é que já não está, que nossa visão do problema do liberalismo e a importância que concedemos a ele se devem à nossa concepção de florescimento humano. Não derivam de nenhum comprometimento anterior com o liberalismo político. Ademais, não supomos que se pode justificar uma ordem política liberal, ou qualquer ordem política, sem se recorrer a uma visão ética mais profunda. A noção de "neutralidade justificatória" em filosofia política é manifestamente ilusória. Portanto, consideramos o ceticismo e o relativismo éticos inimigos da filosofia da mesma forma que o são da ética. Na seção III, fornecemos os passos que mostram como a autodireção é a chave para se resolver o problema do liberalismo. Nas seções IV e V, damos os passos no argumento pelos direitos individuais compreendidos como princípios *metanormativos*, mostrando, assim, que proporcionam a base ética não apenas para uma ordem político-jurídica liberal, mas para a própria política. Ao longo dessa discussão, usamos o termo "autoperfeição" como sinônimo de "florescimento humano".

I. *Florescimento humano: individualizado e profundamente social*

1. A autoperfeição é o bem e o objetivo de todo e qualquer ser humano.
2. Como a autoperfeição é o propósito, todos, da melhor forma que conseguirem, devem se conduzir de forma a lograrem conquistá-la. O primeiro princípio da razão prática é, como observou Tomás de Aquino, o de que "o bem deve ser feito e o mal deve

ser evitado" — sendo que o "bem" é aquilo que contribui para o autoaperfeiçoamento.
3. Embora existam virtudes e bens genéricos que definem o florescimento humano para todo e qualquer ser humano, na realidade ele é individualizado e relativo ao agente. Isto quer dizer duas coisas: primeiro, que a forma concreta de florescimento de uma pessoa não é a mesma que a de outra; e, segundo, que ela é realizada, só se torna real, pela ação individual. Não é algum bem comum.
4. As obrigações éticas são uma função das determinações da sabedoria prática. São o produto do juízo racional e da aceitação racional dos princípios normativos. Mas, por causa do passo 3, o raciocínio ético não é impessoal ou neutro em relação ao agente. Portanto, as obrigações éticas não são necessariamente universais.
5. Uma vez que a busca e a conquista da forma concreta de autoperfeição de cada indivíduo é seu propósito moral, e uma vez que não há garantia de que a forma concreta alcançada por um indivíduo pode não ser substancialmente diferente da de outro, pode haver diferenças moralmente legítimas entre os seres humanos, todas relativas aos modos com que buscam sua autoperfeição. Isso quer dizer que mesmo se todos os seres humanos agissem de forma moralmente impecável, ainda poderiam existir diferenças substanciais e eticamente legítimas entre eles.
6. Se o bem de P1 divergir do de P2, a capacidade de universalizar "P1 deve buscar seu bem", para "Toda e qualquer pessoa deve buscar seu próprio bem" não é suficiente nem para se estabelecer que o bem de P1 é o mesmo do de P2, nem para dar uma razão para que P1 ou P2 sacrifique a busca de seu próprio bem em prol do de outra pessoa. A universalizabilidade não é suficiente para que se definam bens comuns. E nem a natureza do florescimento humano oferece base para que uma razão impessoal ou neutra em relação ao agente prefira uma forma de autoperfeição a qualquer outra.
7. Contudo, disso não resulta que a autoperfeição seja uma busca solitária, não partilhada. O fato de que todos os valores devem tomar forma no nexo de um agente individual, e de acordo com os juízos do agente, não implica a ausência de outras pessoas ou que

as concepções dos valores e os passos necessários para alcançá-los não possam ser partilhados ou ser influenciados por outros.

8. A autoperfeição não é atomista. Seres humanos são animais sociais, não apenas no sentido hobbesiano de que têm a necessidade de outros, de que são virtualmente impotentes quando sozinhos, mas no sentido mais pleno de que o florescimento requer uma vida com outras pessoas. A autoperfeição de todo e qualquer indivíduo requer a realização de potencialidades que são orientadas para os outros. Pode também ser o caso de a perfeição das potencialidades auto-orientadas demandar a presença de outras pessoas. *Philia*, em todas as suas formas, é central para a vida que busca se aperfeiçoar.

9. Pensar que os indivíduos podem se autoaperfeiçoar de forma isolada e independentemente de outros incorre na falácia da reificação (neste caso, do indivíduo). O mesmo ocorre quando se pensa que a natureza humana ou a sociedade pode existir isolada e independentemente dos indivíduos.

10. Reconhecer a necessidade da *philia*, assim como da vida comunitária ou social em geral, não implica que os indivíduos devem meramente aceitar o *status quo* e nem que são passivamente moldados por ele. O florescimento humano requer que os valores de uma comunidade também sejam processados por indivíduos e não apenas cegamente aceitos por eles. Portanto, os indivíduos devem se adaptar às comunidades, mudá-las, e até delas se retirar para que alcancem a autoperfeição; mas qualquer uma dessas escolhas pode ser descrita como uma forma de o indivíduo incorporar a comunidade a seu florescimento.

11. Para poder transformar a comunidade ou dela se retirar o indivíduo precisa em princípio manter relações com outros, com os quais existe apenas um potencial de valores partilhados. Em outras palavras, seres humanos são tipos de seres para os quais números adicionais de pessoas não estão impedidos a priori de partilhar os valores de um agente, e nem é um agente impedido a priori de formular valores que se harmonizam com os de outros.

12. A natureza da autoperfeição requer a possibilidade da existência de relações com outras pessoas com os quais nenhum valor ainda é partilhado, pois o florescimento humano é uma atividade e

não um estado estático. Portanto, a preocupação com o próprio florescimento requer uma reflexão contínua sobre a natureza e as condições para a vida social entendida da forma mais aberta e cosmopolita.

II. *O problema do liberalismo*

13. Todo e qualquer ser humano precisa descobrir e alcançar sua própria forma de autoperfeição em uma comunidade e cultura apropriadas; mas as formas divergentes de autoperfeição requerem um contexto social aberto a essas formas divergentes. Tal contexto é melhor compreendido se concebido como aberto, pluralista e cosmopolita – uma "Grande Sociedade", como F. A. Hayek a denominou.

14. A necessidade de um ambiente cosmopolita abre a possibilidade de que a busca divergente de fins pode resultar em conflito entre os agentes. Se for do tipo que impede a própria possibilidade da busca da autoperfeição, o conflito não deve ser uma característica estrutural de nenhum sistema social.

15. Sendo assim, como a ordem político-jurídica apropriada – a ordem que proporciona a estrutura geral ao contexto sóciopolítico – deve ser determinada? Qual é sua base ética? Como a estrutura proporcionada pela ordem político-jurídica a todos igualmente regerá, como pode o universalismo de princípios estruturais políticos/jurídicos se harmonizar com o pluralismo e a autodireção requeridas pelo florescimento humano? Sendo assim, como é possível haver uma base ética para um contexto sócio-político global ou geral – um contexto aberto ou cosmopolita que não exija, como questão de princípio, que uma forma de florescimento seja preferida a uma outra? Como, em outras palavras, pode se tornar realidade a possibilidade de várias formas de florescimento não entrarem em conflito estrutural? Ao desafio de se tentar responder a tais perguntas denominamos "problema do liberalismo".

16. O problema do liberalismo surge de considerações em torno da natureza, caráter e exigências do florescimento humano. Não há forma preferível, neutra em relação ao agente, de autoperfeição; e

nenhum "artifício" de normas ou comandos comuns universais (p. ex., Leviatã) pode ser construído para resolver o problema do liberalismo.[283]

17. Se nossa visão de florescimento humano da seção I se sustenta, então a base ética para uma solução do problema do liberalismo deve preencher todas as seguintes condições interrelacionadas:

   a) não deve predispor, estruturalmente, o contexto social global a favorecer mais determinadas formas de florescimento humano que outras — ou seja, deve respeitar a adequação moral do individualismo;

   b) deve ser universal, ou uniformemente aplicável a todas as formas de florescimento — ou seja, deve ser social no sentido aberto ou cosmopolita;

   c) deve estar presente *concretamente* em todas as formas de autoperfeição — ou seja, deve estar embasada em algum elemento crítico comum que perpassa toda e qualquer forma de autoperfeição (ou sua busca);

   d) deve apelar a algum aspecto da autoperfeição no qual todas as pessoas possuem interesse necessário — ou seja, deve proporcionar uma razão relativa ao agente para que uma pessoa siga qualquer princípio que satisfaça a essas outras condições;

   e) deve reconhecer a obrigação ética que indivíduos têm de buscar e alcançar sua própria forma de florescimento humano — ou seja, deve reconhecer que formas diferentes não podem ser ranqueadas independentemente dos agentes que as perseguem; e por isso deve rejeitar o que graficamente chamamos de "canibalismo moral;" e

---

[283] O Leviatã pode "solucionar" o problema do liberalismo simplesmente ordenando que uma norma ou conjunto de normas seja seguido por todos. Embora isso permita deixar de lado o pluralismo em um sentido político, o preço a pagar é o sacrifício de algumas versões da própria autoperfeição. De fato, o foco não é, de forma alguma, a autoperfeição, mas a ordem. Pois, uma vez que a pluralidade não desaparece ao se limitar o conjunto de formas permissíveis de autoperfeição, não é, de forma alguma, para a autoperfeição que o Leviatã está voltado, mas para a ordem, em nome da própria ordem.

f) suas exigências à conduta humana devem ser de um tal tipo que todos os seres humanos podem, em princípio, cumprir – ou seja, devem ser realistas ou não-utópicas.
18. Em conjunto, as condições 17a-17f não constituem a base para uma norma ética que ofereça orientação para indivíduos que buscam autoperfeição. Ao contrário, constituem a base para um princípio ético que regule a conduta de forma a estabelecer condições que assegurem e mantenham a *possibilidade* de indivíduos buscarem suas próprias formas de autoperfeição no relacionamento junto com outros. Este princípio ético não é utilizado para guiar a conduta na busca da autoperfeição, pois não leva em consideração a situação particular, a cultura, ou o nexo das pessoas – sejam estes da própria pessoa, de outras pessoas ou das interrelações. De fato, este princípio ético é transcultural, transpessoal e universal. Ele proporciona o contexto social geral para a busca individualista da autoperfeição. Em conjunto, as condições 17a-17f constituem a base para uma *metanorma* ética.
19. Uma metanorma oferece orientação na criação, manutenção, interpretação, avaliação e justificação do contexto social geral ou global que assegura a possibilidade de indivíduos buscarem suas próprias formas de florescimento humano. Princípios éticos que preenchem as condições 17a-17f são princípios *metanormativos*.
20. A solução para o problema do liberalismo requer um princípio metanormativo.

III. *Encontrando uma base ética para princípios metanormativos*

A. *Autoperfeição, Virtudes e Bens Constituintes e Dinheiro*
21. A autoperfeição ou existe conceitualmente de um modo abstrato e universal ou existe na realidade de um modo individualizado e relativo ao agente. Tentar fazer do estado de ser autoperfeito a base para um princípio metanormativo necessariamente envolve (a) tentar empregar alguma concepção abstrata e universal de autoperfeição ou (b) usar alguma forma específica de autoperfeição.

Se aceitamos (a), então deve-se tentar determinar, a partir apenas de uma consideração abstrata da autoperfeição, qual a ponderação ou balanceamento adequado entre as virtudes e bens genéricos para todo e qualquer ser humano. Contudo, isto não é possível. Não existem regras universais a priori que definam a ponderação ou balanceamento apropriado para todos — não há forma de ponderar e balancear as virtudes e bens genéricos que se mostre neutra em relação ao agente. As virtudes e bens genéricos do florescimento humano só ganham realidade, determinação e valor em relação ao nexo de um indivíduo e através do uso excelente que ele faz da razão prática. Assim, mesmo que (a) não fosse impossível devido a individualização dos bens genéricos, as condições 17c e 17d seriam violadas, caso (a) fosse empregado.

Caso se aceite (b), ou seja, se alguma forma de ponderação particular dos diferentes bens e virtudes for utilizada, violamos as condições 17a e 17b. Além do mais, como a forma de autoperfeição de uma pessoa não é a mesma que a de outra, as condições 17c-17e também seriam violadas. Finalmente, uma vez que muitos bens concretos são necessários para assegurar uma forma específica de autoperfeição, e uma vez que proporcionar esses bens está além das capacidades de alguns seres humanos, a condição 17f seria violada. O estado de ser autoaperfeiçoado não serve, portanto, como base ética para um princípio metanormativo.

22. Nenhuma virtude constituinte da autoperfeição basta como base para um princípio metanormativo. Mesmo que todos os indivíduos, se quiserem florescer, precisem exibir, por exemplo, integridade, coragem e justiça em suas vidas, a forma de aplicação de tais virtudes, como, a que e a quem se aplicam e sua maneira de integração com outros bens e virtudes do florescimento humano variam de pessoa para pessoa. Seu valor e realidade existem apenas em relação com o nexo do indivíduo e através do exercício da sabedoria prática levado a cabo pelo indivíduo. Tais virtudes são as mesmas para todos apenas de um ponto de vista abstrato; mas, concretamente, são diversas. Assim, as virtudes constituintes da autoperfeição não podem ser uma base para um princípio metanormativo. Elas violam as condições 17c e 17d.

23. Nenhum bem constituinte da autoperfeição – por exemplo, amizade, prazer ou conhecimento – basta como base para um princípio metanormativo. As razões para isso são as mesmas apresentadas no passo 22.
24. Procurar assegurar bem-estar biológico ou físico – que pode ser compreendido como o bem genérico da saúde – não pode ser a base para um princípio metanormativo, pois mesmo esse valor só tem mérito em relação com o nexo de um indivíduo e através de sua agência. Um atleta olímpico talvez se exercite para aperfeiçoar a saúde física, mas isso não significa que todos nós devamos sacrificar outros bens para podermos seguir seu regime. Isto seria violar as condições 17a-17d.
25. Buscar assegurar a mera *sobrevivência* biológica ou física não pode se tornar a base de um princípio metanormativo, pois isso também só tem valor em associação com considerações referentes ao nexo de um indivíduo. De fato, às vezes, em determinadas situações, pode ser melhor para determinados indivíduos reduzirem enormemente seus esforços de sobrevivência em nome de outros bens genéricos, mesmo que isso aumente as chances de morte. Assim, procurar assegurar a mera sobrevivência também violaria as condições 17a-17d.
26. Tornar a mera sobrevivência biológica ou física o fim de toda conduta humana a fim de encontrar uma base para um princípio metanormativo também não é uma opção aceitável, pois isso violaria a condição 17e. Não existe justificação ética para pedir que os indivíduos se comportem de modos que não expressam e nem realizam sua própria forma de autoperfeição ou que com ela não têm relação.
27. Buscar assegurar um bem fungível como o dinheiro não pode ser base para um princípio metanormativo. Uma vez que dinheiro é meio de troca e reserva de valor, só tem valor relativamente a como uma pessoa faz uso dele em sua vida. O valor que o dinheiro de um indivíduo tem para ele só existe na medida em que é um meio usado para forjar um estilo de vida que promova o autoaperfeiçoamento. Isto varia muito de pessoa para pessoa. De

fato, ter dinheiro pode nem ser necessário para certas formas de florescimento humano. Como o dinheiro não tem valor inerente, não pode ser um constituinte do florescimento, pois seu valor reside apenas em ser meio para o florescimento. Portanto, violaria as condições 17b-17d.

28. Para encontrarmos uma base ética para um princípio metanormativo, deve estar estribada em algum constituinte ou característica inerente da autoperfeição. Do contrário, não preencherá as condições 17b-17d. Mas também deve ser um constituinte que satisfaça às condições 17a, 17e e 17f.

B. *Sabedoria Prática, Razão Prática e Autodireção*

29. A autoperfeição é uma atividade constituída por muitos bens e virtudes que são fins últimos, mas nem todos esses constituintes são da mesma ordem. Há um fim último mais abrangente, que é mais fundamental do que os outros. É o exercício da sabedoria prática (*phron-sis*), a virtude que conquista, integra e unifica os outros fins que constituem o florescimento humano.[284] É através de seu exercício que a ponderação ou balanceamento apropriado das virtudes e bens básicos para o indivíduo são feitos. Sem seu exercício, nenhum fim constituinte poderia ser efetivo, determinado ou verdadeiramente valioso – de fato, nenhuma conduta poderia ser correta ou apropriada e nenhum fim poderia ser bom ou excelente. A sabedoria prática é a única excelência de um ser humano – a *arête* – e o princípio primeiro de operação.

---

[284] É importante apontar aqui algumas razões pelas quais a sabedoria prática merece prioridade para nós. Uma vez que admitimos a possibilidade de que uma forma de autoperfeição de uma pessoa seja a vida intelectual, isso significaria que a vida teórica é o fim perseguido por essa pessoa. Mas essa pessoa tem de reconhecer que essa forma de vida é seu fim, e sustentar isso. Assim, a sabedoria prática – que determina a forma de integração dos fins de cada um – acaba no centro de todas as formas de autoperfeição, tornando-a, de uma forma relevante, *o* fim. Acreditamos que isso ocorre com a abordagem "fim-inclusivo" versus "fim-dominante" da autoperfeição humana.

30. Embora a sabedoria prática seja o uso *adequado* da razão prática, é, no entanto, um exercício de razão prática;[285] e o exercício da razão prática não é automático. Independentemente do nível de aprendizagem ou do grau de capacidade de uma pessoa, precisa *ter familiaridade* com a atividade do raciocínio prático. O ato de usar a razão prática é um exercício de autodireção; e inversamente, o ato de autodireção é um exercício de razão prática. Não são atos separados de duas capacidades isoladas, mas aspectos distintos do mesmo ato consciente. Portanto, a sabedoria prática não pode ser passiva. Não pode existir ou ser o que é a não ser que indivíduos exercitem sua razão prática, a não ser que sejam autodirigidos.

31. A capacidade para a autodireção é inerente a qualquer ser humano fisicamente normal, mas seu exercício é algo que deve ser feito pelos próprios indivíduos. Nao é, por sua própria natureza, algo que possa ser proporcionada por outras pessoas. Ademais, os indivíduos não escolhem ser autodirigidos como um ato separado; ao contrário, a escolha é autodireção. A autodireção é agência humana e é primária.

32. Autodireção não é "autonomia" como Mill ou Kant a definiriam. E nem é necessariamente o uso apropriado da razão prática, ou seja, da sabedoria prática. Finalmente, autodireção não é autoperfeição. É apenas o ato de empregar a razão e a capacidade de julgar, de fazer planos para agir com eles ou sobre eles e de se comportar de modo apropriado. Pode ou não produzir resultado ou ser a conduta apropriada.

33. No entanto, nossa concepção de autoperfeição mostra que todo e qualquer ser humano deveria ser autodirigido. Deveria exercitar sua sua razão prática para pensar e agir por si próprio. A autodireção é apropriada aos indivíduos não por causa de suas consequências ou do exercício adequado, mas sim porque é condição de possibilidade para que qualquer indivíduo em qualquer circunstância seja sábio na

---

[285] Nem todos os usos da razão prática são instâncias da sabedoria prática, mas todas as instâncias da sabedoria prática são usos da razão prática. Ver a nossa discussão da sabedoria prática no capítulo 6.

prática e, portanto, voltado para o autoaperfeiçoamento. A autodireção é a essência formal de qualquer versão da autoperfeição.[286]

34. Falando de uma forma geral, ser alguém informado de que deve ser autodirigido ou de que deve exercitar a razão prática ajuda muito pouco quando se trata de ética normativa. A ética normativa se ocupa de como uma pessoa escolhe bem e de como faz uso da razão prática de maneira apropriada. A ética normativa não se preocupa apenas com a escolha ou com o exercício da razão prática. Mas existe um contexto no qual esse conselho ético é muito importante e diz respeito à nossa busca de uma base ética para um princípio metanormativo.

C. *A Autodireção como Base para a Metanormatividade*

35. Proporcionar as condições que ajudarão as pessoas a aumentar a autodireção[287] – dando, por exemplo, às pessoas oportunidades educacionais – não se constituirá em base ética para um princípio metanormativo.

   a) O que está sendo chamado de autodireção neste caso pode não ser realmente isso, mas sim, algo similar à "autonomia" de Kant ou Mill. E, se assim for, então a autodireção está sendo considerada como mais ou menos equivalente à autoperfeição

---

[286] É a análise da natureza do florescimento humano que revela a conveniência ou justeza da autodireção. Como dissemos no capítulo 4, a autodireção é o constituinte ou ingrediente central e necessário do florescimento *humano*. Nenhuma outra característica poderia ser um constituinte ou ingrediente sem autodireção. A autodireção é o que torna o florescimento humano uma atividade pessoal, e não apenas um ato de comportamento ou um estado de ser estático e não relacional.

[287] Samule Fleishacker argumenta em prol dessa opção em *A Third Concept of Liberty: Judgment and Freedom in Kant and Adam Smith* (Princeton: Princeton University Press, 1999). Ele afirma que "se formular juízos é essencial à liberdade, então um governo preocupado em proteger a liberdade de cada um dos seus cidadãos deve *proporcionar as condições* para que esses cidadãos desenvolvam sua capacidade de julgar, e não apenas fique à margem para deixá-los agir em conformidade com seus desejos brutos." (19). T. L. Zutlevics, "Libertarianism and Personal Autonomy", *Southern Journal of Philosophy* 39.3 (outono 2001), 469 também levanta esse ponto. Ver seção "Como tornar a autodeterminação possível entre os extremamente pobres" no capítulo 12.

abstratamente compreendida ou a alguma versão particular dela. Por isso tentar aumentar a autodireção desse modo seria fazer algo sujeito às objeções apontadas no passo 21.

b) Ademais, se seres humanos são atores propositais, as condições que podem ajudar o exercício da autodireção de determinada pessoa podem deixar de ajudar uma outra. Se as condições propostas para auxiliar forem universalizadas, acabarão por introduzir um viés estrutural a favor de uma forma de expressar um fim — violando, portanto, a condição 17a. Se não forem universalizadas, então podem não ajudar em nada ou mesmo entrar em conflito com o que poderia auxiliar alguns indivíduos — violando, portanto, a condição 17b. A única forma de "auxílio" que poderia ser universalizada sem esse viés estrutural seria uma que fosse não-direcional e provedora do contexto. E mesmo tal auxílio teria de satisfazer às condições 17a-f e ser interpretado à luz de delas.

c) A conexão entre a ajuda dada e o exercício individual da autodireção é apenas contingente e particular. Assim, a ajuda proporcionada não poderia satisfazer às condições 17b-17c, ou seja, a igual aplicabilidade a todas as formas de florescimento humano, concretamente presentes em toda forma de florescimento, e nem satisfazer à condição 17d, ou seja, ser algo no qual todas as pessoas têm um interesse necessário.

d) Se houvesse uma conexão *necessária* entre tal ajuda e a autodireção isso acabaria por destruir o caráter mesmo da autodireção.

e) De fato, uma coisa é ajudar uma pessoa a conquistar um dos bens constituintes da autoperfeição, outra bem diferente é dar assistência a alguém para ser autodirigido. Parece que novamente a autodireção está sendo usada de forma equívoca, sendo apenas outro nome para o exercício *correto* da razão prática mais do que simplesmente o *exercício* da própria razão. Se estamos realmente falando de autodireção, não se trata de algo para a obtenção do qual se possa dar assistência.

36. Por outro lado, se buscamos apenas proteger a possibilidade de autodireção em um contexto social — ou seja, se apenas buscamos

estabelecer as condições estruturais político-jurídicas que protegem a possibilidade de autodireção em um contexto social — então os seguintes passos despontam como verdadeiros.

a) Não favorecemos ou prejudicamos estruturalmente uma versão de autoperfeição em relação a qualquer outra porque é o ato da razão prática que está sendo protegido e não a consecução de seu objeto. Não há conflito com a adequação moral do individualismo.

b) Algo que não apenas é comum a todas as formas de florescimento humano, mas também é exigido por ele, está protegido. Todas as formas envolvem o uso excelente da razão prática; e usá-la é exercitar a autodireção. Ao proteger a possibilidade de autodireção, protegemos algo que é uniformemente aplicável a todas as formas de autoperfeição e que é, portanto, social na acepção de ser aberto e cosmopolita.

c) Protegemos algo que está concretamente presente em toda a forma de autoperfeição. É através da sabedoria prática que virtudes e bens genéricos ganham realidade, determinação e valor para um indivíduo; e é através da agência do indivíduo que essa virtude mais básica funciona. A autodireção é por isso central e necessária à natureza da autoperfeição. É comum a todos os atos de autoperfeição e peculiar a cada um. É o elemento crítico comum que perpassa todas as formas de autoperfeição.

d) Um aspecto do florescimento humano no qual todo indivíduo possui um interesse necessário está protegido. Independentemente da forma de florescimento adotada, a autodireção é boa para todos. O florescimento de cada um necessariamente envolve o exercício da autodireção, sem a qual nada pode ser *bom para* um indivíduo. Portanto, todos possuem uma razão, relativa ao agente, para se autodirigirem e têm a possibilidade de autodireção protegida.

e) Reconhecemos que todo e qualquer indivíduo deve buscar e alcançar sua própria forma de florescimento e que nenhuma forma de florescimento é objetiva ou naturalmente superior a qualquer outra. Proteger a possibilidade de autodireção em um contexto social não requer que qualquer forma de autoperfeição seja preferida a outras; pois, como observamos acima, é o ato de autodireção que é protegido e não a consecução de seu objeto.

37. Proteger a possibilidade de autodireção em um contexto social claramente satisfaz às condições 17a-17e. E veremos, na seção IV, como satisfaz à condição 17f. Não encontramos nenhum outro aspecto do florescimento humano, ou meio para ele, que satisfaça a essas condições.[288]

IV. *Direitos individuais: protegendo a possibilidade de autodireção em meio a outras pessoas*

38. Embora tanto a razão prática como a especulativa sejam autodirigidas, nossa preocupação primária é com a razão prática tendo em vista que a autodireção envolve poder alguém fazer os próprios julgamentos e se conduzir de acordo com eles.[289]
39. Além do mais, não sendo os seres humanos eus numênicos, a autodireção não apenas diz respeito a eventos psíquicos, mas

---

[288] Mesmo que encontrássemos algum outro aspecto da autoperfeição que preenchesse as condições 17a-17f, tal aspecto não poderia ser mais fundamental do que a autodireção e, portanto, teria de ser compatível com as exigências da autodireção.

[289] Até que ponto tais julgamentos são influenciados por impulsos, paixões ou desejos — momentâneos ou duradouros — é assunto de interesse ético, mas tais considerações não fazer com que a conduta de alguém deixe de ser sua. Ser movido pelos desejos não basta por si só para desqualificar o exercício da razão prática. Contudo, deve-se reconhecer que existem situações em que pressões ambientais ou psicológicas extremas causam emoções que produzem reações pelas quais a pessoa não é responsável. Ademais, podem existir situações que em ainda se é responsável pela própria conduta, mas o grau de autodireção é mitigado pelas circunstâncias. Determinar se a pessoa é autodirigida ou não pode ser, em certas situações, assunto extremamente complicado. Além disso, tais questões relativas a se alguém é responsável por se encontrar em situações extremas podem ser pertinentes. Mas, uma vez que nossa preocupação é política, não precisamos nos ocupar dessas questões aqui, mas ver capítulo 4, nota 132. Ver também nossa discussão na seção "desejos e autodireção" no capítulo 7, e também a excelente discussão deste ponto, e outros relacionados, em Jonathan Jacobs, *Choosing Character: Responsibility for Virtue and Vice* (Ithaca: Cornell University Press, 2003).

também à conduta no espaço e no tempo de seres individuais de carne e osso.

40. A autodireção não existe para uma um indivíduo quando uma outra pessoa o dirige sem seu consentimento. Uma pessoa usada dessa forma não é capaz de seguir suas escolhas.

41. A intromissão mais básica e ameaçadora à autodireção é o uso da força física.[290]

42. Já que proteger a possibilidade de autodireção em um contexto social resolve o problema do liberalismo – ou seja, satisfaz aos requisitos 17a-17e (e, como veremos, a condição 17f) – e uma vez que usar as pessoas sem seu consentimento é incompatível com a possibilidade de autodireção, um princípio que exija que os indivíduos não sejam usados ou dirigidos sem seu consentimento – um princípio que bana o uso da força física por algumas pessoas contra outras, em todas as suas formas,[291] e autorize o emprego dessa força apenas na proteção e preservação da possibilidade de autodireção – seria um princípio metanormativo.

43. O direito individual básico, negativo, à liberdade proíbe todas as formas de uso não consensual, ou de direcionamento, das pessoas. Esse direito básico proporciona a base ética para proscrever legalmente todas as formas de introdução da força física e para autorizar o emprego da força física apenas para proteger e preservar a possibilidade de autodireção em sociedade.

44. O direito individual à liberdade é um princípio metanormativo. Tal direito regula a conduta humana independentemente de considerações relativas à situação, cultura, ou nexo.[292] Esse direito é

---

[290] Ver o capítulo 4, nota 131. E também, para uma discussão proveitosa acerca de muitas questões conceituais envolvidas em uma análise da coerção, ver Michael J. Gorr, *Coercion, Freedom and Exploitation* (New York: Peter Lang, 1989); e Alan Wertheimer, *Coercion* (Princeton: Princeton University Press, 1987).

[291] Assassinato, agressão, espancamento, estupro, sequestro, roubo, assalto, extorsão e fraude são tipos de atividades proibidas.

[292] Isto não é o mesmo que dizer que o alcance da aplicabilidade do conceito de direitos é ilimitado. "Direitos" tem sentido apenas quando a vida social e política é possível, por princípio. A este respeito, ver *Liberty and Nature*, 144-51.

baseado em algo que toda forma concreta de florescimento humano *deve* ter.

45. Esse é um direito individual porque é possuído por indivíduos. Também é básico no sentido de que não é resultado do exercício de algum direito mais básico. Ademais, é "negativo" por impor uma obrigação de restrição sobre como indivíduos devem ser tratados por outros — especificamente, requer que as pessoas se abstenham de usar ou direcionar as vidas, recursos ou conduta dos outros sem o consentimento deles.

46. Deve estar claro que o único tipo de direito que possuímos, consistente com uma solução para o problema do liberalismo, é o direito básico, negativo, à liberdade.[293] O que os assim chamados direitos positivos, ou do bem-estar social, procuram proporcionar viola as condições 17a-17f. Além disso, tais "direitos" requerem que as vidas, recursos e condutas de indivíduos sejam usados ou dirigidos sem seu consentimento. Invadem a autodireção das pessoas, interferem em suas vidas e tratam o indivíduo como objeto passivo de ser usado de forma não consensual por outros.

47. O direito básico, negativo, à liberdade reconhece dois fatos éticos fundamentais: primeiro, que seres humanos individuais são fins em si mesmos e que seu modo de autoperfeição próprio é seu propósito moral; e, segundo, que os indivíduos são seres sociais cuja autoperfeição requer a possibilidade de um contexto social aberto ou cosmopolita.

    a) Socialmente, esse direito básico, negativo, à liberdade se traduz em liberdade compossível e igual para todos. Essa liberdade deve

---

[293] Devemos enfatizar que este direito à liberdade se preocupa com a proteção das condições nas quais a autoperfeição pode ocorrer. Obviamente, assegurar a condição básica para a possibilidade de autoperfeição é logicamente anterior e distinto de concretamente buscar a autoperfeição. Além das restrições impostas sobre os outros pelo direito à liberdade, assegurar as condições é essencialmente "negativo" por duas outras razões: (a) o autodirecionamento não implica ou garante autoperfeição; e (b) a autoperfeição de uma pessoa não pode ser trocada pela de outra. Em outras palavras, o objetivo do direito à liberdade não é assegurar *diretamente* ou *positivamente* a autoperfeição; mas proteger, e assim prevenir abusos em relação referida condição, ou seja, autodireção, sob a qual a autoperfeição pode existir.

ser igual no sentido de ensejar a possibilidade de diversos modos de florescimento humano; e, portanto, não deve apresentar um viés estrutural favorável a algumas das formas de florescimento. Deve ser compossível, o que significa dizer que o exercício de atividade autodirigida de uma pessoa não deve prejudicar ou diminuir o de outras pessoas.

b) Com relação ao indivíduo, esse direito básico, negativo, à liberdade não está diretamente voltado para a promoção da autoperfeição e nem com as consequências para si ou para outrem, mas apenas para a condição político-jurídica que torna possível a autodireção. O indivíduo permanece o único responsável por sua autoperfeição.

48. Pode se conceber alguém violando os direitos de uma pessoa e produzindo uma cadeia de eventos que leve a consequências que poderiam beneficiar, real ou aparentemente, essa pessoa; ou alguém que não viole os direitos de outrem e produza uma cadeia de eventos que cause a esse outro prejuízo real ou aparente. O direito negativo à liberdade independe de considerações consequencialistas.

49. O direito negativo à liberdade impõe às pessoas a obrigação de evitarem dar início ao uso da força física, em todas as suas formas, contra outras pessoas. Como isso requer apenas que as pessoas *não* usem ou dirijam as outras sem o consentimento delas – ou seja, que nada façam – essa é uma obrigação que pode ser cumprida por todos os membros de uma sociedade.[294] Proteger a possibili-

---

[294] Criar e manter a ordem político-jurídica que protege e reforça essa obrigação básica, é contudo, uma questão complicada. Mas, no momento, estamos preocupados apenas em observar que respeitar o direito básico, negativo, à liberdade é uma exigência que, em princípio, é possível de ser cumprida pelos indivíduos. Não estamos agora preocupados com questões relativas à implementação concreta de tal ordem político-jurídica ou com a importância de uma cultura que valoriza o direito básico, negativo, à liberdade. (Para uma discussão do valor de se criar uma cultura que compreenda o significado e a importância da liberdade, ver "O desafio do comunitarismo", no capítulo 10). Pensamos, ainda assim, que nossa abordagem da política tem a virtude de navegar por um curso que se situa entre os dois extremos do idealismo político

dade de autodireção em um contexto social, portanto, preenche a condição 17f.

50. Mesmo que esse argumento em prol dos direitos individuais não apele para um estado de natureza, o direito básico negativo à liberdade é, no entanto, um direito *natural*. E o é por ser uma reivindicação moral anterior a qualquer convenção ou acordo, independentemente de se a pessoa pertence a alguma comunidade ou sociedade. E por derivar da posse de certos atributos naturais em virtude dos quais se diz que alguém é um ser humano. Esse direito está vinculado à nossa capacidade natural e à nossa necessidade de escolher, raciocinar e ser social.

51. O direito individual básico, negativo e natural à liberdade define e sanciona as condições político-jurídicas que constituem a liberdade. A liberdade política protege a possibilidade de autodireção na sociedade e, portanto, é a solução para o problema do liberalismo.

V. *Justificando a ordem político-jurídica: a questão da legitimidade*

52. Se uma ordem político-jurídica pretende ter legitimidade deve se conectar de alguma forma a princípios ou preocupações éticas, já que legitimidade é um conceito ético.

53. Mas não se pode supor a priori que há alguma conexão entre a ordem ética e a ordem político-jurídica. De fato, pode ser que não existam ordens político-jurídicas moralmente legítimas.

54. Ademais, mesmo havendo alguma conexão entre as duas, disso não se segue que a conexão é direta ou isomórfica; e certamente

---

e do cinismo político. Não é necessário que a ordem político-jurídica tente criar excelência moral ou se envolva em catequismo de uma forma ou outra para que as pessoas respeitem o direito básico, negativo, à liberdade. O máximo que se exige dos indivíduos é uma conduta ordeira (ver nossa discussão da distinção entre "excelência moral" e "conduta ordeira" no capítulo 4), e talvez nem mesmo isso, pois pode ser necessário apenas que as pessoas se conduzam de acordo com o que o sistema legal exige, com pouco ou nenhum apelo a princípios morais e apenas atentando para o que entendem ser sua vantagem percebida. Ver a nossa discussão desta questão em *Liberty and Nature*, 193-98, e 224-25.

não há base para se supor, ao menos de início, que as duas ordens são idênticas. Assim, determinar a natureza da conexão entre essas duas ordens é a tarefa central da filosofia política. Mesmo porque a determinação dessa conexão fornece a base para a legitimação ética das ordens político-jurídicas.

55. Portanto, nunca é suficiente em filosofia política apenas mostrar que fazer X deve ou não deve ser feito. Deve também ser mostrado por que X deve ser uma preocupação político-jurídica. Não se pode validamente supor que a política é simplesmente a ética na sua forma ampliada.

56. Como uma ordem político-jurídica se ocupa em impor princípios que regulam a conduta de todos em sociedade, uma ordem político-jurídica moralmente legítima deve se basear em um princípio metanormativo, dada nossa concepção de autoperfeição. *Portanto, encontrar uma solução para o problema do liberalismo é, em essência, encontrar uma solução para o problema da legitimação política.*

57. Além disso, como o direito individual básico, negativo, à liberdade é um princípio metanormativo como esse direito (que também pode ser expresso de outras formas, por exemplo, como um direito básico, negativo, à vida ou propriedade [ver o capítulo 5]) é o único princípio desse tipo que temos, então esse direito propicia a base para a solução do problema político da legitimidade. Ele determina a natureza da conexão entre as ordens ética e político-jurídica. O propósito moral de tais ordens, o padrão à luz do qual devem ser julgadas, é a liberdade política.

58. Se o argumento acima é sólido, então existe uma base perfeccionista para o direito individual, básico, negativo, à liberdade e, portanto, uma base moral para a reivindicação liberal clássica de que a ordem político-jurídica não tem por objetivo se envolver em moldar caráteres. Isso quer dizer que há uma base perfeccionista para uma política não-perfeccionista (e não-moralista).

Capítulo 12

UMA DEFESA DA POLÍTICA
NÃO-PERFECCIONISTA E INDIVIDUALISTA

> De fato, um dos principais objetivos do liberal é deixar o problema ético para o indivíduo decidir. Os problemas éticos "realmente" importantes são aqueles que um indivíduo enfrenta em uma sociedade livre – o que ele deve fazer com sua liberdade. Portanto, há dois conjuntos de valores que um liberal enfatiza: os valores relevantes às relações entre as pessoas, que compõem o contexto no qual ele confere *prioridade* primeira à liberdade, e os valores relevantes para os indivíduos no exercício de sua liberdade, que constituem o domínio da ética individual.
>
> ~ MILTON FRIEDMAN, *Capitalism and Freedom* (grifo nosso)

Endossamos francamente o espírito dessa descrição de Friedman do liberalismo, mas nos afastamos dela quando se trata de compreender a exata natureza do liberalismo. O contexto no qual a liberdade recebe prioridade sobre todos os outros valores concerne às relações entre as pessoas, mas isso não é suficiente para se demarcar o contexto no qual a liberdade recebe prioridade. O raciocínio de Robinson-Crusoé-sem-Sexta-Feira não permite que se capture a natureza da ética individual. O florescimento humano individual é, por natureza, social, e não algo isolada. Além disso, a amizade e as outras formas de preocupação com os outros são características necessárias da autoperfeição. Ademais, há outros bens e virtudes humanos que podem ter mais peso que a liberdade quando se trata de decidir o que deve ser feito para que um indivíduo floresça junto a outras pessoas. Portanto, a dimensão social sozinha não pode definir o contexto em que a liberdade recebe prioridade primeira. Algo mais é necessário para caracterizar o contexto no qual a liberdade recebe tamanha prioridade.

Temos argumentado que o contexto apropriado para a priorização da liberdade só pode ser visto à luz de um problema revelado por um exame minucioso da natureza do florescimento humano. No capítulo 2 descrevemos este problema da seguinte forma: como deve a ordem político-jurídica – aquela que proporciona a estrutura global ao contexto social e político – ser determinada? Qual é sua base ética? Uma vez que a estrutura provida pela ordem político-jurídica governará a todos de forma igual, como pode o universalismo de princípios estruturais político-jurídicos se harmonizar com o pluralismo e a autodireção exigidos pelo florescimento humano? Desse modo, como é possível ter uma base ética para um contexto sociopolítico geral ou global – um contexto aberto e cosmopolita – que não demande, por uma questão de princípio, que uma forma de florescimento seja preferida a uma outra? Em outras palavras, como tornar realidade a possibilidade de as várias formas de florescimento humano não entrarem em conflito estrutural? Este é o "problema do liberalismo."

Além disso, observamos no capítulo anterior que uma solução para o problema do liberalismo requer um princípio ético que satisfaça às condições 17a-f.[295] Tais condições interrelacionadas resultam de nossa análise do florescimento humano e constituem a base para um princípio ético que regule a conduta de forma a assegurar e manter a *possibilidade* de indivíduos, em meio a outros, buscarem sua própria forma de autoperfeição. Tal princípio ético, por não levar em consideração a situação, cultura e nexo específicos de cada indivíduo, não é usado para guiar a conduta em busca da autoperfeição. Ao contrário, esse princípio ético fornece o contexto social geral para a busca individualista da autoperfeição. Diz respeito a uma ordem ética diferente e é por isso de um tipo diferente. É um princípio transcultural, transpessoal e universal – é uma *metanorma* ética.

---

[295] Ver capítulo 2, 272.

Temos, por fim, argumentado que apenas um princípio que protege a possibilidade de autodireção de uma pessoa, em meio a outras, pode satisfazer aos requisitos 17a-f. E que o direito básico, individual e negativo à liberdade se confunde com esse princípio. É um princípio metanormativo. Tal direito se preocupa em proporcionar a base ética (ou a justificação) para a estrutura (ou suporte) necessária à possibilidade de vida social na qual *toda* e qualquer *pessoa* possa ser autodirigida e assim buscar uma vida de autoaperfeiçoamento. Os direitos individuais se preocupam em justificar e determinar o contexto necessário para a possibilidade de uma vida social na qual as pessoas e os grupos possam se conduzir de acordo com princípios normativos.

Esta é nossa visão tanto do contexto que requer que a liberdade receba prioridade primeira quanto do princípio que confere à liberdade um significado ético. E é também a razão pela qual, para nós, o liberalismo é uma filosofia política de metanormas. Ainda temos, contudo, de levar em consideração críticas específicas à nossa visão. O que se segue é um exame das objeções a nosso argumento. Tais objeções, em alguns casos, nos foram sugeridas e, em outros casos, chegaram às nossas mentes no processo de formular nosso argumento. Elencaremos os argumentos um a um e ofereceremos nossa resposta.

O DILEMA METANORMATIVO

Argumento:
Espera-se dos princípios metanormativos que primariamente definam um arcabouço legal ou constitucional. Mas que tenham, na melhor das hipóteses, um papel tangencial na deliberação individual a respeito do que constitui a vida boa. Não guiam a ação individual de nenhuma forma direta e podem de fato estar completamente divorciados de normas que guiam a ação e que são aplicadas pelos indivíduos em sua conduta privada. Tendo isto em mente, a abordagem metanormativa

parece se enredar em um dilema. Por um lado pode parecer ser o caso de que os direitos não fornecem aos indivíduos razões para agir de determinadas maneiras. Suponha-se que a pessoa A tenha um direito básico de não ser coagida pela pessoa B, um direito que a ordem legal reconhece e garante. A posse desse direito por parte de A dá, ou pode dar, a B uma razão para não coagir (ignorando-se os desincentivos da ameaça de punição)? Caso dê, ou possa dar, então parece que os princípios metanormativos podem influenciar na deliberação prática de B a respeito de como B deve se comportar como um agente privado. Mas, sendo assim, a linha divisória entre o meramente normativo e o metanormativo perde significativamente nitidez e pode até sumir completamente. Por outro lado, suponha-se que o direito de A seja de fato profundamente normativo, de tal forma que não possa dar a B (uma pessoa privada) uma razão para não coagir A, mas tencione ser uma orientação estrutural para aqueles que formulam regras constitucionais fundamentais para uma sociedade justa. À luz dessa visão, a arte de governar (aplicando princípios metanormativos) e a de formar caráteres (busca de florescimento relativo ao agente) estão em completo afastamento uma da outra. Mas, nesse caso, a teoria proposta se mostra radicalmente em descompasso, não apenas com as teorias filosóficas dos direitos, mas também com a prática concreta da garantia dos direitos em uma ordem jurídica liberal. Considere-se, por exemplo, a responsabilidade legal por um crime; se o direito legal violado pelo criminoso não foi algo que deu a ele uma razão para não fazê-lo (porque direitos legais são metanormativos e, portanto, não concernem à deliberação privada relativa a como agir), como podemos, com justiça, considerar esse indivíduo como legalmente responsável por essa violação? A responsabilidade criminal pressupõe que agentes são capazes de internalizar regras legais e de reconhecer a força com que oferecem razões em sua conduta diária.

Réplica

Esta objeção pressupõe que pode haver apenas um *tipo* ou *categoria* de razão ética para a conduta; o que obviamente faria sentido em um arcabouço *equinormativo*. Mas esse arcabouço pode ser rejeitado, como já vimos, porque é possível que o florescimento humano seja a base de todos os princípios éticos sem que todos os princípios éticos sejam reduzidos à mesma modalidade ou função. O florescimento humano revela a necessidade de um princípio ético que proporcione a base para a estrutura global da sociedade compatível com o caráter individualizado, social e autodirigido do florescimento humano. Este é um outro tipo ou categoria de princípio ético, já que não se preocupa de forma direta com a questão do florescimento. Esta categoria é o que temos chamado de metanormativa.

Portanto, podemos evitar esse dilema observando que nossas razões para agir em uma ordem político-jurídica legítima baseiam-se no interesse que cada um de nós tem de que exista tal ordem legítima, mais do que no interesse que temos de seguir princípios que exibem florescimento ou perfectibilidade moral. É verdade que a ligação entre os dois tipos de princípios éticos (o metanormativo e o normativo) é a autodireção, mas a autodireção possui propósito, o que sugere que as razões da conduta podem ser diferentes *porque os propósitos podem ser diferentes*. Proteger a possibilidade de autodireção de alguém, em meio a outras pessoas, é uma preocupação ética possível, mas o que ela exige e o problema que suscita é algo bem diferente daquilo que é necessário para o florescimento humano. Os propósitos éticos de nossa conduta, embora baseados no caráter da autoperfeição individualista, podem ser diferentes.

Talvez esta seja uma sólida lógica para a objeção. Ainda assim, pode ser tentador afirmar que ao respeitar os direitos do outro, de acordo com os princípios da metanormatividade, estamos, no próprio ato, exibindo uma forma de perfeccionismo moral que obscurece a distinção entre os princípios que nos guiam em direção à autoperfeição e ao florescimento e aqueles que não têm relação com a autoperfeição e o florescimento. Mesmo porque pareceria que B deve ser em algum sentido "bom" ao tomar a decisão de respeitar os direitos de A – deve fazer o mesmo tipo de bem que aparece em casos ordinários de perfectibilidade moral. Este tipo de movimento argumentativo deve, contudo, enfrentar resistências porque tem como efeito o nivelamento da natureza da moralidade, já que exibe tendência a reduzir todas as formas de conduta ética a um tipo de valor grosseiramente equivalente. Em particular, ele supõe que todos os princípios éticos gerados pela autoperfeição individualista devem funcionar da mesma forma. Mas de forma alguma isso é necessário. O simples fato é que respeitar direitos, embora certamente uma questão de se seguir um princípio ético, não é nem a essência da vida moral e nem uma consecução particularmente notável da perfeição moral.

Se, entretanto, ignoramos o que dissemos até aqui em resposta, ainda assim a objeção não depõe contra a distinção entre o metanormativo e o normativo. Nunca alegamos que o metanormativo *está divorciado* da ética; assim, o seguimento intencional dos princípios apropriados que guiam a ação terá algumas similaridades estruturais tanto nos casos normativos como nos metanormativos (ou seja, ambos foram escolhidos deliberada e conscientemente). Mas isso de forma alguma afeta a distinção. Até porque dizer que alguém obedece às regras de futebol enquanto joga é bem diferente de dizer que alguém é bom jogador ou mesmo que esse alguém realmente compreenda o que é necessário para se jogar bem. Consequentemente, embora se possa dizer que aquele que respeita os direitos dos outros é uma pessoa moralmente "melhor" que quem que não o faz, este é um indício de que se é um "jogador" no universo moral de um contexto social, não que se é um bom jogador ou mesmo que fazer isso é exemplo de jogar bem. Quando um jogador chuta contra o gol adversário e não contra o seu, dá exemplo de que respeita as regras, mas não demonstra ser um bom jogador. Da mesma forma, respeitar regras metanormativas é necessário para se jogar o jogo moral, mas isso não indica quão bem e o quanto se joga. Assim como é a ação em conformidade com as regras do jogo que suscita princípios de conduta "apropriada" (isto é, ótima) em um jogo de futebol, cumprir nossas obrigações e alcançar a perfeição moral ocorrem no interior de um arcabouço metanormativo. Em resumo, os materiais estruturais da vida ética são similares à conduta metanormativa apropriada – ou seja, o comportamento baseado em princípios, escolhido, ocorre em ambos. Mas os fins de tais ações são bem diferentes entre o normativo e o metanormativo; e as metanormas não são os padrões da excelência moral.

Novamente: por que respeitar os direitos?

Argumento:
Se direitos são princípios metanormativos que concernem à estrutura básica de uma ordem civil, como se pode dizer que suprem orientação moral aos indivíduos? Se uma pessoa assassina outra, por exemplo, não está violando os direitos da outra e não é apropriado afirmar que não deveria fazer tal coisa? E se uma pessoa sabe que não deve fazer tal coisa, então não é o caso de se pensar que uma norma moral ordinária foi provida e que a pessoa está sob a obrigação moral ordinária de se abster de tais ações? Além disso, não deveria alguém ter tal obrigação independentemente da presença do Estado (como Locke sugeriu) no sentido de cada um de nós ter um direito natural contra tais ações?

Réplica:
Correndo o risco de nos repetirmos, é importante que tenhamos clareza quanto ao *status* dos direitos ao respondermos a tais questões. Direitos não são princípios éticos no sentido de nos orientarem na direção da conquista da autoperfeição. E, ao contrário das aparências, também

não são princípios normativos interpessoais ordinários. Os direitos expressam o princípio ético que deve prevalecer se queremos conciliar nossa sociabilidade natural com formas diversas de florescimento. Em outras palavras, precisamos de vida social, mas também precisamos ser bem sucedidos como indivíduos que perseguem determinada forma de florescimento. Normas ou princípios éticos que especificam como deve alguém viver em meio a outras pessoas e as obrigações a que ele provavelmente tem de ficar sujeito durante a vida são uma coisa; normas ou princípios éticos que definem o contexto de tais interações e obrigações são uma coisa bem diferente. As "obrigações" que uma pessoa tem para com outra no último caso devem-se a uma necessidade partilhada de agir em um contexto sociopolítico pacífico e ordeiro.

As obrigações que a pessoa tem no primeiro caso são função do que é necessário para se viver bem e não podem ser geradas independentemente de ações específicas, do contexto, da cultura, das tradições, intenções e práticas particulares no interior das quais uma pessoa se encontra agindo. Tais ações e contextos demandam normas avaliadoras à luz das quais sucesso, adequação e mérito podem ser medidos e julgados em casos particulares. As metanormas (que, para nós, despontam como os direitos individuais, básicos, negativos) não são, contudo, *exigidas* pelo progresso de uma cultura ou de um indivíduo, mas *dependem* dele. De nossa perspectiva, então, é provável que algo *multifacetado* esteja ocorrendo no exemplo em que uma pessoa mata a outra.

Há um nível em que os direitos naturais da pessoa estão sendo violados. Quer isso dizer que por nossa natureza, de criaturas diferentes e sociais, a ação em questão não se presta a prover um contexto apropriado para o florescimento humano; e nem parece provável que conduzirá a um efetivo progresso na direção do próprio florescimento. Contudo, este último aspecto está muito mais vinculado a elementos morais que àqueles necessários para o estabelecimento de um contexto básico (por exemplo, considerações sobre a família, amigos, compatriotas, a lei e assim por diante). As normas morais em ação aqui pressupõem um ambiente em que a conduta moral é possível. Ademais, especificam o tipo de conduta que será considerado apropriado, valioso ou justificado. Em contraste, no caso de direitos naturais básicos, as obrigações não concernem tanto aos indivíduos *per se*, já que tais direitos são moldados independentemente de práticas, circunstâncias e agentes particulares. Direitos básicos são princípios éticos que se aplicam a ninguém em particular e a todos igualmente.

Nesse sentido, o tipo-padrão de análise baseada no estado-de-natureza pode realmente tornar confusa a questão em vez de ajudar a esclarecê-la. Sofremos a tentação de abandonar o social e de nos perguntarmos o que alguém seria obrigado a fazer se não houvesse lei, sociedade, cultura ou autoridade política para definir deveres. Se uma pessoa fere outra em tal estado de natureza, fica parecendo que apenas um nível de obrigação está presente, já que, por definição, não há sociedade específica ou contexto político para prover qualquer outro. O normativo e o metanormativo parecem entrar em colapso fundindo-se no único dever de se respeitar os direitos naturais de outrem. Assegurar o ambiente (não-interferência), em outras palavras, parece ser o mesmo que executar a conduta apropriada.

Pode ser, é obvio, que estejamos obrigados a realizar certas ações por causa de sua conexão necessária com a construção de um contexto apropriado para nós e para os outros. Nesse sentido, as obrigações metanormativas não seriam menos importantes e impositivas que quaisquer outras. Mas ferir outra pessoa em um estado de natureza faz lembrar, mais do que simplesmente exprimir, uma conduta que viola ações necessárias para assegurar e manter as condições apropriadas para a possibilidade de florescimento em um contexto social. Tal ação demanda toda uma tradição normativa sobre o tratamento adequado a ser dispensado às pessoas. Isso é ótimo desde que se faça a distinção entre elementos metanormativos e normativos. Mas uma análise baseada no estado-de-natureza não permite que isso seja bem feito. O assassinato, por exemplo, em geral é definido por contextos sociais, políticos e culturais particulares. Abandonar tais contextos em favor do estado de natureza nos dá a ilusão de que a sociedade é relevante apenas de forma marginal na determinação do que se considera assassinato; e de que todas as normas ou princípios éticos são normas atreladas a um contexto (por exemplo, direitos).

Portanto, os indivíduos devem respeitar os direitos naturais dos outros não porque assim serão pessoas melhores ou "farão a coisa certa", mas porque a própria habilidade de agirem *em conjunto* depende de se assegurarem as condições necessárias a tal ação.[296] Uma abordagem do tipo estado-de-natureza pode nos ajudar a identificar esses princípios metanormativos, mas faz quase nada no sentido de gerar regras ou obrigações normativas igualmente necessárias a uma vida de excelência moral. Para isso, são necessários atores em cenários sociais concretos. Consequentemente, se as condições metanormativas são ameaçadas ou destruídas (por exemplo, por uma tomada do poder pelo nazismo), a linguagem dos direitos naturais não se mostraria inadequada. É direito por natureza (ou seja, por apelo à natureza humana) que um certo tipo de contexto para a ação humana seja assegurado, e *um direito* (no sentido de uma reivindicação de certo tipo de tratamento devido a alguém) que o indivíduo não receba determinados tratamentos *à luz do que é necessário para assegurar esse contexto*.

O que não se pode fazer é pretender que quando se faz referência a assassinato em um estado de natureza, tal referência seja desprovida de qualquer concepção de vida social. O completo horror diante de

---

[296] Conduta conjunta, dada nossa natureza social, é uma condição para o florescimento. Portanto, o problema de se fornecer um arcabouço para a interação social é inevitável tanto quanto benéfico. Indicaríamos a leitor a leitura dos capítulos 4 e 6, ale, do capítulo 8, nos quais discutimos de forma mais aprofundada essa questão em conexão com a ideia de bem comum da comunidade política.

uma violação dos direitos naturais de alguém se forma exatamente porque se tem uma ideia de como seres humanos devem tratar uns aos outros em uma sociedade civilizada *e* do que é necessário para se constituir tal sociedade. O que aqui sublinhamos é que a análise baseada no estado-de-natureza é em geral completamente dependente da civilização.[297] Ninguém sem familiaridade com a vida civilizada poderia disseminar as regras de Hobbes para a paz presentes no capítulo 15 do *Leviatã*.[298]

Parte do problema com o qual estamos lidando surge por termos a ilusão de que podemos nos imaginar como seres as-sociais. Seres as-sociais poderiam se perguntar por que possuem obrigações para com outros. Nesse caso, seria necessário fazer frente a argumentos que indaguem por que seria do interesse de alguém respeitar os direitos de outrem. Em contraste, seres sociais jamais se questionariam radicalmente com relação a por que têm que se preocupar com os outros, uma vez que já nascem com essa preocupação.

Em outras palavras, um ser social dificilmente se pergunta por que deveria estar preocupado com a criação de um contexto para seu próprio florescimento. Não negamos o valor heurístico dos experimentos mentais feitos com o estado-de-natureza, mas negamos, com Aristóteles, seu valor como uma plataforma fundamental para a análise e compreensão da moral. De qualquer modo, o liberalismo *per se* não requer a versão radicalizada dessa abordagem (em que a própria moralidade é gerada por um "contrato"); e é discutível, na maioria dos casos, se os pais do

---

[297] Esta é obviamente a essência da crítica que Rousseau faz no *Contrato Social* à discussão de Hobbes do estado de natureza. Nós, contudo, invertemos o ponto um pouco. Rousseau afirma que o estado de natureza de Hobbes está repleto de homens civilizados. Afirmamos que a repulsão moral às violações dos direitos naturais envolve a ideia de tratamento apropriado em um cenário civilizado.

[298] De fato, Hobbes deve ser o principal culpado histórico pela fusão entre princípios éticos normativos e metanormativos.

liberalismo (por exemplo, Locke) consideravam que a moral só poderia ser compreendida em termos de mecanismos que permitem abandonar o estado de natureza.

De qualquer forma, o problema que temos formulado pode ser proposto de outro modo: como o liberalismo pode manter qualquer conexão com uma filosofia moral substantiva e exigir tão pouco politicamente? Não precisamos repetir tudo o que dissemos até agora para responder a essa questão. Tudo que é necessário registrar aqui é que pode existir uma forte conexão com uma posição moral substantiva (a concepção neoaristotélica de florescimento humano) sem que se recaía em uma política moralista. O liberalismo não pode se prestar à oclusão do caminho para uma postura moral rica da mesma forma que não pode continuar a ser liberalismo impondo politicamente uma forma particular de vida moral.

Concedendo direitos

Argumento:
Como nosso argumento anterior mostra, por que alguém deve aceitar uma reivindicação de direitos do outro?

Réplica:
Em primeiro lugar, o problema dos direitos não deveria, para nós, ser encarado em termos de se uma pessoa aceita uma reivindicação de direitos de outra. Esta abordagem é fundamentalmente contratualista e, portanto, não está em harmonia com uma orientação neoaristotélica. Estamos determinados a conceber direitos não no interior de um sistema de reivindicações em competição, mas como associados à obrigação de autoperfeição. A abordagem contratualista parece forçar o indivíduo na direção de expressar direitos em termos de acordo universal ou na direção de ver direitos como uma função de algum bem objetivo ou

genuíno. A primeira direção não apela diretamente à autoperfeição e por isso pode ser rejeitada. Contudo, a segunda desponta como compatível com uma abordagem neoaristotélica.

Embora apelos a bens genuínos ou objetivos sejam bastante compatíveis com nosso neoaristotelismo, não representam exatamente nossa forma de lidar com a questão dos direitos. A questão não é encontrar um bem genuíno que todos os postulantes teriam alguma razão para reconhecer como um direito, mas sim indagar qual seria em primeiro lugar o propósito dos direitos. Uma vez que nosso quadro de referência já pressupõe um comprometimento com o caráter social dos indivíduos e o reconhecimento deste fato, não é propósito dos direitos criar sociabilidade arbitrando potenciais contendas entre os postulantes. Este é, novamente, o caminho contratualista. Em vez disso, cabe discernir o papel que os direitos devem desempenhar nas condições de vida social em que o florescimento é compreendido como individualizado e pluralista. Assim, o que se está procurando *não* é um possível bem genuíno, entre outros, para, a partir dele, se construir uma teoria dos direitos, mas um princípio com uma conexão com o bem que contemple a obrigação da autoperfeição e ao mesmo tempo satisfaça a certas outras condições, tais como ter algum trabalho teórico real a fazer e ter uma forma que respeite a natureza individualizada e pluralista da autoperfeição. O problema central aqui e, portanto, a condição central a ser satisfeita, é encontrar um princípio que não apenas se volte para a autoperfeição, mas que também possa ser caracterizado como verdadeiramente universal. Quer isso dizer que nos voltamos para o universal não apenas em relação a pessoas em geral (ou pessoas consideradas de modo meramente abstrato), mas também a todo e qualquer ato que possa se tornar parte do seu florescimento. Nesse caso, recorremos, à maneira dos contratualistas, a um bem que se aplica a todo e qualquer indivíduo, mas que, enquanto um bem, não é o bem, ou o único bem, ou um bem moral comum ao qual recorremos. E para assegurar que algumas formas de florescimento não sejam preferidas a outras, o princípio escolhido também não pode permitir uma predisposição institucional a favor de certas formas de florescimento. Defendemos que apenas a autodireção preenche estas rigorosas condições.

Se o problema fosse realmente o de escolher um ou mais bens genuínos apropriados, numa possível lista de tais bens, então seria correto afirmar que o que quer que se escolha é provável que dê sustentação tanto aos direitos positivos quanto aos negativos. Em outras palavras, se, à maneira de Rawls, tivéssemos de selecionar, em uma lista de bens primários, aqueles que poderiam embasar os direitos básicos, então alguns desses bens poderiam com a mesma probabilidade tanto exigir ação positiva quanto abstenção. Assim, a autodireção, respeito, comida e riqueza podem todos se candidatar (entre outros) a participar de nossa busca da vida boa e a proporcionar padrões para a conduta moral apropriada. Mas e se, como estamos argumentando, os direitos deixarem de ser vistos como essencialmente o que há de mais obrigatório em nossos preceitos morais ordinários? E se os direitos deixarem de ser concebidos como pertencentes à classe dos princípios morais ordinários, mas como tendo a função de proporcionar as restrições necessárias à interação social que criam condições para que a busca da conduta moral ordinária possa ser empreendida? Visto dessa forma, é irrelevante observar que o bem primário X é necessário ao florescimento de P (ou de qualquer outra pessoa), porque direitos não são normas que ajudam a definir os termos da conduta apropriada, mas metanormas que definem as condições sob as quais a busca de qualquer desses bens ocorrerá. Reiteramos que não é qualquer "bem genuíno" que manterá tal distinção clara, mas é um bem cujo próprio conteúdo é fornecido concretamente pela busca de fins particulares, embora, em termos abstratos, se mantenha neutro em relação às várias formas de florescimento. Tal é a natureza da autodireção.

Uma preocupação em relação ao neoaristotelismo e aos direitos

Argumento:
O comprometimento com o pluralismo e com o individualismo aqui defendidos não desemboca em um "Aristóteles minimalista" que corre o risco de se mostrar incapaz de distinguir desejo de desejo certo; e se for este o caso, não carece nossa concepção de direitos de fundamentação ética suficiente para fazer o que os direitos devem fazer? Não se mostra incapaz de prover uma justificação ética para o espaço ou território moral pertencente a cada pessoa e impedir a intrusão não-consensual?

Réplica:
Independentemente de quão não-tradicional nossa concepção de perfeccionismo possa ser, não somos de opinião que existe alguma justificação para se pensar que nossa visão do perfeccionismo individualista não possa estabelecer ou justificar a distinção entre desejo e desejo certo. O que não se deve perder de vista é que a distinção entre desejo e desejo certo não é diretamente relevante para a questão dos direitos. Da forma como concebemos os direitos, não se prestam a discriminar entre desejo e desejo certo ou a promover este em detrimento daquele. Na verdade, direitos para nós não servem para promover ou assegurar a autodireção.[299] São condição necessária para se proteger a possibilidade de autodireção de uma pessoa em meio a outras. Quando e se um indivíduo escolhe agir em conformidade com o desejo certo ou escolhe ser, em algum sentido mais pleno ou autorealizador, "autônomo" não está em questão uma preocupação com direitos. Assim, não há conexão direta entre as ações baseadas no desejo certo e ações às quais se tem direito.

---

[299] Ver capítulo 4, nota 132, e também a nossa discussão de "Desejos e autodeterminação" no capítulo 7.

Esta preocupação parece pretender que a conexão entre o desejo certo e direitos seja muito mais direta, pois ela é realmente um pretexto enganoso para a alegação de que as mesmas considerações morais que justificam direitos negativos poderiam também servir para justificar direitos positivos. De fato, isso poderia ser verdade se considerações morais, em um sentido comum, fundamentassem direitos; mas o ponto de nossa teoria e de nossa utilização de "metanormativo" é sugerir que princípios morais ordinários não se prestam à essa função.

Se, por enquanto, ficamos estritamente presos à ética normativa, o pensamento por trás dessa objeção intenciona tratar a autodireção como um bem, num conjunto possível de bens, que uma pessoa pode mais ou menos dependendo dos planos que tenha e das circunstâncias de sua vida. Um indivíduo pode, por exemplo, trocar um pouco de autodireção por mais saúde permitindo que o governo estipule restrições ao fumo. Embora, sem dúvida, existam formas de se compreender a autodireção como um bem-entre-outros, isso não representa nossa própria concepção. Quando afirmamos que a autodireção é a condição necessária para o florescimento, não queremos dizer que é meramente o primeiro bem, entre muitos outros, que o indivíduo deve adquirir antes de poder adquirir outros; em vez disso, queremos dizer que para que qualquer bem seja um bem, ou seja, se torne parte constituinte de nossa *eudaimonia*, ele deve ser escolhido por nós. Nesse sentido, a autodireção é a condição por meio da qual qualquer bem se torna um bem *para uma pessoa* e, portanto, parte constituinte de sua *eudaimonia*. Não é algo que possa ser trocado por outros bens, pois para que esses bens (inclusive a saúde) sejam bens para mim devo incorporá-los em meu nexo de bens por algum ato de escolha. Isso é o que se quer dizer quando se afirma que o valor é relativo ao agente. Contudo, e de forma quase paradoxal, esse modo de encarar o valor como relativo ao agente significa que não temos de saber como se mede a autodireção (ou se compara com outros bens básicos) em uma variedade de possíveis descrições concretas da *eudaimonia*. Em uma situação concreta, a autodireção transforma um bem abstrato ou genérico em um bem para alguma pessoa concreta. Compreendida a autodireção desta forma, pode-se identificá-la, independentemente da forma particular de *eudaimonia* de alguém, pois é através da autodireção que a própria particularização ocorre.

É nesse ponto que poderia ser tentador apontar para vidas em que a "autodireção" foi limitada e, apesar disso, a *eudaimonia* foi claramente atingida. Pode-se argumentar que algumas pessoas podem precisar de mais "paternalismo" em suas vidas do que outras para atingir seu bem-estar. Há várias observações a fazer sobre esse tipo de preocupação.

Primeiro, notar que o florescimento de algumas pessoas possa requerer que sejam mais dirigidas por outras pessoas não avança muito na determinação dos direitos que as pessoas poderiam ter. É isso que ocorre especialmente com nossa teoria dos direitos, já que eles não servem para promover diretamente o bem das pessoas. Segundo, a teoria ética não está, de nosso ponto de vista, em boa posição para predizer a priori que atos de paternalismo levarão ao fim desejado (e em que medida). Nosso comprometimento com o pluralismo e com o individualismo não apenas se coloca contra tais previsões, mas também o faz o papel central que a sabedoria prática deve desempenhar na conduta ética. Não é que as generalizações paternalistas não tenham utilidade, mas sim que devem ser tratadas pelo que são generalizações sobre um meio possível para um fim e não como parte constituinte do florescimento de um indivíduo. Finalmente, o paternalismo é um fator no florescimento de um indivíduo apenas se esse indivíduo incorpora seus efeitos, métodos ou objeto em seu nexo de valores por algum ato autodirigido. Rejeitamos o que pode ser chamado de "ética de igreja" segundo a qual se o indivíduo fizer as coisas certas a bênção, independentemente de querê-la ou não, virá.[300]

---

[300] Ver "Uma objeção a ser considerada" no capítulo 4.

Rawls, justiça e metanormatividade: existem outros princípios metanormativos além dos direitos?

Argumento:
Por que os princípios metanormativos devem ficar confinados aos direitos individuais? No capítulo 7, nos referimos à "justiça metanormativa". Se considerarmos as condições para metanormatividade — a saber, as condições 17a-f no capítulo 11 — os dois princípios de justiça de Rawls não seriam princípios metanormativos? Afinal, Rawls observa que "a justiça é a primeira virtude das instituições sociais."[301] Além disso, não seria nossa busca por princípios para regerem as relações interpessoais e sociais em um contexto cosmopolita apenas outra forma de respeitar a liberdade e igualdade de todos os seres humanos? E não seria este o objetivo geral da tese da posição original, com seu "véu de ignorância", tal qual formulada por Rawls, o de proporcionar uma interpretação procedural da ideia de Kant de que somos todos seres racionais iguais e livres com a liberdade de escolher? Portanto, apesar de nossos protestos em contrário, a apresentação do problema do liberalismo e a busca por princípios metanormativos não seriam apenas um dispositivo para se trazer de volta os *insights* morais de Kant pela porta dos fundos?

Réplica:
Esta objeção é marcada por muita confusão. Por conseguinte, começaremos nossa resposta explicando nossa visão de justiça de modo mais detalhado. No capítulo 7, observamos que existem pelo menos dois sentidos de justiça. Há a justiça platônica, que se refere a uma pessoa cujas disposições são formadas de forma apropriada e que por isso possui uma alma corretamente ordenada. Tal pessoa se conduz de

---
[301] John Rawls, *A Theory of Justice* (Cambridge, Mass.: Belknap Press of Harvard University Press, 1971), 3.

forma apropriada ou correta e ela é, por assim dizer, verdadeira ou bem ajustada. Esta é uma descrição global de uma pessoa e equivale a dizer que essa pessoa está bem integrada. Nesse sentido, a justiça é uma forma de viver que constitui o bem humano último e é mais do que qualquer uma das virtudes e bens que ela abrange. Certamente, Rawls não fala de justiça com esse sentido.

Contudo, pode-se falar de justiça em um sentido social ou interpessoal. No entanto, este sentido de justiça pode ser dividido de duas formas:

(I) Há justiça, enquanto virtude constituinte do florescimento humano, que corresponde a dar aos outros o que lhes é apropriadamente devido; e como tal é uma parte necessária da vida dedicada ao autoaperfeiçoamento. Essa virtude se refere a relações específicas entre indivíduos e, por extensão, a relações entre conjuntos de indivíduos como por exemplo, grupos, associações e organizações. No nível do indivíduo, essa virtude pode variar: de não enganar um amigo a recusar-se a tirar partido da fragilidade de alguém, passando por dar assistência a alguém que recebeu tratamento injusto ou que se encontra por força das circunstâncias em desvantagem. E, no nível do grupo, pode, *mutatis mutandis*, requerer conduta similar. Independentemente do nível de análise, a complexidade, a profundidade, a amplitude e a nuance de dar a alguém (ou a um conjunto de pessoas) "aquilo que lhe é apropriadamente devido" requer conhecimento da conduta e do caráter do indivíduo (ou conjunto de indivíduos) assim como das circunstâncias. Ademais, uma vez que essa virtude é apenas uma dentre as muitas virtudes que constituem o florescimento humano, precisa ser integrada a todas as outras para que se alcance um equilíbrio, ou meio, apropriado para a pessoa. Não se pode perseguir a justiça ao custo de se destruir outros bens e virtudes constituintes. Ela deve se integrar ao todo global que é a vida florescente de um indivíduo. Como notamos no capítulo 7, a justiça neste sentido não é uma questão de "tudo ou nada".

A justiça com essa acepção não é a maior virtude da vida dedicada ao autoaperfeiçoamento. Isso pertence à sabedoria prática, que é a virtude integradora central. A justiça só pode ser praticada por meio dos *insights* da sabedoria prática sobre o particular e o contingente. A justiça, neste sentido, não pode ser cega ou impessoal, mas deve considerar as particularidades de pessoas ou grupos. Seu nexo, sua cultura e suas situações não podem ser ignorados. O que a virtude da justiça clama que alguém faça em prol de uma pessoa ou grupo em determinada situação pode ser bem diferente em outra situação com outra pessoa ou grupo.[302] *Como tal, essa virtude não é suficiente para se constituir em base para um tratamento moral igual e comum a todos, independentemente de diferenças,* e não *serve para embasar qualquer princípio por meio do qual possam ser estruturadas as instituições políticas e sociais.*[303] Rotulamos a justiça com essa acepção de "justiça normativa." Este também não é o sentido de justiça do qual Rawls se ocupa.

(2) Como o florescimento humano não é uma forma platônica ou um bem impessoal, mas algo essencialmente individualizado e relativo ao agente, a possibilidade de existirem versões diversas de autoperfeição requer que se dê atenção a como criar e manter um contexto sóciopolítico que se mostre em princípio aberto a formas divergentes de autoperfeição e ao mesmo tempo consistente com todas. Portanto, a alegação de Fred D. Miller Jr. – "a justiça é necessária para o bem individual, mas não apenas de modo instrumental, já que a justiça é um traço necessário

---

[302] Pode-se objetar que esta afirmação é verdadeira apenas na medida em que se fala do que a virtude da justiça exige que uma pessoa faça; mas que ela não é verdadeira quando está em questão definir o que a virtude da justiça requer que a pessoa *não* faça. Ver nossa resposta a esta objeção em "É o conceito de 'princípios metanormativos' é realmente necessário?" neste capítulo.

[303] Isto também não fornece uma base para os assim chamados direitos positivos. O fato de que pessoas devam receber certo tratamento não mostra que elas possuem direito a esse tratamento. Os deveres têm um maior alcance de aplicabilidade do que os direitos.

da atividade de cooperação que é um constituinte da vida boa" – certamente é correta. Mas sua conclusão – "por conseguinte, um agente racional na prática que está em busca da vida boa deve escolher entrar em um justo sistema de cooperação" – é problemática.[304] A questão que a filosofia política enfrenta é a de como determinar o que a justiça representa para um "sistema de cooperação" que inclui um contexto social aberto ou cosmopolita; tendo em vista que a *virtude* da justiça, como vimos, não logra prover isso. Ademais, nenhum conjunto de valores ou compromissos partilhados pode ser presumido. O indivíduo sabe apenas que está lidando com outro ser humano. E por isso o contexto deve ser o mais universal possível. Nesse caso, a justiça busca regular a conduta humana de forma a estabelecer condições de possibilidade para indivíduos buscarem sua própria forma de florescimento humano em meio a outras pessoas. Seu objetivo é duplo: preservar o caráter aberto ou cosmopolita da sociabilidade humana e respeitar o caráter individualizado, autodirigido e relativo ao agente do florescimento humano. A justiça procura proporcionar a base apropriada para que a ordem político-jurídica estruture o contexto sociopolítico global. Novamente, isso é o que chamamos de "justiça metanormativa."

A questão interpessoal ou social da qual se ocupa a justiça metanormativa é a mesma que temos chamado de "problema do liberalismo." Portanto, uma vez que os direitos individuais fornecem a solução para o problema do liberalismo, a justiça metanormativa equivale a respeitar direitos individuais, básicos, negativos. Portanto, existem duas formas de justiça interpessoal ou social: a justiça normativa, que é uma virtude da vida devotada ao autoaperfeiçoamento, mas não algo que se preste a solucionar o problema do liberalismo, e a justiça metanormativa que regula a conduta, que pode promover ou não o autoaperfeiçoamento,

---

[304] Fred D. Miller Jr., *Nature, Justice and Rights in Aristotle's Politics* (Oxford: Clarendon Press, 1995), 376.

sem deixar de respeitar os direitos individuais. Estas duas formas de justiça social não devem ser confundidas.

A visão de Rawls, que considera a justiça a virtude primeira das instituições sociais pode parecer uma forma de justiça metanormativa.[305] Contudo, a visão de Rawls da "posição original", que reflete sua concepção de justiça-como-equidade e a partir da qual ele desenvolve seus dois princípios de justiça, já no seu ponto de partida ignora e desconsidera fatos que reputamos centrais à constituição da justiça metanormativa — qual seja, o papel do nexo na conduta da vida moral. Rawls observa que "pensamos a posição original como o ponto de vista a partir do qual eus numênicos enxergam o mundo."[306] Esta perspectiva impede que alguém tenha o conhecimento particular de sua realidade social, de seus dotes naturais, habilidades, forças, psicologia, plano de vida e concepção de bem. Proporcionada pelo "véu de ignorância", esta perspectiva é adotada em nome *do ponto de vista moral*. Por isso qualquer fato que não se mostre aplicável a todo e qualquer ser humano é moralmente arbitrário e não se pode permitir que tenha um papel a desempenhar na determinação do que a justiça metanormativa requer ou, o que pode ser a mesma coisa, de que direitos básicos as pessoas têm.

---

[305] Na sua obra "Outline of a Decision Procedure for Ethics", *Philosophical Review* 60 (1951): 177-97, Rawls afirma que "o problema da justiça das ações, como questão teórica, é essencialmente o problema de se formularem princípios razoáveis para determinar a que interesses, de duas ou mais pessoas, de um conjunto de interesses concorrentes é correto dar preferência" (191). Esta afirmação é reveladora e ajuda a indicar como a abordagem que Rawls dá à justiça e a nossa são fundamentalmente diferentes. Em primeiro lugar, Rawls não consegue reconhecer com clareza uma distinção entre justiça normativa e justiça metanormativa. Em segundo lugar, encara a justiça essencialmente como uma tentativa de equilibrar interesses de forma imparcial, de tal forma que as considerações individuais sejam ignoradas; e em terceiro lugar, a noção do que é devido a cada um está ausente. Em nossa visão, ele não possui uma concepção adequada nem de justiça normativa e nem de justiça metanormativa.
[306] Rawls, *A Theory of Justice*, 255.

Com base em nossa concepção de perfeccionismo individualista, temos argumentado contra essa compreensão do "ponto de vista moral".[307] E por isso rejeitamos tanto a cogência quanto a necessidade da "posição original." Fatos individualizadores não devem – e, na verdade, não podem – ser excluídos do processo através do qual um indivíduo define suas obrigações. Tais fatos também são cruciais para se estabelecer a justiça normativa como a temos explicado. Finalmente, quando se trata de justiça metanormativa, fatos individualizadores também não devem ser desprezados.[308]

A questão que se encontra por trás de boa parte da filosofia política contemporânea, e do próprio liberalismo contemporâneo, que precisa ser formulada é: estar comprometido com a vida interpessoal, entendida como aberta, requer que se assuma o ponto de vista de um eu numênico e/ou que se adote o impessoalismo ético? O interpessoalismo requer o impessoalismo? Caso se tome o florescimento humano como o bem de todo e qualquer ser humano, compreendendo-se esse bem como individualizado e relativo ao agente, e caso se reconheça ser

---

[307] Ver a nossa discussão do impessoalismo e da neutralidade no capítulo 6, assim como em Douglas B. Rasmussen, "Liberalism and Natural end Ethics", *American Philosophical Quarterly* 27 (abril, 1990): 153-61; e Rasmussen, "Political Legitimacy and Discourse Ethics", *International Philosophical Quarterly* 32 (março, 1992): 17-34.

[308] Fatos idividualizadores são necessários ao processo de estabelecer uma base para a justiça normativa exatamente porque esses fatos criam o caráter individualizado do florescimento humano e por isso fundamentam a adequação moral do individualismo. Isso, por seu turno, dita que forma de abstração deve ser empregada para se encontrar a solução para o problema do liberalismo. Para descobrir o elemento crítico comum que atravessa todas as formas de florescimento humano, florescimento este que proporciona a base para a metanormatividade, precisamos considerar o contexto pleno do que está envolvido, e isso significa que não devemos tratar o florescimento humano dos indivíduos como se não fosse individualizado. Em vez disso, devemos empregar procedimentos conceituais que podem encontrar o elemento crítico comum em todas as várias formas de florescimento humnao individual e, não obstante, não separar o que deve apenas ser distinguido e nem negar o que deve ser tratado apenas como implícito. Ver a nossa discussão em torno da abstração no capítulo 7, nota 93.

a obrigação ética primária dos indivíduos buscar suas próprias formas de autoperfeição, então a resposta a essa questão deve ser "não." Portanto, a tarefa do filósofo político deve ser encarada como a de tentar encontrar algum traço do florescimento humano que acomode tanto a adequação moral do individualismo quanto o caráter profundamente social da autoperfeição. Isto deve ser feito encontrando-se esse traço do florescimento humano que todos os seres humanos partilham e que torna todos os seres humanos iguais[309] – qual seja, a capacidade de autodireção. No entanto, não precisamos teorizar de uma forma kantiana ou raciocinar como se seres humanos fossem eus numênicos ou supor que a moralidade deve se traduzir em prescrições morais impessoais. Não reintroduzimos considerações kantianas pela porta dos fundos precisamente porque não esposamos a opinião de que a individualidade é moralmente irrelevante para o estabelecimento da justiça, seja ela normativa ou metanormativa.

Por via de consequência, não precisamos ocultar as diferenças reais e legítimas entre os bens e os projetos pessoais de seres humanos individuais recorrendo, como Rawls e muitos teóricos contemporâneos fazem,[310] a uma imperssoalista compreensão do ponto de vista moral. A individualidade tem importância moral. Ela importa quando está relacionada à natureza do florescimento humano e quando se trata de

---

[309] Obviamente, podem existir seres que são classificáveis como "humanos", mas que, por defeito congênito, doença ou ferimento não possuem a capacidade de autodireção ou de agência. Por isso, devemos notar esta exceção. Mas é importante perceber que a razão pela qual tais seres são classificáveis como humanos, e não considerados de outra espécie, é que eles são compreendidos como tendo um ser desprovido da capacidade de autodireção. Assim, mesmo em casos tão terríveis, a autodireção permanece algo que se aplica a todos os seres humanos em um nível básico, mesmo se apenas compreendida em termos de uma privação que sofre.

[310] A respeito deste ponto, ver Rasmussen, "Liberalism and Natural End Ethics", para uma discussão de Rawls e Dworkin; e Rasmussen, "Political Legitimacy and Discourse Ethics", para uma discussão em torno de Habermas.

formular o problema do liberalismo ou, na verdade, de determinar qualquer princípio de justiça social que deve se aplicar a todo ser humano. Independentemente de quão inconveniente possa ser, a individualidade, como explicamos nos capítulos anteriores, não deve ser ignorada pelos filósofos políticos.

É O CONCEITO DE "PRINCÍPIOS METANORMATIVOS" REALMENTE NECESSÁRIO?

Argumento:
Por que o problema do liberalismo não pode ser resolvido recorrendo-se àquilo que a virtude da justiça requer que os indivíduos em florescimento *não* façam — ou seja, não matar, roubar, extorquir, fraudar ou evitar se engajar em qualquer forma de uso não-consensual das pessoas e suas propriedades? Certamente, para que "dar aos outros o que lhes é apropriadamente devido" signifique alguma coisa é necessário exigir que indivíduos não tratem os outros dessas maneiras. Será que resolver o problema do liberalismo não é apenas uma questão de enxergar que a virtude da justiça compreendida negativamente — ou seja, de acordo com a máxima "não cause danos a outrem" — pode bastar como solução? De fato, uma mãe precisa recorrer ao conceito de "princípios metanormativos" para explicar a seu filho que ele não deve roubar a bicicleta do seu colega de turma?

Réplica:
Esta objeção realmente ignora as questões fundamentais da filosofia política, uma vez que mostrar que o uso não-consensual das pessoas é o único sentido relevante de causar danos a alguém que precisa ser considerado, e mostrar por que é de fundamental importância ter esse tipo de preocupação, demanda compreender o contexto que suscita tal preocupação. Requer que se olhe para além da *virtude* da justiça,

para um problema que resulta do caráter altamente individualizado, mas profundamente social, do florescimento humano – ou seja, para o problema do liberalismo. Esta é, de modo óbvio, a razão que nos levou a distinguir entre princípios éticos normativos e metanormativos e a falarmos de "justiça normativa" e "justiça metanormativa." Esta distinção nos permite observar como a virtude da justiça envolve muitas considerações que vão além do que requer uma solução do problema do liberalismo; e, portanto, não deve ser ignorada ao serem formuladas questões que lidam com a busca que um indivíduo faz da autoperfeição. E, ao mesmo tempo, nos permite perceber que a virtude da justiça não se volta para o problema fundamental da filosofia política: encontrar um princípio político-jurídico estrutural que permita a possibilidade da busca da autoperfeição por todos em um contexto social.

A proibição de "causar danos a outrem" não dá a alguém nenhum sentido desse contexto, independentemente de qualquer polêmica em torno do que "causar danos" possa significar. Este ponto é especialmente importante quando se percebe, como já foi dito, que o fato de eu ser um fim em mim mesmo, para mim mesmo, não implica que você é um fim em você mesmo *para mim* (e vice-versa). Perceber isso coloca imediatamente na berlinda a questão: por que não causar danos a outrem? As prescrições e proibições estatuídas pela virtude da justiça não são simplesmente suficientes, já que devem ser vistas em um contexto. A tendência contemporânea a tratá-las como primitivas é uma forma latente de uma abordagem da ética baseada na autoridade que nós, como telelologistas, rejeitamos. Na prática, seguir o conselho dessa objeção certamente nos faria trilhar a maior parte do caminho, mas não é o bastante para substituir a distinção entre o normativo e o metanormativo.

Com relação a isso é importante perceber que a distinção entre princípios éticos normativos e metanormativos, como já observamos, é uma distinção, não uma separação. Princípios normativos e metanormativos não se aplicam a mundos separados da conduta humana; da mesma forma que os princípios de bater e defender bem faltas e os princípios a serem seguidos para se jogar esse jogo não se aplicam a atividades separadas. Portanto, o que é importante reconhecer é que princípios normativos e metanormativos estão imbricados em nossa compreensão ética de nós mesmos e de nossas situações. Por exemplo, termos como "assassinato" e "roubo" ganham significado tanto a partir de princípios normativos quanto de metanormativos. Portanto, embora uma mãe que tenta educar moralmente seu filho não tenha necessidade de elaborar a distinção teórica entre os dois conjuntos de princípios, ela recorre, a esses princípios básicos da vida civilizada interpessoal – qual seja, aos direitos individuais negativos – assim como à virtude da justiça quando diz a seu filho que ele não deve roubar a bicicleta de seu colega de turma. De fato, existe uma diferença entre o que a educação moral envolve e o que a justificação teórica das ordens político-jurídicas envolve. Como a educação moral se ocupa do ser humano como um todo, o que inclui a dimensão política, é conveniente que essa educação inclua um apelo aos direitos individuais negativos quando se trata de determinar como deve alguém se conduzir de forma ética em meio a outros seres humanos. Não precisamos supor que a distinção entre princípios normativos e metanormativos impede que se apliquem às nossas vidas como um todo. Assim, quando ensinamos nosso filho a não roubar, não estamos simplesmente ensinando uma lição moral, mas também uma lição política. Manter a distinção – tal qual expressa no arcabouço normativo/ metanormativo é o que sustentamos ser necessário para que a proteção da liberdade permaneça em primeiro plano. E a liberdade deve ficar em primeiro plano para que o político e o moral se mantenham em harmonia. Portanto, a justiça não é tudo e nem a ausência de alguma coisa. Esta é a mensagem que deveríamos transmitir a nossos filhos.

Como tornar a autodireção possível para os extremamente pobres.

Argumento:
Se a proteção da possibilidade de autodireção em um contexto social satisfaz as condições que constituem a base para uma metanorma ética (condições 17a-f do capítulo 11), então o direito negativo básico à liberdade (em todas as suas formas) não pode ser o único, ou mesmo o que provê a fundamentação, princípio metanormativo, pois os extremamente pobres não têm a possibilidade concreta de autodireção. Pessoas que sofrem de pobreza extrema carecem das condições materiais mínimas e dos recursos sociais necessários para que tenham a capacidade psicológica de empregar o raciocínio prático e de se comportarem adequadamente. Portanto, para que alcancem a autodireção não basta protegê-las de modo a evitar que tenham suas vidas, conduta e recursos utilizados ou dirigidos sem seu consentimento. A coerção não é a única razão que impede as pessoas de exercitarem sua capacidade de autodireção. Ações positivas dedicadas a prover essas pessoas com recursos mínimos também se mostram necessárias.

Além do mais, embora seja verdade que essas pessoas são obviamente seres humanos e por isso possuem a capacidade, a não ser que sofram de algum tipo de incapacitação física, de autodireção, esta alegação ontológica não basta para estabelecer que é real ou concretamente possível para os extremamente pobres exercitar sua autodireção; ou que possam pelo menos utilizá-la efetivamente à maneira das pessoas com recursos suficientes. Em um sentido importante do termo, os extremamente pobres carecem do "eu" (*self*) necessário à autodireção. Nosso argumento ignora este fato em virtude de, apesar de nossas alegações de termos rejeitado o atomismo, termos continuado a retratar indivíduos como se seus "eus" não fossem essencialmente afetados por seus ambientes físico e social.

Finalmente, essa objeção não pode ser evitada alegando-se que o que é necessário para proteger a possibilidade de autodireção é muito menos do que o necessário para proteger a possibilidade de autoperfeição, uma vez que é bastante nítida a distinção entre autodireção e autoperfeição que tem sido utilizada ao longo deste livro em defesa da prioridade político-jurídica do direito negativo básico à liberdade. Como argumentamos, a autodireção é a atividade central necessária do florescimento humano e, como tal, não apresenta um valor apenas instrumental. De fato, proteger a possibilidade de autodireção é proteger a possibilidade da atividade central e necessária do florescimento humano. Portanto, a despeito da distinção entre autodireção e autoperfeição e do tanto que temos enfatizado contraposição entre princípios éticos metanormativos e normativos, o objetivo da ordem político-jurídica, de acordo com o nosso argumento, é realmente dar assistência às pessoas em seu florescimento humano de forma mínima, ou seja, protegendo-lhes a possibilidade de autodireção. A formação da cidadania é um modo minimalista de forjar o caráter. Contudo, isso requer duas coisas: proteger as pessoas de serem usadas sem seu consentimento e habilitar os extremamente pobres, os carentes de recursos, a serem autodirigidos. Quando pensamos na autodireção e na autoperfeição em suas formas mais completas, não estamos realmente muito longe da abordagem de Rawls à justiça social e política; e isto precisa reconhecido por nosso argumento.

Réplica:
Também esta objeção envolve muita confusão. Nossa réplica precisa se dar em três níveis: primeiro, levando em conta o que se alega sobre os extremamente pobres; segundo, considerando a acusação de perfeccionismo contra o argumento que temos desenvolvido neste livro; terceiro, a defesa da distinção entre autodireção e autoperfeição. Contudo, antes de oferecermos nossas réplicas, alguns termos cruciais precisam ser esclarecidos.

O uso do termo "possível" pode ser compreendido no sentido metafísico ou epistemológico. Em termos metafísicos, significa que, dada a natureza da entidade em questão, tal entidade *pode* fazer algo neste caso, dada a natureza do ser humano, uma pessoa fisicamente normal pode exercitar sua autodireção. Epistemologicamente falando, significa que há alguma evidência, mesmo que pequena, que apoia a expectativa de que uma entidade particular fará algo. Neste caso, há alguma evidência de que determinado ser humano exercitará sua razão prática. Esta objeção faz uso do termo "possível" em um sentido epistemológico; ou seja, não há evidência e, portanto, nenhuma razão para se ter a expectativa, de que os debilitados pela extrema pobreza exercerão sua capacidade de autodireção. Isso quer dizer que não há possibilidade real ou concreta de que serão autodirigidos.

Parece haver quatro maneiras de se compreender o termo "pobre". São elas: (a) os relativamente despossuídos em comparação com outros na sociedade ou cultura; (b) os assim caracterizados por algum órgão governamental, por exemplo, as Nações Unidas; (c) os que não conseguem alcançar determinado nível, ou quantidade, de recursos tal qual definido pela ética do direito natural ou por algum outro padrão normativativamente objetivo; (d) qualquer falta de condições morais, materiais ou sociais que impedem os indivíduos de exercitar sua autodireção. Obviamente, se (d) é usado, então esta objeção obtém êxito em definir "pobre" de uma forma que torna tautologicamente impossível os pobres serem autodirigidos. Contudo, este triunfo definicional é irreal e apenas incorre em petição de princípio. Se (a) é usado, então essa objeção é claramente falsa pois, os "pobres" assim entendidos são, em uma sociedade como os Estados Unidos, autodirigidos e exercitam sua razão prática, embora, é claro, alguns possam estar vivendo de modo moralmente insatisfatório. Se (b) é usado, ainda assim não temos uma compreensão de "pobre", já que precisamos conhecer os padrões à luz dos quais um órgão governamental define "pobre". Assim, o único candidato real a prover uma compreensão de "pobre" deve ser (c), e essa compreensão é a subjacente a esta objeção. Contudo, a questão é bastante complexa, pois não diz respeito a se a pobreza interfere ou não na autoperfeição, mas se interfere ou não na autodireção.

O termo "autodireção" foi usado ao longo deste livro como se referindo à atitude de um ser humano individual necessária à operação da razão. Ademais, embora tenhamos observado que a autodireção é necessária ao uso teórico ou especulativo da razão, temos nos concentrado na razão prática — ou seja, na razão usada para guiar a conduta. Finalmente, temos claramente diferenciado o exercício da razão prática, que é o guia da conduta humana, do uso excelente da razão prática — ou seja, da sabedoria prática —, e temos também deixado claro que os indivíduos podem ser autodirigidos, ou exercitar sua razão prática, e mesmo assim não se engajarem em escolhas e condutas moralmente apropriadas ou que levem ao autoaperfeiçoamento. Portanto, colocar o foco na autodireção é colocar o foco o no que é necessário para tornar os indivíduos autores de sua própria ação e de se conduzirem de acordo com suas opiniões. Mas não necessariamente significa colocar o foco em indivíduos conduzindo-se de forma correta, digna ou moralmente excelente. Portanto, uma coisa é dizer que as pessoas são tão pobres que não conseguirão alcançar a autoperfeição, e outra coisa bem diferente é afirmar que são tão pobres que não exercitarão sua razão prática ou não serão autodirigidas.

Um outro ponto precisa ser apontado. Não usamos o termo "autoperfeição" para significar a mesma coisa que "estar bem" em termos materiais. Na verdade, não existe conexão *necessária* entre *certo nível* de bem-estar material e a autoperfeição, embora possa haver uma maior "probabilidade de sucesso" na busca da autoperfeição se o indivíduo está materialmente bem. A esta altura, a questão é lógica. A melhora nas condições materiais de uma pessoa pode ou não contribuir para sua autoperfeição. Se não há conexão necessária entre determinado nível de bem-estar material e a autoperfeição, então, por ser a autodireção a essência da autoperfeição pode parecer também não haver conexão necessária entre a autodireção e determinado nível de bem-estar material. Isso quer dizer que movimentos para cima ou para baixo na escada dos recursos não correspondem a movimentos ascendentes ou descendentes nos níveis de autodireção alcançados. Alguém pode estar autodirigido tanto estando na bancarrota quanto tendo sucesso nos investimentos. A questão é que para se estabelecer uma conexão *necessária* entre bem-estar material e autodireção é preciso ignorar as diferenças entre dois tipos muito distintos de realidade — a ação intencional e os bens materiais. E é difícil conceber o que poderia prover uma conexão necessária entre eles. Ademais, esta dificuldade é ilustrada até no caso mais extremo. Certamente, possuir os nutrientes suficientes para funcionar como um organismo biológico é necessário para que um indivíduo tenha a capacidade de formar uma intenção. Mas mesmo isso não estabelece uma conexão necessária entre determinado nível de bem-estar material e a autodireção. Um indivíduo poderia ainda assim não conseguir exercer sua capacidade de se autodirigir. Assim, a não ser que a sobrevivência biológica seja defendida como o objetivo à luz do qual são avaliados os princípios políticos e éticos,[311] evitar a indistinção entre ação intencional e bens materiais parece se tornar a questão central na avaliação dos méritos dessa objeção. Tendo esclarecido estas questões, podemos agora avançar na direção da refutação da objeção.

Primeira réplica: não é de forma alguma óbvio, dadas as distinções supracitadas, que não existe base para se esperar que os extremamente

---

[311] Como indicamos no capítulo 6, a sobrevivência biológica não é o *telos* da conduta humana. No entanto, algum nível de bem-estar material é obviamente necessário à autoperfeição assim como para o exercício da autodireção, embora não necessariamente no mesmo nível. Além disso, o que esse nível apropriado representa para a autodireção ou para a autoperfeição também varia de pessoa para pessoa; e por isso não é útil quando se trata de determinar os princípios político-jurídicos que precisam se aplicar a todos os homens igualmente.

pobres exercitem sua autodireção e utilizem o raciocínio prático. De fato, quase todas as pessoas o fazem! Em todo o mundo, encontramos pessoas extremamente pobres escolhendo e adotando formas variadas de conduta, tentando, da melhor forma que podem, melhorar suas situações.[312] O exercício da autodireção é um fenômeno comum e quase universal. É claro que podem não estar utilizando sua capacidade de autodireção de forma efetiva ou podem não estar se voltando para a obtenção de resultados tão desejáveis quanto os perseguidos por aqueles que possuem mais recursos; e pode também ser verdade que as restrições às suas ações sejam maiores. No entanto, não é simplesmente verdade que a maioria não possui possibilidade concreta de se engajar na autodireção. De fato, os pobres fazem escolhas todos os dias sobre como maximizar os valores que possuem dadas as restrições a que estão sujeitos. Portanto, esta objeção se desloca de uma alegação interessante, mas falsa, de que os pobres não têm possibilidade real de exercitar sua autodireção para a alegação verdadeira e infeliz, mas não relevante neste contexto, de que os pobres podem não ter os recursos necessários para o provável sucesso na busca do autoaperfeiçoamento.

Não há dúvida de que os eus humanos não são "cidadelas interiores" impermeáveis ao meio; e em momento algum supomos que as pessoas não possam ser afetadas por seu ambiente. Portanto, podem existir pessoas extremamente pobres que, por causa de suas circunstâncias, não

---

[312] Um exemplo, mas não o único, de pessoas extremamente pobres exercitando sua autodireção nas tentativas de melhorar sua existência é o dos *squatters* no "lixão" horrível e imenso existente em Manilla, que foi chamado de *"Smokey Mountain"* (Montanha Fumegante), nas Filipinas. Nesse ambiente, os moradores não apenas conseguiam usar o lixo que achavam para ganhar a vida, mas também para desenvolver produtos a partir desse lixo e conseguiam vendê-los. Ironicamente, esses *squatters* não existem mais. Eles foram removidos à força pela polícia em um esforço cosmético de "arrumar a casa" na ocasião da PACIFIC RIM SUMMIT. Ver Paul Krugman, "In Praise of Cheap Labor: Bad Jobs at Bad Wages are Better Than no Jobs at All", *The Dismall Science* (março, 1997), disponível em http://slate.msn.com/id/1918/.

conseguem exercitar sua capacidade de autodireção e empregar o raciocínio prático. Se essa incapacidade diz ou não respeito a todos os aspectos de suas vidas é extremamente duvidoso. Mas, em prol do argumento, admitiremos essa possibilidade. Entretanto, o que poderia impedir uma pessoa extremamente pobre de ser autodirigida pode não afetar outra. O que permanece verdade a respeito das pessoas extremamente pobres, assim como das ricas, é que cada ato autodirigido, executado à luz das possibilidades percebidas para se obter um fim em um quadro de restrições, tem implicações por contribuir para a autoperfeição do agente. Para o que está aqui em questão, determinar que recursos estão disponíveis é irrelevante; embora possam ser relevantes para uma avaliação das probabilidades de sucesso de se viver uma vida plenamente autoaperfeiçoada. A diferença do nível de recursos possuídos por alguém é distinta da ação exibida na utilização de tais recursos. Afirmar o contrário é com efeito dizer que, apesar das alegações dessa objeção em contrário, os extremamente pobres não são agentes ou atores.

É precisamente o fato de os seres humanos não serem eus insuscetíveis de ser tocados por outros, mas seres físicos cuja autodireção ocorre no tempo e no espaço, que torna a questão relativa a se a força física é ou não usada contra as pessoas — sejam elas extremamente pobres ou não — crucial a seu *status* como agentes ou atores. Quando Guilherme literalmente move, usa, dirige ou trata (fisicamente) Maria de maneiras que ela não consente, então ela não está autodirigida. E isto é verdadeiro para todo e qualquer ser humano, e não varia de pessoa para pessoa. A eficácia das ameaças representadas por tal tratamento pode variar de pessoa para pessoa, *mas o fato de que tal tratamento é incompatível com a autodireção é o mesmo para todos.*[313] É isso que torna a proibição do uso da

---

[313] Este ponto parece não ser considerado pela análise da voluntariedade feita por Serena Olsaretti e nem por sua tese de que as noções de escolha e liberdade, da forma como utilizadas pelos defensores do livre mercado, requerem a eliminação das desigualdades de renda. Olsaretti, *Liberty, Desert and the Market: a Philosophycal Study*

força física e das ameaças de coerção tão fundamental quando se trata de determinar os princípios estruturais da ordem político-jurídica. Isto nos leva ao próximo ponto.

Segunda réplica: essa objeção não consegue fazer distinções importantes: (a) entre *proteger a possibilidade* de autodireção e *assegurar o exercício* da autodireção; (b) prover a estrutura global para o contexto sociopolítico, que é necessário para a possibilidade de autodireção e proporcionar as muitas e variadas condições sociais que podem se mostrar necessárias para a possibilidade de autodireção das pessoas extremamente pobres.

Nosso argumento mostra apenas que a ordem político-jurídica deve proteger a possibilidade de autodireção, não assegurar seu exercício. Nossa razão para isso é básica. O exercício da capacidade inata de autodireção dos indivíduos não é algo que possa ser assegurado ou garantido por outros. Independentemente do volume de recursos fornecidos aos extremamente pobres, não há garantia de que lograrão ser autodirigidos. Em um sentido importante e fundamental, eles é que decidem. Além disso, se suprir os recursos suficientes pudesse garantir sua autodireção, de tal forma que os pobres jamais deixassem de exercitar sua capacidade de autodireção, então esse tipo de apoio seria contraproducente, visto que não mais seria em prol da autodireção. Finalmente, tal garantia não deve ser dada mesmo se fosse possível. A razão disso é que sendo o florescimento humano uma atividade inerentemente autodirigida, tal apoio eliminaria *ex hypothesis* qualquer sentido em que as ações dos extremamente pobres pudessem ser vistas como de sua responsabilidade e, portanto, como portadoras de algum valor ético possível.

É interessante perceber que mostramos mais respeito pelos pobres se os encaramos como agentes autodirigidos para os quais a ajuda material

---

(Cambridge: Cambridge University Press, 2004), 137-61. Ver também capítulo 4, nota 131.

aliviaria suas agruras (aumentando talvez as chances de autodireção) do que se os vemos como não-agentes que devem sua recém-adquirida capacidade de agir a alguém que não eles mesmos. E se fosse possível dotá-los de ação fornecendo meios materiais, poder-se-ia presumir que, uma vez providos os recursos suficientes, não haveria mais argumento em defesa da continuação da ajuda nos termos propostos pela objeção, uma vez que os pobres teriam alcançado a tão desejada ação. Além do mais, se benefícios materiais pudessem conferir ação, então ou teríamos um limiar de sobrevivência a partir do qual o agente recém formado se torna igual a qualquer outro ou deveria existir um sistema para manutenção permanente dos benefícios materiais. Este último quadro equivale à permanecente servidão, já que a ação dos pobres seria devida a seus benfeitores. O primeiro quadro é apenas um pouco melhor, já que também cria uma dívida que não tem como possivelmente ser paga. Assemelha-se à dívida que uma criança tem para com seus pais; sendo este um caso em que não há a possibilidade de se recompensar a generosidade e desvelo dos pais. Haveria uma subserviência moral permanente. Assim, se alguém quiser realmente defender a assistência social aos extremamente pobres, uma estratégia melhor parece ser a que considera que os pobres têm ação desde o princípio e que a assistência social lhes deve ser dada *porque* são agentes como nós. Isso ao menos preserva o respeito pelos pobres como pessoas. Como os extremamente pobres são pessoas e como em quase todos os casos é epistemológica ou concretamente possível que sejam agentes, a importância fundamental de proteger suas vidas, condutas e recursos de modo a não serem usados ou dirigidos sem seu consentimento subsiste, tanto para eles quanto para os que não são extremamente pobres, como a função capital e primária da ordem político-jurídica.

A alegação de que a ordem político-jurídica deveria tentar proporcionar as muitas e variadas condições materiais e sociais que poderiam ser consideradas necessárias à possibilidade de autodireção das pessoas extremamente pobres carece de justificação.³¹⁴ As razões para isso já foram apresentadas nos capítulos anteriores nos quais falamos em se colocar uma restrição à predisposição sistemática de se beneficiarem certos grupos ou pessoas. Em consequência, tentar fornecer certos recursos materiais aos extremamente pobres para que tenham maior possibilidade, ou mais efetividade, no exercício de sua autodireção, implica deixar de *satisfazer aos requisitos que constituem a base para uma metanorma ética*; e isso é assim basicamente pelas mesmas razões que as indicadas nas condições 17a-17f (e nos passos 35a-e, que dizem respeito diretamente a esta questão) apresentadas no capítulo 2. Não precisamos repetir essas razões em detalhe aqui, mas deve ficar claro que nosso argumento para determinar os princípios estruturais de uma ordem político-jurídica não é perfeccionista, nem mesmo no sentido minimalista de se tentar proporcionar as variadas condições que podem ser necessárias para que a autodireção dos extremamente pobres se torne possível. Proteger a possibilidade de autodireção não é a mesma coisa que criar, induzir ou incitar ações autodirigidas.

Uma vez que proporcionar tais condições não satisfaz aos requisitos de um princípio metanormativo, elas se tornam particulares e excepcionais e ficam, portanto, fora do escopo de uma ordem político-jurídica preocupada com a sociabilidade humana em seu sentido mais aberto e cosmopolita. Portanto, poderíamos esperar que casos "excepcionais" de necessidade seriam enfrentados com contribuições "excepcionais" de recursos providos de forma voluntária de tal modo que a restrição

---

³¹⁴ Ainda assim, isto não é a mesma coisa que afirmar que a vida política e social é sempre possível e que não podem existir situações, por exemplo, desastres naturais como a fome, os terremotos ou as enchentes diante dos quais o objetivo da ordem político-jurídica se reduz a assegurar a vida e a integridade física do maior número possível de pessoas. Também isso quer dizer que não poderia haver situações em que, embora a vida política e social ainda seja, em princípio, possível, uma pessoa na extrema pobreza pode moralmente ter de agir de forma contrária aos princípios que a lei requer. Ver *Liberty and Nature*, 144-51.

à tendenciosidade sistemática não seja violada em um nível estrutural. No entanto, nossa recusa a nos tornarmos consequencialistas em termos do estabelecimento de princípios metanormativos não deriva nem de um comprometimento deontológico com os direitos negativos básicos e nem de uma "adoração à regra" e sim da necessidade de harmonizar o universalismo dos princípios estruturais da ordem político-jurídica com o pluralismo e a autodireção exigidos pela autoperfeição. Assim, não podemos nos voltar para aquilo que pode ser necessário para a possibilidade de autodireção de algumas pessoas extremamente pobres, mas apenas para o que é necessário e comum a toda forma concreta de autoperfeição dos indivíduos. No que diz respeito a esta objeção, isto significa voltarmo-nos para aquilo que não varia na proteção da possibilidade de autodireção para toda e qualquer pessoa; o que simplesmente equivale à proibição de introdução do uso de força física ou da coerção. Por mais importante que a preocupação com os extremamente pobres seja – e não desejamos diminui-la minimamente – não se traduz em uma preocupação metanormativa e certamente não transcende a importância da liberdade.

Terceira réplica: dizer que em virtude de a autodireção ser a atividade central e necessária do florescimento humano e, como tal, não ser algo que possui apenas valor instrumental, não mostra que a distinção entre autodireção e autoperfeição é bastante nítida e não pode por isso ser mantida. Nossa argumentação tem sempre salientado que a autodireção é uma atividade inerentemente valiosa e que seu valor possui importância crucial na solução do problema do liberalismo; mas que ao mesmo tempo é insuficiente como guia ético da conduta. Ademais, também temos argumentado que não pode haver uma desconexão total entre as duas; do contrário, a *legitimidade* da ordem liberal careceria de fundamentação. É precisamente essa legitimidade que tentamos proteger aqui. Embora a falta de ajuda estatal sistemática aos extremamente pobres possa parecer antipática para algumas pessoas, trata-se de abordagem baseada em princípios e que, além do mais, reforça nossa alegação de que nem tudo do que deve acontecer na vida ética — nesse caso, a atividade caridosa — é, ou deve ser, uma função da atividade política.

O ARGUMENTO AFIANÇADO COM SUCESSO

Argumento:
A autodireção desempenha um papel fundamental na nossa argumentação em prol dos direitos, mas a presença da autodireção parece completamente compatível com algumas situações em que há violação de direitos. Epiteto parece ter florescido como escravo; e muitos grandes artistas e pensadores viveram em épocas de quase nenhuma liberdade. Além disso, este ponto se coloca contra nossa noção de que formas de florescimento devem ser compossíveis tanto porque as pessoas podem, ao que tudo indica, florescer em qualquer tipo de ordem social quanto porque a compossibilidade, ao que parece, não tem importância decisiva para o florescimento em qualquer situação, já que as pessoas parecem florescer independentemente do tipo de arranjo coordenado que a sociedade oferece.

Réplica:
Comecemos com a última parte dessa objeção, já que para compreender corretamente nossa teoria não se deve interpretar nossa posição como defensora da tese de que a função do Estado é assegurar a compossibilidade dos que florescem. Para nós, a compossibilidade não é uma condição material, mas sim estrutural; não é um objetivo positivo, mas uma restrição negativa. Em outras palavras, como o florescimento funciona na prática — que florescedores emergem e quão compatíveis podem ser entre si — é função de um número de fatores que se situa fora da alçada do Estado e que se coloca para além do que está envolvido na atribuição de direitos. Se, por exemplo, uma comunidade de

aposentados existe onde o "florescimento" dos seus membros depende de uma vista desobstruída do mar e um recém-chegado, titular de um direito de propriedade legítimo, constrói uma casa que bloqueia a vista dessas pessoas, não estamos afirmando que o Estado deveria garantir a compossibilidade exigindo que o indivíduo construa em outro lugar ou que seu direito de construir exista apenas na medida em que nenhum desequilíbrio ocorra com outros florescentes. A compossibilidade, para nós, como temos tentado enfatizar, ocorre antes de tudo. É estrutural por natureza, e não é um estado final a ser atingido. Portanto, se a compossibilidade de florescedores de fato se verifica é uma questão de prática histórica que depende de vários fatores. Em outras palavras, não nos propomos a criar um certo padrão de florescedores ou a administrar a interação entre eles. Fazer isso seria inconsistente com o ponto destacado em nossa argumentação geral, qual seja o de assegurar a possibilidade de busca de florescimento de um indivíduo em meio a outros e não o próprio florescimento. Isso significa que quando pensamos em compossibilidade, devemos assim fazê-lo, em algum sentido significativo, antes de termos quaisquer efetivos florescedores. Portanto, devemos pensar em termos de tipos gerais e não específicos, de florescimento, em razão de nossa solução para o problema do liberalismo requerer universalismo em suas regras. E devemos adotar a estratégia negativa de não permitir que algumas formas de florescimento sejam impedidas a priori. Esta abordagem é oposta à estratégia positiva de encorajar ou coordenar várias formas de florescimento. Devemos seguir essa estratégia negativa pelo tipo de pluralistas que somos, por defendermos que o florescimento, no fim das contas, é função dos nexos de diversos indivíduos em diversas circunstâncias. Por isso (a) não podemos saber que tipos de circunstâncias produzem florescimento (ou o produzem sem favorecer determinadas formas em detrimento de outras); e (b) o indivíduo só consegue alcançar o florescimento através de seus próprios esforços para administrar seu próprio nexo. No caso de (a), negamos a existência de um mundo leibniziano de florescimentos compossíveis que nos permita fazer escolhas entre seus componentes ou que sirva de modelo para nossas próprias intervenções na sociedade. E quanto a (b), é um ponto que diz respeito à autodireção e que precisa ser considerado momentaneamente. Em geral, esta objeção realmente supõe que a compossibilidade deve ser pensada como se dando no nível concreto, ao passo que defendemos que deve ser considerada como se dando apenas no nível estrutural. Neste último nível não podemos permitir que algumas formas de florescimento sejam diminuídas ou destruídas por ação das regras generalizadas que governam a sociedade. O que nos leva à parte principal da objeção.

A principal objeção à nossa teoria, a de que podem ocorrer algumas formas de florescimento em circunstâncias repressivas, vem ao caso. Nunca alegamos que a política, ou a ordem política, é o único ou o mais importante fator na natureza ou promoção do florescimento humano. Se assim fosse, seria impossível escapar do perfeccionismo político. Muitos e variados fatores contribuem para o florescimento. A política é crucial para a *possibilidade* da busca do florescimento de uma pessoa em meio a outras,[315] mas encerra pouco ou nenhum valor para a efetiva conquista do florescimento como tal. Portanto, politicamente falando, nosso foco não é colocado na produção de florescimento ou de florescedores. Em consequência, o fato de alguns indivíduos poderem florescer sob as ordens mais repressivas demonstra a grande capacidade humana de criar e se adaptar, mas não constitui um argumento contra nossa teoria política. Cabe ter presente que é bastante possível se alcançar nossa ordem política preferida sem que nela existam florescedores simplesmente porque ninguém realizou os esforços apropriados para

---

[315] Marcamos aqui uma diferença entre o social e o político. Como já observamos, rejeitamos a noção de "polis" precisamente porque ela funde essas duas considerações. Ver *Liberty and Nature*, 154, e Miller, *Nature, Justice and Rights in Aristotle's 'Politics'*, 357-66.

fazer o que promove o florescimento. Nossa teoria dos direitos se ocupa, estrita e estreitamente, das condições políticas apropriadas que levam em conta o caráter autodirigido do florescimento e não com todos os fatores que podem ou não contribuir para o florescimento. É uma questão de evidência empírica esperar que o florescimento ocorra com maior probabilidade em ordens sociais livres; ou que as pessoas que desfrutam de liberdade em regimes repressivos têm maior probabilidade de florescer que aquelas sem liberdade. Mas admitimos que o florescimento muitas vezes consegue passar pelas frestas dos sistemas mais repressores.

A NECESSIDADE DE VALORES NEUTROS EM RELAÇÃO AO AGENTE

Argumento:
Por que não pode haver valores neutros em relação ao agente? E caso existam, não seriam eles *ipso facto* morais, em especial socialmente morais?

Réplica:
Que podemos agir com base em valores neutros em relação ao agente, e que tais valores existem, é possível. Mas esses valores não são nem morais e nem servem de fundamento para a ética. Os únicos valores que se credenciam como éticos ou morais são os relativos ao agente. Os valores podem ser neutros em relação ao agente e podem se constituir em motivação para ação por serem coercitivos (legislados universalmente por uma autoridade no poder), culturais, tradicionais, estribados na autoridade ou frutos do costume ou do hábito. Mas em nenhum desses casos tais valores são morais. A maior parte das condutas apresentadas como "morais" não o é, como percebeu Spinoza,[316] mas sim expressões variegadas de convencionalismo, como indicamos acima. Por isso, nem

---

[316] Por exemplo, E4P36Schol.2.

todos os "predicados valorativos" ou os "deves" que nos são apresentados devem ser aceitos pelo que aparentam ser; devem, ao contrário, ter seus fundamentos dissecados.

A maioria dos estudiosos contemporâneos da ética – ao menos os que filiam à filosofia analítica –, reluta em dissecar fundamentos porque quando se trata de lidar com tais questões eles são, metodologicamente falando, intuicionistas. Isso quer dizer que aceitam duas premissas, ambas rejeitadas por nós (ao menos em parte): (1) a de que existe uma ordem independente ou quadro de referência proposicional que constitui a moral ou a ética; e (2) a de que nossas intuições são confiáveis como ferramentas para discernir a natureza dessa ordem moral e úteis como meios para se testar nossas teorias sobre ela, já que nada mais temos.

Do nosso ponto de vista, ao contrário, a ordem moral não é independente, mas é postulada com base em uma teoria da natureza humana. Não existe um assunto chamado "ética" que possa ser examinado independentemente da antropologia filosófica e sem referência a ela. Tentar desconsiderar isso gera dois dilemas. O primeiro é o dilema dos intuicionistas: não há como decidir a favor de uma teoria dos valores que defenda a relatividade ao agente em detrimento de uma teoria dos valores que defenda a neutralidade em relação ao agente. Ou, o que é mais importante, inexiste qualquer princípio intuitivo que promova a integração entre elas. A razão disso, como mostra o trabalho de alguns filósofos contemporâneos[317] é que ambas se apresentam de forma poderosa às nossas intuições. Este é um dilema filosófico: desistir do intuicionismo, o que forçaria a ética a retornar ao modo clássico ("antiquado") em que era derivada da antropologia filosófica e se comprometia com alguma forma de fundacionalismo; ou deixar que a ética permaneça polarizada entre valores neutros com relação ao agente e valores relativos ao agente,

---

[317] Ver, por exemplo, Mark C. Murphy, *Natural Law and Practical Rationality* (Cambridge: Cambridge University Press, 2001), em especial capítulo 5.

sem fornecer nenhuma base para a integração entre essas visões ou para a priorização de uma delas. O último lado deste primeiro dilema é função do segundo dilema, o dilema da substância: em um quadro de referência ético intuicionista e não-fundacionalista, o relativismo ao agente sempre prevalece às expensas do neutralismo do agente e este às expensas do relativismo ao agente. Se adotados juntos (como verdadeiros com relação à ordem ética), não lograrão coexistir em harmonia, apenas em tensão. É importante observar que em nossa própria teoria o relativismo ao agente não deriva de nossa teoria ética mas, como apresentado no capítulo 6, de nossa antropologia filosófica.

Devemos também registrar aqui que em um quadro de referência eudemonista teleológico as causas materiais, formais, finais e eficientes que constituem o florescimento humano se situam *em última instância* no próprio ser humano (ver o capítulo 9 para nossa discussão deste tópico). Mas nossos atos na busca e manutenção de nosso florescimento não precisam ser considerados apenas em termos do nível ontológico de nosso *telos*. Podem ser considerados a partir de vários níveis de abstração e por isso podem ter diferentes propriedades formais e ser motivados de diferentes modos, permitindo-nos assim usar a linguagem das quatro causas de diferentes modos para categorizar e analisar atos que fazem parte de nosso nexo.[318] Contudo, esses diferentes níveis de análise não perdem jamais de vista sua relação com nosso *telos*; mas não precisam se referir, com relação a cada aspecto, a esse *telos* e nem identificar sua relação com ele. Assim, se considerarmos simplesmente as causas das ações humanas, não a base ontológica do *telos* humano, veremos que a diferença principal na natureza formal das ações é a que

---

[318] A este respeito, ver os seguintes artigos de Julius M. E. Moravcsik: "Aristotle on Adequate Explanations", *Synthese* 28 (1974): 3-17; "*Aitia* as a Generative Factor in Aristotle's Philosophy", *Dialogue* 14 (1975): 622-38; e "What Makes Reality Intelligible", in *Aristotle's 'Physics': a Collections of Essays*, ed. Lindsay Judson, 31-47 (Oxford Clarendon Press, 1991).

existe entre as ações cujos benefícios diretos são colhidos por outros e aquelas cujos benefícios ficam para a própria pessoa.[319] De modo similar, pode alguém ser movido por considerações externas ou por aquelas que brotam diretamente de seus próprios desejos presentes. Isso quer dizer que as razões com base nas quais agimos podem resultar de sermos movidos por outros (eficiente) e alcançar o bem-estar serve para definir o caráter estrutural de uma ação (formal), mesmo que alguém seja o agente (material) executando a ação que se enquadra no domínio do que contribui para o próprio florescimento (final). Dessa forma, o agente é o início e o fim (causa material e final) do valor de uma ação para o nexo do agente, mas o agente pode ser levado a fazer uma ação por causa daquilo que os outros fazem, dizem ou endossam em suas próprias crenças e padrões de ação (eficiente); o agente pode também executar ações que podem não ser estruturadas para o benefício do próprio agente (formal), embora a razão para que sejam vistas como portadoras de valor ético resida no fato de terem assim se tornado por obra do agente como indivíduo e por contribuírem para o florescimento do agente. Por exemplo, um agente (causa material) pode ser movido (eficiente) pela opinião social geral, e norma social compartilhada de que deve proporcionar educação para seu filho. Mas o ato de poupar dinheiro para pagar os anos de estudo do filho na faculdade não é estruturalmente um ato que beneficia o agente (formal). É, ao contrário, um ato que beneficia a criança. Portanto, podem existir razões para as ações "neutras em relação ao agente" no sentido de ser um agente movido por princípios que não fazem referência especial a ele mesmo;

---

[319] No nível ontológico do nosso *telos* podemos afirmar, em outras palavras, que todas as ações beneficiam o eu (*self*) ou não, porque, como acabamos de apontar é o *telos* do *indivíduo* que é o assunto da discussão a respeito do florescimento humano. Mas, em algum nível de análise e abstração, compreender cada ação em termos de como ela "beneficia" o eu é uma super generalização, e por isso não consegue perceber aspectos particulares importantes de um fenômeno que precisa de identificação.

e no sentido de existirem formas de conduta em que outros, além do agente, são os beneficiários de uma ação ("bons pais guardam dinheiro para a educação dos filhos, e foi isso que eu fiz", ou "devemos fazer caridade, e dou uma contribuição todos os anos"). Mas, apresentados dessa forma, esses valores e ações – embora bastante comuns – não se credenciam como valores morais ou éticos.[320] Precisam ser escolhidos pelo próprio agente (material), se integrarem com sucesso no nexo de um agente e serem definidos por esse nexo.[321]

Um último aspecto deve ser registrado. Concordamos com Adam Smith quando sustenta que desde o início somos em grande parte orientados para os outros; ou pelo menos tão orientados para os outros quanto o somos orientados para nós mesmos. Nossa compreensão do que somos, nossas próprias opções e nosso lugar no mundo são determinados de modo significativo por uma orientação para os outros que nos é natural. Assim sendo, o outro não se constitui em problema importante do mesmo modo que não há um problema do eu. Nossos

---

[320] Para que uma ação seja qualificada como moral, o agente deve se esforçar para integrar a ação à sua compreensão de uma vida eudaimônica para ele mesmo (final). Se o agente não realizar tal esforço (ou seja, se ele realiza o ato porque a sociedade requer, ou porque é bom para a sua imagem perante outras pessoas), a ação de guardar dinheiro é, do ponto de vista Aristotélico, apenas um convencionalismo. Por não realizar uma contribuição clara para a eudaimonia do agente, já que não está integrada ao seu nexo, a ação pode ser problemática de uma perspectiva moral e aristotélica. A ética requer integração, e apenas indivíduos integram.

[321] É possível que as ações que parecem desejáveis em uma forma "neutra" acabem por violar as outras condições: de não ser escolhida (material), como no caso da taxação como forma de doação para caridade, ou de não se encaixar no nexo individual (final) como quando uma pessoa doa em excesso, minando a sua capacidade de alcançar algum outro valor. Da mesma forma – consistente com a opinião moral tradicional – é possível conformar-se com valores "neutros" e ainda assim não ser moral, como quando somos movidos pela opinião alheia e objetivamos nosso próprio benefício ("vou fazer uma doação porque as pessoas vão pensar que sou caridoso, e terão uma boa opinião ao meu respeito"). A integração com o seu próprio nexo é função da natureza real da ação, e não sua natureza aparente.

sentimentos correm nas duas direções, como mostra Smith. Para aqueles que, como nós, acreditam no relativismo ao agente, o problema do outro não é o de se descobrir como se transformar no outro, mas sim o de capturar o outro na alteridade dessa pessoa evitando reduzir o outro a uma função do mesmo. Como seres sociais, no sentido aristotélico, estamos cognitiva e disposicionalmente orientados para os outros, enquanto outros, por natureza. Portanto, não começamos como egos cartesianos ou hobbesianos. Em consequência, nosso problema real reside em aprender a desenvolver o eu (*self*); e isso significa que precisamos descobrir como integrar o outro ao eu – ou seja, como encontrar formas de integrar nossa orientação-para-o-outro ao nosso próprio nexo. A proposta de Smith do sentimento desenvolvido não é uma solução. Nunca integramos os outros a nós mesmos por sentimento mesmo que sejamos por eles "correspondidos." Por isso Smith se vê obrigado a empregar o dispositivo do "espectador imparcial" como um *deus ex machina* da integração ética para que funcione. No nosso ponto de vista, a integração só pode ocorrer por ação da razão prática ou da sabedoria prática do agente aplicada ao próprio projeto do agente de florescimento eudemonístico.[322]

---

[322] Esta solução que apresentamos pode parecer inadequada se analisada do ponto de vista do modelo legislativo que perpassa o pensamento ético hoje em dia. Uma vez que a maioria das pessoas não consegue realizar bem a integração, não podemos depender do processo de integração apropriada para garantir a harmonia entre os agentes e uma quantidade suficiente de preocupação orientada para o outro para produzir essa harmonia. Para nós, esse é um problema social, já que sua melhor solução é, acreditamos, deixar as pessoas livres para que se associem com outras com base no interesse mútuo. Essa é, em nossa opinião, a única solução compatível com a natureza da integração exigida por um senso verdadeiramente moral verdadeiro de orientação-para-o-outro.

O TELOS AUSENTE

Argumento:
Suponha-se que o sistema de valores de alguém por ser privado e relativo ao agente seja profundamente utilitarista e anti-aristotélico. Tal indivíduo não acredita em um *telos* e defende que tudo que importa gravita, no fim das contas, em torno do prazer e da dor. Como esse utilitarista pode aceitar como legítima nossa concepção de princípios metanormativos? Tomamos muito cuidado de dizer que tais princípios não derivam de alegações sobre o bem ou o florescimento humano e nem são a elas redutíveis. Este é, afinal, um dos motivos pelos quais são metanormativos. Portanto, o problema aqui não é que nossa teoria exige que o utilitarista endosse alguma teoria específica do florescimento humano a fim de subescrever esses princípios metanormativos. Mesmo assim, a categoria do metanormativo é definida relativamente a uma concepção de agentes como buscadores privados de suas concepções individualizadas de florescimento humano. Mas o utilitarista crê que esta imagem de indivíduo, cada um tendo um *telos* pessoal a atingir, é uma falsificação da realidade. Ele entende que existe para o mundo normativo são apenas indivíduos com suas dores e prazeres. Mesmo que não estejamos lhe pedindo para aceitar nossa teoria porque determinada concepção de bem humano é a correta, ainda assim estamos fazendo suposições que o utilitarista não tem como aceitar. Se isto é verdade, podemos nos preocupar com o fato de essa teoria dos princípios metanormativos violar a ideia de que os princípios da arte de governar, devem se mostrar aceitáveis para todos os cidadãos independentemente de sua concepção de bem ou das concepções morais razoáveis.

Réplica:
Antes de tudo, para que tal objeção se mostre mais persuasiva, o utilitarista também teria de acreditar que a autodireção não é necessária

para a conduta moral. Isso fica ambíguo na objeção. Alguns utilitaristas poderiam requerer autodireção e outros poderiam não exigir, contanto que a utilidade global fosse de alguma forma maximizada. Segundo, teorias políticas não são coisas a serem decididas por voto; portanto, nossa posição não depende de alguém encontrar a teoria "aceitável." A verdade da teoria não é função de sua aceitação. Presumivelmente, o ponto em discussão poderia ser algo do tipo: "a não ser que alguém adote nossa teoria, as pessoas deixam de ter (ou não podem ter) razão para respeitar os direitos alheios. Sem essa razão, a alegação de que proteger a autodireção é para todo o indivíduo em todas as situações uma razão para agir é colocado em perigo."

Enfrentamos aqui questões filosóficas complicadas. Mas pode ser que "ter uma razão" para algo não é necessariamente uma função de ter um comprometimento efetivo com a teoria que torna a razão plausível. Posso, por exemplo, ter uma razão para usar o cinto de segurança mesmo não reconhecendo (ou negando) que dirigir um carro é uma atividade que envolve ameaça à vida. Podemos dizer que uma pessoa pode ter uma razão, contanto que "ter uma razão" não signifique *meramente* "desejar", "querer" ou "ser movido por". Em outras palavras, supor que teríamos de convencer todos os que duvidam ser verdadeira nossa teoria para que "tenham uma razão" para respeitar direitos parece um fardo indevido; ou pelo menos um fardo que poderia ser colocado sobre qualquer teoria, paralisando-as todas. Que a autodireção é crucial para a conduta moral e para a perfeição moral é uma verdade que asseveramos de uma forma tal que não depende da aceitação de nossa teoria por qualquer agente.

Tendo dito isso, parece ser o caso de que alguém pode percorrer um longo caminho conosco caso acredite que a autodireção é central para a ação moral, pois esta é uma exigência razoavelmente minimalista que poderia ser aceita por outras abordagens que não a aristotélica. Mas, ao afirmarmos apenas isso, o que fica faltando é o reconhecimento de que o bem está centrado no agente; isso é parte de nossa teoria, mas pode não ser de outras teorias, ou mesmo de outras teorias aristotélicas. Assim, a objeção agora poderia ser a de que se alguém nega a natureza centrada no agente do bem, não precisa aceitar nossa versão dos princípios metanormativos, uma objeção que logo enfrentaremos. Antes de fazê-lo, cumpre observar que em geral é bastante comum as teorias éticas negarem qualquer forma de teleologia na ética. Contudo, para nós, esta é uma patologia das teorias éticas modernas. Seja lá como for, permanece uma questão em aberto definir o quanto deve alguém se comprometer com nosso aristotelismo. *Pode* alguém se dar conta da importância dos princípios metanormativos para o liberalismo recorrendo a alguma outra teoria. O que nos parece mais essencial para gerar tais princípios é a centralidade da autodireção, o fato de o bem estar centrado no agente a sociabilidade natural aberta e a pluralidade do bem. Nossa teoria neoaristotélica reforça estes pontos e acrescenta uma dimensão de completude e contexto éticos para o liberalismo que outras teorias não propiciam. Embora acreditemos que as teorias da ética moderna nas quais o *telos* está ausente têm ajudado a minar de várias formas o liberalismo, esse argumento é um tanto diferente daquele necessitado pelos princípios metanormativos. Há uma parte final da objeção original para a qual devemos nos voltar – a saber, para a alegação de que nossa política sustenta que "princípios de governança devem ser aceitáveis para todos os cidadãos". Trataremos dessa alegação numa resposta separada.

Centralidade do agente

Argumento:
Retomando o último argumento, parecereria que os princípios metanormativos requerem um forte comprometimento com a centralidade do agente e o pluralismo dos valores. Mas ambos podem ser, e têm sido, negados por teorias éticas. O pluralismo dos valores tem sido

especialmente negado por vertentes do aristotelismo que acreditam que o florescimento é o mesmo para todos os agentes. Isso sugere não apenas que nossos princípios não são aceitáveis para todos, mas que são polêmicos mesmo no âmbito do quadro de referência analítico que escolhemos.

Réplica:
A resposta imediata a uma objeção deste tipo é a de que, para ter conteúdo, qualquer teoria deve se opor a outras teorias que algumas pessoas aceitam; em consequência, basear uma argumentação que busca a aceitação de uma teoria na adesão universal é, como já foi observado, uma demanda impossível. A verdade não é função da aceitação, exceto em algumas versões do pragmatismo. Mais importante é a questão de se em uma teoria como a nossa é necessário reconhecer a verdade da teoria para que o argumento da teoria se mostre aplicável. Em outras palavras, se alguém nega a centralidade da escolha na ética, isto coloca o indivíduo fora do domínio dos agentes aos quais a teoria se aplica? O ato de negar, por si, não basta para colocar alguém fora desse domínio, pois as razões para a negação podem não ter qualquer relação com os méritos da teoria. Suponhamos, portanto, que uma teoria alternativa tenha alguma plausilidade e, por extensão, algum apelo teórico. Devemos a esta altura fazer uma observação importante: princípios metanormativos não são aplicáveis porque são aceitos, mas são aceitos porque são aplicáveis. Mesmo que não tenhamos conseguido mostrar que nossa resposta a esse tipo de questão, exemplarmente formulado por Eutífrone, é a correta, não se tem por isso licença para incorrer em petição de princípio favorecendo o outro lado da questão de Eutífrone e supondo que uma teoria alternativa é verdadeira ou que a aceitação deve servir de padrão. Sendo assim onde isso nos deixa? Nunca argumentamos que os princípios metanormativos são validados por sua aceitação, mas apenas que são aplicáveis em todos os lugares. Assim, a força da objeção deve

ser dupla: (1) nossa teoria está tão distante da norma (por causa, por exemplo, de seu comprometimento com a teleologia) que aceitá-la se torna, dadas as aparências, arriscado ou implausível; e (2) conquistar adesão para nossa teoria é estruturalmente uma indicação de que uma parte da teoria tem aplicabilidade.

No tocante à primeira parte da objeção, as teorias da filosofia política exibem características kuhnianas de modo que quanto mais distantes da norma mais arriscadas parecem e mais são ignoradas ou rejeitadas. Essa não é uma reação irracional, dado o enorme investimento necessário para que teorias desta natureza sejam promovidas e aceitas. Mesmo assim, nada há que possamos fazer a respeito. Nossos argumentos possuem ou não mérito. Não podemos nos preocupar com a sociologia da teoria ela mesma. Diríamos, contudo, que o fracasso de outras teorias em defenderem o liberalismo — ou mesmo de propor uma filosofia política alternativa plausível — abriu caminho para nossa abordagem diminuindo os riscos kuhnianos. Embora existam muitos aspectos novos naquilo que afirmamos, ainda nos situamos, na nossa forma de teorizar, no interior de uma tradição filosófica venerável.

A segunda objeção é mais teórica. Devem os indivíduos dar adesão teórica a uma teoria política para que ela seja aplicável? A resposta, claramente, deve ser "não". Teorias são sobre uma realidade; elas não a criam. A validade de uma teoria política é, de um modo significativo, independente da aceitação que recebe das pessoas ou da adesão que angaria. Mas ainda se pode objetar que, na arena da política, as teorias que não são aceitas (ou alternativas que são) são fontes de divisão política, o que torna a aceitação de uma teoria algo importante para para a política ordeira. Portanto, mais que de teorias periféricas, a política requer a aceitação geral de uma teoria como parte da alegação de sua superioridade sobre as alternativas. Ademais, a teoria metanormativa clama em particular por adesão por estar comprometida com a ideia de que os direitos concernentes ao comportamento dependem, no fim das contas, de razões *para que o indivíduo* respeite direitos. Isso quer dizer que cada indivíduo deve ter uma razão aplicável a ele mesmo, enquanto indivíduo real, para que respeite direitos. Assim, a não ser que a teoria possa apelar aos indivíduos, estes não terão a razão de que necessitam para pôr em prática suas conclusões prescritivas.

É claro que, num sentido óbvio, este tipo de objeção precisa ser imediatamente qualificada. Mesmo porque esperar que indivíduos se mostrem plenamente familiarizados com toda uma teoria antes que ela seja considerada sólida não é nada realista e inclusive é questionável do ponto de vista teórico. Mas suponhamos que nossos cidadãos tenham sofisticação teórica. Mesmo partindo dessa suposição, várias coisas estão sendo confudidas. Antes de tudo, a aceitação de nossa teoria por parte de um cidadão, enquanto teórico, não é *per se* o problema. Como a questão é a verdade da teoria quando falta aceitação a uma teoria isso presumivelmente é consequência dos defeitos nela percebidos; e isso se aplicaria não apenas à nossa teoria, mas a qualquer de suas competidoras. Aqui, o esquema objeção e resposta é a modalidade apropriada, e não aceitação, em virtude de sustentarmos que teorias opostas possuem de algum modo defeitos; e que nossa teoria ainda é aplicável ao teórico que a nega. Aquele que adere a uma outra teoria pode viver a sua vida de acordo com essa teoria; mas, enquanto teórico, sua aceitação *per se* pouco interesse suscita.

Se considerarmos que o defensor de outra teoria é um não-teórico, ou seja, que é apenas um cidadão vinculado a alguma ideologia política particular, devemos encarar a questão em termos de crenças e valores. Assim encará-la, coloca a outra pessoa que adere a uma outra teoria em uma relação diferente com a nossa. Jamais dissemos que essa pessoa, ou qualquer outra, deve aceitar nossa *teoria*, mas sim que com base no que a pessoa é como um ser humano que vive em sociedade e com base na natureza da ação humana, nossa teoria é aplicável a ela (e outros); e que ela tem razões para aceitá-la. Não é a teoria *qua* teoria que lhe dá razão para respeitar os direitos alheios, mas o que a teoria identifica: o papel da autodireção na conduta ética e a necessidade de metanormas dada nossa natureza social. Esta objeção se aproveita do fato de que se a maioria das pessoas não aceita algumas das conclusões básicas de nossa teoria (ou de qualquer outra), então as normas que a teoria advoga não terão força na sociedade. As pessoas de fato precisam aceitar as teorias até esse ponto. Mas este problema não é específico à nossa teoria.

Finalmente, é possível que esta objeção pretenda sugerir que nossa teoria se baseia no bem auto-orientado, enquanto as teorias alternativas são aquelas para as quais o bem não concerne fundamentalmente a própria pessoa. Em outras palavras, há um cisma fundamental entre filosofias políticas incomensuráveis: para uma vertente o bem é "auto-orientado", para outra o bem é orientado-para-o-outro. Mas se existe um cisma, não é nesse nível político, e sim no nível metafísico. E diz respeito a se os indivíduos são ou não a unidade básica de análise quando se trata de compreender a natureza do bem. Se a resposta é não, então as políticas podem de fato ser incomensuráveis. Uma vez que nossa teoria não impede e nem desencoraja a orientação-para-o-outro *per se* — mesmo no nível da comunidade — mas apenas torna tais bens dos indivíduos, o ônus da prova nesse caso recai sobre o oponente de tal posição. Do simples fato de a política se ocupar de grupos, ou do "coletivo", não se conclui que o grupo seja a unidade básica de análise. De fato, é importante resistir a esta confusão, pois suas implicações são de longo alcance. Imaginem que aqui invertamos os papéis teóricos perguntando ao teórico coletivista — àquele que considera que o grupo ou o coletivo é a unidade básica — o que seria de teóricos como nós no regime deles? A resposta poderia ser uma versão de "serão forçados a ser livres". Em outras palavras, tudo seria feito para expurgar de nós nossas propensões individualistas e para nos libertar de nossa teoria equivocada. O século XX testemunhou as implicações práticas de algumas políticas deste tipo. Em contraste, nossa abordagem não pede nem que as pessoas desistam de sua individualidade e nem que deixem de ter identificações com o grupo. O que está em questão é um comprometimento teórico, o que faz com que o maior perigo seja o de se confundirem as teorias de alguém com a realidade que elas supostamente retratam.

O PROBLEMA DA ACEITABILIDADE

Argumento:
Ao final da objeção ao *telos* ausente observamos que havia a questão do que fazer com teorias alternativas quando nossa política defende que "princípios da arte de governar sejam aceitáveis para todos os cidadãos." Precisamos agora lidar com esta questão.

Réplica:
Acreditamos que a parte principal desse argumento já foi enfrentada em nossa resposta à objeção da centralidade do agente. Não aceitamos a aceitabilidade *per se* como um critério para a validade teórica; e não estamos comprometidos em princípio com a aceitação como um princípio político. Resta apenas elaborar melhor a última parte. Se "aceitação" for confundida com "democracia" ou "processos democráticos", então nossa posição será a de que a forma de governo e os processos por ela empregados devem ser aqueles que se mostram mais propensos a assegurar e manter as metanormas, dadas as circunstâncias particulares e o caráter do grupo ao qual se aplicarão. A "democracia" pode ter muitas vantagens, pois, se princípios de governo não são amplamente aceitos poucas chances possuem, como já asinalamos, de funcionar. Mas em nossa opinião o fato de um procedimento ser ou não "democrático" não é, em si, decisivo para muitas coisas. Estamos abertos a uma variedade de formas políticas e se não desposamos completamente os processos democráticos é apenas pela razão de que na prática com frequência mascaram uma dominação subjacente de elites sociais, o que pode

ser um anátema para a manutenção das metanormas apropriadas. De qualquer modo, a governança é com frequência melhor desenvolvida por meio de decisões que são impopulares no momento em que são tomadas; e certamente o voto, ou outras expressões comuns da vontade popular, não necessariamente produzirão resultados ótimos. O ponto principal, contudo, é o mencionado acima: por causa do que somos e de como devemos viver, as razões para respeitar os direitos alheios não são centralmente definidas pela aceitabilidade. Os princípios que advogamos são, em nossa visão, *dignos* de aceitação.

METANORMAS SÃO TENDENCIOSAS

Argumento:
Este argumento apresenta duas formas principais. Uma é a de que ao concedermos um lugar central ao direito à liberdade, simplesmente favorecemos de modo discriminatório o argumento em favor dos "direitos baseados na liberdade" em detrimento de todos os outros tipos de direitos – por exemplo, "direitos positivos" ou direitos à assistência social ou aos bens sociais, que são os que refletem preferências coletivas em vez de individuais. Portanto, nossa reivindicação de neutralidade em relação às formas de florescimento acaba se mostrando tendenciosa por dar preferência a modos de florescimento encorajados pelo respeito aos direitos baseados na liberdade e não aos modos que poderiam ser incentivados caso algum outro direito fosse tomado como central. A segunda forma da objeção é que, mesmo não havendo uma forma sistemática de tendenciosidade (como na primeira forma de objeção), subsiste o fato de que esta estrutura de direitos encorajará certas formas de florescimento mais do que outras; e, portanto, representará *de facto* uma forma de tendenciosidade.

Réplica:

A primeira forma da objeção contém várias confusões e suposições que incorrem em petição de princípio; e ao analisá-las podemos também lidar com algumas das preocupações presentes na segunda forma da objeção. Nesse sentido, é importante ter presente que não argumentamos a favor de uma neutralidade absoluta entre as formas de florescimento, o que às vezes é denominado "neutralidade liberal". O que defendemos é que não pode haver predisposição a priori e formal (em geral, chamada de "estrutural") que favoreça uma forma de florescimento em detrimento de uma outra. Portanto, não há qualquer tendenciosidade a priori contra aqueles que têm "preferências comunitárias" com relação a como deve se dar seu florescimento, ou seja, contra formas de florescimento que se voltam para o bem-estar de grupos e comunidades. Esses indivíduos, cuja forma de florescimento está mais orientada para atividades direcionadas para o bem-estar dos outros, têm a mesma necessidade formal de liberdade de ação que aqueles cuja forma de florescimento é mais autocentrada. A liberdade não contém qualquer tendenciosidade formal, estrutural ou a priori a favor de formas de florescimento auto-orientadas ou orientadas-para-o-outro, a não ser (e suspeitamos que isso esteja sendo contrabandeado sem o devido reconhecimento) que se pressuponha uma visão de natureza humana que defende que, havendo liberdade, as pessoas se preocuparão exclusivamente com projetos e objetivos auto-orientados em detrimento de projetos e preocupações orientados-para-o-outro. Esta imagem hobbesiana do homem é um traço estrutural de boa parte do pensamento moderno. E por mais que seja útil teorizar sobre o ser humano usando esse modelo, trata-se, em primeiro lugar, de uma proposição discutível; e, em segundo lugar, nada se segue dela no que diz respeito ao nosso ponto principal. Como estamos tentando estabelecer que não é papel do Estado tornar morais as pessoas, a predisposição para a "imoralidade" que os seres humanos podem ter, ou ter na maioria dos casos, não implica que o Estado deve se envolver nisso ou se encarregar de corrigir isso. Menos ainda é o caso de que uma tendenciosidade *estrutural* tem sido introjetada por nós; mesmo porque uma preponderância numérica não é estrutural – embora possa ser uma tendenciosidade *de facto*. De qualquer modo, não estamos dispostos a aceitar a premissa hobbesiana se ela significar que um foco dominante nos projetos pessoais *necessariamente* reflete uma erosão da preocupação com os outros. Pode ser que uma preponderância de foco sobre os próprios projetos constitua, na verdade, a proporção correta de preocupação consigo mesmo vis-à-vis outras pessoas; ou que tal preponderância entre as pessoas em geral seja melhor e mais apropriada do que qualquer alternativa. Tais questões permanecem em aberto.

Poder-se-ia objetar a essa resposta que há tréplicas a uma interpretação empírica da objeção original. Teoricamente, podemos imaginar um ponto (o que quer que esteja) que se localiza abaixo de algum limiar imaginado de uma quantidade minimamente apropriada de virtude social. E se um sistema social particular baseado em metanormas jamais pudesse alcançar esse limiar, ou se elevar acima dele, então não haveria uma tendenciosidade formal a favor de alguma forma de florescimento (por exemplo, aquelas formas que se saem bem em sociedades "corruptas"), contra algumas formas de florescimento ou contra o próprio florescimento? A resposta a este tipo de objeção é também "não". O fato de uma quantidade inadequada de autopreocupação (ou de insuficiente preocupação com o outro) ter resultado da defesa das metanormas não necessariamente exibe uma tendenciosidade estrutural. No máximo, mostra que o *ponto* a partir do qual os membros da sociedade começam sua busca do florescimento não é tão conciliável com determinada concepção de florescimento como se esperaria originalmente. Não mostra que esses que "não florescem" não conseguem alterar sua orientação e que não precisam, da requerida liberdade de ação, ou são incapazes de a possuir, para fazê-lo. Tampouco mostra que o mesmo padrão de não-florescimento estará presente em cada situação em que esse limiar "baixo" aparecer. E mesmo que se conseguisse mostrar que algumas virtudes ficaram mais sistematicamente em desvantagem, no limiar dado, a tendenciosidade não é estrutural, mas efetiva. Uma tendenciosidade efetiva contribui para a introdução de contramedidas que não alteram a estrutura, mas diminuem seus efeitos.

É claro que não aceitamos a noção de que o conjunto de obrigações interpessoais exigido por um sistema social baseado em direitos metanormativos oferece um limiar muito baixo ou pesado demais para o florescimento. Não é por acaso que a nação dedicada à "busca da felicidade" (o que significa *indivíduos* perseguindo suas *próprias* concepções de felicidade) também é a mais generosa das nações, aquela que possui o maior número de organizações e associações sociais – intermediárias – de caridade. Vale a pena notar com relação a isso que, embora o homem aristotélico não seja exclusivamente hobbesiano, ele conhece bem o homem hobbesiano. De fato, é possível olhar para o homem aristotélico como uma versão modificada do homem hobbesiano – modificada pela maior preocupação com os outros e também por uma concepção mais ampla e esclarecida de autopreocupação. O que, no entanto, não se perde no homem aristotélico é a predominância da auto-orientação nos projetos e ações.

Mais importante, assim, é a versão *de facto* da objeção. Se ocorrer de ao se implementar um sistema de direitos metanormativos, a concepção de florescimento de alguém não ser incentivada ou protegida pela sociedade na qual vive, ou de a introdução de metanormas continuar a criar certo tipo de caráter humano, então ficará a impressão de se ter favorecido um tipo de "florescimento" em detrimento de outros. No que diz respeito à primeira parte da objeção (a de que há sociedades que não incentivam o florescimento), qualquer sociedade provavelmente assumirá uma forma à medida que evolve; e presumivelmente essa forma será mais ou menos conducente a determinado modo específico de florescimento. No nível metanormativo, não estamos interessados nesta ou naquela forma particular de florescimento ou mesmo em garantir que determinada sociedade permanecerá neutra diante das várias formas possíveis de florescimento. Levamos a sério a ideia de que não é função do Estado incentivar qualquer florescimento. E isso quer dizer, nesse caso, que a questão de se o florescimento está ou não sendo suficientemente promovido está fora dos limites de nossa preocupação teórica. Contanto que não exista uma tentativa a priori de estruturar regras de forma a fazer com que determinado modo de florescimento delas venha a resultar, e contanto que as normas possuam alguma conexão com o florescimento, a metanorma da igual liberdade não terá qualquer tendenciosidade sistemática mesmo que a prática efetiva incentive mais uma forma que outras.

No que diz respeito à segunda parte da objeção *de facto*, assinalaremos mais adiante que somos céticos com relação à predominância do que se alega serem as consequências prováveis de nossa versão de uma ordem liberal. Entretanto, deixando essa resposta de lado por um momento e supondo que exista uma tendência recorrente a favorecer algumas versões de florescimento em detrimento de outras, ainda assim deve-se registrar que predominância não é exclusão. Indivíduos ainda terão a chance de florescer, à luz de nossa versão do liberalismo, à sua própria maneira, embora os obstáculos possam ser maiores. A predominância geral de um tipo de florescimento não faz com que o indivíduo fique a ele preso se comprometendo necessariamente com ele. E nem é a predominância, por si, razão suficiente para torná-lo a base da teoria política. Normalidades estatísticas podem ou não ser uma fundamentação adequada para a teoria política. Não se pode dizer, em resposta ao último ponto, que devemos escolher o arcabouço sociopolítico que torna em geral uma sociedade de alguma forma mais próspera, pois fazê-lo é incorrer em petição de princípio com relação aos fundamentos da questão que estamos debatendo – qual seja, a de que o Estado ou seus teóricos trabalham para nos tornar bons ou melhores, individual ou coletivamente.

É importante reiterar novamente a radicalidade de nossa posição: *não defendemos que o papel do filósofo político, ou do Estado, seja necessariamente imaginar sua sociedade preferida de uma forma abstrata e teórica como um prelúdio à reconstrução no mundo real de acordo com o plano ou ideal do teórico.* Isto tornaria toda filosofia política e todo filósofo político um perfeccionista. Ao contrário, o filósofo político está preocupado *simpliciter* com as regras apropriadas ou as normas de comando da sociedade política. Trata-se, de início, de questão aberta definir se o melhoramento da sociedade é o padrão à luz do qual o teórico determina que regras são apropriadas. Em outras palavras, tal ponto é objeto de estudo e debate em filosofia política e não pode ser pressuposto no ponto de partida por mais comum que essa suposição possa ser. Recomendar as normas ou regras apropriadas a uma sociedade não necessariamente equivale a recomendar a sociedade ideal. Ou a recomendar que a sociedade deve assumir uma conformação particular para benefício de seus membros. Além do mais, como acreditamos que as sociedades, diferentemente dos indivíduos, não possuem um *telos*, não se pode afirmar que o "propósito" da sociedade (ou o objetivo do teórico político) seja necessariamente o bem ou bem-estar dessa sociedade. O objetivo pode ser, como já argumentamos, proporcionar uma estrutura político-jurídica de forma que o bem-estar daqueles que precisam dessa estrutura possa ser buscado.[323]

Também é importante perceber com relação a isso que não estamos advogando o predomínio dos "direitos baseados na liberdade" sobre alguns outros direitos; não estamos sequer advogando direitos baseados na liberdade. Os assim chamados direitos baseados na liberdade, como concebidos na primeira forma desta objeção, acabam sendo tratados como uma solução para um problema, mas não como um princípio que fundamenta uma filosofia política. Em outras palavras, a pressuposição é a de que direitos baseados na liberdade são uma ferramenta, entre

---

[323] Ver Rasmussen e Den Uyl, *Liberty and Nature*, 162-65.

outras, a ser usada para solucionar um conjunto de problemas sociais um tanto vagamente articulados, mas presumidamente compreendidos. Mas os direitos metanormativos são fundacionais. Problemas sociais ocorrem no interior de uma estrutura social que demanda um arcabouço até para existir como uma sociedade. Estamos no nível fundacional e não no de solução dos problemas sociais, exceto no sentido de resolver o problema da sociedade política em geral. Supor que direitos baseados na liberdade são uma ferramenta entre muitas outras é ter uma visão do que a sociedade deveria ser e como deveria ser estruturada de tal forma que uma dada solução tenha ou não valor para promover esse fim. Mas isso é incorrer em petição de princípio no tratamento da questão que estamos tentando enfrentar. Além disso, não há um corpo de direitos habitando algum céu platônico de forma tal que o jogo a ser jogado consiste em se adotar o mundo que se acredita que funciona melhor para assim se defender o conjunto de direitos que o acompanha contra outro conjunto possível de direitos. Quaisquer que sejam os conjuntos que existem, devem ser definidos em termos de princípios estruturais fundacionais da ordem social.

Também em relação à formulação original da objeção à tendenciosidade acima veiculada, há equivocidade no significado da expressão "preferências coletivas". "Preferências coletivas" diferem bastante de preferências que "têm coletividades como seu sujeito". Estas últimas também são sustentadas por indivíduos e são por isso sujeitas a todas as críticas e os argumentos que reunimos. Nossos comentários acima lidam com esse uso conforme aplicado à questão da tendenciosidade. A compreensão anterior do termo implica que as coletividades podem ter preferências que não se relacionam a preferências individuais de algum modo somadas e nem à conclusão de um processo no qual indivíduos em conjunto se engajam (por exemplo, votar). Negamos a existência de preferências coletivas fora dessas formas e que advenham de coletividades vistas como entidades distintas dotadas de desejos, vontades e preferências próprias.

A QUESTÃO DO SIMBOLISMO

Argumento:
Há uma visão prevalente que trata a política como um tipo de problema gerencial — ou seja, como um problema relativo a como proporcionar alguns bens públicos aos cidadãos. Esta perspectiva, cabe admitir, está muito sujeita às objeções libertárias que oferecem arranjos alternativos de provisão de tais serviços. Mas a política pode não ser, no fim, o domínio que se ocupa da provisão desses serviços. Ao contrário, é possível encarar a política como a instituição por meio da qual os valores de uma sociedade se tornam objeto de reflexão e debate. Sob este ponto de vista, tem menos relação com escolher entre a coleta estatal e a privada de lixo e mais com determinar se aqueles que ocupam cargos públicos refletem os valores dos cidadãos. Se de fato a política é primariamente o meio através do qual os valores de interesse comum aos membros da comunidade são expostos, apoiados e debatidos e se de fato os seres humanos são criaturas que precisam se identificar com comunidades como totalidades — com os líderes das comunidades representando-os, de alguma forma, como símbolos de seus valores — então pareceria que nossa tese sobre o liberalismo está, ao se livrar da moralidade substantiva, seriamente ameaçada. Mesmo porque as pessoas jamais deixarão de ver seus líderes como corporificações de valores e isso, por sua vez, significa que a política nunca pode se livrar da moralidade.

Réplica:
Esta é uma objeção bastante séria à nossa posição e que facilmente se confunde com uma questão em torno do neutralismo liberal, ao qual nos referimos em nossa resposta à objeção anterior. Afirmamos que o liberalismo requer que a ordem política se mantenha neutra com relação às formas de florescimento. Acreditamos já ter dado razões para isso, totalmente consistentes com nossa teoria e coerentes em si mesmas.

Contudo, a objeção simbólica possui um caráter diferente. Em vez de ser um argumento a respeito de como a política deve abordar a sociedade, essa objeção se refere a como as pessoas em sociedade introduzem, *na prática*, alguma coisa na política. Em essência, a objeção é a de que as pessoas numa sociedade jamais permitirão que a política seja liberal – ou seja, desprovida de direção moral substantiva.

Dois pontos rápidos, ambos importantes para responder a esta objeção, devem ser indicados; só que nenhum deles realmente logra lidar com ela de modo completo. Um deles é que as pessoas podem aprender a se identificar com grupos ou associações menores em virtude dos valores que cultivam. Isto ocorre o tempo todo em várias associações voluntárias às quais podemos buscar nos afiliar. De fato, isto pode ser feito num nível tal que algumas pessoas têm lamentado o foco "estreito" dos cidadãos nesses grupos e sua falta de identificação com questões políticas de natureza mais geral. Poder-se-ia dizer que esses indivíduos com focos estreitos, "pegam carona" na preocupação e atenção que outras pessoas dedicam à ordem social como um todo. Segundo, devemos observar que não é difícil imaginar a separação entre um corpo administrativo e governante de indivíduos e grupos dos quais não se espera orientação substantiva no que tange a ações e objetivos específicos. Pode-se reconhecer a Associação Americana de Golfe como o corpo que estatui regras e como um centro capaz de resolver disputas no mundo do golfe sem que para isso se tenha de encarar a associação como entidade exemplar dos valores que cada jogador de golfe professa. A maioria dos jogadores de golfe sequer conhece quem ocupa os cargos na associação, pois os símbolos dos seus valores são os jogadores de destaque ou os dirigentes de seus clubes. Ainda assim, pode-se argumentar que este não é um exemplo suficientemente bom, uma vez que pode também se mostrar totalmente dependente daqueles que se importam com as questões que afetam a comunidade em geral. Além do mais, devemos ter um certo cuidado antes de avançarmos rapidamente em virtude de haver uma diferença entre uma disputa em torno de metanormas e uma disputa referente a alguma questão normativa. Polêmicas em torno de regras normativas podem dizer mais respeito a se deve-se continuar a exigir que os participantes do jogo caminhem em campo ou andem de carrinho, ou se deve-se permitir ou não tacos de titânio. Em contraste, a discussão em torno de se tocar a bola enquanto se mira equivale a uma jogada desponta mais uma questão metanormativa. Em resumo, disputas sobre o que pode ser importante para jogar o jogo distinguem-se de disputas relativas ao que se deve permitir para que se possa jogar bem, de modo justo, em consonância com o espírito do jogo enquanto tal. É claro que as metanormas são princípios éticos e pretendem também se aplicar à nossa conduta da mesma maneira que os princípios da ética normativa; é essa similaridade que causa confusão.

Na prática, as pessoas facilmente confundem os dois tipos e assim acabam pressionando o sistema para que se mova mais na direção normativa. Isto nos parece representar um perigo inerente à política prática por oposição à esfera da teoria pura. Além do mais, existem áreas cinzentas em que não fica exatamente claro quando se está fazendo uma coisa ou outra. O que cabe a esta altura enfatizar é que não somos cartesianos. Não acreditamos que a teoria política possa ou deva pôr fim a disputas ou controvérsias de forma teórica. Esta uma das razões pelas quais não somos libertários que acreditam que princípios éticos teóricos e de mercado, sozinhos, são suficientes para orientar a ordem político-jurídica. Sempre haverá discussões e disputas sobre o significado e interpretação das várias normas estruturais orientadoras em contextos particulares e à luz de circunstâncias específicas. Nossa teoria pede apenas que se tenha em mente que o propósito da política é assegurar as condições que tornam possível a ação moral sem prejuízo para as diferentes formas de florescimento. Como teóricos, pouco mais que isso podemos pedir. Até porque não conhecemos antecipadamente todas as questões que podem surgir com referência a se determinada regra está ou não fazendo isso.[324]

Autossuficiência

Argumento:
A teoria que avançamos acentua a ideia de que o florescimento humano só ocorre através de ações que resultam dos esforços de cada um. Existem três conceitos possíveis envolvidos nesta alegação que precisam ser distinguidos: autodirecionalidade, autossuficiência e "bom funcionamento." A própria alegação parece confundir autossuficiência e autodirecionalidade, se é que não confunde os três conceitos. Como alegação de autossuficiência é falsa, embora nossa argumentação em prol dos direitos pareça pressupor esta alegação falsa. Não se estriba o argumento pelos direitos básicos na alegação de que mantêm a liberdade dos indivíduos protegendo-os da coerção? Se isso é verdade, como pode o florescimento humano resultar do esforço de cada um? A liberdade de cada um – precondição essencial para o florescimento – é em parte uma dádiva do Estado na medida em que este garante o direito básico à liberdade. Neste sentido reconhecidamente mínimo, dependemos da ordem legal para florescer; e por isso não somos autossuficientes. Talvez, então, sejamos apenas autodirigidos, o que significa que talvez não

---

[324] No que diz respeito à relação entre a teoria políticas e a prática política, Chandran Kukathas desenvolveu uma matriz de liberalismo com o fito de mostrar como um sistema pode divergir de uma norma de "liberalismo puro." Embora tenhamos diferenças significativas com Kukathas com relação ao significado de "liberalismo puro" (pois, para nós, é o sistema de metanormas, e não a tolerância pura), sua matriz se mostra útil para delinear as as formas com que o mundo prático pode divergir de um ideal teórico. Sempre haverá pressão para afastar a ordem político-jurídica real do liberalismo; e seria um erro supor que em nossas respostas às objeções aqui apresentadas alegamos que nossa doutrina cobre todas as contingências da prática. Kukathas, "Anarcho-Multiculturalism: the Pure Theory of Liberalism" (2005).

tenhamos autossuficiência ou bom funcionamento. Se podemos colocar um marcapasso em um coração que não funciona bem, por que, por analogia, isto não abre a possibilidade de se fazerem correções quando se trata de buscar o florescimento a favor das pessoas que não funcionam bem? Mesmo porque não queremos dizer que não deveríamos acoplar marcapassos a corações que não funcionam bem justamente porque não são saudáveis. Ao contrário, o que queremos dizer é que, neste caso, o fato de o coração não mais bater regularmente por conta própria nos dá uma razão para intervir e tentar restaurar muito de seu (bom) funcionamento natural adequado com base no que propicia a tecnologia e os artifícios criados pelo homem. Aplicando esta lógica à analogia das precondições para a autodireção humana, o exemplo parece apoiar as formas de paternalismo necessárias para preservar (minimamente) as capacidades dos indivíduos de livre escolha quando sofrem ameaça de coerção e manipulação (e possivelmente para que o indivíduo não repita as péssimas escolhas anteriores), ou (mais ambiciosamente) necessárias para melhorar as habilidades dos indivíduos de usar sua razão prática de modo inteligente e apropriado.

Note-se também que outra questão desponta aqui; o argumento que desenvolvemos em prol de um direito básico à liberdade parece depender da ideia de que a capacidade de autodireção é a única precondição para o florescimento humano que é partilhada por todos os indivíduos. Como tal, o Estado pode proteger a autodireção porque fazê-lo não faz discriminações entre as concepções diferentes de bem. Mas está claro que a autodirecionalidade é a única condição para o florescimento que não é discriminatória ou tendenciosa? E que papel cumprem a educação e um certo nível de segurança material e prosperidade? Como a provisão e o incentivo a essas outras precondições poderiam se mostrar um favorecimento injusto a uma dentre as diferentes concepções de florescimento humano?

Réplica:

Em alguns sentidos do conceito de "autossuficiente" nada virtualmente a ele corresponde na realidade, já que todas as coisas dependem de alguma outra coisa para funcionar ou existir (ao menos, do sol, dos campos gravitacionais, etc). No sentido aristotélico de autossuficiência, alguém é autossuficiente quando suas ações resultam de uma compreensão dos componentes principais do que faz e de por que faz. Essa compreensão não impede a possibilidade de se reconhecer que dependemos de muitas outras coisas e pessoas para levar nossas ações a cabo.[325] Nesse sentido, a autossuficiência está relacionada com o bom funcionamento entendido como uma descrição substituta, mas não exaustiva, do que significa florescer como ser humano. O Estado, então, não protege a autossuficiência ou o bom funcionamento, mas apenas a possibilidade de serem buscados.

---

[325] A melhor e mais suscinta afirmação que encontramos sobre a autossuficiência aristotélica é a seguinte, de Henry B. Veatch: "é verdade que uma pessoa pode receber ajuda de várias formas para atingir sua natural perfeição. De amigos, da família, das várias instituições sociais e até mesmo da boa sorte, podem contribuir enormemente para que uma pessoa alcance seu objetivo ou fim natural; mas a atividade concreta de alcançar o fim – viver de forma sábia e inteligente – é algo que só o indivíduo pode fazer. Além disso, é capaz de fazê-lo apenas se chega a compreender qual seu fim natural e descobrir que passos devem ser dados para chegar a tal objetivo; assim como se obrigar a agir de acordo com os julgamentos formados com relação ao que ele deve fazer e ser e de como proceder para chegar a fazê-lo e a sê-lo. Em outras palavras, é precisamente a aquisição e o exercício das virtudes morais e intelectuais que constitui a tarefa que cada ser humano deve fazer por si mesmo, que incumbe a cada ser humano realizar simplesmente por ser um animal racional. De que outra forma podemos caracterizar este quarto traço da vida boa para um ser humano, a não ser chamando-a de vida autônoma entendida como uma vida livremente determinada e conduzida pelo próprio indivíduo? De fato, jamais se pode dizer que um indivíduo vive bem, ou vive como um ser humano deveria viver, a não ser quando ele vive com base em suas próprias decisões e escolhas feitas à luz de sua compreensão do que é melhor para ele e do que uma vida boa requer". Veatch, *Human Rights: Fact or Fancy?* (Baton Rouge: Louisiana State University Press, 1985), 84-85.

Com relação a isso, a analogia com o marcapasso possui valor limitado. Serve para mostrar que argumentos funcionais não são misteriosos e nem incomuns; e que podem formar a base do que compreendemos por comportamento bem-sucedido ou mesmo normal. A analogia entre corações que funcionam bem e seres humanos que funcionam bem se sustenta apenas na medida em que em ambos os casos o que é feito o é de acordo com a natureza de cada um. O bom funcionamento humano envolve, contudo, bastante autocriação e adaptação a circunstâncias e condições variáveis. Algumas escolhas e ações podem se tornar mais fáceis, ou mesmo possíveis, por causa de fatores externos. Mas esses fatores não têm como ser vinculados à ação e da mesma, forma a constituírem a ação, à maneira como um marcapassos pode se integrar ao coração para regular seu ritmo. Isto ocorre porque os "acessórios" que podem ser adicionados durante um processo de florescimento devem passar por um ato de incorporação por parte do agente. Sem isto, esses acessórios permanecem fora do agente; e embora possam controlar seu comportamento não constituem um de seus traços até que ele se esforce para incorporá-los. Em consequência, e como observamos em capítulos anteriores, não podemos simplesmente juntar, por exemplo, bens materiais, educação ou assistência médica para se chegar ao florescimento. O melhor que alguém pode fazer é afirmar que o fornecimento dessas coisas oferece as ferramentas para o florescimento, mas não o próprio florescimento. Atos de incorporação autodirigida são necessários. Cumpre também ter presente que nossa teoria não pede que o Estado "incuta" autodireção nos indivíduos. O Estado provê o arcabouço para a ação autodirigida que propicia a *possibilidade* de florescimento, já que a autodireção é um traço de todo ato de florescimento. E, uma vez que bens materiais específicos como educação, e mesmo assistência médica, não são por si mesmos necessariamente incorporados, incorporados de forma correta ou apropriadamente incorporados por diferentes indivíduos da mesma forma não há como "prover" tais coisas – mesmo como ferramentas para o florescimento – garantindo que sua incorporação se dará da mesma forma que se pode garantir, que um coração passa a bater de forma regular quando um marcapasso lhe é acoplado.[326] Além disso, há os problemas envolvidos na atividade de elencar as ferramentas do florescimento; ou de como podem ser providas sem diminuir a autodireção de alguns em favor de outros.

É evidente que existe a tentação de refúgio na resposta de que todos nossos argumentos anteriores são bons, mas que tudo que essa objeção defende é que se proporcione algum auxílio para a maioria das pessoas na maior parte do tempo mesmo que isso não garanta o florescimento como o resultado. No entanto, mesmo aceitando isso como possibilidade, tal objeção sofre de certa indistinção e está por isso sujeita a abusos; não consegue reconhecer a tensão entre o universalismo inerente ao estado de Direito e o parcialismo que defende; e isso no fim não fornece qualquer tipo de razão para se sobrepujar a metanorma da liberdade igual para todos.

E SE OS HOMENS FOSSEM ANJOS?

Argumento:
Pode-se objetar que nossa teoria tem de se basear na ideia de que as pessoas estão essencial e predominantemente inclinadas para o egoísmo e para o conflito – do contrário, não precisariam de metanormas. Esta objeção não parece ser uma objeção à nossa teoria em particular. Até porque, de acordo com Maddison, a necessidade de governo tem sempre se baseado na presunção de que os homens não são anjos. Mas, para a

---

[326] Pode-se argumentar que isso ainda não impede que a ordem político-jurídica forneça informações que auxiliem o florescimento individual, mas nem isto funciona, pois a utilização apropriada de informação pelas pessoas não necessariamente se dá de maneira uniforme.

nossa teoria, esta objeção assume uma importância, especial, que não tem para os não-aristotélicos. Embora altamente improvável, a possibilidade de uma comunidade se compor inteiramente de florescedores morais deve ser admitida, já que alegamos que essa é uma possibilidade para cada um de nós. Além do mais, a razão pela qual as metanormas no fim das contas existem é a de que protegem a possibilidade de florescimento de uma pessoa em meio a outras. Isso torna a teoria, em sua essência, positiva e não negativa – ou seja, não está embasada na imperfeição humana, mas, ao contrário, toma a perfeição como seu ímpeto. Contudo, as metanormas parecem ter uma natureza hobbesiana – ou seja, são mecanismos para assegurar a paz e cooperação nas situações em que estão ameaçadas. Mas isto sugere que se adote, em sua defesa, uma base diferente da do florescimento – de fato, sugere uma base oposta; portanto, uma profunda tensão, ou contradição, pode estar aninhada em nossa teoria.

Réplica:
Ao responder a esta objeção, deixaremos que o termo "governo" permaneça um tanto ambíguo. Para nós, significa aqui o meio institucional para assegurar as metanormas e pode incluir tanto uma autoridade coercitiva centralizada quanto "agências de proteção", contanto que exista alguma estrutura constitucional de metanormas. Portanto, a noção de Madison de que *não* há necessidade de governo entre anjos é análoga a dizer que não há necessidade de governo entre florescedores. Esta objeção parece sugerir que não haveria necessidade de um corpo central de regras para adjudicar disputas ou para proporcionar uma estrutura político-jurídica porque os anjos florescentes saberiam o que fazer em casos de discordância, concordariam sobre questões de princípio, procurariam a conciliação, condescenderiam, fariam concessões para ajustar seu comportamento ao dos outros, e/ ou tolerariam e evitariam a interação. Com relação a este ponto, temos uma grande dívida para

com a análise de Greg Kavka[327] desse problema; poderíamos endossar muito do que ele diz como parte de uma resposta, só que a partir de um quadro de referência diferente. Não vamos repetir aqui toda a análise de Kavka, exceto para assinalar algumas poucas diferenças que podem ser consideradas, em sua maioria, acréscimos à sua proposta.

Ao definir "anjos", Kavka afirma que eles preenchem três requisitos: (1) possuem um arcabouço moral consistente, coerente, substancial e sistemático; (2) agem conscientemente a com base nesse arcabouço; (3) são como nós em todos os outros aspectos. É importante indicar aqui a que Kavka alude, sem o afirmar explicitamente: que a perfeição moral, por esses critérios, tem de ser distinguida da onisciência. São atores com conhecimento e informação limitados sobre eles mesmos, do mundo que os cerca e das circunstâncias e motivações alheias. Isto posto, Kavka aponta as muitas formas de discordância honesta entre pessoas que não resultam de intenções maliciosas ou de esforços deliberados para violar as regras morais, mas que surgem da natureza da diversidade e do conhecimento limitado.

Embora Kavka alegue combater o modelo que considera que o governo é necessário por termos propensão a violar os direitos dos outros, sua visão não se distingue suficientemente (na verdade, a endossa) da visão de que o governo é necessário para se evitar o conflito. Se anjos podem entrar em conflito, o que parece possível dada a explicação de Kavka do que significa ser um anjo, então há a necessidade de governo. Isso nos parece correto, mas queremos acrescentar o ponto de que mesmo sem conflito e discórdia, metanormas ainda são necessárias. Isto ocorre porque somos seres interativos e necessitamos de um arcabouço para a interação e porque as ações que ocorrem no interior desse arcabouço demandam interpretação, independen-

---

[327] Gregory S. Kavka, "Why Even Morally Perfect People Would Need Government", *Social Philosophy & Policy* 12, n. 1 (1995), 1-17.

temente do grau de benevolência ou do espírito de cooperação que possa existir entre os atores. Quanto a sermos interativos, a própria noção de discordância implica um quadro de análise a partir do qual a discordância procede. De outra forma, todas as discórdias se dariam essencialmente no nível constitucional, ou seja, seriam discordâncias em torno da base utilizada para enquadrar as próprias discordâncias. Sem essa base, uma pessoa poderá querer uma coisa de um modo e outra pessoa de outro modo; só que não terão nenhuma outra instância a que recorrer para resolver a discordância além do poder de forçar outra pessoa a concordar. Portanto, não precisamos de um conjunto constitucional ou fundacional de normas para exclusivamente evitar ou minimizar discordâncias futuras e sim para definir também o próprio contexto de interação legítima.

Mas sendo assim, o melhor que os anjos poderiam fazer seria estabelecer as premissas maiores do argumento constitucional. A diversidade de circunstâncias e de modos de florescimento jamais lhes daria as premissas menores necessárias para estabelecer as instituições sem discussão. Além disso, não teriam como considerar os efeitos dos procedimentos propostos sobre os outros. Dois anjos podem concordar que devem interagir de forma não-coercitiva, mas exatamente o que isso pode significar mais concretamente não precisa ser catalogado em termos de qualquer discordância real ou do medo de certos tipos de discordâncias futuras, mas sim com base no desejo de um arcabouço definido. Precisamos do arcabouço porque precisamos interagir em um mundo cheio de pessoas que florescem de formas diferentes e que assim devem ser vistas; e que devem possuir alguma base mutuamente reconhecida para encararem suas interações como legítimas e não como uma imposição de uns sobre os outros. Esse desejo por princípios pode existir independentemente de qualquer conflito real. Pode-se replicar que anjos não precisariam de governo para isso, mas apenas do "direito natural" ou de algum *jus gentium* para guiá-los. Mas mesmo se garantíssemos que no caso dos anjos os princípios do "direito natural" seriam clara e comumente percebidos por todos, a interpretação e as implicações desses princípios em contextos específicos envolvendo indivíduos específicos ainda seriam necessárias. Boas intenções com relação a princípios claramente definidos ainda não são a mesma coisa que onisciência.[328]

Também deve ser dada uma segunda resposta a essa objeção. Sem qualquer tipo de discordância ou conflito, podemos ainda assim precisar adjudicar ou interpretar algum evento para continuarmos a perseguir atos de florescimento. Uma analogia pode ajudar. Suponha-se que dois grandes amigos estejam jogando uma partida de tênis. Cada um, é claro, quer vencer, mas não a qualquer preço; ou seja, cada um quer vencer com justiça e mérito respeitando as regras do jogo. Suponha-se que a bola tenha batido no chão perto da linha. Nenhum dos dois jogadores tem certeza se foi "dentro" ou "fora". Não precisamos interpretar esse cenário como sendo aquele em que A argumenta que foi "dentro" e B que foi "fora". Nenhum deles tem realmente certeza. Eles desejam apenas o correto esclarecimento do que ocorreu para que o jogo possa prosseguir. Já que são grandes amigos, nenhum dos dois perderá a calma se a decisão lhe for "contrária", uma vez que o importante é continuar o jogo. Por isso apelam para uma terceira pessoa, que assiste ao jogo próximo da linha, para julgar o caso. Não há conflito ou discórdia aqui, mas necessidade de uma decisão. Podemos acrescentar que devemos resistir à tentação de dizer que se uma terceira pessoa não estiver presente, os dois jogadores acabarão discutindo. E que, mais do que provavelmente, anulariam o ponto. Suponha-se agora que a terceira pessoa não entenda nada de tênis, mas diga que viu a bola batendo na linha. As duas partes se preparam para continuar o jogo depois de aceitarem tranquilamente o julgamento do observador. Suponha-se que nesse momento outra pessoa

---

[328] Ver a nossa discussão acerca de contratos constitucionais em *Liberty and Nature*, 191-206.

apareça e diga: "ouvi por acaso a discussão. Não consegui ver se a bola bateu 'dentro' ou não, mas percebi que a pessoa que rebateu a bola só o fez depois que a bola já tinha pulado no chão duas vezes". Observe-se que isso torna irrelevante saber se a bola bateu "dentro" ou não, já que, independentemente de se a bola caiu "dentro" ou "fora", a jogada não vale pelo duplo quique. Com esse último cenário tencionamos obviamente sugerir a importância de alguns princípios estruturais para conferir legitimidade a um determinado tipo de interação. É importante reconhecer aqui que o ponto ressaltado não depende logicamente de uma preferência de segunda-ordem pela cooperação – o que Kavka discute como sendo a posição do "liberal razoável" – com base na qual a cooperação e a tolerância são colocadas à frente de todos os valores de primeira-ordem que se possa ter. Não, em vez disso, as metanormas existem *precisamente* para evitar que se tenha de colocar os indivíduos na posição de subsumir valores de primeira-ordem (jogar bem e vencer) a valores de segunda-ordem (acomodação). Esta é a falácia central do comunitarismo.[329] Este aspecto é especialmente relevante para os aris-

---

[329] Em outras palavras, a falácia do comunitarismo é que ele nos pede para substituir nossas preferências de primeira-ordem por "preferências" de segunda-ordem para a comunidade. Contudo, não queremos dizer que pensar primeiro na comunidade é uma coisa ruim. O que estamos dizendo é que, quaisquer que sejam as preferências de primeira-ordem de alguém (as quais podem incluir o bem dos outros), dependem de um contexto estruturado de princípios que existem para tornar possível agir com base em preferências de primeira ordem. Se a "cooperação" fosse um princípio estrutural que fizesse o agir com base em princípios de primeira-ordem possível, então, torná-lo um princípio de primeira-ordem significaria suprimir a diferença entre normas e metanormas. É claro que, para nós, a "cooperação" não é uma metanorma. Mas, se fosse, transformá-la de metanorma para norma ainda assim deixaria intacta a necessidade de termos uma metanorma sob a qual a cooperação poderia ocorrer. Tentar obliterar completamente esta distinção é um esforço, em nossa opinião, de obliterar a noção de agência, ou pelo menos, a noção de que nosso *telos* é individualizado. Dado o caráter metafísico desta alegação, é justo dizer que começamos uma argumentação em seu favor aqui, mas que dificilmente a completamos por causa do tópico deste livro. Há mais a fazer, e dizer isto nos

totélicos cuja teoria moral não é definida em termos de benevolência ou altruísmo encarado como sendo o bem central ou o mais elevado. Estes valores, quando destacados como *primários*, em oposição a uma posição que os insere em um arcabouço moral mais amplo, tendem a transformar em secundários os projetos pessoais ao tornarem o significado que esses projetos têm para alguém dependente do estado de outras pessoas. No que diz respeito à busca do florescimento por um indivíduo, o bem-estar dos outros pode ser uma parte importante. Mas o florescimento do indivíduo não pode ser definido pelos outros, já que não podem florescer por ele. Cabe reiterar que os fins necessários ao florescimento devem ser escolhidos pelo próprio indivíduo e integrados por ele como sendo seus, o que significa dizer que devem se tornar de alguma forma bens de primeira-ordem. Em consequência, se o indivíduo se afasta do florescimento por ter de estar primariamente preocupado com as condições para o florescimento em vez de com o próprio florescimento, ou por não haver conteúdo em seus projetos pessoais para além daquele que foi dado por outras pessoas, a obrigação primária de florescer acaba por receber *status* secundário.

O ponto que acabamos de assinalar é o principal, aquele que nos separa da abordagem que orienta a maior parte dos teóricos políticos e, numa certa extensão, até mesmo o próprio Kavka. Podemos admitir que deveria existir governo como um meio prudencial para se impedirem violações de direitos e se adjudicarem conflitos, mas a causa final do governo é a percepção de que o florescimento é individualizado e variado e que, por consequência, nem o florescimento humano e nem a cooperação são contempladas quando preferências de primeira-ordem são subordinadas ao problema geral da cooperação ou quando valores de primeira ordem são substituídos pela necessidade de transformar o

---

permite observar mais uma vez como o plano político não não pode ser divorciado do metafísico.

valor de segunda ordem da cooperação geral em um valor de primeira-ordem. O normativo e o metanormativo são ambos necessários e distintos, e não deveriam ser fundidos.

Há um ponto final a ser apontado e que era uma das principais preocupações de Madison quando fez a afirmação sobre anjos e governo. Mesmo porque não foi exatamente o fato de não vivermos em uma sociedade em que todos são anjos que motivou Madison, mas o de que também temos propensão à corrupção por mais que possamos ser bons em alguns momentos. A corrupção que Madison mais temia promanava da posse de poder: ou seja, de seu abuso. Um governo adequadamente formado, em sua opinião, era uma forma de barrar o poder arbitrário, dentro e fora do governo. Observe-se que essa preocupação permanece mesmo que nossos argumentos acima apresentados sejam convincentes. Até porque haveria, de acordo com nossos argumentos, algum governo e a chance de o poder continuar com seus fascínios e efeitos seriam as mesmas. Mas mesmo sem governo algum, a oportunidade ou necessidade de poder pode existir na vida social em geral. Os critérios de Kavka para definir o que é ser um anjo não levam em conta a questão da corruptibilidade. O segundo critério para ser um anjo, envolvendo a ação conscienciosa, pode ser entendido como significando "o tempo todo, sem falha". No entanto, mesmo se fomos sempre conscienciosos, a corrupção com frequência será causada de uma maneira crescente, possivelmente como consequência de nossa parcialidade; e o terceiro critério requer que sejamos como todos os outros e, portanto, parciais. O problema com o poder é que nos faz pensar enganosamente que temos uma perspectiva abrangente quando na verdade não temos ou que nossos desejos se confundem com o bem. O sistema de Madison de pesos e contrapesos no governo foi uma forma de barrar essa tendência. Podemos dizer que o governo existe para garantir quando necessário a imparcialidade. Se estamos tentados a interpretar o segundo critério de Kavka como significando que a conscienciosidade é impermeável à corrupção, então talvez esses "anjos" de fato não sejam iguais a nós, com a diferença de serem dotados de senso aguçado de consciência moral, mas criaturas totalmente diferentes de nós. De todo modo, ao nos alinharmos aqui com Madison, não estamos defendendo que por isso o governo é uma fonte menos potencial de corrupção do poder que a sociedade. Esta é uma questão distinta. Estamos apenas alegando, com Locke, que pode ser pensado como um modo de resolver certos problemas de parcialidade e abuso para os quais temos uma tendência natural. Não temos a intenção de resolver aqui o debate *arquia* versus anarquia.

Conclusão

Tentamos defender o liberalismo fazendo uma conexão entre a política moderna e uma tradição moral pré-moderna. Como sugerido no capítulo I, esta combinação pode ser um tipo de pós-modernismo. A razão para esta alegação pode agora ser prontamente vista. Abraçamos muitas visões que frequentemente são vistas como opostas à teoria política moderna. Por exemplo, defendemos que os seres humanos são naturalmente sociais; que o relativismo ético é uma teoria moral inadequada; que o raciocínio prático não é meramente instrumental e é crucial para a ética; que o universalismo abstrato do racionalismo ético não consegue reconhecer o papel, na determinação da conduta adequada, do particular e do contingente (por exemplo, ou costumes ou tradições particulares que se formam em comunidades específicas); que as normas universais abstratas possuem uso apenas limitado na orientação da conduta ética que depende de normas e práticas contextualizadas; que a teoria moral impessoal ou neutra em relação ao agente não consegue nem embasar e nem motivar a conduta ética; que a liberdade não pode ser definida ou compreendida sem um comprometimento ético; que qualquer teoria dos direitos capaz de motivar a conduta humana deve se basear em última instância em uma concepção de bem humano e não ser apenas uma questão de direito; e que os direitos não são eticamente fundamentais.

Mostramos que essas alegações, apesar de seu caráter pré-moderno ou mesmo comunitarista, não levam à costumeira identificação da política com a ética, nem no sentido moral de se encarar a política como sendo simplesmente a ética ampliada e nem no sentido gerencial que considera que a ética se preocupa primariamente com o estabelecimento e manutenção de certa forma de ordem social. Ao contrário, é descobrindo uma solução para o problema do liberalismo, o que, em essência, é descobrir uma solução para o problema da legitimação política, que encontramos o domínio próprio da política e o ponto de interface entre ética e política.

Em sentido contrário ao das tendências da filosofia moderna, tanto a compreensão como a solução do problema do liberalismo baseiam-se em uma compreensão do bem humano, especificamente, em uma compreensão neoaristotélica do florescimento humano. E, portanto, possuem um fundamento moral. Contudo, recorrer a essa nova estrutura profunda do liberalismo não torna a conexão entre política e ética direta ou isomórfica. Como observamos no penúltimo parágrafo do capítulo final de *Liberty and Nature*:

> "O paradigma das duas visões de mundo básicas (moderna e clássica) que apresentamos não é tão rígido como fizemos parecer. O liberalismo deixa realmente em aberto a possibilidade de perfeição moral. Tudo que ele afirma é que devemos primeiro resolver o problema do conflito social antes de nos podermos preocupar com a perfeição. E a antiguidade não necessariamente se opõe à ideia de que a perfeição deve ser alcançada por etapas; e que tais etapas podem envolver certas precondições que devem ser cumpridas e mantidas para que o avanço ulterior ocorra. Ademais, a antiguidade não está necessariamente comprometida com a noção

de que o Estado deve ser o veículo por meio do qual as pessoas são dirigidas para seus fins apropriados. As fendas lógicas em ambas as tradições tornam possível nossa posição. O que fizemos foi tirar proveito delas para indicar um meio possível de conciliar moralidade e liberdade."[330]

A abertura do liberalismo para uma ética da autoperfeição e a ideia de que a autoperfeição deve ser alcançada por etapas nos levou, em trabalhos anteriores, e mais ainda no presente livro, a perceber que a chave para a compreensão e defesa do liberalismo se encontra na linguagem da metanormatividade. A base para essa compreensão e defesa é a percepção de que, embora o valor da autodireção tenha comparativamente pouca importância quando se trata de ajudar um agente a aplicar princípios normativos ou a elaborar juízos práticos, ela é de suprema importância quando está em questão determinar a base ética para os princípios estruturais da ordem político-jurídica que fornecem as condições gerais ou globais para a ordem civil e que, portanto, definem a função adequada dos direitos individuais. Encontrar algo que torne possível a vida social em seu sentido mais amplo, apesar de todas as variedades de florescimento humano, e que não requeira que as vidas e recursos de alguns fiquem a serviço de outros, é o objetivo dos direitos e permanece a razão principal que faz com que o liberalismo, assim compreendido, seja uma precondição para uma vida social civilizada e para a possível busca da autoperfeição.

---

[330] Rasmussen e Den Uyl, *Liberty and Nature*, 224-25.

Epílogo

DAS METANORMAS À METAFÍSICA

> Se eu evitar interferir com as pessoas, elas tomam conta de si mesmas.
> Se eu evitar mandar nas pessoas, elas se comportam.
> Se eu evitar admoestar as pessoas, elas se aperfeiçoam.
> Se eu evitar impor às pessoas, elas se tornam elas mesmas.
>
> LAO TSÉ

Pensamos em usar essas linhas de Lao Tsé como epígrafe para este livro. Mas percebemos que fazer isso poderia minar a seriedade com que poderíamos sustentar nosso não-perfeccionismo político.[331] Afinal de contas, pareceria que endossando esses versos de Lao Tsé estaríamos também endossando a visão de que as ordens políticas deveriam tornar realidade certos fins sociais desejáveis, ou seja, um tipo de perfeccionismo. Esta crítica nos parece plausível. Mas não é tarde demais? Se fomos tentados por essas linhas de Lao Tsé num primeito momento, não estamos sendo insinceros com nossa posição antiperfeccionista? Não estamos, em outras palavras, sendo secretamente perfeccionistas em nossa política, embora aderindo dogmaticamente a uma doutrina política não-perfeccionista apenas por uma questão de consistência e não de verdade? Estas questões, por outro lado, suscitam uma interessante questão filosófica. Se acreditamos que o Estado mínimo, como o defendemos aqui, produziria realmente os resultados descritos por Lao Tsé, estaríamos necessariamente contradizendo nossa política não-perfeccionista? Para responder à pergunta, acreditamos ser necessário considerar mais diretamente a relação entre metafísica e teoria política.

---

[331] O comentário de Elaine Sternberg nos ajudou a percebê-lo.

A posição sustentada por filósofos políticos contemporâneos parece ser a de que não existe conexão necessária ou requerida entre teorias metafísicas e políticas. Não apenas alguém como Rawls, como já observamos, deseja separar a política da filosofia "abrangente"; não há virtualmente filósofo político que sinta uma compulsão a esboçar uma teoria metafísica, ou a identificar seu arcabouço metafísico escolhido, antes de se engajar na filosofia política.[332] Nosso caminho foi diferente em nosso capítulo de abertura, embora tudo aquilo com que nos comprometemos ao nos declararmos neoaristotélicos possa precisar de um desenvolvimento adicional. Alguns dos elementos daquilo com que estamos comprometidos já foram contemplados no decorrer das discussões. Mas outro trabalho envolvendo temas mais metafísicos e epistemológicos parece que deveria se seguir a este se consideramos com seriedade que possa haver essa conexão.

Entretanto, mesmo fazendo esse esforço, fica claro como uma discussão do problema dos universais, por exemplo, tem implicações diretas para a filosofia política? Decerto é verdade que uma discussão de um tópico metafísico, e mesmo os argumentos empregados nessa discussão, pode pouco ou nada ter a ver com teoria política. Mas

---

[332] O caso dos teóricos políticos – usando a distinção entre filósofos políticos e teóricos políticos para separar de forma genérica aqueles que se encontram em departamentos de filosofia daqueles que se encontram em departamento ciência política – é mais complicado. Frequentemente eles tentam identificar as teorias filosóficas mais gerais de um pensador com a sua política transplantando implicações de uma para a outra. Mas, embora isso seja feito durante o estudo das filosofias políticas dos grandes filósofos, não fica claro se comprometimentos desse tipo são vistos como necessários para o teórico contemporâneo como teórico positivo. É claro que precisamos reconhecer que algumas certas posições filosóficas às vezes são pressupostas pelos teóricos. Por exemplo, pode haver uma pressuposição geral contra a teleologia. Tais pressuposições podem implicar certas condições metafísicas latentes e por isso torna-se necessário estabelecer uma conexão entre metafísica e política. Acreditamos que isto ocorra frequentemente, se não sempre. Mas dizer isso aqui envolveria incorrer em petição de princípio.

não se conclui, ao admitirmos isso, que as *conclusões* tiradas, ou os argumentos defendidos, não são muito mais relevantes para o que se pode dizer plausivelmente sobre a esfera política. Pode bem ser que pelo menos algumas conclusões tiradas no terreno da metafísica – por exemplo, conclusões sobre a natureza e o propósito dos seres humanos – tenham relevância direta para a política e a teoria política. Mas um *prima facie* ceticismo sobre até mesmo isso deve remanescer. Não encontramos mais pensadores com comprometimentos metafísicos similares mas com diferentes tipos de posição sobre política? Não seríamos nós mesmos exemplos disto, já que os neoaristotélicos, a maioria deles, não são liberais clássicos? Mas, repetindo um ponto assinalado no Capítulo 12, o fato de os teóricos terem suas diferenças não é argumento para que uma teoria possa implicar diferentes conclusões contraditórias. Portanto, talvez seja uma informação útil revelar que os neoaristotélicos não são liberais clássicos, mas isso certamente nada encerra de decisivo. Em consequência, não contribui para determinar se comprometimentos com ordens metafísicas precisam ser considerados ou não pela teorização política o conhecimento de que as pessoas com visões divergentes de política podem adotar comprometimentos metafísicos similares. Presumivelmente, não vamos muito longe se observarmos que a maior parte dos teóricos não age como se fosse muito importante identificar seus comprometimentos metafísicos ou notarmos que eles acreditam não ser necessário assumir alguns ou muitos desses comprometimentos. Isto também seria um tipo de *ad hominem*.

Parece que voltamos ao ponto inicial. Estaríamos nos contradizendo se acreditássemos tanto na política não-perfeccionista quanto nos seus resultados e "causas" conforme descritos por Lao Tsé? Mas também poderíamos nos perguntar por que estamos falando de "metafísica" aqui. Não são as alegações de Lao Tsé pura e simplesmente sociopolíticas? Se forem, não estaríamos nos contradizendo se sustentássemos, por um lado, que a ordem político-jurídica, ou o Estado, não possui objetivo ou propósito além do de proporcionar as condições estruturais de possibilidade para que alguém busque o florescimento humano em meio a outras pessoas; e se, por outro lado, acreditássemos que essa ordem ou o Estado existe para garantir que as pessoas sejam cuidadas, vivam em ordem, floresçam e atinjam a autorrealização? Seria de fato uma contradição. Mas, já que acreditamos também que o que Lao Tsé antecipa é o resultado provável de uma ordem liberal, como isto é possível sem contradição? Nossa resposta é que a conexão entre essas alegações — às quais nos referimos como as "alegações de Lao" — é metafísica e não política. Isso quer dizer que se existe uma conexão entre nossa política e as alegações de Lao isso se deve à natureza da verdade, do ser e do bem — e não à política. Além do mais, devemos estar abertos à possibilidade de que, embora certos comprometimentos metafísicos possam não implicar, ou mesmo indicar, determinadas posições políticas, pode ser verdade que certas posições políticas, quando compreendidas em um contexto envolvendo certos comprometimentos metafísicos, podem levar alguém a esperar que determinados traços dessa combinação sejam encontrados na própria realidade.

Assim, existem duas formas possíveis de se ligar a metafísica à política: primeiro, há a alegação mais forte de que uma compreensão correta de determinados comprometimentos metafísicos implica diretamente certo tipo de política ou exclui uma classe de conclusões políticas possíveis. Segundo, a alegação mais fraca é a de que *uma posição política compreendida em certo contexto de comprometimentos metafísicos pode levar alguém a ter certas outras expectativas sobre os processos e consequências sociais diferentes das estritamente acarretadas pela própria teoria política.* Podemos defender ambas as teses, a mais fraca ou a mais forte, mas apenas a mais fraca foi, de alguma forma, utilizada nas páginas precedentes. De qualquer modo, temos tempo apenas para tecer alguns comentários sobre a tese mais fraca. Queremos explorar essa tese por um momento, não apenas para iniciarmos uma discussão sobre a relação entre os temas metafísicos e a política. Mas, principalmente, para esclarecer por que é possível esperarmos e desejarmos o bem da sociedade sem nos comprometermos com uma política perfeccionista.

Primeiro, precisamos ter uma ideia de como a tese mais fraca funciona e isto é complicado. Só podemos explicá-la da forma mais suscinta. A tese mais fraca não recorre tanto ao que é ou não implicado ou acarretado por uma proposição ou por algum conjunto dela derivado. Ao contrário, se baseia na ideia de que há um contexto em termos do qual compreendemos e interpretamos a teorização. De fato, sem um contexto, a teorização não apenas fica sem base, mas se torna também ininteligível. Por exemplo, o significado que faz com que as as marcas nessas páginas "ganhem vida" e se tornem palavras não se forma e nem se explica por uma operação lógica puramente formal ou por uma análise introspectiva, visto que as marcas devem ser *sobre* a alguma coisa. Essas operações e análises apenas pressupõem o que tentam explicar. É necessário um contexto.

Ademais, a tese mais fraca requer que o contexto seja de determinado tipo. Deve ser um contexto que não seja ele mesmo função da teorização. A não ser que isso seja alcançado, apenas nos teremos movido em um círculo de teorização cada vez mais amplo sem nada termos compreendido. Encontramo-nos imersos em disputas sem fim a respeito de intuições competidoras e de participação em jogos intelectuais cujo único limite é a coerência entre os conteúdos imaginários. E como nada há para dar base ao comprometimento com tais jogos teóricos até mesmo o limite da coerência entre os conteúdos da imaginação se torna objeto de disputa: "por que jogar *esse* jogo?" "por que devemos ser coerentes?" e "o que há de errado com essas questões, inclusive esta, serem autocontraditórias?"

Sem tentar proporcionar um contexto, e muito menos sem reconhecer a necessidade dele, que não seja função da teorização, o que infelizmente a maior parte das teorizações em ética e política na filosofia analítica tem feito, defrontamo-nos com o espectro não apenas do ceticismo, mas também do niilismo. Assim, finalmente a tese mais fraca nos obriga a confrontar um contexto mais amplo – a antropologia filosófica – como outro ainda mais amplo – a metafísica e a epistemologia.

No momento podemos apenas apontar os elementos básicos e gerais desses contextos maiores nos quais nossa compreensão do liberalismo, do perfeccionismo individualista, da metanormatividade e dos direitos individuais está estribada. Para começar, nossos esforços como indivíduos e membros de sociedades pertencem a determinada forma de vida, ou seja, à vida humana e essa forma de vida, que é a compreensão que temos de natureza humana, é um tipo ou modo de vida. E não é infinitamente maleável. Um ser humano não é uma realidade sem forma. Ele tem poderes e limitações inerentes e é em termos desses poderes e limitações que a conquista do bem e da verdade deve ser compreendida.

Além disso, o fato de a natureza humana existir e ser de determinado tipo conecta-se em nosso contexto com as seguintes alegações mais profundas: (1) que há coisas vivas individuais cujo modo fundamental de causalidade é teleológico; (2) que há seres humanos individuais que, além de serem coisas vivas e teleológicas por natureza, também possuem a capacidade de conhecer a ambiência, isto é, a realidade em termos conceituais; (3) que a realidade é inerentemente inteligível; (4) que a realidade é absoluta e última – seres existem e são o que são independentemente da cognição humana. Além do mais, a realidade não se compõe de seres isolados sem relação com outros seres. De fato, alguns seres não podem ser o que são fora de alguma relação (ou de um conjunto delas) com outros seres. Eles estão "internamente" relacionados. Mas nem todos os seres estão assim relacionados; e embora a realidade seja uma rede de seres relacionados, ela não compõe um todo singular ou unidade.³³³ As naturezas da maioria dos seres são o que eles são separados de outros.

Assim, a realidade não é simplesmente uma ou simplesmente muitas. Quando falamos da perfeição da realidade – do bem e da verdade em um sentido ontológico – só podemos fazê-lo compreendendo que o bem e a verdade são conquistados através de ações de certos seres e não constituem algo que pode ser predicado de toda a realidade, exceto talvez por analogia.

Dado esse contexto mais amplo, podemos dizer que o conhecimento da realidade é possível e que os seres humanos podem ter êxito em aprimorarem a si mesmos, suas sociedades e seu mundo. Este é o contexto no qual consideramos possível o florescimento humano ou a autoperfeição e no qual consideramos aceitáveis as alegações de Lao. Até porque se as pessoas forem deixadas livres para tomar conta de si mesmas, se comportarem, melhorarem e se tornarem elas mesmas, então nada há na realidade que *em princípio* impeça seu sucesso. Esta é nossa base metafísica para endossar as predições de Lao Tsé.

De fato, há uma base para o otimismo metafísico. Ontologicamente, não vivemos em um "vale de lágrimas". Mesmo porque a realidade, na maior parte do tempo, propicia amplas oportunidades à maioria das pessoas para encontrarem realização, ao menos até certo ponto, *se* exercitarem o esforço de usarem suas mentes e desenvolverem as virtudes apropriadas *e se* existirem ordens político-jurídicas cujas condições estruturais protejam a liberdade. Proteger a possibilidade

---

³³³ Assim, consideramos uma falsa dicotomia a descrição das posições que podem ser assumidas em relação à ontologia da vida social como atomistas ou holistas e talvez como incorrendo em petição de princípio. Ver, por exemplo, Charles Taylor, "Cross Purposes: the Liberal-Communitarian Debate", in *Liberalism and Moral Life*, ed. Nancy L. Rosenblum, 159-82 (Cambridge, Mass.: Harvard University Press, 1989). Discutimos esta questão em um ensaio ainda a ser publicado na *The Review of Metaphysics*, "The Myth of Atomism".

de autodireção é vital; pois ela é necessária para o empreendimento econômico e moral que tornam possíveis, a prosperidade material, o florescimento humano e a sociedade civil. Também se pode dizer que proteger a possibilidade de autodireção *está de acordo* com a natureza humana. Embora nossa política não seja perfeccionista, disso não se conclui que somos pessimistas em relação ao florescimento humano ou que o consideremos uma questão aleatória. Como aristotélicos, acreditamos que há uma propensão para o florescimento na natureza humana. Defender esta posição de forma alguma compromete nossa política não-perfeccionista. De fato, concordamos com Madame de Stäel: não são apenas as virtudes morais e intelectuais que refletem o florescimento da natureza humana, mas a propensão para a liberdade está profundamente enraizada em nós. Ela afirma:

> "Sem dúvida, o conhecimento é imprescidível para nos capacitarmos a nos elevarmos acima dos preconceitos: mas também é na alma que os princípios da liberdade estão entranhados; eles fazem o coração palpitar como ocorre quando se vivencia o amor ou a amizade, eles vêm da natureza e enobrecem o caráter. Uma série de virtudes e ideias conectadas parece formar a corrente de ouro, tal qual descrita por Homero, que, ao vincular o homem aos céus, livra-o de todos os grilhões da tirana."[334]

Se tivermos de colocar um rótulo nesse contexto mais amplo e último, isto é, em nossa base metafísica para adotarmos as alegações de Lao, simplesmente o chamaremos de "realismo", pois é da natureza do realismo adotar esse otimismo qualificado. De fato, Roger Trigg descreveu de forma mais precisa a importância do realismo para questões como essas:

---

[334] Madame de Stäel, "Considerations on the Principal Events of the French Revolution", vol. 3, parte 6, capítulo 11, 403, in *On Politics, Literauture and National Character*, trans. e ed. Morroe Berger (New Brunswick, N; J e London: Transaction Publishers, 2003).

"É um paradoxo que o homem possa exigir o centro do palco, insistindo que tudo depende dele e no fim descobrir que, ao fazê-lo, perdeu sua liberdade e racionalidade. O realismo leva a possibilidade de erro e ignorância muito a sério, mas também dá aos homens a chance de obterem um retumbante sucesso ao estenderem o alcance de sua compreensão. Dá a eles algo para pensar mesmo levando-os a reconhecer que são livres para cometer erros".[335]

Se podemos compreender o mundo que nos cerca, é possível agir com sucesso nele porque é possível *saber como agir*. Isso não é garantia de sucesso. Mas desde o início e ao longo do livro, não nos preocupamos com o sucesso. Nem com o que em geral torna o sucesso possível em um contexto político e social. Ao contrário, nos preocupamos apenas com a proteção da possibilidade de busca do florescimento humano. Como a realidade é inteligível e o conhecimento humano possível, nós, como humanos, podemos não apenas viver com isso: podemos até mesmo viver bem.

---

[335] Roger Trigg, *Reality at Risk: a Defense of Realism in Philosophy and the Sciences* (Sussex: Harvester Press; e Totowa, N. J: Barnes & Noble Books, 1980), 197.

Impresso nas oficinas da
SERMOGRAF - ARTES GRÁFICAS E EDITORA LTDA.
Rua São Sebastião, 199 - Petrópolis - RJ
Tel.: (24)2237-3769